世界传世藏书

【图文珍藏版】

旅游大百科

赵然⊙主编

第一册

线装书局

图书在版编目（ＣＩＰ）数据

旅游大百科：全6册 / 赵然主编. -- 北京：线装书局, 2016.1

ISBN 978-7-5120-1967-6

Ⅰ.①旅… Ⅱ.①赵… Ⅲ.①旅游－基本知识 Ⅳ.①F59

中国版本图书馆CIP数据核字(2015)第246899号

旅游大百科

主　　编：赵　然
责任编辑：高晓彬
装帧设计：博雅圣轩藏书馆 Boyashengxuan Cangshuguan
出版发行：线装书局
　　　　　地　址：北京市西城区鼓楼西大街41号（100009）
　　　　　电　话：010-64045283（发行部）　64045583（总编室）
　　　　　网　址：www.xzhbc.com
经　　销：新华书店
印　　制：北京彩虹伟业印刷有限公司
开　　本：787mm×1092mm　1/16
印　　张：168
字　　数：2040千字
版　　次：2016年1月第1版第1次印刷
印　　数：0001－3000套

定　　价：1580.00元（全六册）

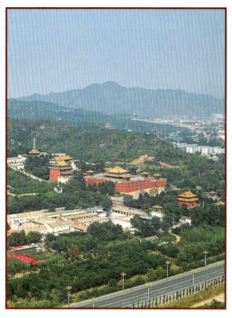

避暑山庄

　　避暑山庄又名承德离宫或热河行宫，位于河北省承德市中心北部，是清代皇帝夏天避暑和处理政务的场所，是中国现存最大的皇家宫苑。

平遥古城

　　平遥古城位于山西省平遥县，是中国汉民族城市在明清时期的杰出范例，为人们展示了一幅非同寻常的汉族文化、社会、经济及宗教发展的完整画卷。

敦煌莫高窟

　　莫高窟坐落在河西走廊西端的敦煌，是世界上现存规模最大、内容最丰富的佛教艺术地。1987年，莫高窟被列为世界文化遗产。

蒲松龄故居

　　蒲松龄故居在山东淄博市淄川区洪山镇蒲家庄，1980年建蒲松龄纪念馆，成为一处初具规模的蒲学研究圣地和驰名中外的旅游景点。

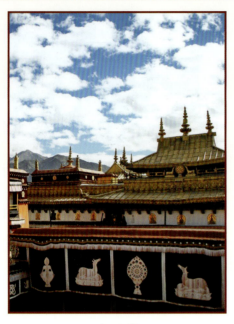

大昭寺

　　大昭寺位于拉萨老城区中心，是一座藏传佛教寺院，是西藏最辉煌的一座吐蕃时期的建筑，殿宇雄伟，庄严绚丽，每日被转经的人流簇拥着。

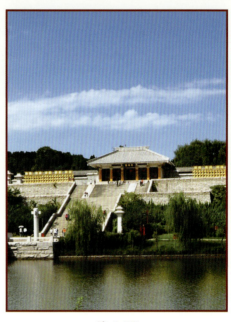

黄帝陵

　　黄帝陵坐落在陕西省延安南部的黄陵县桥山之巅，是中华民族始祖轩辕黄帝陵墓的所在地，号称"中华第一陵"，是全国重点保护文物。

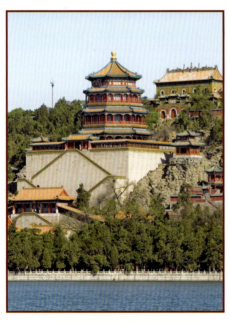

颐和园

　　颐和园位于北京西北郊，作为慈禧太后晚年的颐养之地，也是晚清最高统治者在紫禁城之外最重要的政治和外交活动中心。

故　宫

　　北京故宫是明清两个朝代二十四位皇帝的皇宫，是现存规模最大的宫殿型建筑，现为故宫博物院的所在地，全国重点文物保护单位。

珠穆朗玛峰

　　珠穆朗玛峰是喜马拉雅山脉的主峰，位于中国与尼泊尔两国边界上，是世界海拔最高的山峰，按2005年中国国家测绘局测量的岩面高为8844.43米。

长江三峡

　　长江三峡西起重庆奉节县白帝城，东至湖北宜昌市南津关，全长193千米。沿途两岸奇峰陡立、峭壁对峙，自西向东依次为瞿塘峡、巫峡、西陵峡。

九寨沟

　　九寨沟位于四川省阿坝藏族羌族自治州南坪县境内，成为中国唯一拥有"世界自然遗产"和"世界生物圈保护区"两项桂冠的胜地。

呼伦贝尔大草原

　　呼伦贝尔大草原位于大兴安岭以西，是一代天骄成吉思汗的出生地，是中国目前保存完好的草原，有"牧草王国"之称，同时也是中外闻名的旅游胜地，

新天鹅堡

　　新天鹅堡位于德国巴伐利亚西南方，是德国的象征，是巴伐利亚国王路德维希二世的行宫之一，由于是迪斯尼城堡的原型，也有人叫白雪公主城堡。

莱茵河瀑布

　　莱茵河瀑布是莱茵河在其1300公里的流程中唯一的一个瀑布，也是欧洲最大的瀑布。其中一座岩石上设有阶梯，可以让人走上插着瑞士国旗的顶端。

好望角

　　好望角是非洲西南端的岬角，是一个植物宝库，这里拥有全世界最古老、完全处于原生态的灌木层，拥有研究植物进化不可多得的原始条件。

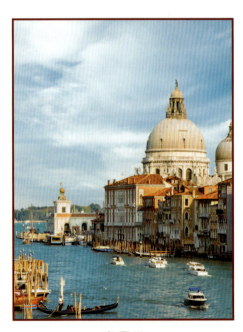

威尼斯

　　威尼斯是意大利东北部著名的旅游与工业城市，也是威尼托大区的首府。威尼斯水上城市是文艺复兴的精华，世界上唯一没有汽车的城市。

前　言

随着人们生活水平的不断提高，自助游、自驾游、探险、户外运动已日益成为现代人享受生活的一种时尚休闲方式。身居都市，日日穿行在钢筋水泥丛林中的现代人，一颗心难免疲惫而混沌。喧嚣的城市环境，紧张的都市生活，激烈的竞争压力，使人渴望能有一段悠闲放松的时光来调节，企盼有那么一方天地，可以搁置心事，回归自我。于是，旅游便成为人们爱上世界、爱上生活的一种方式。它为我们的生活打开了一扇连接世界的窗口，拉近了我们与世界的距离，让我们发现世界之美，热爱生活，热爱世界。美丽的风景，让心灵变得宽广与宁静；各地的美食，让味蕾体验民族的风情；异域的文化，让我们学会观察与尊重；行走的姿态，让我们拥有美好的人生记忆。

旅游，在心灵上能带给人一种成长的感觉，因为在旅游过程中有很多时刻会让人更加体会到感动、珍惜、知足还有超越自我。但对于旅游也确实有些因素需要事先考虑，诸如线路的选择、准备的物品、注意事项等等，任何一个环节处理不好，就会让你的美好计划彻底泡汤，因为各人需求的不同，规划旅游就必不可少了。那么要如何规划旅游呢？

第一步，规划旅游的线路问题，根据此次旅游的目的进行旅游线路的确定。对于多目的地来说，一般要考虑距离的远近及交通，还有花销，为下步的规划做准备。

第二步，线路确定好之后，就是交通的考虑，多个目的地就得考虑交通的便利性，有利于节省开支，目的地的先后顺序就得有明确的规划了，以避免不必要的麻烦，影响旅游的心情就得不偿失了。

第三步，目的地确定好后，就可从目的地、交通以及住宿等各方面大概的费用，做到心中有数。

第五步，关于旅行的安排，选择好的旅行社，会省掉很多事情，那么旅行社选择大品牌的是非常好的。专业的指导旅行，更有利于增加旅行的乐趣。

当然，这只是简单的规划而已，具体的细节还需要你根据自己旅游的实际情况而定，有鉴于此，为了便于游客更好的旅游出行，我们组织有关专家学者编写了这套《旅游大百科》一书，本套丛书共六卷，分为"游遍中国"和"游遍世界"上下两篇。上篇"游遍中国"又包括三十五章的内容，它们是：旅游窍门、旅游安全常识、旅游健康常识、旅游维权常识、园林游、古城游、古镇游、古建筑游、名人故居游、石窟游、宗教圣地游、神圣寺庙游、帝王陵寝游、历史遗址游、名山游、峡谷游、瀑布游、海滨海岸游、湖泊游、地貌游、温泉保健游、民俗文化游、沙漠游、湿地游、冰川游、海岛游、洞穴游、草原游、森林游、春季游、夏季游、秋季游、冬季游、家庭旅游线路推荐。下篇"游遍世界"包括六章内容，即：出境旅游的安全常识、海外旅游禁忌、亚洲游、欧洲游、非洲游、美洲游。编辑本书的宗旨就是通过大量文字和图片，着眼于对中国旅游、世界旅游、特色旅游胜地以及民俗风情的介绍，以弘扬优秀民俗文化，了解世界各民族人民生活，饱览壮美河山，名胜古迹，能通晓各地风土民情为宗旨，为旅游人提供丰富的知识。

全书内容不仅涵盖了传统景点，更突出了近年来新开发的热门景区，融知识性（历史知识、地理知识、人文知识）和趣味性、实用性于一体，尽可能向读者提供最全面的信息，最大化地帮助读者简化出行方式，提高出行质量。可以说，本套丛书的景点齐全、信息量大、历史人文知识丰富，适合阅读游、求知游、深度游，让您足不出户，便可尽览中华和世界名胜古迹，了解中国和世界的历史文化，感受浓郁的民族风情。而且，本书结构严谨、层次清晰，查询方便，读者通过阅读此书就能详细了解到旅游目的地的概况，做出合理的开销安排和行程规划。

总之，《旅游大百科》是广大旅游爱好者逃离城市、心灵放纵的贴身护照。在路上，有旖旎的风光，还有不同的生活方式；在路上，会有收获，会有意想不到的事情；在路上，会有欢乐，会让身心得到放松在路上，你会遇见自己，然后认识自己。爱旅行，游走不同的城市，留下自己的足迹。翻开这套书，让您脚步随着它一同前行，环游中国和世界，怡情山水，悠然自得，感天地造物之神奇，叹人类文明之精神。

目　录

世界传世藏书

旅游大百科

目录

一二

下篇：游遍世界

世界传世藏书

旅游大百科

目 录

三〇

旅游大百科

游遍中国

赵然⊙主编

线装书局

导 读

中国是一个历史悠久的东方古国。中华文明与古埃及文明、古希腊文明、古印度文明和古巴比伦文明共同组成了人类在地球上的文明版图。最为可贵的是，中华文明虽然历经朝代更迭、民族融合与战争动荡，但是繁衍、发展至今未曾断裂，不论语言文字、风俗文化、文学艺术、建筑风格，都可以顺流而上，追溯到古老文明的风貌。因此，中国有着极为丰富的历史文化旅游资源。不论是古老的殷墟秦俑，还是巍峨的长城故宫，或是韵味十足的古镇老街……都能够让游客体会到历史的积淀和中华文化的魅力，在其中感叹人类的智慧。中国还是一个幅员辽阔的世界大国。广阔的疆域容载着多样的地形、地貌与气候。在中国，人们既可以策马草原，感受风吹草低的豪情；也可以西进大漠，聆听悠悠驼铃在长河落日下的回声；更可以远上青藏，在离天空最近的地方，感受最为纯净的人间天堂。在中国，人们既能够问水九寨，看尽水的妩媚缤纷，又可以拜岳泰山，揽尽天下风光。在中国，塞外尚且山舞银蛇、原驰蜡象，海南却正碧海银沙、裙裾飘飘……大自然的鬼斧神工雕刻出无尽秀美、变化多姿的中国风光。本篇"游遍中国"将会带给您前所未有的新理念，它既可以成为您了解中国的"窗口"，也可以成为您选择下一次旅游目的地的指南。

第一章　旅游窍门

外出旅行一刻都离不开消费。比如选择旅行社、旅途的食宿、交通工具的乘坐、游览购物及旅行安全保健等都是在消费。不过你会发现同样的旅游消费，花钱却有高低不同。有的人花很少的钱也能得到不错的旅游享受，但有的人花了大量的钱却换来一肚子的气。旅游消费中虽然充满了陷阱，但从它的反面思考，旅游消费又何尝不是一种智慧？只要你掌握了有关旅游消费的窍门，同样也可以花不多的钱享受最佳的旅游效果。

一、行前准备窍门

怎样能既少花钱又不影响旅游质量

乍一听，少花钱而又不影响旅游质量，似乎是不可能的事，其实你如能精心计划，巧妙安排，完全可以做到。

1. 避开旺季游淡季

一般来说，每个景点都有淡季和旺季之分，淡季旅游时，不仅车好坐，而且由于游人少，一些宾馆在住宿上都有优惠，可以打折，高的可达 50% 以上。餐饮方面，饭店也有不少的优惠，仅此一项，淡季旅游比旺季在费用上起码要少支出 30%

以上。

2. 计划好出游、返回的时间

采取提前购票，或同时购返程票的方法。如今一些航空公司为了揽客提前预订机票可享受优惠，且预定期越长，优惠越大。与此同时，也有购往返票的特殊优惠政策。预订飞机票如此，预订火车、汽车票也有优惠。如预订火车票，票买得早，可免去临时买票的各种手续费用。

3. 在旅游时要精心计划好玩的地方和所需时间，尽量把日程排满，因为多呆一天就多一天的费用。

首先对自己旅游的景区要有大致的了解，从中理出这个景区最具特色的地方在哪里，必须要去的地方又有哪些。具有特色的地方一定要去，但去观赏这些地方时，对一些景点也要筛选，重复建造的景观就不必去了。其次是旅游时，应拿出一点时间去逛大街，看看景区和城市的风土人情，因为这不仅不用花钱买门票，又能玩出好心情，满足好奇心。

国庆出游五大秘诀

作为一个聪明的消费者，你将如何巧妙地安排你的国庆游程？不妨听听旅游界专家的意见。

1. 提早报名

受交通运力的限制，一般来说，航空公司会根据旅行社的规模和实力分配节日机位，旅行社也只能按先到先得的原则收客。因此，游客越早报名，选择越多。在额满即止的情况下，如果迟报名就容易错过自己的理想线路，即使幸运地碰到航空公司有加班机，但时间上肯定没有计划航班的起飞时间好。此外，一般旅行社为吸引游客报名，会给报名的游客一定的优惠。因此，早做决定早报名，是旅游高峰出游的重要保证。

2. 避开热线

每逢旺季，北京、黄山、海南线总是热得发烫，游人如织，而内蒙古草原、边疆大漠、山西县空寺等冷门线路，却如深闺美女，问津者少。而逢年过节出游补机票差价已成旅游业内的行规，加上酒店、用车等费用的提高，旅游团费自然也会随之水涨船高。但如果能挑选冷门线路出游，则可能因此省下一笔不菲的费用。据了解，2008年国庆北京线升辐达1000元左右，海南、黄山、华东等升辐都在400元至800元不等，而哈尔滨、长江三峡、贵阳、新疆、厦门、南宁等冷门线路与平时大致持平或略有上升。

长江三峡

另外，热门线路会因人数爆满而引发出诸多问题，极易发生质量事件，近几年"五一"节后投诉多集中在热门线路。因此，如非必要，游客选择线路时应避热就冷。其实，如果你的假期较多，不妨考虑节前、节后出游，尽享淡季出游的好处，价格平、景色靓、不拥挤。

3. 选新奇特线

国庆前是旅游者对旅行社高度关注的时期，相对来说，国庆成团率也较高。因此，一些旅行社会将一些新奇的旅游产品在此期间推出，以取得较好的宣传效果和保证出团率。一般来说，这些团的宗旨在宣传推广，价格相当适宜，如"广之旅"曾推出的"奥运观摩团"线路，在原澳洲线路的基础上稍加修改，再加上观看奥运赛事的内容，价格只有1万多元。

4. 选大社参团

所谓"良禽择木而栖"，国庆出游，由于交通、住宿等方面十分紧张，为确保质量，报名前应打听旅行社的信誉，从吃、住、行、游、购等方面详细了解线路价格背后的含金量。如果出发前与旅行社签订一纸旅游合同，就更有保障了。如"广之旅""省中旅"、国旅假期等大旅行社客源大、团量多，在旅游目的地一般都能得到较多的关照。

5. 小心自助游

国庆期间，住、食、行各方面都非常紧张，如没有旅行社的协助和预定，恐怕会举步维艰。自助旅游者由于没有提前预订，无处住宿、买不到票、滞留外地的事件时有发生。自助旅游者选择国庆出游绝对不合时宜，如确有必要，最好通过旅行社代订，以免不必要的麻烦。同时，由于旅行社平日在交通、餐饮、住宿方面有着广阔的网络，食住、游、行均可拿到一些折扣，委托旅行社订房订票不失为一种省钱的方法。

淡季出游好处多

"十一"过后是旅游的淡季，经多家旅行社介绍，总结了淡季出游的三大好处：

1. 气候适宜、风景迷人

秋天是出游的最佳季节，不冷不热的天气很适宜人们出去旅游。进入十月份之后，东南亚地区便已度过闷热潮湿的雨季，进入一年中清爽舒适的秋季；日本、韩国的金秋与我国相差不多，秋高气爽、红叶满山；澳大利亚、新西兰因位于南半球，气候与我国刚好相反，现在正是阳光明媚的春天；秋天也是香港和澳门的最佳旅游季节。

2. 价格便宜，线路丰富

"十一"过后，各家旅行社适时地推出了丰富多彩的淡季旅游产品，依据不同的线路，价格比旺季时便宜了 200 元至 1000 元左右不等。如：北京五天双飞 2380 元，比"十一"便宜 1100 元左右；海南 4 天双飞 980 元，比"十一"便宜 1000 元左右；桂林 3 天双飞 1380 元，比"十一"便宜 700 元左右；张家界 5 天双飞 1880

元，比"十一"便宜700元左右；华东五市6天双飞2480元，比"十一"便宜200元左右；武夷山3天双飞1680元，比"十一"便宜700元左右；成都黄龙九寨沟6天双飞2780元，比"十一"便宜600元；昆明大理丽江6天双飞3680元，比"十一"便宜1000元左右；黄山4天双飞2480元，比"十一"便宜500元左右。

3. 游人不多，可细品风景

这个季节出游，不用担心人多玩不好。无论在黄山，还是在昆明的大理、丽江，抑或是在别的什么地方，你都可以尽兴流连在你喜欢的美景中驻足欣赏，细细品味；或者是选一个好景点，拍一张有意境、足可以做明信片的风景照，将来放大挂在室内，慢慢欣赏也不错。

旅游景区避"热"就"冷"

旅游旺季，外出旅游的人较多，而且人们都喜欢到热点景区去，从而使得这些旅游景区的旅游资源和各类服务因供不应求而价格上涨，特别在节假日期间，情况更甚。如果这时到这些地方去旅游，无疑要增加很多费用。而有意识地避开旅游热点地区的游客高峰期，选择到相对较冷特别是那些新开发的景区去旅游，就能省下不少经费。

旅游方式避"组"就"单"

跟随旅行社组团外出旅游，虽然在导游和景点安排上要少操很多心，但由于旅行社毫无例外地要赢利，所以比自己单独旅游要多花钱，而且旅行社的安排比较死，特别是时间安排得较紧，甚至还会出现游客不想看的地方旅行社不但安排了而且安排的时间还较长，而游客想多看的地方，旅行社安排的时间很短甚至根本就没有安排等情况。因此，从这些方面考虑，特别是为了省钱，外出旅游也可自己单独成行。这样，旅游起来就会灵活许多，自己想看什么地方就看什么地方，想看多长时间就看多长时间，比一上来就跟着旅行社让他们服务全程，要节约不少经费。

正确看待旅行的路线和价格

旅游者千万不要被广告宣传所迷惑，只看价廉，忽视所包含的内容和提供服务的质量标准，以防止有的旅行社压低价格、降低服务质量参与竞争。一般旅行社的报价有两种形式，一是吃、住、行、游（门票）全包，另一种是包部分项目，只包吃、住、行，有的甚至连餐费也自理。旅游者无论选择哪种形式，都要求旅行社将报价费用进行分解，并按分解进行约定。报价混为一谈，旅游者往往要吃亏。

出游认资质，报名看证照

参加旅游团报名时要注意查看旅行社的"照"和"证"，即工商部门颁发的营业执照和国家旅游局或当地旅游管理部门颁发的《旅行社业务经营许可证》。许可证须载明许可证号码、旅行社名称、营业场所、许可经营业务、质量保证金数额和许可证有效期等内容。出境游是特许经营的业务，在参加出境旅游选择旅行社时，要确认旅行社的经营范围，不要到未获经营出境旅游业务资质的旅行社和其他机构报名出游，以免自身权益得不到保障。

慧眼看穿旅游报价

随团出游，必须清楚旅行社的报价，并学会把价格拆开看，选择实惠的旅游路线。

一般来说，旅行社对某条旅游线路的报价包含这几个部分：宾馆房价、景点门票、餐费、车费、机票、导游服务费等。眼下旅行社的利润比较透明，国内旅行社为5%～15%，国际旅行社为10%～20%。各旅行社凭借与航空公司以及旅游目的地宾馆、景点长期合作的关系，在组团时可以拿到较大折扣，一部分折扣返还给消费者，一部分则成为旅行社的利润。如果把旅游线路中各个项目按市场价相加，得到的总和一般都会高于旅行社的报价，否则，旅行社就是宰客。

确定总报价较为合理之后，消费者就应比较各旅行社的报价与提供的服务质量是否相符。如果旅行社为游客安排的是档次较高的星级宾馆，并通过团体优势拿到了较低折扣，这比游客个人订房经济得多，旅行社多提取一些利润也理所当然。但如果旅行社为旅游者安排普通招待所，房价本身就不高，还要从中扣除高利润，就不像话了。消费者不妨把旅行社报价与旅游目的地的旅游价格做个对比，然后再作选择。

巧妙与旅行社还价

参加旅游团队，游客还价大有诀窍。还价定位应该有两条：是选择省俭还是潇洒。平时省吃俭用，出门旅游是去享受，就像偶尔出行需要"打的"一样。一般来讲，出到什么价钱，就享受什么消费。以上海到张家界为例，旅游市场开价从 1200 元到 2680 元都有。从长沙出发只要 800 元上下。差别在于火车的坐卧、车次和空调。如果选择的是"卧往飞返"，火车要求换为特快且空调卧铺到长沙，宾馆为二星级以上，天子山、黄石寨上下都乘缆车，这样价格自然上浮了。

天子山

与旅行社还价应当在同样的服务档次下保护自己的利益。一是找目的地驻当地的旅行社，以免两次甚至多次转包。二是团体优势，一般 10 余人以上即可组团，团队享受送包餐等优惠。三是事先了解旅行全过程，网上随手可查。

当心"黑导"的误导

1. 注意旅行社的牌子和信誉

一般来讲,大型、正规的旅行社信誉度较高,尽管这些旅行社收费较高,但旅游服务质量有保证,更不会节外生枝惹出麻烦来。一些小型旅行社或临时组团的旅行社就难以保证。这些旅行社大都要价不高,但在旅行途中会以各种理由向游客加收费用,等你转一圈回来,会超出正规旅行社收费的 30%~50%,游客常有一种挨宰的感觉。

2. 注意旅游项目上的偷工减料

有的导游领团出去后,不按旅行社下达的接待计划安排行程,擅自减少旅游项目。这些导游大多以下雨、下雪或天已晚了等借口减少旅游景点,还有的导游利用"园中园""景中景"等进行诱导,使游客多花不少钱。

3. 注意导游收取小费和回扣

有关文件规定,导游在工作中没有权利收取小费,有的导游抓住游客大都要买一些纪念品或土特产送朋友的心理,有意把游客引入一些事先说好的商店或饭店去购物、吃饭;有的故意延长购物时间;有的采取不购物、不吃饭就不离开的办法,对游客敲竹杠,以收取店家给的小费或回扣。

4. 注意擅自甩客或漏客的现象

每到旅游旺季,不少景区人满为患,各家旅行社原来预订的客房、车辆等得不到落实,一些素质不高的导游就会趁机躲起来,使游客遭受折腾。还有的导游会以游客不遵守集合时间、自行掉队等借口把游客甩掉,这些游客往往憋了一肚子气还无处说理。

选择好旅行社并签订旅游合同

选择好旅行社是外出旅游的重中之重。要选择有国内外组团合法资格、规模比较大、管理比较规范、员工素质高、服务完善、经济实力雄厚、客源丰富、消费者信得过的优秀旅行社。同时,旅游者还要把旅行社的各种口头承诺以书面形式予以确定，签订明明白白的旅游合同。

旅游合同签订后，旅行社和旅游者双方都要严格履行约定的职责。旅行社在运作过程中要切实维护旅游者的合法权益，旅游者在维护自己的合法权益的同时，也要体谅旅行社遇到的实际困难。遇到问题要多沟通，商量解决，不要为一点小事耿耿于怀，这样的旅游才能心情舒畅。

合同是根本，发票不可少

根据我国有关法规规定，旅行社安排旅游者旅游时，应当与旅游者订立书面旅游合同。合同对旅游内容、费用、退团、合同变更以及甲乙双方的权利义务都有明确规定。旅游者应对合同的条款仔细阅读，对于一些容易引发纠纷的事项要在合同中明确约定，如：购物的地点和次数、住宿的标准、交通工具的标准、餐饮的次数和标准等。合同、发票或收据都是重要证据，游客在缴纳费用后，应要求旅行社开具由税务部门印制的发票，并妥善保存好，日后一旦发生纠纷，可作为凭证。

旅游价格并非越低越好，报名签约时应明白团费价格构成，自费旅游项目的内容和价格应在合同中明示。旅行社和导游都不得强迫旅游者购物，购物活动（包括地点和次数）应在合同中明示，行程计划安排之外的购物活动，旅游者有权拒绝参加。

尽早计划提前订票

如今一些航空公司都有提前预订机票可享受优惠的规定，且预定期越长，优惠越大。此外，也有购往返票的优惠政策。在预订火车、汽车票上同样也有优惠，预订火车票，可免去临时买票的各种手续费用。

结合自己的亲身经历，爱旅游的张聪让我们分享了她是如何预订飞机票的。她说，国际机票的价格空间非常大，如果你决定了去某个地方，首先要看哪些航空公司有这条航线。然后，要很勤快地打电话给各家航空公司在你所在的城市的办事处询问座位情况，航空公司本身的机位信息是最直接的，当然你要向他们询问价格，不过这价格通常会比旅行社贵。然后再打电话到各处旅行社或票务代理处询问价格，为了保证座位，可以边问价格边订座，不用担心重复预订，旅行社用的系统看不见乘客姓名，最好让旅行社传真定位单给你，你会发现各个旅行社给的价格、飞行计划（航空公司、时间等）都不同。问得越多越有利，省钱就得这样花工夫。如果时间多不介意转机，那你省下的不会只是一小笔钱。当你最后敲定一家之后，最好一一打电话取消先前的预订，一是为了信誉，二是航空公司见同一姓名多次预订怕你不严肃，真可能给你取消。

做功课拟计划

如果你计划自助或半自助旅行的话，能省多少钱就看你事前做了多少功课了。住民宿吧，千万记得和老板讨价还价，往往会有意想不到的收获，例如免费早餐，或是无限量甜点供应等……要是连续待个几天的话，也要记得拿个好价钱。不住民宿的话呢，可以试试当地的青年旅馆（YOUTH HOSTEL）或 YMCA，再不行的话呢，就住小旅馆或汽车旅馆，或干脆睡在火车、汽车或巴士上。别小看这种方式，人家外国大学生可都是这么做的。

出发前，收集好各地的旅游资讯，研究好最实惠也实际的通行方式绝对是上策，因为在国外自助旅行，负担最大的就是交通工具方面，所以一定要买铁路周游PASS、地铁巴士一日券这类型的折价票来减轻负担。

旅游做点理财安排

眼下，喜欢旅游的人越来越多，怎样在花钱开眼界的同时，做到效益最大化呢？不妨学着一边旅游，一边理财。

1. 制订出游计划

首先在出游之前，先制订出游计划。选择出游目标要突出重点，再以重点目标为中心沿途选择其他次级目标。随后，概算出出游所需费用。费用主要包括交通费、景点门票费、食宿费、购物费等。预算要略有余地，以备急需。制订出游计划，应统筹兼顾，每次出游都要将就近的主要景点涵盖，以便与以后出游的目标不再重叠，这样能够避免某一景点没有观光到还要单独一游或成为遗憾。

2. 选择交通工具

不同的交通工具各有优势和不足，飞机速度快、省时，但费用高，工薪族不能以其为主要交通工具；火车、轮船比较经济，但速度慢，浪费时间，增加疲劳，降低兴致，不过费用少，一般家庭能够承担得起。如果条件好，可优先选择飞机，增加观光效率。如果是经济型旅游，可以铁路、水路交通为主。

3. 带上信用卡

如果是以家庭为单位旅游，一次花费少则几千元甚至上万元，带现金既麻烦又

银行信用卡

容易丢失，带上信用卡就方便了。目前，各旅游景点的金融服务和信用卡特约商户较为发达，持卡可以充分发挥作用。个人持卡旅游可以减少携带现金的麻烦，可以利用信用卡支付住宿、就餐、购买物品等费用，也可以异地提取现金，还可以透支消费。

巧打时间差

"时间就是效益，时间就是金钱"这句话用在休闲旅游上也是恰如其分的，旅游时利用时间可省钱，怎么省呢？

如果住地距旅游地较近，可乘坐公交车去旅游，比乘火车和"一日游"专车要

便宜，因为乘坐火车下车后还乘其他交通工具，才能到景点，一日游车票也较贵，因此乘公交车既省时又省钱。

假若住地离景点较远，最好乘坐飞机，因为火车和汽车费时间，如算一笔经济账，乘飞机省去了食宿时间，还是较划算的。

避旺季，将旅游的时间稍提前或推后，这时人少好乘车、船，车、船票价也可能下浮，住宿也能打折和优惠，吃饭也较便宜，避开旺季是省钱的好时机。

买好直通往返票。一是有可能享受到优惠；二是免去订票费；三是不会为买票延长旅程时间，这些都是比较省钱的。

精心计划旅程时间。把日程安排满，因为在旅游区多呆一天，就要多花一天的钱，节约时间就可以省钱。

出国旅游带什么钱

这几年，自费出国旅游的人越来越多，出国旅游必然要消费，这就牵涉到钱的问题，那么出国旅游观光带什么钱好呢？人们一般都倾向于选择现钞、购买旅行支票、带银行汇票等。

现钞的特点是便于携带，也是通用货币，为任何单位和个人所接受。但由于假钞尤其是假美钞的盛行及各国对本币的管理规定的不同，使得现钞没有想象中那么好使。如新加坡对钞票就规定，如有任何破损，将拒绝接受，这又给持票人增加了一定的风险。从理财的角度讲，旅游者购买的钞票与旅行支票等的价格相同，但如回国后换回人民币的话，钞票的价格将远低于旅行支票等现汇的价格，得不偿失。另外，一旦钞票丢失，将不能挂失。

旅行支票近年来作为新的结算方式正日益被广大旅游者、旅馆、银行、商场所接受，它具有很多优点，如发行机构信誉良好，大部分是国际性的金融公司或银行。币别众多，面额固定，从 10 至 1000 乃至 1 万元不等；安全性较好，在购买时需初签，在兑付时，需当面签字，二者必须相符。缺点是费用较高，在购买时，必须支付 1% 的手续费，在兑付时，有时银行还要收 1% 的费用。旅行支票还不挂失，不记名。随着业务的竞争，有些发行机构已经可以办理挂失。

银行汇票也有其自己的特点，它一般由办理国际业务的外汇银行开立，资信可靠、费用低廉，一般银行只收千分之几的手续费；币别和金额可以随意选择。它的缺点是必须通过银行办理，在旅馆和餐饮业不易被接受。

通过上述的简单比较，相信出国旅游的人可以按照自己的要求，去选择经济实惠的结算方式。

出国旅行，办张国际卡

随着我国经济的不断发展，人们有越来越多的机会接触世界。赶上逢年过节，大家不再把自己圈在走亲访友的队伍之中，而是换了个方式收拾行囊走出国门去领略潇洒。出行是件乐事，但出门在外难免碰到点麻烦。媒体曾报道青岛某旅行团全体兴致勃勃地奔赴欧洲，本想出国畅游一番，可谁曾想在巴黎机场惨遭小偷洗劫，旅客们行李中所带的现金不见了，于是全体团员个个心急如焚，原本快乐的旅行也险些不欢而散。类似的报道不胜枚举。大家都意识到携带现金外出，实在是不安全。能够像老外在中国那样自如地使用信用卡，成为人们的愿望。

其实你只要在国内办理一张国际卡，就可以像老外一样带着信用卡遍游世界了。想必你对此颇感兴趣，下面介绍一下万事达国际卡。

目前，中国有两家银行发行国际信用卡，即中国银行发行的长城国际信用卡和中国工商银行发行的牡丹国际信用卡。在每张信用卡的右下角都有 MasterCard 的受理标志，持有此卡在任何万事达卡的授权商户或贴有 MasterCard 标志的 ATM 上都可消费或取现。无论是在欧洲，还是在美洲，也不管是需要什么样的币种，每一张国际卡都具有消费信用、存取现金、转账结算等功能，真可谓一卡在手，走遍世界。

拥有长城国际信用卡或牡丹国际信用卡你就可以踏踏实实地外出旅行。因为身为世界两大信用卡国际组织之一的万事达卡国际组织，拥有一个覆盖全球的网络系统。迄今为止，全球 1600 万个商户和现钞提款地点接受万事达卡旗下的产品。另外，50多万个ATM提款机都加入了万事达卡的网络，从而使你提款极其方便。持有国际卡，方便、快捷，更具安全感，信用卡的诸多优点你都能体会到。不仅如此，持卡人还可以通过万事达卡国际组织的全球服务中心来为自己排忧解难，不管到哪儿都会有一个为持卡人提供的

长城国际信用卡

免费电话。万一你的卡和现金都丢了，服务中心会及时为你提供解决方案。

国际卡的申请手续也十分简便，国内的这两家银行均提供商务卡和个人卡两种国际卡业务，而个人卡又有主卡和附卡之分。只要你有合法、稳定的收入，根据你的个人需要，选择附近的中行或工行，到柜台去领取申请表。填表后按银行的规定程序办理，15天之内你就能持有自己的国际卡了。

出游如何"半自助"

当旅游成为都市人生活的一部分的时候，人们的旅游休闲观念随之发生变化。如今，那种由导游挥着小旗，处处带领的旅游模式，已为不少人所放弃。但是，并不是每个人都能够做背包族，自由自在地闯荡天涯——背包族需要的不仅仅是时间、精力、装备，还需要充沛的体力、足够的经验、镇定的神经和对旅游天生的狂热。

于是，半自助旅游应运而生。走之前，旅行社已经安排好你的住和行，怎么玩就看你的自由发挥。其实，半自助旅游在国外风行已久，关键是必须要有旅行社的介入，才能降低成本。

在参加半自助旅游前，首先要考虑用几天的时间、去几个地方、在每个地方停留多久……在计划差不多之后，选择合适的旅行社。要注意的是，并不是每一家旅行社都有这样的半自助旅游服务，而且不同的旅行社价格也不同，这个时候就要货比三家。

别忘了，正规的旅行社都会和旅客签订一份正式协议，半自助旅游也不例外。上路之前，一定要记住向旅行社要当地地接社的联系电话和联系人以备求助。要提醒你的是，通过旅行社的打折机票是不可以更改日期的。在行程安排上，如果你定下来在某一个地方住三天，然后去另一处住两天，那么基本上你就得按照这个行程来走，因为住宿已经安排好了。如果有变动，切记早做决定，给旅行社一个改动的时间。

合理选购旅游食品

人们在外出旅游之前，一般都会选购一些食品以备途中的不时之需，那么应选购哪些旅游食品比较好呢？

1. 新鲜食品

旅游食品一定要新鲜，色泽亮丽，让人一见便垂涎欲滴。有关专家认为，到绿色地带应选择偏红色的食品；黄土地带应选择偏蓝色的食品；城市灰色地区则应选择褐、绿色食品。如果食品的颜色同所处环境的色调一样，比较影响人的胃口。

2. 多汁食品

含糖量较低的汽水、富含维生素的饮料以及水果等，既解渴又可以减轻旅途的疲劳。

3. 营养食品

一般一个成年人在外出旅游时，每天要消耗约 3000 大卡的热量，相当于一个年轻体力劳动者的旅游食品。这些东西不宜吃得过饱，以免影响旅游行程。

4. 风味食品

携带的旅游食品应多风味，互相搭配，以促进食欲。可选择一些自己喜爱的食品，在饮食不习惯时派上用场。在风景区旅游可以选购当地的传统特色食品，品尝风味小吃，即可饱口福，又可以得到美的享受。

5. 柔软食品

一般在旅游中，人的体力消耗较大，容易口干舌燥，食欲不振。而柔软食品既新鲜，又易于消化。

出国游提前做好通信准备

1. 开通国际漫游

与国内漫游不同的是，国内运营商一般不会自动为客户开通国际漫游功能。

所以，出行前请咨询中国移动 1860 或中国联通 10010，询问出访国家和地区是否在运营商已经开通国际漫游的范围之内，确认所携带的手机是否适合在出访国家和地区使用，是否需要租用特殊制式的手机，咨询出访国家和地区的收费标准、拨号方式。然后带好相关证件到运营商营业厅办理开通漫游的手续。

对中国移动的用户来说，除了日本、韩国和部分美洲国家外，只要是开通了漫游的国家和地区，客户都可以使用自己的手机。到日本和韩国漫游需要到营业厅租用专用手机，美洲部分国家运营商的网络是 GSM1900M 的，在这些网络漫游需要使用三频手机。

2. 如何选择漫游网络

在使用国际漫游业务时，手机上会自动显示当地移动运营商的名称或网络代码。如果你希望选择某个网络，可以进行手动选网。在手机上，进入手机菜单中的"网络选择"项，将"网络选择方式"设置为"手动方式"，搜索网络后，将出现可用的网络列表，你可在该列表中选取一个网络。不同的手机其手动选网的操作方式不同，具体请参考手机使用说明。

3. 查清国际漫游资费

国际漫游资费是由漫游地运营商规定的，各个运营商规定的资费标准不同。在出国之前国内的朋友也可以通过中国移动等运营商的网站来查询部分漫游资费标准。但是由于境外运营商资费标准有时会出现变更，外币兑换率也随时变化，所以最好是到当地后再向本地运营商查询一次。

由于当地各个运营商规定的资费标准不同，因此可以通过选择不同的漫游网络来节省漫游费。在出境前，大家应先查询一下各运营商的资费，记住资费较低的漫游网络的名称，漫游时通过手动选网方式选择该网络。

出门旅游换汇有窍门

国庆佳节来到，出境游的团队已届客满。对即将跨出国门看世界的游人来说，眼下关心的也许是怎样换汇最合算？下面介绍几点经验和窍门，以供参考。

一般来说，车站、机场和码头的换汇点（标有 CHANGE 的字样）是换汇手续费最高的地方，甚至高达 12%，也就是说，换汇点不但按现钞买入价折合成当地货币，还要收取高额手续费。举例来说，你持有德国马克，在意大利，要将 100 马克兑换意大利里拉的话，虽然欧元区有统一的汇率，但是到手的只有 87200 里拉，而按同期的中国银行汇率，你应该换得 98900 里拉。如果你到当地银行兑换的话，有的银行收取每笔定额手续费 3000 里拉~6000 里拉，有的银行不收手续费，只是汇率下浮，低的约 1%。

对于旅游者来讲，风景点的换汇点打出不同的招牌吸引游客，有的店虽不收手续费，但是汇率下浮，一般来讲，总计约 10%。在与意大利毗邻的奥地利，银行的收费标准似乎更规范，2000 先令以下，收 30 先令（约 2 美元）；2000 先令~3000先令，收 45 先令；3000 先令~4000 先令，收 60 先令；超过 4000 先令，则收 1.5%，但是，汇率较中国银行低约 4%。在瑞士，银行的兑换汇率低于 5%，也不收手续费。

英吉利海峡渡轮上的换汇点的刀最快，对于数英镑的小额换汇（这正是多数旅客零用所需），手续费几乎翻一番。

所以，出国之前，最好在国内银行换取一定美元的前往各国的小额现钞，这样，你就能有基本的交通费从机场或车站到银行去换汇，从而避免 7%~10% 的损失。当然，去银行换汇，别忘了带上你的护照。

给驾车旅游者几点忠告

近年来，随着汽车的普及，驾车旅游已成为一种时尚。为了使你的出游愉快安全，特提出以下忠告。仔细检查车况。长途旅行前，油箱要加满，机油、防冻液要充足，灯光要齐全有效。特别是轮胎，出发前要仔细检查。轮胎胎面如有扎伤等情况必须进行修补处理，不可带伤行驶，以免"伤口"在高速运行中逐渐扩大而导致爆裂。使用时间过长的轮胎，应及时修补或更换，不可掉以轻心。这里还要强调一点，千万不要忽略备胎，它会在关键时刻起到关键的作用。

备齐工具配件。汽车毕竟是一部机器，难免出现故障，所以，出发前应带些机油、冷却液、清水等必需品。当然，车用工具是绝不可少的。此外，不要忘记携带易损耗的配件，如发电机皮带、火花塞等，做到有备无患。

注意安全驾驶。驾驶员的身体要健康，精力充沛，不要带病出游。切勿疲劳驾驶，路途遥远的话应在行驶一段路程后，更换驾驶员。行驶中多注意水温及仪表情况，遇到车况不好应及时停车检查，不要勉强或心存侥幸。根据路面情况调整车速，不要一味追求刺激。途中适当休息，使发动机和轮胎得到有效的保护。尽可能在出发前，咨询目的地及沿途的有关情况，特别是配置"三元催化器"的用户，更应在事先了解沿途加油站的信誉，让你的爱车"吃好喝好"。

二、旅途食宿窍门

到景区外食宿

一般来说，在旅游区内食宿要多花费很多钱，因此应尽量到景区外食宿。比如，在到达确定的旅游景点前，可选择离景点几公里的小镇或郊区住下，然后选择当地有特色的小吃用餐。游览完后，也要再选择远离景区的地方住宿。在旅游中，早餐一定要吃饱吃好。午餐如果在景区内，最好有准备地自己带些面包、火腿、纯净水等方便食品，既省时又省钱。如登黄山，山上一碗面条就要二三十元，而自己带方便食品几元钱就够了。晚餐可丰富一些，以使身体得到足够的营养补给。在景区外食宿一般可以节省 40% 的费用。

巧选旅馆省费用

出外旅行，住的旅馆好坏将影响旅游质量，也影响到费用的支出。那么如何才能住得好，又住得便宜呢？首先可在出游之前打听一下要去的地点，是否有熟人介绍或自己可入住的企事业单位的招待所和驻地。如果有就首选这些条件较好的招待所和办事处，因为大部分的企事业单位招待所和办事处享有本单位的许多福利，且一般只限于接待与本单位有关的人。住在这种招待所和办事处里，价格便宜，安全性也好。当然在选择这些招待所和办事处时，也要根据位置决定，如果十分不便于出行则不可住。二是在企事业单位招待所和办事处不适合自己的情况下，就该把眼光瞄准旅馆。在选择旅馆时，要尽可能避免入住在汽车站、火车站旁边的旅馆，可选择一些交通较方便，处于不太繁华地域的旅馆。因为这些旅馆在价位上比火车站、汽车站旁边的旅馆要便宜得多，而且这些地段的旅馆还可打折、优惠。如今城市出租车发展快，住远一点没关系。

一日三餐避大就小

旅游景点的饮食一般都比较贵，特别是在酒店点菜吃饭，价格更是不菲，而各个旅游点的地方风味小吃，反倒价廉物美。这样，不但可以省下不少钱来，而且也可通过品尝风味小吃，领略各地不同风格的食文化。

尝当地的特色食品

外出旅游不能错过品尝当地的特色食品，如天津的狗不理包子、中山的杏仁饼、上海的风味点心、云南的过桥米线、泰国的榴莲等。出产地自然是味道正宗价格便宜，但千万不要在旅游点购买，到所住地街道店铺去买才不会被宰。知道了第二天午饭要在一个前不着村、后不着店的地方吃饭，就应买好足够的午餐食品和饮料，这将节省几倍于自带食品的价钱。

工薪族旅游怎样吃好

双休日或节假日是工薪族旅游的好时机，一家三口外出旅游，观光祖国的名城、名胜和名山，共享生活之乐。但在家千日好，出门一日难，对于工薪族来说首先遇到的第一个问题是吃的难题。工薪族钱包不鼓，既要少花钱，又要吃好、玩好，这就需要合理安排用餐。如何才能解决好吃的难题？关键是个巧字。

1. 巧备旅途餐食

火车餐车菜肴量少、价贵，平常三菜一汤要花费百余元，不但吃不好还吃不饱。旅游客车沿途的路边饭店大多卫生条件差，有时还要挨宰，用餐时间也匆忙。因此，旅游时可根据路途长短、出游季节等情况自备食物。如果是秋、冬之季，气候寒冷，就要自备足够的熟卤菜、糕点、水果，或到批发市场批些方便面等携带方便的食物，这样，途中只需再带上一个保温瓶添加热开水即可。倘若有喝点酒的人还可备上二两半装的二锅头，进餐时喝上两口，既可活血暖身，又可消除旅途疲劳。

2. 巧吃旅游风景名胜点的餐食

旅游风景名胜点的餐馆一般要比别处的价格高出两倍左右，因此，上景点时不要更多地像模像样地大吃，一般是有选择地吃。一是讲个实惠，可以在旅游点的快餐店里买盒饭，一人一餐只需 5 元。另外还有饺子、捞面等，既经济，又实惠。二是讲个特色，有许多风景名胜景点都有不同的特色点心和南北风味小吃，如泉城的大饼、江西的冻米糖、四川的麻辣面、武夷山的竹筒饭等，食来既省时，又可以品尝到当地山川人文景观特色的渊源。

3. 巧选旅游景点餐馆就餐

工薪族也不能因为旅游亏待了肚子，旅游期间，不妨选几家实惠、干净的餐馆。如广州、福建的海鲜店，北京的烤鸭店等做一次品尝或在价格合适的小餐馆里，一家三口花上几十元，炒上几个菜撮上一顿，不但可以改善一下旅游中的饮食，还可以调剂一下生活，以饱满的情绪完成整个双休日或节假日之旅。

武夷山的竹筒饭

吃饭要去老字号

老字号在中国，至今仍是信誉的保证。许多人去杭州，楼外楼都不会错过。城市进餐最好选择老字号的小吃店，这样的饭店面向当地群众，一来可以品尝地道的民间小吃，二来价钱十分公道，且因是老店，诚信好，没有被宰的危险。

向当地人打听餐馆

品尝各地美食是旅游中的享受之一，王先生每到一地都会找当地人打听去哪里吃特色小吃。他说，当地人了解的肯定是最传统的，而名声在外的馆子一般都不便宜，比如西安的老孙家羊肉泡馍因为美国总统去过就身价百倍了，其实那里回民街很多小店铺的味道也很不错。

"如果今天你赚了点钱要带家人外出吃饭，会带他们去哪里？"张先生在东南亚国家旅行时，会这样直接问三轮车司机，司机往往会告诉他一个地方。然后张先生再让他在地图上指出是哪里，和他讲好车价，并强调如果那里不令自己满意，需要免费载去另一家。张先生说，淳朴的当地人肯定会让你满意为止，所介绍的地方都是当地人气很旺的排档餐厅，他在泰国和越南还试过被带到风景一流的河边餐厅。这些地方食物正宗，价格不贵，也避开了其他游人众多的餐馆而可以领略当地人的生活。

住信誉较好的旅馆

如有条件在出游前可与信誉较好的旅馆联系，进行咨询并委托代订房间。出行前没有事先订房，到一个城市先买张旅游交通图，查看住在哪里方便又便宜，选择好宾馆。登记入住前你可试着对服务员说：我又来光顾了，你们这里对常客该有优惠吧（虽然你是初次入住），也许会得到较大的优惠。

利用网络提前计划

对于劳累的旅途中人，安静、舒适的住宿休息环境十分重要。星级宾馆的住宿条件自然上乘，但要想省钱，就不能一味追星，而应从实用的角度考虑。有一年元旦，"游仙"潘女士和先生一起背包去了婺源。出行前，她在相关的旅游网站搜集了网友们推荐的当地的家庭旅馆的信息，到了那里他们住在一户老师家里，有宽带、空调、独卫、彩电，每间才 50 元一晚，比宾馆便宜多了，那位老师的母亲煮的早饭到现在还让他们惦记着呢。

如果是出境游，最好能懂点英语，这样，可以在网上通过订房网站订房，折扣可观。在越南有很多私人经营的小旅行社，他们也可以订当地的酒店，网上搜寻到他们的电子信箱，起草一封短信，一个个复制过去。如果不知道有些什么酒店他们也可以推荐，只要告诉对方自己各方面的要求就行。另外，常使用的方法还有直接向订机票的旅行社询问酒店，现在东南亚是中国人出国游的热点，国内旅行社手里都有一些酒店的介绍。

避洋就土选招待所

在出游之前打听一下要去的地点是否有熟人介绍或自己可入住的单位招待所。如果有，可首选这些条件较好的招待所。这种招待所，大都价格便宜，既卫生又安全。当然在选择时，也应考虑其地理位置是否便于出行。

如果没有适合的，则可以考虑选择交通较为方便但处于不太繁华地域的旅馆。因为这些旅馆的价位一般比较便宜，而且还有打折、优惠的可能。如果你是位有酒店情结的游人，那么不妨考虑一下许多城市中都有的一些名气不大、档次不低，只是由于位置稍偏、价格就便宜很多的酒店，即使加上路上的"打的"费，它们也比有名的同类酒店便宜。一些建在景区内的酒店也可以纳入旅游者的考虑范围，这不仅可以省去到景区的交通费，而且住在风景之中，更有可能省去几十元的门票费，因为有些景区是免收酒店客人的游览门票的，比如承德避暑山庄的蒙古包宾馆。

国内免费投宿有窍门

如果你是一个旅游自游人，初到一个地方时又找不到住宿的地方，你不妨到下列地方碰碰运气。

1. 火车站休息室，如果有同伴同行，也是没有参加旅行社的自游人，不妨你们结伴同行，到火车站休息室可以大家轮流看行李。

2. 到教堂借宿，因为牧师等宗教界人士喜欢留游客，临走时，你可以付房费但一般人家都不收。

3. 实在找不到住处，去找警察，警察多半会留你住一宿的，这一招儿在外国也管用。

预订酒店省钱的方法

从目前来看，通过一些旅游预订网站预订酒店，应该是较为省钱的办法。我们从网站上查询一下就可以看到，无论是携程旅行网还是 e 龙旅行网，所报出的酒店价格都会比酒店公布价低出很多。如果你是多人同时预订，还可以跟他们商谈团队价格的问题。要注意的是，各家旅游预订网站报出的同一酒店的房间价格并不一致，有时还会有相当大的差别。多走几个网站，比较一下彼此的价格，也许就可以找到更加实惠的价格。

购买会员卡，以会员的方式预订酒店，也是较为省钱的一个好方法。比如通过打电话或直接到酒店前台，就可以买到如家快捷酒店的会员卡。用卡来结账，当时就可以得到规定的折扣优惠。国际连锁酒店"青年旅社"的会员卡作用更为重要。他们公布的价格只对会员有效，不是会员，对不起，还需要加收费用。

用信用卡办理酒店预订，也常常会得到来自信用卡公司的优惠支持。比如，2005年澳大利亚旅游局就联合VISA信用卡公司，对用VISA卡预订澳大利亚推荐酒店及在澳大利亚进行其他消费的旅游者，实行折扣优惠。

连续预订一家酒店或者是预订一家连号酒店，不但会让你感到酒店环境的熟悉，也会是一种省钱的方法。很多酒店本身都会有常客优惠的政策。你如果以往在一家酒店住过，那你再次预订这家酒店的时候，先请他们查看一下以往的住宿记录。如果证实你以往住过，那酒店一般会主动给你入住折扣。有些连号酒店还会有积分积累的优惠可供你享用。比如，你在北京、杭州等香格里拉酒店住过，再到香港的香格里拉下榻的时候，积累的积分就可能使你得到价格上的优惠或者是服务上的特殊照顾，比如说更换海景房间而无须加价、免费洗衣、享用免费早餐等。

三、游览购物窍门

善玩也可减支出

出门旅游，玩是最主要的目的，在玩上省钱是非常必要的。那么，如何省钱呢？首先对自己旅游的景区要大概了解，从中理出这个景区最具特色的地方在哪里，必须要去的地方又在哪处。这种具有特色的地方一定要去，在去观赏这些地方时，对一些景点也要筛选，重复建造的景观就不必去了，因为这些景点到处都有。其次是在旅游时，更应拿出一点时间，去逛街，看看景区和城市的风土人情，因为这么闲逛不需要花钱买门票，但这样一玩，却能玩出好心情，因为它可以长知识，也可以陶冶性情。

争取团队门票折扣

如果是组织俱乐部团队一同自助出游，那景点的门票就很有学问了。高峰是上海网友会的管理员，经常组织一些旅游活动，他的经验是充分利用网友的各种资源，比如，借一个旅游公司的联系单，到景点去拿旅游社团队的门票价。夏军民也曾经设法搞来一份旅行社的路单，这样门票就可以按团队打折，也许可以打七到八折。有时亲自谈的折扣甚至比旅行社的路单还管用，比如今年春节，李军和几个朋友一起去湘西，多数景点门票的折扣都是自己谈下来的，大多都能打到五折以下。

景点门票避通就分

近年来，不少旅游区都出售通票，这种一票通的门票，虽然有节约旅游售票时间的好处，而且比分别单个购买所花的钱加起来也要便宜一些。但是，大多数旅游者往往不可能将一个旅游区的所有景点都玩个遍，鉴于此，游客可不必买通票，而改为玩一个景点买一张单票。这样反倒能省下些钱来。

旅行不必遍游景点

出门旅游，首先对自己旅游的景区要了解，从中理出这个景区最具特色的地方在哪里，必须要去的地方又在哪里。

比如，江南最具古镇特色的乌镇，就有一条不用买票的风景线。同处一条大道，左手边的第一条路景色很不错，右手边的两条路就是要收门票了。又比如在阳朔，跟着当地老大妈，就能坐上便宜许多的民船游漓江。

聪明旅游购物五招

夏季是旅游的旺季，出门在外，想要握紧自己的钱包几乎是不可能的，因为大多数人在眼花缭乱的情况下，都容易对当地的物价产生错觉。以下几招虽然保证不了你的钱包去时什么样回来还什么样，但至少可以提醒你，在众多的诱惑面前不至于太忘乎所以。

1. 狐假虎威

在一个陌生的城市采购，最要紧的是身边要带上个会说本地话的朋友，他的任务就是东拉西扯转移视线外加敲边鼓，所以最理想的人选是见面自来熟的那种，让卖东西的人生怕误宰熟人，以至于拉不下脸来咬定物价不放松。这样一来，你花最少钱买最好东西的目的就快达到了。

只是事先你得给这朋友打打预防针，确保他在听到吃里爬外这个词时不至于反应过于激烈。

2. 避实就虚

记住，别在热闹的旅游景点买东西，除非你的钱多得实在花不完。据说在当地小贩的眼里，有两种人不宰白不宰，一种是大鼻子、蓝眼睛的老外，另一种就是初来乍到、不知深浅的外地游客了。另外，还有一个不能轻举妄动的地方是机场。那里的东西多半都像有些杂志一样中看不中用，就算买来送礼人家都未必领情。要是费点儿事摸清当地人常去的购物场所，你的钱包就会安全多了，即使享受不到和当地人一样的待遇，至少不会被误认为是个不识数的冤大头。

3. 孤注一掷

暂时抛开那些诱人的售后服务吧，只要不是在自己家门口买东西，包退换、保维修的承诺就和你没有任何关系。掏钱之前，你最好睁大眼睛、集中精力，用最佳状态做好你的一锤子买卖，衣服要试穿，CD 要试听，影碟要试看……眼下的麻烦越多，日后后悔的可能性就越小。有些人的经验是，旅游购物的风险系数丝毫不低于炒股，没做好孤注一掷的思想准备不可仓促上阵。

4. 南辕北辙

曾有朋友不辞辛苦从大洋彼岸带回一套真丝睡衣，兴致勃勃地送给老婆，却遭"痛骂"，原来标签上清清楚楚写着"Made in China"。50 美元足够在国内买三套同样的衣服不说，连昂贵的空运费都硬是替人家交了。一种产品离产地越近，价格就越低，这是个经常被人忽略的常识。除非你要买的东西有什么特殊的纪念意义，否则，以后有时间就多关心关心国内外的轻工业分布，别再南买皮草北买茶了。

5. 心血来潮

几年前一位旅游者有过一回沿古丝绸之路游新疆的经历，一路上他曾被各种民族服饰迷得神魂颠倒，于是异想天开要搞个专题收藏。等大包小包上了帕米尔高原，又看上了"古兰丹姆"的帽子。不想塔吉克女孩的刺绣珍贵异常，最后还是哭着喊着拿出 200 块钱，从一个舞蹈演员头上硬摘了一顶回来。旅途结束，情绪也渐渐正常，忽然发现这一路的收获成了搬家时的累赘，尤其是那顶帽子，连参加化妆舞会都嫌夸张。

旅游购物避景就市

旅游景区的物价一般都较高，所以，无论是购旅游纪念品还是购旅游中的食物、饮料，抑或购买当地的土特产品和名牌产品，都不必在旅游景区买，而改为专门花上一点时间跑跑市场，甚至可以逛夜市购买。如此，既可买到价廉物美的商品，又能看到不同地方的市景。

景区商品慎重买

在旅游中尽量少买东西，旅游区一般物价较高，而且买了东西还不便旅行。根据旅游者多年的经验，一些旅游区针对顾客流动性大的特点，出售的贵重物品时有假冒伪劣，而真正体现该地区人文、历史风情的物品，未必会在景区里出售。比如西湖龙井，就生长在杭州郊区的梅家坞和翁家山，而不是西湖景区。所以，西湖景区的龙井价格不仅远远高于原产地，和北京也不相上下。

此外，旅途中必备的物品，如胶卷等最好提前准备好，免得临时抱佛脚，买了质次价高的物件。

导游推荐的东西慎买

旅游购物，可能是乐事也可能是烦事。常常会有一些旅游者，因听从了导游的介绍买了一件不喜欢的物品而生上一路的气。

不仅是国内的导游，东南亚、澳洲、欧洲的导游都乐于向旅游者推荐商品。因为在多数的旅行社当中，导游的收入都与旅游者的购物密切相连。明白了这样的道理，对导游热心推荐的商品，我们理应提高警惕。

许多人都有随团旅游的经历，也自然都有被导游带到商店购物的经历。一般来说，导游会与商店很好地配合来想办法让旅游者把钱包解开。

导游之所以要带旅游者到这些地方购物，也是因为目前的多数旅行社不养导游的经营策略所致。公然以不养导游的说辞作为自己的经营策略，所折射出来的，是旅行社管理者在杀鸡取卵的经营行为中对导游工作的不屑。这样的一种策略，对旅行社的经营者来说，也许在经营成本上可以减少一些工资支出，但对旅行社业务的推进则是不利的。因为从旅行社的经营规律来看，企业的经营说到底无非就是产品与质量两部分，而将作为影响质量最后一环的导游工作从根本上忽略，不将其纳入自身的特色经营、企业质量体系中去，企业的经营，难免会给人留下"当一天和尚撞一天钟"的印象，而企业的经营风险，必然也会人为地增大。

目前，接待从国内到泰国、马来西亚、新加坡等国家的中国旅游团队的导游员，收入均依赖于旅游者的购物回扣。在这样的情况下，是不能指望导游员在推荐商品时还在为旅游者着想的。

但话又说回来，所有的旅游者都是独立的完全民事行为能力人，导游员进行商品推荐时，你完全可以不听或不买。因自己不坚定而买下，而后再指责导游，也会显得于理不公。

旅途购物学问多

出门在外，买些地方特产和纪念品，体验异地消费的情趣，是游人的普遍心理。怎样在旅途中购物，也是一门学问。

1. 以地方特色作取舍

地方特色商品，不仅具有纪念意义，而且正宗，有价格优势，消费者值得购买。如杭州的龙井、海南的椰子、云南的民族服饰、西藏的哈达等，购买后留作纪念或送给亲朋好友，都称得上是件快事。

2. 以小型轻便为首选

有些特色商品，体积笨重庞大，随身携带很不方便，不宜购买。人在旅途，游山玩水，乘坐车船并不轻松，行李越少越好。有些物品还易碎，稍不小心就会中途损坏，因此最好不要购买。

3. 切忌贪便宜

在某些风景区，经常可见有兜售假冒伪劣商品的，如珍珠、项链、茶叶之类，游客可要禁得住价格和叫卖的诱惑。有时自以为捡了便宜，回来后经过一番鉴别，大呼上当者也不在少数。再去退货吧，反反复复折腾一番不划算，只有自认倒霉的份了。

4. 相信自己的判断

现在的旅游市场经过净化，大部分导游都能遵守职业道德，不会打游客的主意。但是，有少数导游却想尽办法把团队拉到给回扣的商店，任意延长购物时间，乐此不疲地为游客介绍、选购物品，殊不知这一系列的安排是一个大陷阱，游客被温柔地宰一刀还被蒙在鼓里。在异地购物不要盲目轻信别人，切忌冲动从众，而要相信自己的判断，管住自己的钱袋，学会自我保护，做个成熟的消费者。

购物莫花冤枉钱

在国人传统的旅游观念中，有一个旅游购物的爱好，有些人往往在旅游中的游花费不大，却为购物花去一大笔钱。那么如何不花冤枉钱呢？首先是在旅游中尽量少买东西，因为买了东西不便旅行，而旅游区一般物价较高，买东西也并不合算。同时值得注意的是，切记莫买贵重东西。一些旅游区针对顾客流动性大的特点，在出售贵重物品时，往往用各种方法出售假冒伪劣商品。如果买了这些"贵重物品"，游客一旦回来后，发现上当了也因为路远而无法理论，只得自认倒霉。当然，到一地旅游也有必要购些物品，一是馈赠亲朋，二是作纪念。那么购什么好呢？一般只是购买一些本地产的且价格优于自己所在地的物品。这些物品价格便宜，又有特色。旅游的开支多且广，其节约办法也较多，一旦你去旅游，可根据自己的实际进行节约。

地方特色产品才是该买的东西

购物是旅游者在旅游当中的一项重要内容，几乎所有旅游者到了一个地方，总想带回几样当地的东西，而最具旅游目的地特色的产品，才是旅游者最应该购买的东西。

在原产地选择购买这些地方特色产品非常重要，这能使你对当地的印象更加深刻而且使得此行更有意义。应当尽量避免在巴黎买日本照相机，以及在东京购买法国香水这样的事。因为那样虽然不用当心买假货，但已经失去了很多乐趣。

不要参加低价购物旅游团

购物过多、过滥的问题，成为目前旅游者的一大困扰。因为旅行社安排过多的购物，已经让多数旅游者厌烦不堪。频繁地出入商店，挤占正常的游览时间，旅游的质量因此而大受影响。但是，这类以购物为主的旅游团在市场中仍能有一席之地，其原因在于低价往往是影响旅游者选择的首要原因。旅行社投其所好抛出低价招引旅游者，然后再以牺牲正常游览增加购物的安排来维持低价，形成了劣质产品的生成怪圈。寻根溯源，这个怪圈之所以能够形成，当然主要是旅行社在中间作祟，但也与一味喜欢低价的旅游者的参与有关。

不参加这类低价购物旅游团，应该是旅游者自我保护的一个重要基点。在目前低质、低价团盛行于世而政府旅游主管部门一筹莫展、苦无良策的时候，旅游者只能从加强自身的戒备、提高自己的鉴别水平做起，谨慎参加或者不要参加各类的低价购物旅游团。

怎样鉴别这类旅游团呢？一是看旅行社的广告，因为目前的购物低价团泛滥，所以不以购物来博得低价或完全不安排购物的旅游团，旅行社一定会在广告中特别标记出来。另外，向旅行社咨询一下也会得到比较明确的结果。需要记住的是，在报名决定参加旅游团时，务必要在合同中对是否购物、购物次数加以约定，以便对旅行社随意安排购物的行为进行警示。

当然，低价团未必就是购物团，也未必质量就一定会降低。常常会有另外一些因素降低了价格，如航空公司新航线首航开通特价推广、旅行社产品的反季节销售、企业节庆活动等，也会有各种低价优惠。这与通常所说的低质低价团，不是一个概念，旅游者也不必担心这样的低价团会有什么不好，也许情况恰好相反，以低价博得了高质。

未必是价高的工艺品才珍贵

旅游购物当中，人们常常会遇到这样的情景，往往是不经意之间，花了不多的钱购买的东西，反倒成了自己的最爱。

富人的奢华价值取向，并不应该成为大众旅游者的向往。巴黎一区的一家礼品店，锁定的客户只是世界上消费能力最高的 3000 人，大众旅游者在那里并不受欢迎。而那里摆放的奢侈品，对于普通旅游者来说，也未必更为珍贵。

巴黎奢侈品店

价格并不与价值完全画等号，比起花高价买的不称心的物品来，以低价购买的可心的工艺品会让人们更加喜欢。在一些旅游度假胜地，或者在海边享受悠闲，或者在城区闲逛不起眼的小商店，淘到自己心仪的物品，才是最大的乐趣。

四、出行安全窍门

如何巧妙安排交通

如今，民航飞机票也可以打折了，选择在淡季出行，光飞机票就可省下不少钱，网上预定，价格还会更低。

大多数工薪旅游者会选择坐火车。新型空调车硬座的价钱相当于普通火车硬卧的价钱，假如身体健康，旅途不是横贯祖国东西南北，还是选择硬卧吧；若你年轻气盛，还可以尝试坐硬座，省下的钱可以多玩好几天。火车的车次选择也要注意，不要光看发车时间，重要的是何时到达。万一坐了趟慢车，可就惨了。不过有时候你还要选择慢车，因为在车上呆一个晚上，可省下一天的住宿费。

到达目的地后，常常需要转汽车或坐船。坐汽车也有原则，尽量不要"打的"或租车，如今公共交通非常发达，大都能到你想去的地方，少坐一次出租车至少能省 10 块钱。但绝对不是不要"打的"，有时，这 10 块钱不仅节约了宝贵的时间，还有机会让你恢复体力。长途汽车，要坐正规公司的车，在售票窗口买票时要问清楚是哪辆车。如果是招手车，一定要问清价格和是否要转车。不少地方盛行"倒车"，即你上了第一辆车，开到半路，它就将你转给另一辆车，对司机来说，提高了效率，而对你来说，也许就是麻烦甚至是纠纷。在一些地方，可以搭顺风车，不过要注意安全。坐船的时候注意不要在代办点买票，因为有时候他们会收几十元的代办费。

购买打折机票

生活中打折机票比折扣酒店更常出现在人们的视野中，打开报纸，各种销售打折机票的信息常常会以诱人的价格不断冲击人们的眼球。有一个事实需要告知旅游者，那就是购买到全世界任何地方的机票，都能找到折扣票，这需要仔细去找和知道从哪里去找。

特价折扣机票，常常只有正常票价的一半或者更低。一次出行，如果能购买到往返的折扣机票，可以节省不少费用。但是，许多人在购买特价折扣机票时没有注意到，航空公司的这些特价机票，一般都会附有各类的限制条件。按照权利和义务平衡的原则，你在享受了航空公司优惠机票的同时，就要受到这些条件的限制。

首先是有效期。特价机票的有效期较短，一般为 30 天、45 天和 60 天等。其次，对出票的时间也会有所限制。必须提前订位和出票，一般在出发日前 3 天~7 天就要订位和出票。特价机票的乘机日期通常是不允许更改的，出票后，出发日期和航程均不能进行更改，否则视同退票处理。有些国际往返的特价机票虽然可以更改，但一定要收取相当高的改票费。如果购买了特价票没有使用而准备退票，多数航空公司是不予办理的。如果允许办理，也会收取票面价 15%~50% 的手续费。

另外，折扣机票是处在价格经常变化之中而且数量有限。国内的一些折扣机票销售商，报出的低价在你真正要买的时候，可能却会被告知没有了，而只有高价位的票。这种情况并非一定是销售商欺诈，而是因为特价机票的舱位数量有限，各国航空公司都只会将特价机票当成是一种促销手段，而不会将飞机上的全部舱位当成特价。

电子客票，也是另外一种打折机票。航空公司或机票代理商销售的电子客票，通常都会比普通客票便宜。我们在寻找折扣票时，不妨把电子票也考虑在内。电子客票是普通纸质机票的电子替代产品，客人通过互联网订购机票之后，仅凭有效身份证件直接到机场办理乘机手续即可成行。在欧美等信息化发达国家，电子客票、无纸化乘机已是非常普遍的现象，在我国还没有广泛地被人们接受。它的好处，一是可以自助购票节省时间，二是方便快捷，直接到机场凭有效身份证件就可办理登机手续。

乘坐公交车最省钱

即使在国外，乘坐地铁的公交车也是很方便的。在路上交通越发拥挤的今天，地铁是时间的保证。当然，这只针对有地铁的城市而言。不到不得已尽量不要"打的"或租车。如今公共交通非常发达，大都能到你想去的地方，少坐一次出租车至少能省 10 块钱，少租一次车省的可就是上百元。

旅游乘车有窍门

每到假日，车多人多，坐车成了最让人头痛的事。尽管铁路部门在假日增开车次，但旅游者仍感到乘车难。其实在这难中也有不少窍门，只要掌握它，必定会给你的出门旅行带来方便。

无论是什么季节，并不是每列火车都拥挤，在这方面许多网友都深有体会。有一位网友旅行结婚从南京返回北京，到车站一问三天的票都卖完了，怎么办？于是就买了趟南京到济南的车票，当晚离开南京，第二天一早到济南，接着不费劲就买好了济南开往北京的车票。剩下的时间，在济南旅游，第二天很舒服地就到了北京。因为离北京越近，到北京的车越多。同样，夏季去北戴河，返京时车很挤，于是可改乘终点站是天津的车，这趟车人少还能躺着，到天津后呆了一个小时就乘上到北京的列车，减少了拥挤，比原乘直达车到京也晚不了多少时间。这也是因为天津到北京的城际列车就有十几对，不拥挤，票好买。当然这样做就需要旅游者要有一本全国列车时刻表，对换车地、时间都要做到心中有数。

中途换车，一站一站地坐，可以说是高峰乘车的一个窍门。像从乌鲁木齐返京没票，就先到郑州，然后再换车返京等。

另外，铁路车站也应提高服务质量，比如说一位旅游者要从上海到北京，车票卖完了，这时售票员可以给他当参谋，告诉他有到天津的车票，到了天津后可换乘的车次及时间。这样既能为乘客解决难题，又能做到调配旅客，使每趟列车都发挥出作用，同时也避免了拥挤现象。

怎样才能买到靠窗口的车票

现在我国国产客车车厢有 21 型、22 型、可躺式等，有的可坐 116 人或 118 人，座号排列不一，但有规律可循：

116 定员的车厢，凡是座号尾数中有 2、3、7、8 的便是靠窗口的；118 定员的车厢，凡是座号尾数有 0、4、5、9 的便是靠窗口的。因为要是购买两张火车票，如购到 3 和 4 或 8 和 9 为尾数的两张连着的车票，则一定有一个座位是靠窗的。

旅游旺季巧买票

旅游旺季又将来临，在结伴外出观光的市民中，有不少人会选择乘坐火车出游。但由于到时游客出行集中，车票比较紧张，旅行者如何巧买火车票才能节省精力与时间呢？学会买返程票、联程票不失为明智之举。

几天前，几位游客来到上海站售票窗口买票，他们要去杭州游玩几天，而后再赴江西南昌。售票小姐获悉他们的行程之后，当即建议他们预先买好从杭州至南昌的车票，这样可以一次购票，全程无忧。这几位游客知道在上海就能买到从杭州到南昌的火车票时，非常高兴，他们正为在杭州能否买到车票而担心呢！

据上海站售票部主任李毅介绍，尽管车站已正式推出了方便旅客购买返程票与联程票的服务，但仍有许多旅客对此便民服务一无所知。据统计，上海站目前每月只售出返程、联程车票近 7 万张，与车站每月售出 210 万张车票的总数比起来，仍是一个小数目。

根据铁道部的规定，目前旅客可购买到任意一趟始发车站开出的始发车次的返程或联程车票。粗略一算，全国铁路拥有始发车次的车站有数千个之多，这极大地方便了旅客有计划地安排行程，有时还能避挤就松。打个比方，上海至乌鲁木齐的车票一直比较紧张，但如果旅客先购买从上海至兰州的车票，再购买从兰州至乌鲁木齐的车票，就很容易买到。兰州至乌鲁木齐每天有两班车，而且在兰州中转时衔接时间很理想，只需停留两三个小时。

当然，在旅游旺季时，铁路运力跟不上需求仍是客观事实，旅客有时也难以买到一些紧张车次的返程与联程车票。目前铁路部门的规定是，每个始发车站的始发列车一律抽出 15% 的卧铺票与 10% 的硬座票，提前 2 天至 12 天上网，供全国各车站发售。但一些客源集中的大站，如上海站、北京站，中转旅客多，车票需求量大，有时上网车票很快便被一抢而空。但是，一些较小车站的上网车票却少人问津。原因在于，许多旅客头脑中还未确立购买返程票与联程票的意识，也未掌握绕路避开高峰路段抵达目的地的诀窍。

以步代车

旅游重在身临其境，身体力行地体味、感悟自然和人文景观中的境界和内涵。随着旅游区现代化建设和城市交通的发展，一些人的旅游已变成一种"坐游"。出门要"打的"、坐公汽，登山要坐缆车，这种做法不仅多花钱，而且容易走马观花，失去旅游的真正意义。以步代车，既可以最直接地观光，也可以节省一大笔交通费用。

几人同行选择包车

到了旅游地，如何选择交通工具呢？有经验的人都谈到了包车。有人说人多的时候包车比乘坐常规班车更合算，一来可以节省很多时间，二来可以节省体力，三来可以省去很多不必要的麻烦。潘女士的江西婺源行，就找了一位当地的司机小胡。未出发前，她就根据网友的推荐，联络上了这位当地司机，桑塔纳包车三天550 元。潘女士告诉记者，网友推荐的一般都错不了，当地司机熟悉情况，这样包车既经济又安全。

犯罪分子四大惯用招数

春运期间旅客人数众多又返乡心切，往往会给犯罪分子可乘之机。对此，公安部门提醒广大旅客，注意犯罪分子几手常用的招数：

1. 抢门

春运期间，许多旅客往往带着大包小包，上车时又只注意手里的包裹而忽略了腰间的手机和兜内的钱包等，犯罪分子这时或是上车时顺手牵羊或是一人挤门、一人在后扒窃。针对这种情况，公安部门提醒旅客乘车时要排队上车，不要着急抢座，注意随身携带的物品，注意挤门而不上车的人。

2. 拎包

此类罪犯分子一般趁乘客闲聊或打瞌睡时顺手拎走乘客的包。对此，提醒乘客乘车时应注意看好自己的包，贵重物品要随身携带。

3. 诈票

当一些旅客因中途倒车而在各车站停留时，一些犯罪分子利用同乡和同程的借口同乘客套近乎，借故拿过乘客的票看，看完后还给乘客的是一张已被调包的过期车票。对此，提醒旅客不要轻信别人的话，更不要轻易把火车票等物品交给别人。

4. 碰瓷

一些犯罪分子走过旅客身边时故意将自己的物品扔到地上，然后诈骗旅客钱财。遇到这种情况，旅客可以报警或叫保安帮忙抓住犯罪分子。

慧眼识破旅途中常见的十大骗术

第一招：最常见的大概要算专业扒手，严格说来也不算是骗，应说是手法高明的偷。妇女抱着小孩或几个小孩子一组，绕着"待宰肥羊"团团转几圈，或是拿着报纸靠近你，几秒钟就能顺利得手了。

破解术：少用外露的霹雳包，改用内藏式贴身腰包，护照及金钱都放在贴身腰包里，口袋只放当天要用的少量现钞，最重要的是不要让陌生人有靠近的机会。

第二招：在人群中故意散落满地铜板，当有人目光被吸引，甚至好心蹲下去帮忙捡拾的时候，旁边早已虎视眈眈的"第三只手"就会乘虚而入了！

破解术：遇事不要太好奇，也不要因身边发生的事而疏忽该有的警觉性。就算有心想帮助别人，也要先照顾好自己的行李。

第三招：公园里，慈祥的老先生发现你背后的衣服脏了，好心告诉你还帮忙清理。等到衣服清理干净后，口袋里的钱和皮包当然也不翼而飞了！

破解术：友善的当地居民确实让人觉得温暖，但是防人之心不可无，有些事最好还是自己来吧，谢谢"好心人"然后迅速离开现场，最好马上到人多的地方，以防扒窃不成反被抢。

第四招：快餐店的邻桌客人故意丢了人民币在地上，然后问你："是你的钱掉了吗?"等你低头捡起来时，邻桌客人已经和你桌上（或椅上）的背包一起消失了！

破解术：在餐厅或快餐店，同桌伙伴去洗手间，只剩自己一人看管行李时，不要理会邻桌客人的动作和谈话，所有行李都不可离开视线。

第五招：假观光客拿着地图来问路，或是一起研究行程，经过仔细讨论后他们称谢离去，只留下背包已被洗劫过的痕迹。

破解术：旅行途中自己也是个需要看地图的观光客，被人问路当然不寻常。最好直接说自己也不清楚，马上离开现场，不要让自己被包围在中间，增加骗子的下手机会。

第六招：歹徒假扮警察在路上检查游客的护照，还要求检查携带的外币是否为假钞。被带回假警局（或带进暗巷）的无辜游客，不是真钞被调包，就是所有的钱全被当成假美金没收了。

破解术：一般在没有犯罪或意外情况发生时，不会有警察来临检观光客。如果不能当场判断警察的真伪，最好说护照和钱都在旅馆保险柜中，或是佯装听不懂请当地路人及店家帮忙翻译，无论如何都不要掏出重要证件和金钱。

第七招：遇到愿意权充当地导游的热心人，介绍许多景点、交通、食宿资料取得游客信任后，再介绍令人心动的黑市汇率，换完钱就发现换来的钱不是少了许多，就是假钞！

破解术：任何国家的黑市兑换都是不合法的，如果在黑市换钱而发生问题时，不但没有申诉机会可能还要吃上官司。最保险的方法是在银行换钱，虽然要付些手续费但却安全得多。

第八招：在兑换处（Exchange）换钱也不见得百分之百安全，有时遇上牌告汇率和实际兑换价不同，换完询问才知道牌告汇率是一次兑换 500 美元以上的优惠，这时想不换也来不及了。

破解术：每家银行或兑换处的汇率、手续费计算都不尽相同，换钱之前一定要先问清楚，例如问换 100 元美金（现金或旅行支票）可拿到多少外币？这样很快就可以算出实际的汇率，再决定要不要换。换好钱之后，别忘了将护照和钱收藏妥当再离开银行，以防歹徒早等在外面下手。

第九招：在币值比较小的国家旅行，面额很大的钞票（动辄上万元甚至百万元一张）常让人算不清楚，尤其拿大面额钞票买便宜小东西时，一不小心花了眼，本来该找回 99 万元却只拿到 9.9 万元！

破解术：买小东西时避免用大钞，若正好没有零钱就先算好该找多少钱，把找回来的钱当着商家的面算清楚，一旦离开可就没有机会讨回公道了。

第十招：无论是真艳遇还是假艳遇，在旅途中都同样是高风险的事。提防有心的骗子摇身一变为浪漫的异国情人，一夜风流或俪影成双几天之后便人财两失！

破解术：出国旅行时，就像脱离平常的现实生活走进另一个时空，很容易让人失去原本应有的理智与判断力。所以别对旅途中的异国恋情有过多的期待和幻想，就算有缘认识新朋友也不要急于发展，好好保护自己才是最重要的。

消费要理智，守法最重要

旅游者须遵守我国及相关目的地国家的法律和法规，参加自费项目不要违法，在旅游过程中不要参加黄、赌、毒活动，若参与这些活动造成的任何问题，后果都由旅游者自己负责，不要轻信当地地接社导游出示的供游客选择的所谓某国某地旅游部门推荐的自费项目表。

旅游者在旅游途中出现服务质量问题，可与旅行社协商解决。协商不成，可在完成行程后到出游报名所在地的市、区（县）旅游质监部门投诉。旅游质监部门经调查核实后，根据有关规定提出处理意见。投诉时效为 90 天，旅游者也可以提请仲裁机构仲裁或向人民法院起诉。

出游旅行途中巧藏钱

首先，要找准藏钱的地点。钱的存放要化整为零，大票面的放在贴身的内衣、内裤外面的几个口袋里，并至少应分在两处。元和角票是旅行中最频繁使用的，对这笔钱宜分散放在上衣和裤子外面的几个口袋里，每处总数三五元而已。钱包和背包里原则上不应放钱。在公共汽车上，更切忌背在背上，而夹克、西装也应拉上拉锁或扣上扣子。值得注意的是因为怕失窃而一直攥紧或抱住钱袋，那狡猾的小偷就会紧紧地盯上你伺机下手，因此，对藏钱处既要时时小心，又不能太显眼。

其次，要掌握拿钱的技巧。旅行中一要记住按囊取钱，二要始终保持各种面值钞票的结构平衡。买五角钱的东西，就不要掏五元钱的口袋。掏小钱时不妨动作毛糙一点，一把全抓出来，乱七八糟不过三五元，即使小偷在旁，看你没什么油水也就不屑动手。在吃饭、购物等要花中等面额钱的时候，付款最好做到该付多少整数，就取几张整钱。零票花掉了，要及时在僻静处取出一张大票面的钱在下一次消费中换成中小币值的票子，匀到各个口袋里。做到小心用钱、藏钱，败兴的一定是小偷。

出游在外防窃四招

游客在外旅游免不了在饭店就餐；如果保管不善，就有可能被潜伏在饭店里的扒手偷走钱物。这不是危言耸听，而是各家旅行社的信息反馈，那旅游途中如何防盗呢？

1. 就餐选边座

在选择座位时，别找距离门口近的位置，尽管通风好，但是门口的人流量比较大，很容易分散注意力，易给小偷制造机会，并且小偷在得手后也非常容易逃走，有时即使及时发现，也来不及追赶。所以选座要选离门口远一点、靠墙或是临窗的座位。

2. 细软放眼前

就餐时，要把贵重物品放在自己的视线之内，不要放在与自己并排的椅子上，防止低头吃饭时，照看不到自己的物品。如要脱下外套，一定要把衣服里的钱包、手机等物品取出。假使饭店备有防盗衣罩，则一定要套上防盗衣罩。

3. 离座拿东西

就餐过程中，如要短暂离开座位，一定要将贵重物品随身携带，千万不能嫌麻烦麻痹大意。

4. 离店看仔细

就餐后准备离开饭店时，你要看一下桌面、座位和周围的地面，防止将物品落在饭店里。

一旦发现被盗，要及时报警，千万不能自认倒霉。尽量回忆身边经过的陌生人，详细地报告被盗物品，为民警破案提供线索。

怎样在旅行时保护贵重首饰

外出旅行时，自然条件较差，或日晒雨淋，或风沙满天，很容易使旅游者佩带的贵重首饰受到损害，有几种方法可使你的首饰光亮如新。

如果是镶金珠宝首饰，可在温水中加中性肥皂液，先将首饰浸泡于水中，轻轻冲洗片刻，然后用柔软的布或绵纸擦净，即可达到目的。

如果是珍珠首饰，要经常用软布揩抹。尤其是夏天，人出的汗里含有酸碱，珍珠对酸碱的抵抗力较弱，要特别注意保护。可用毛巾将首饰包上，加一些冷霜，轻轻转动片刻，再用吸收性的软布擦净。

在海里游泳时，应避免戴金首饰，而且不要使首饰接触含氯的水，特别是14K、18K 这些 K 金首饰。

买旅游险有窍门

国庆黄金周期间，在游玩的同时，为自己和亲人购买一份意外险是必不可少的。

如果是跟团出游，游客可以委托旅行社代买旅游意外伤害保险。有些人误以为既然旅行社已经投保了旅行社责任保险，自己就可以不用再掏钱另买其他保险了。

其实不然，旅游意外保险和旅行社责任险根本是两回事。旅行社责任保险是指保险公司对旅行社在从事旅游业务经营活动中，致使游客人身、财产遭受损害应由旅行社承担的责任，承担赔偿保险金责任的行为。这意味着只有当意外的发生与旅行社的责任相关时，游客才能得到责任保险的庇护，否则就得不到任何保障。因此，游客不能完全依赖旅行社提供的这份保险，而应根据个人需求再购买一份旅游意外险，以化解旅行途中的风险。

目前各家保险公司均推出了旅游意外险，提供的保障有：意外伤害保险，含意外身故、意外伤残及因意外而发生的医疗费用；旅行途中因急性病发作而引起的医疗费用；被保险人随身携带价值超过 200 元以上的行李物品因丢失、损坏、被盗、被抢等原因造成的损失保险；因过失形成的第三者责任险。以上四部分几乎涵盖了旅游出行中所有可能遇到的风险，但由于每一种条款的侧重点不尽相同，游客在挑选旅游意外险时还应该针对自己的出行需求，有选择性地进行购买。

在购买旅游意外保险时，要注意以下几点：

1. 核对投保条件

大部分意外险合同对被保险人的年龄不做限制，但有些条款则规定了被保险人的年龄范围，比如"年满六十天至七十周岁之间"，这时若规定范围之外的老人和幼儿投保了此险种，就得不到任何赔偿。

2. 明确责任范围

体质较差的游客应特别留意，部分公司的旅游保险条款中并不报销因急性病发作而产生的医疗费用，它们主要强调的是意外伤害，这样因突发急病而产生的急诊或住院治疗费用也得不到相应的赔付。

3. 牢记特色服务

目前，已有保险公司与国外联手共同在国内外开办了急难援助服务，使保险客户在短期旅游、出差和探亲的过程中能及时得到援助。因此购买了此类保险的游客务必牢记保险公司的救助热线电话，以便出险时能够及时拨打。

4. 选择保险期间

因为购买的是旅游保险，所以游客可以根据出游的天数来进行选择，不必一次就买一个月或一整年的保险。

5. 关注保险卡

对于经常出差或是每年都要旅行多次的旅游爱好者，保险公司还专门准备了各种人身意外伤害险：有针对飞行一族设计的"航空平安卡"，也有为经常乘坐轮船、火车、汽车等交通工具的人士提供的"交通意外保险卡"。但这类险种的保障责任有一定的局限性，都是对被保险人每次进入指定交通工具至抵达目的地走出交通工具为止所遭受的意外伤害进行赔偿的保险，所以一旦保户离开他所投保的交通工具，就失去了保障。

航空平安卡

6. 远离意外风险

不论是旅游险还是意外伤害险，除了和所有的人身保险一样，对犯罪、自杀、故意行为、战争及核辐射等具有免除责任外，对被保险人潜水、滑雪、滑翔翼、跳伞、攀岩及探险活动也不具有保障功能。因此，买了保险并不能保证一劳永逸，在观赏风景享受美好生活的同时，对意外保持一份警惕更加重要。

旅游寻路有学问

俗话说路就长在嘴巴上。外出旅游，探访名胜古迹，寻找旅馆、饭店、车站等，免不了要问路。问路看起来很简单，其实也包含许多学问，需要掌握技巧。

1. 问路要有礼貌

问路时必须面带笑容，口气谦和，以取得对方好感。然后，根据不同对象用不同的称呼。

2. 问路要选准对象

一是选当地人问路。一方水土养一方人，各个地方的穿着打扮和容貌、语言都有自己的特点。在一些旅游城市，外地旅游者很多，要善于根据对方的穿着、相貌、言谈举止来判断是否是当地人，然后再问路。二是选异性问路。从心理学角度来说，选择异性问路，他们大都比较耐心、认真、负责。三是选择民警和学生问路。一般情况下选择民警问路最可靠，他们对城市大体概况比较熟悉，也有这个义务。

值得提醒的是，最不宜向以下人问路：（1）行色匆匆的路人；（2）面部阴冷或低头沉思的人；（3）依依相偎的恋人。这些人往往无心给你指路。

3. 问路要记住位置和特征

听人介绍时，要抓住关键，如地名、典型位置和基本特征，这样，才能不走错路。对目标情况不明时，应多问几个人，找出他们谈话中共同的东西，利用自己的知识和经验做出判断，从而达到问路的目的。

不要轻易触摸旅游点货品

某旅游团去西安旅游，行至一著名旅游区，一女团员在挑选陶艺品时，只是刚拿起来看了看，谁知陶俑的脑袋竟掉下来，摔得粉碎。摊主不由分说，强行索赔，女团员稍加辩护，若干人一拥而上，竟揪住女士的脖颈，幸亏导游及时赶到，才避免一场冲突。

大凡在旅游开发较早的地界，游客都要留心。常见有人缠着游客兜售旅游纪念品，甚至硬往游客手里塞。只要你接到手，就别想还回去。工艺品易损坏，搬运过程中难免缺胳膊少腿，也常有不良商贩将其摆放在行人近处，待你拿起来挑选，一不留神，便落入圈套。一些有购物经验的游客从不轻易接触商贩的东西，看准一件物品时，总是对摊主说："请你把它拿给我看看。"

雨季户外旅游谨防雷击

随着现代户外旅游的盛行，安全问题也成为游客出行关注的焦点，谨防雷击就是值得注意的一项。据悉，我国的一些名山景区每年都会发生一些游客遭雷击的事故，在此特别提醒喜欢户外旅游的游客在地势较高及旷野活动时，要特别注意防范

户外容易雷击点

雷击。据气象专家介绍，无论是乌云压顶或朗朗晴天，大气电场总是存在的，受地理环境的影响，山区、河岸、湖边等地是雷电的高发区。雷电灾害主要是通过云、地之间的放电过程形成的，其落雷点是有选择的，它基本遵循尖端放电的规律，突出地面越高和导电性能越好的物体，就越容易成为落雷点。

专家提醒：

（1）当发生雷雨时，千万不要在离电源、大树和电杆较近的地方避雨，应远离树木、桅杆及水面，寻找低洼地带双脚并拢采取蹲坐姿势，尽量降低身体的高度；

（2）在空旷场地也不要将金属骨架的雨伞扛在肩上；

（3）雷雨天气时不宜使用、接触电器设备；不要太靠近高大建筑物外墙（一般要保持 3 米以上距离）；

（4）回避湖泊、池塘等有水的地方以及孤立的茅草棚、茅屋、凉亭等易受雷击的建筑，最大限度地避免雷击灾害。

第二章 旅游安全常识

一、户外郊游安全知识

（一）户外郊游常识

春暖花开时节，万物欣欣向荣。在钢筋水泥构筑的都市里生活的人们，脱下了冬日厚重的棉衣，甩去了积郁一季的沉郁之气，仿佛出笼的鸟儿，迫不及待地飞到郊外去踏青，和翠嫩的柳芽儿一样，急切地感受着春天的勃勃生机与洁净气息。

踏青：又叫春游、探春等。我国的踏青习俗由来已久，传说远在先秦时已形成，也有说始于魏晋。据《晋书》记载：每年春天，人们都要结伴到郊外游春赏景，至唐宋尤盛。唐代诗人杜甫就曾记载皇家游春踏青的盛景："三月三日天地新，长安水边多丽人。"

千百年来，踏青渐成一种仪式，仿佛只有举行这种仪式，才真正拥有了春天。"逢春不游乐，但恐是痴人。"白居易的《春游》诗正是这种心境的写照。

随着时间的推移，踏青已经不再局限春天，闲暇的节假日，携娇妻幼子，伴花甲双亲，一起到郊外感受春光的明媚，何尝不是一件美事？或者与志同道合的友人，惺惺相惜的朋友，共同去野营，也会体会自然的美好，赋予感官和心灵无穷的活力。

　　郊游和野营都是人们接近大自然、陶冶情操、减轻心理压力的最佳方式，越来越受到都市人的推崇。但户外隐藏着很多危险，一不小心就会发生伤病事件，甚至会致人死亡。所以，在郊游野营的过程中，一定要掌握足够的安全救助常识，以备不时之需。尤其是性格活泼好动的青少年，更要用心学习。

郊游出发前的准备

　　郊游活动的地点大都远离城市，到一些比较偏远、景色优美的地方，这些地方的物质条件有时会相应的差一些，因此在旅游之前一定要做好相应的准备。

　　1. 出游之前一定要准备充足的食品和饮用水，但也不要过量，以免增加负担。

　　2. 准备好帐篷、睡袋、睡垫、毛毯等晚上睡觉的用品。如果春天郊游，夜晚的气温还比较低，因此睡袋最好有防水外层，内充鸭绒，毛毯也应选择轻而保暖的羊绒毯。

户外帐篷

　　3. 准备好换洗的衣物，如果选在春季出游，还应多准备一些保暖的衣服，早晚天气较凉时，及时增添衣服。

　　4. 准备好出游用的旅游鞋，女士出游时一定不要穿高跟鞋，所选的鞋子防滑性能要好一些，这样在登山时会更安全一些。

5. 准备好手电筒和足够的电池，以便夜间照明使用。

6. 准备一些常用的治疗感冒、外伤、中暑等药品。这样在遇到相应疾病时，可先进行紧急救治，延缓病情，争取时间到正规医院治疗。

7. 此外，塑料布、绳索、多功能刀具、打火机等也需要准备一些，以备不时之需。

郊游安全"四要"

郊游是一项非常有益的户外活动，它可以使你心情得以放松，但是郊游的同时也伴有一些不安全因素。因此郊游之前应多看一些安全常识的书，做到安全出游。

1. 郊游活动一般多是集体或几个人一起出行，这样对安全也有一个保障。因此，郊游时，为了你的安全，不要随便单独行动，应结伴而行，防止发生意外。

2. 未成年人到野外郊游时，应该有成年人陪同。学生组织野外郊游时，一定要有老师带领，这样会更安全一些。

3. 野外郊游过程中一定要注意饮食安全。不要随便采摘、食用野蘑菇、野菜和野果，以免发生食物中毒。

4. 野游时，一定要注意休息，只有晚上充分休息好，白天才能有充足的精力参加活动，对自己的安全也有一个保障。

适当补充运动饮料

郊游过程中，人们会出很多汗，体力消耗一般都比较大，通过适当补充饮料可以弥补人体因运动量过大而损失的营养。

现在很多的运动饮料都是根据运动时生理消耗特点而配制，可以有针对性地补充运动时丢失的营养，起到保持、提高运动能力，加快消除运动疲劳的作用。

1. 补充糖分

运动饮料中含有一定的糖分，糖是人体最经济、最直接的主要能源物质，它以糖原子的形式储存于骨髓肌和肝脏中。由于人体内的糖储备有限，运动时如因大量消耗而没有得到及时补充，肌肉就会乏力，运动能力也会随之下降。

人体大脑 90% 以上供能也都是来自血糖，血糖量的下降会使大脑对运动的调节能力减弱，同时也会产生疲劳感。

选用运动饮料补充糖分时，最好是以低聚糖的运动饮料为主，这种饮料有助于补充血糖，使大脑和肌肉在运动时不断吸收糖分，从而提高耐力，延续疲劳并加速运动后的恢复。低聚糖饮料还有利于降低运动中血乳酸水平，增加肌肉力量和做功量。

2. 补充电解质

人们在运动中，出汗会导致钾、钠等电解质大量丢失，这也是引起身体乏力的主要原因。电解质丢失还会导致抽筋，运动能力下降。

很多饮料中的钠、钾不仅用于补充汗液中丢失的钠、钾，还有助于水在血管中的停留，使机体得到更充足的水分。

如果饮料中的电解质含量太低，则起不到补充的效果，太高，则会增加饮料的渗透压，引起胃肠不适，并使饮料中的水分不能尽快被机体吸收。

3. 利于吸收

饮料中的水及其他营养成分尽快通过胃，并被充分吸收，需要饮料的渗透压要比血浆渗透压低，即低渗饮料。

饮料中糖的含量和电解质的种类及含量都直接决定饮料的渗透压。营养丰富的运动饮料即使含有多种糖、无机盐等，仍能保持低渗透压。

运动饮料无碳酸气、咖啡因，无酒精，更有利于人体吸收，且对人体没有任何影响。饮料中的碳酸气会引起胃部的胀气等不适，大量饮用碳酸饮料有可能引起胃痉挛甚至呕吐等症状。咖啡因和酒精有一定的利尿、脱水作用，更会进一步加重体液的流失。此外，二者还对中枢神经有刺激作用，不利于疲劳恢复。

4. 高血压者慎用

轻松的运动本身对健康确实有益，但患有高血压的人运动后饮用运动饮料会使血压升高。因为高血压病人必须限制食盐，食盐中含有致使血压上升的钠，运动饮料含钠量较高，高血压患者饮之势必使血压升得更高。

运动饮料对正常人和低血压者不会有问题，而高血压患者在运动中不加选择地饮用运动饮料，极容易诱发中风。所以，高血压患者不宜多饮运动饮料。

郊游野炊要讲卫生

野炊是郊游时不可缺少的一个活动项目，无论是全家老小还是同学挚友，一起去郊游野炊实为一件快事。然而，在野炊的欢乐情趣中，如果不注意卫生安全，很容易染上疾病，这不仅会影响你的健康，也影响郊游心情。因此，郊游野炊时一定要注意卫生安全。

1. 少吃烧烤类食物

野炊时，很多人都喜欢带上一个一次性的烧烤炉，这样就可以在野外自己架火，享受一次美味烧烤。有些人一想到那些烤鱼片、鸡翅、羊肉串等烧烤类食物，就会垂涎欲滴。

其实，烧烤类食物最好还是少吃，尤其是在野炊时，这类食物很容易引起肠胃不适。另外，吃烟熏火烤食品对人的身体也不好。

大量研究表明，食物经过烟熏火烤以后，可以生成多环芳烃。这种多环芳烃主要是来自食物本身焦化的油脂，还有一部分来自熏烤时的烟气。烟熏火烤食品中还有一些亚硝胺化合物，这些物质都对人的身体有一定的害处。

野炊主要是为了享受美好的大自然，如果刚出门不久就患上了疾病，那就得不偿失了。

2. 注意饮水

野游尤其是到山林中游玩，有时就会发现一些山泉。这时应该向当地人打听，确认水是安全的再喝，千万不要自作主张，觉得很干净，喝了没什么问题。

野外的水源，有的看上去的确很清澈，但实质上这些地方的水很容易被病菌污染，如果喝了这样的水，就容易患上肠炎等疾病。

3. 注意食品卫生

外出野餐时，人们都要准备一定数量的食品，很多人都会准备一些方便的食品，如卤菜、熟食等。

野游时一定要注意这些食品的卫生安全状况，很多食品在天气比较热时容易坏，吃了这样的食物同样会生病，卤菜、熟食类食品最好当天购买，如前一天购买放在冰箱内，出门前也应加热后再带走。

4. 不要食用野菜

无论是春季野游还是秋季郊游，山林里都会有一些城市中比较昂贵的野菜，但是不认识的人千万不要轻易食用这些野菜，那样会引起中毒。

春季，山林中有各式各样的山野菜，这些山野菜有一些是有毒的，不能食用。秋季，风景区的山边、草丛、树林中常有野蘑菇。有一些游人见了往往情不自禁地去采摘，或烩菜，或烧汤，味道确实鲜美。然而，因误食有毒蘑菇导致中毒者也不少见，若中毒严重，处理不及时还可导致死亡。因此，野炊时一定不要轻易采摘野菜。

5. 注意消毒

外出郊游野炊时，还应注意个人卫生和环境卫生，最好随身携带消毒纸巾供擦手和已经消毒过的餐具，这样可以更好地保障你的健康。

另外，野餐过后还要注意保护环境，不要乱扔瓜皮果壳、饮料瓶罐、食物的包装袋等，还要及时将野炊用火扑灭，防止发生意外。

儿童郊游安全第一

"五一""十一"期间，孩子们都喜欢外出郊游。由于郊游对于孩子们来说都比较新鲜，因此一到郊外，他们往往会放松，安全观念也会下降，而郊游时地形一般又很复杂，因此儿童发生危险的系数也就随之增大了。

儿童郊游最好是学校统一组织，学校为了更好地确保安全，事先还要对活动路线、地点进行勘察，并制定好活动纪律。学校组织出游时还要确定好相关的负责人，这样可以更好地确保安全。

学校组织郊游时，最好要求参加活动的学生统一穿校服，这样目标明显，便于互相寻找，防止掉队，也便于老师照顾学生。

郊游登山时要选择比较安全的线路，并且最好是几个人一起前进，这样相互之间会有照顾，也更能确保安全。

郊游时，很多学生都拍照留念，这时注意不要到悬崖或陡峭山边，以免发生危险。

郊游时，老师要时刻提醒学生不要随便采摘山上的野果，这些野果中有一些是有毒的，吃了以后会中毒。

（二）季节郊游的注意事项

春季郊游"五注意"

春暖花开，正是郊游的黄金季节，喜欢到大自然里放松的朋友们当然不肯错过这美丽的春色。此时，可以呼朋唤友集体出动，也可独自一人踏上行程，但无论怎样都要注意春游的安全，那么春季野外活动应注意什么呢？

1. 穿着

春季野外郊游时，一定要穿耐磨且比较宽松的长衣长裤，这样才能防止丛林中的灌木、藤条等的划伤，更好地保护皮肤。

春季出游时，有时就会出汗，因此一定要穿柔软、透气、吸汗的内衣。但是在野外宿营时，千万不要穿着汗湿的内衣入睡，这样容易受潮湿。出游之前可多带几件内衣，这样可以及时地换洗。

春游时，应穿舒适的厚底鞋和厚袜子，这样可以保证长途跋涉脚上不起泡。春游时，千万不要穿高跟鞋或塑料底鞋，这样的鞋容易使人滑倒或扭脚，有一定的危险性。

春天的气温变化比较大，山里的昼夜温差更大，因此夜间一定要注意增添衣服，以防感冒。春季出游时不妨带上毛衣或者马甲，它们的保温效果都比较好。

春季山里天气变幻莫测，因此还要带上雨衣，雨衣除了能防雨，还可以抵御山风的侵袭。

2. 饮食

出游时，运动量比较大，人们经常会感到口渴，很多人在家口渴时，可能会一口气喝很多水。但在出游时，不要忍到极渴时暴饮，这样容易伤肺。

出游口渴时，可以在感到干渴时就喝上一口，然后含在嘴里慢慢咽下，等到干渴时再喝一口，这样可以有效缓解口渴。

如果到山里登山郊游，有时就会遇到山里甘甜的泉水，这时可以用随身携带的水壶瓶盛上一些，以备不时之需。

春季郊游时一定要注意食物的选择，一般应选择热量高、重量轻、体积小的食物，最为常见且简单实惠的食品就是军用的压缩饼干和罐装食品，这些食品的营养价值还比较高，是出游的理想食品。

出游时还可以携带一些大饼、火烧、牛肉、鸡蛋、巧克力、黄油、葡萄糖、牛肉干、纯牛奶、果丹皮、花生米等食物。另外，出游的运动量会增大，这样就使人们的食欲大增且口味加重，所以果酱、辣酱、肉酱、色拉酱必不可少。

出游时正是野菜生长的旺盛期，但是对于不熟悉野菜的人，千万不要随便采集食用，这样会发生食物中毒，后果非常严重。

3. 安全行走

春季是万物复苏的季节，这时候山林里的很多动物也都开始活动，尤其是山上的蛇虫，会经常出没在潮湿、草密的地方。因此，行走时最好是找一根棍子，这样边走边打草驱蛇、驱赶害虫。

在山林中行走时，除了要注意草丛，还要注意一些矮小的树枝，尤其是一些丛生的灌木，这些灌木里有很多小马蜂窝，行走时要特别小心，不要捣破马蜂窝，不然后果很严重。

行走时要注意安全，休息时也不能忽略。中途休息时，不要在杂草丛生且有污水的地方坐卧、晾晒衣服或物品，应选择草少、干燥、阳光充足的地方，这些地方不仅适合休息而且更安全。

4. 注意用火

春季气候比较干燥，是火灾的多发季节，因此春游用火时一定要注意安全。春游时最好是不要吸烟，吸完的烟头要处理好，以免引发火灾。

野外生火

野外生火要特别注意，不要在禁火区生火。生火时要在避风处的空地上挖一个直径1米、深35厘米的坑，且保证坑的四周没有干枯的树枝和干草。

生火处最好靠近水源，并准备一些泥土以备灭火。离开前，一定要仔细检查生火处，确保火堆彻底熄灭。

5. 注意环保

出游是为了更好地享受大自然，但是在出游时一定不要忘了环保，要注意保护好美丽的自然环境，这样下次出游时才会再次欣赏到美丽的景色。

出游时，要及时将自己带进大自然中的各种食品袋、包装纸、吃剩的食物及残渣废弃物收集好，装进塑料袋中，统一扔到垃圾桶中，不要随处乱扔。

夏季郊游"六注意"

进入夏季，旅游的人逐渐多起来，旅游注意事项已成为游客比较关注的问题。夏季郊游时衣、食、住、行等一系列问题都应该注意。

1. 外出旅游穿着要求舒服，比如说鞋，最好不要穿过硬的皮鞋，特别是新鞋，以防止磨出血泡，影响行程。衣服以宽松、休闲装为佳。

2. 外出时，最好戴一顶遮阳帽，或使用防晒伞，因为夏天阳光强烈，紫外线的长波对人的皮肤伤害很大，长时间阳光直射会让人感到头晕，皮肤也会被晒裂，严重时还会引起各种皮炎。

3. 外出旅游因出汗较多，水分消耗较大，所以饮食上应多食汤食及清淡食品，最好多吃新鲜蔬菜、水果，可适当配些瘦肉，尽量少食油炸、油腻食品，以防引起消化不良。

4. 外出郊游时不要看到觉得清澈泉水，就随便乱喝，因为有些泉水中有害物质超标，有的地方污染也很严重，饮用后对健康不利。

5. 住宿时应选择通风透光不潮湿的旅店，有条件的选择有星级的宾馆，睡觉前最好洗个热水澡，泡泡脚，如果走路过多还应搓搓脚心和按摩一下小腿以加强血液循环，睡觉根据室内温度调整空调档，最好不要整夜开空调。

6. 游泳是夏日旅游中不可缺少的运动项目，但游泳时一定要注意选择水质，注意防晒，免得损伤皮肤，甚至诱发一些疾病。

冬季野营前的准备

1. 帐篷

冬季野营时应选择能在四季使用的专业帐篷，这种帐篷的材质较硬，能支撑积雪与强风。

双门式的帐篷，还可以方便在恶劣气候条件下进出营地，此类帐篷设计考虑了雪期的器材取放问题与内外帐篷空间问题，非常适用于冬季野营。

2. 睡袋

睡袋是在户外宿营和旅行时必不可少的装备。睡袋种类繁多，各有特点，适合不同的用途。

根据用途不同，一般可将睡袋分为两大类，一类是较薄睡袋，用于一般的旅行或露营，这些睡袋大都在春夏秋三季使用。

还有一类睡袋用于较寒冷的环境，甚至是一些探险活动，这类睡袋一般被称为专业睡袋。普通的睡袋价格相对便宜，用途广泛；专业睡袋在设计和材料上都非常考究，价格也相对较高，但如果去高海拔地区旅行，缺少了专业睡袋是不行的。

3. 保暖物品

冬季野营前一定要准备好必备的保暖物品，这样在野营过程中才不会受冻。冬季野营时，一定要准备好防寒的帽子、羽绒服、保暖衣裤、干燥的袜子、防寒手套等物品。

4. 备足食品

冬季野营时，一定要备足食品，这样可以在野营时及时补充热量。冬季野营可适当多带一些热量较高的食物，如巧克力、牛肉干、能量棒等食物。

5. 其他物品

（1）药品

冬季野营时，一定要备一些感冒药、消炎药、防冻霜、黄连素、止血绷带、创可贴等户外活动经常要用到的药品。

另外，个人如果有什么特别需要准备的药品，一定要准备齐全，以免在野营的过程中缺少，引发意外。

（2）个人卫生用品

冬季野营时，个人用品一定要带齐全。牙刷、肥皂、毛巾、牙膏、手纸、防冻霜、唇膏等，都要带上，因为冬季比较寒冷，购买有时会比较难。

（3）地图

冬季野营时，尤其是冬季到山林中野营，最好是带上地图。冬季雪比较大，白茫茫一片，很容易迷路，因此，为了确保安全，最好要带上地图。

（4）指南针

指南针是冬季野营时辨别方向或迷路后寻找方向的有用工具。冬季野营还容易迷失方向。因此，出发前最好带上指南针。

冬季野营的注意事项

1. 注意保暖

冬季野营时，一定要注意保暖。到达营地后，首先换上羽绒服、保暖衣裤、干燥的袜子、防寒手套等，羽绒服冬季野营时的必备品，因此一定要选择保暖性能好的，这样在野营时才不会受冻。

2. 帐篷搭建

冬季野营时，扎营最好选择朝东向，这样日出就可以让帐篷晒到太阳，保持帐篷的温暖。另外，开阔地或溪谷不适合扎营，因为冷空气在晚上会凝聚于此，在此宿营会感觉到非常的寒冷。

（1）注意风向

北方冬季风大，山里更是如此，因此在搭建帐篷时，要注意风向，保证安全。一般的帐篷包括外帐、内帐、帐杆、防风绳、地钉几个主要部分，有的帐篷可能没有内帐，也有没防风绳的。

冬季搭建帐篷时，尽量把迎风面小的一面顺风搭建，有的帐篷形状为四方形，这时就要注意不要把风口对着帐篷门。

（2）打好地钉

帐篷支撑好以后，如何打地钉很关键。冬季土都被冻上了，因此最好用的还是"长铁钉"，铝质的不好使。

打地钉时，要让内帐每个角都绷紧，地钉要斜着打入地下，地钉和帐篷的角度成锐角，这样地钉像钩子一样牢牢地将帐篷按在地上，防止被拔出。

冬季在非常地带，一般帐钉在冻土上都钉不进去，这时需要带 3 寸以上的普通木匠用的铁钉或者钢钉，如果实在嫌重，地钉又多，带一根也行，找好位置钉进去用钳子或者冰镐拔出来，再下铝地钉。

冬季野营时，需要带的物品有很多，很多人都会为带这么多的物品而犯难，这时可以少带一些地钉，搭建帐篷时找一些地钉的替代物。

没有带地钉时，可将一些物品拴在防风绳一端，埋在雪里或者沙子里，雪很快就会冻硬，很结实，这样就可以代替地钉，但是采用这种方法，转天取出时会比较费力。

有石头的地方，可以绑在石头上替代地钉。如果地面冻的不硬，或者其他季节也可以用树棍做地钉，一般将木棍截成等长段，一头削尖，在山里要多少有多少，然后将这些木棍打入地里，这也是很好的地钉。因此，很多时候野营时可以不带地钉。

（3）系好防风绳

冬季野营时，一定要系好防风绳，这是因为冬季的风比较大。防风绳以帐篷为圆心，放射状打入地钉，一定要绷紧绳子，这样可将帐篷牢牢地按在地上。如果风大不放心，可在地上打地钉处挖一个小坑，将账钉斜着打在"小坑里"再填土埋上，这样就可以更好地防止被拔出。

另外，在有树木的地方扎营时，可将防风绳拴在树上代替地钉，这样可以更好地防止风大拔出地钉，也更安全些。

冬季野营帐篷的搭建

（4）绑好帐杆绳

外帐搭建好以后，整个帐篷的外部工作已经做完了，这时有很多帐篷的外帐内侧有和帐杆固定的拴绳。因此要从内部和帐杆绑紧，这样会使你的帐篷抗风性能更好一些。

　　此时你的帐篷每个面都应该是绷紧的，如果不是，可再次调整地钉，确保帐篷的面绷紧，这样你的帐篷在抗风性能上就可以达到最佳。

　　3. 睡觉时要防寒

　　冬季野营，睡觉时一定要注意安全，这是因为冬季比较寒冷，可能会因寒冷引起冻伤。冬季野营时，一定要选好睡袋，睡袋有很多都是春夏秋三季都可使用的，也有一些是专门为寒冷地带所设计的，但是这种睡袋比较贵，很多人都选用三季睡袋，利用三季棉睡袋如何抗低温呢？在这里介绍一些保暖的方法：

　　冬季野营时，选用三季睡袋保暖的方式无非就是改变隔热层和热源。隔热层的薄厚直接关系到睡袋的保暖效果，保暖层越厚，保暖效果就越好，也就越暖和。人体本身就是热源，但是在冬季野营时，可增加热源，这样就可以更好地抵御严寒。

　　增加热源的最简单实用方法就是自制热水袋，一般可用水袋水瓶等物品，灌上热水就可以了，但是注意热水的温度不要太高，很多水瓶怕烫，容易使水瓶炸裂。灌好热水的水瓶既可以增加热源，也方便在夜晚起来饮水。

　　为了更好地抵挡严寒，冬季野营时，可多带一条轻薄的床单，这样在钻进睡袋后，可将床单连睡袋一起罩住，这就等于在帐篷内又加了一个"小帐篷"，这样你就又多了一个隔热层，可以很好地帮助你保存身体热量，具有很好的防寒效果。

　　冬季野营时，要利用你所有的物品抗寒，晚上睡觉时可穿着绒衣、袜子，并将其他所有的衣服都盖在睡袋外面，最好在身体下面也垫上几件，冬季野营时可将羽绒睡袋防潮垫，垫在颈部以下臀部以上，背包可以套在脚部，也可以放在防潮垫下面，增厚防潮，也有很好的保暖效果。

　　另外，冬季野营时，睡前可以饮用一些热饮料如牛奶、热巧克力等，这样可增加身体的热量，更好地抵御寒冷。睡前最好吃一点板蓝根，预防感冒，增加身体热量。

　　很多人在冬季野营时，黎明前都会睡不着，此时还会感到口渴，这时可先喝口水，将衣物置于睡袋内的温暖衣物穿上，或是将暖袋置于身上，然后吃一些高热能的食物，再喝一些水，如此就很容易入睡。出现难以入睡现象，主要是因为此时体内脱水，身体感到冷。如果还是睡不着，可以用头灯看些书，以利于入睡。

（三）郊游自我保护的方法

防止为花粉过敏

春季，天气转暖，万物复苏，随着气温的不断升高，很多花和树都开始开花，这些花都特别好看，也非常诱人，很多春游的人都喜欢与花为舞，然而在不知不觉中有些人却因花粉而过敏。

人过敏的原因有很多，然而春游时，人们在享受大自然美好景色时不经意的过敏，都是由花粉所引起。自然界中，花粉是一种主要的致敏原。

春暖花开时，最容易引起花粉过敏的多为种子树，如枸树、蓖麻、地肤、法国梧桐居等，这些植物的花粉量大，体积小，因此空气中含量比较高。有风的天气中，花粉更容易被传播，这也是为什么春季郊游时会出现众多的花粉过敏者。

花粉中含有的油质和多糖物质被人吸入以后，这些物质可被鼻腔黏膜的分泌物消化，随后释放出十多种抗体。然而，这些抗体再一次和入侵的花粉相遇，并大量积蓄之后，就会引起人体皮肤过敏。

花粉引起皮肤过敏的原因有主要两方面：一是因为现在人们的生活水平得到提高，人们在平常的饮食中摄入了大量的鸡蛋、肉制品等高蛋白、高热量食物，这样就导致人体内产生抗体的能力亢进，因而遇到花粉等抗原时，更容易发生变态反应。

再有就是现在大气污染、水质污染及食品添加剂的大量应用，导致人体接触更多的抗原物质，促使人类发生变态反应性疾病。

花粉过敏阻止了很多人的春季出游计划，那么怎样才能有效地防止花粉过敏呢？花粉过敏的人平常饮食时就应该注意，尽量少吃一些高蛋白质、高热量、精加工的食物，这样可以减缓花粉过敏。

有过花粉过敏史的人，要尽量少去花草树木茂盛的地方，更不要见到漂亮的花朵就随便去闻，这样更容易引起过敏。

花粉过敏的人，外出郊游时一定要带上一些脱敏药物，如苯海拉明、息斯敏等，在你出游的过程中，遇到皮肤发痒、全身发热、咳嗽、气急时，应迅速离开，如症状较轻，可自行口服息斯敏或扑尔敏，一旦出现哮喘症状时就应及时到医院诊治。

不可忽视皮炎

春天是一年四季中最美好的季节，这个季节既不冷也不热，是郊游的最好时机。因此很多人会在春季去欣赏我国的大好河山，然而在你陶醉大自然的优美景色时，一定要注意防治皮炎，因为这个季节也是皮炎高发期。

春季郊游时，因气候和个人皮肤等因素，很多人在郊游时会患上皮炎。春季皮炎主要表现为：面部与手背等暴露部位的皮肤出现红斑、粟粒大小的皮疹或轻度脱屑，严重者还可出现水泡。

春季皮炎是一种光感性皮肤病，致病的主要原因是皮肤对阳光中的紫外线过敏。一年四季中，冬季阳光的紫外线含量最低，到春天来临时紫外线含量骤然升高，人们一下难以适应，一旦受到强紫外线照射，即可引起皮肤损伤而发生皮炎。同时，春天又是外出郊游的旺季，如不注意防晒，会诱发成加重皮炎。

春季紫外线的强度会增加，约有30%的人都会对紫外线产生过敏，春天人体对紫外线敏感性也会增加。人体本身素质也与这种过敏有直接关系，室内工作的人对紫外线的敏感性比室外工作的人高，青年敏感性比幼儿及老年人高一些。因此，春季皮炎易发于青壮年和室内工作者。

有过春季皮炎史的人，一定要做好防范工作。春季出游时要注意保护好自己的面部，可戴上一顶白色的宽边帽子或打遮阳伞，并且要戴上深色的防护镜。

外出旅游时还要注意选用适当的护肤剂，这样可以保护皮肤免受日光照射，也可以更好地防范春季皮炎。

皮肤炎患者春季饮食也要注意调整，尽量不要食用一些含光敏性物质较多的食物，如泥螺、苋菜、荠菜、莴苣、马齿苋、荞麦、无花果、萝卜缨等。这些食物可提高皮肤对紫外线的敏感性，更容易引发皮炎。

很多人平时用药时不注意对药物的选择，其实一些药物长期使用也会使皮肤对紫外线的敏感度升高，如人们经常用到的磺胺、四环素、非那根等药物。因此，皮肤不是很好的人，应避免长期使用这类药物。

春季皮炎患者，病情较轻者一般不需治疗，过些天以后自然就会自愈，如果症状较为严重可适当服用一些息斯敏。同时，局部皮炎患者还可以外用一些药物进行治疗，如可涂肤轻松、去炎松等软膏。

皮炎患者要多吃一些新鲜蔬菜、水果，在饮食上要注意禁食辛辣等刺激性食物，停用劣质芳香性化妆润肤品，皮肤出现瘙痒或干疼时，不宜用碱性大的肥皂清洗，也不要用热水烫洗，以免刺激皮肤，加重病情。

盛夏时节防中暑

夏季野营时，外界环境温度一般都比较高，而人体无法出汗调节体温时，便会发生中暑现象。

中暑的人一般会感到热、晕眩、心神不安。中暑者体温有可能达到40℃以上，皮肤干燥而泛红，呼吸和脉搏也会加速，严重者会休克。

因此，外出郊游前应带一些防中暑的药物，如仁丹、清凉油、万金油、风油精、十滴水、藿香正气水等。

避免中暑的最好方法就是行程中有适当的休息，不要在野营中过度疲劳，以免消耗体力。这样不但游玩时有精神，不觉累，而且还不易中暑。野营过程中要注意避免长时间受到太阳直接照射，并且在行进的过程中要及时补充水分。

预防措施只是预防，野营时还是经常会有人中暑。如果有人中暑，应将病人抬到阴凉通风处躺下休息，然后给病人解开衣扣，用冷水毛巾敷在病人的头部和颈部。若患者清醒，可以让他喝一些流质饮品，这时应避免很多人围在中暑者的身边，以免人群阻碍空气流通，影响其呼吸。

如果因野营时，过于劳累，患者出现大量流汗、抽筋等现象，可在水中加盐，这样可以更好地补充患者损失的水分和盐分。如果病人昏倒，可用手指掐压病人的人中穴或针刺双手十指指尖的十萱穴，当病人好转后再送往附近医院进行治疗。

不可不说的"莱姆病"

夏季是郊游的旺季，但夏季也是很多流行病的高发季节。因此，夏季郊游时，特别是穿过草丛或露宿时，千万要当心莱姆病。

莱姆病是一种新发现的人兽共患病，病原体为莱姆病螺旋体，通常以蜱，也就是我国一些地方俗称草的爬子为传播媒介，在人和动物中广泛流行。

据世界卫生组织统计，莱姆病在全世界五大洲的 30 多个国家都有病例报告。这种病在美国是一种传播最快和最常见的疾病，美国现已有 48 个州有莱姆病报告，特别是康涅狄格州的一些地区，发病高峰季节平均每个家庭至少有一个成员发病。

我国很多省市都有莱姆病散发和流行。中国预防医学科学院流行病学研究所曾对我国 20 个省、市调查发现，13 个省、市、自治区有莱姆病，我国人群感染莱姆病的感染率平均为 5.33%。

我国黑龙江、吉林、辽宁和内蒙古等地每年被蜱叮咬的人数达 300 万人以上，每年新患莱姆病者有 2 万~3 万人，大约 10%的新患者转为慢性，其病程大约为 2~17 年，由于动物直接在外界生活，无保护层，与传播媒介蜱接触密切，被感染的机会更多，并且很多动物本身就是莱姆病的宿主动物，所以动物的感染率和发病率估计会更高。因此，莱姆病已成为我国一种新的重要虫媒传染病。

人感染了莱姆病以后，人体多个器官和系统都会受到侵害。发病早期是以慢性游走红斑为特征，同时出现发烧、多汗、疲乏、无力、头痛、颈强直以及肌肉、骨和关节疼痛等症状。后期则出现关节、心脏和神经系统等受损表现。

人不小心感染了莱姆病以后，如不及时治疗会使人永久性残疾。治愈莱姆病的关键就是及早诊断和及早治疗。这种病在 1984 年才被正式命名，因此我国许多患者甚至医务工作者还不熟悉，这就需要患者和医务人员要提高警惕，以免误诊和漏诊。

野外郊游，特别是在林区和山区时，应注意自我保护，最好是穿长袖衣服和长裤，这样可以有效防止被蚊虫咬伤，如果有条件，也可以将用驱虫剂涂在衣物上，以防止蜱侵袭。

野外郊游时，如果发现有虫叮咬，或者皮肤有红斑，应及时到医院检查和应用抗菌素，千万不要粗心大意，延误治疗。

秋季防止气象过敏

秋天出门游玩小心患过敏症，由于秋季气候变化大，旅游中皮肤容易过敏。这种现象在医学上称为"气象过敏症"。

出游时过敏主要表现为头痛、恶心、失眠、心情烦躁，个别人可能还会出现腹泻、发热、关节痛等症状。

老年人由于体质相对较弱，出游时更容易患上这种病，大约有50%以上的老年人出游时会患气象过敏症。那么怎样预防过敏症呢?

首先，外出前要注意收听天气预报，根据天气变化合理添减衣物，以防气候的骤然变化诱发疾病。

其次，老年人在过热或过冷的天气不要出去旅游，患有心血管疾病的老年人不要去青藏高原，风湿病患者不要到森林中去旅游，以防加重病情。

最后，旅游途中一定要备一些药品，这样可以依据自己的身体状况适时吃药治疗。

勿食的有毒野菜

在野外进行郊游、野营等活动时，有些人在吃了几天方便食品后便觉得大倒胃口，并且看到山上又有很多山野菜，平时只能在市场上见到或者听人说说而已，于是便想利用大自然众多的野菜来烹调出美味佳肴。

山林中确实有很多可以食用的野菜，并且这些野菜的味道也非常鲜美。然而有许多有毒的野菜常常混杂在可食用的野菜里面，给采食者带来了极大危险。因此，采摘过程中，一定要注意加以区分，确保安全。

1. 狼毒草

狼毒草俗称叫断肠草，是一种毒性比较大的有毒野菜。断肠草高约 15～30 厘米，叶片呈线形，花的颜色呈的黄色或白色，也有紫红色。

狼毒草

狼毒草全棵有毒，根部毒性最大。根的颜色为浅黄色，有甜味。吃了这种有毒野菜之后，会有呕吐、烧心、腹痛不止的症状，严重时可造成死亡。

2. 老公银

老公银也叫蛇床子、野胡萝卜，叶和根都有剧毒。根在幼苗时为灰色，长大后成浅黄色，像胡萝卜。叶柄的颜色为黄色。老公银的幼苗没有什么异味，所以会被人误食，吃后会造成死亡。成熟的老公银臭味很大。

3. 苍耳子

苍耳子也被称为耳棵，生长的范围比较广，田间、路旁和洼地都可以看到。

这种有毒野菜一般在三四月份长出小苗，幼苗像黄豆芽，向阳地方的幼苗又像向日葵苗。苍耳子成年后粗大，叶片的形状像心脏形，周围有锯齿。秋后结带硬刺的种子。

苍耳子全棵有毒，幼芽和种子的毒性最大，吃后可能造成死亡。

4. 毒芹菜

毒芹菜也被称作野芹菜、白头翁、毒人参等，一般生长在潮湿的地方。

毒芹菜

毒芹菜的叶非常像芹菜叶，夏天开花，全棵有恶臭。全棵有毒，花的毒性最大，吃后恶心、呕吐、手脚发冷、四肢麻痹，严重的可造成死亡。

5. 野生地

野生地也被称为猪妈妈、老头喝酒。野生地的叶片上有毛，并有苦味。春天开紫红色花，有的带黄色，花的形状像唇形的芝麻花。这种野菜吃后会有呕吐、腹泻、头晕和昏迷等症状出现。

6. 曲菜娘子

曲菜娘子的根在冬季不会被冻死，春天天气转暖时长出新芽。曲菜娘子的叶片狭长，叶片厚且硬，边有锯齿，大部分叶子贴着地面生长，秋后抽茎，高15~30厘米。籽很小，上有白毛。

曲菜娘子的幼苗容易和曲菜苗相混，但曲菜叶较宽且叶片比较软，叶片边缘的锯齿也不明显。吃了曲菜娘子的人，脸部会变肿。

7. 毒蘑菇

毒蘑菇的种类非常多，常见的有毒伞（又称蒜叶菌、鬼笔鹅膏、绿帽菌）、褐鳞小伞、白毒伞、黑包脚伞、内绿菌、褐脚伞、残托斑毒伞、鬼笔等。这些毒蘑菇的毒性都非常大，人食用以后有极大的危险。

毒蘑菇一般都生长在腐烂的物品上，形状也比较特殊，有的像小笔，有的像小伞。毒蘑菇的颜色一般都比较鲜艳，有白色、红色、黄色等，这是和没毒蘑菇的区别。值得一提的是，蘑菇的颜色、外形、生态等特征与其毒素并没有必然的联系。

此外，还有曼陀罗（山茄子）、毛茛（猴蒜）、天南星（蛇玉米）、红心灰菜（落黎）、牛舌棵子、石蒜（野大蒜）等，都是有毒的山野菜，都不能食用。

可以解渴的野生植物

野营时如果遇到自己所带的水所剩无几时，这时又没有找到干净的水源，此时可以在山中寻找一些植物，山中很多植物都可以解渴。

山林中有许多植物都可以用来解渴，如我们北方常见的黑桦树、白桦树的树汁以及山葡萄的嫩条、酸浆子的根茎、南方的芭蕉茎、扁担藤等。其中，酸浆子的根茎不仅可以解渴，还有一股酸溜溜的味道。

初春季节，在北方的山林野营时，如果没水可在桦树树干上钻一个深3~4厘米的小孔，插入一根细管，小细管可用白桦树皮制作，这样经过这个小孔流入容器中的汁液每晚可达1~2升。这种白桦树的树液在空气中很容易发酵，因此不宜长时间留用，应立即饮用。

如果在西南边疆的密林中野营，可以寻找一种叫作扁担藤植物来解渴，这种植物因其形似扁担而得名。

它是一种常年生的植物，通常缠绕在树干上。藤长约5~6米，藤面的颜色呈灰白色，叶色深绿，叶面宽约3~4厘米，形状呈椭圆形，厚度要比一般树叶稍厚一些。

藤子被砍断以后，就可以看到条条小筋的断痕，而且很快就会有清水从里面流出，这种水是可供饮用的清水。生活在西双版纳的傣族猎人进山时，一般都不带水壶，他们就是靠这种藤条中流出的清水解渴。

到南方野营时，热带丛林中还有一种可以储水的竹子，这种竹子通常生长在山沟的两旁，直径10厘米左右，青翠挺拔，竹节长约50厘米。

从竹子中找水时，应先摇摇竹竿，听听里面是否有水的声响，无水响的竹子不必砍。另外，听到里面有水响声时，还要仔细检查竹节外表是否有虫眼，有虫眼的竹节里的水不能喝。

从竹子中汲水时可将竹节一头砍一个洞，将水倒入碗里，也可削一根细竹管插进竹筒里吸。竹节内的水既卫生还带有一股淡淡的竹香。

在缺水的情况下，也要合理饮用水。在口渴的最初可以先不喝水，或者仅是润润口腔、咽喉。当然，也不能忍耐干渴，导致身体出现失水症状。喝水时应该采取"少量多次"的方法，这样可以更多的补充身体所缺的水分。

郊游寻找水源的方法

郊游时，如果遇到自己所带的水没有了，可以找一些解渴植物，如果找不到这些解渴的植物，还可以根据一些常识来寻找水源。

我国古代人们就已经懂得利用动植物特性寻找水源。春秋战国时期，齐国出兵远征孤竹国，得胜回师时，正值隆冬季节，这时河流都已经干涸，人马饥渴难耐，大军无法行进。这时就有大臣向齐王建议说："听说蚂蚁夏天居山之阴（北），冬天居山之阳（南）。蚁穴附近必定有水，可令兵士分头到山南找蚁穴深掘。"齐王采纳了这个建议，果然找到了水，解救了全军。

这个故事也告诉我们，各个地区草木生长分布，鸟兽虫出没活动，常常可以给寻找浅层地下水提供一些线索。许多干旱地区，如果发现一些灌木丛，你就可以找到水源，这些植物告诉我们，这里地表下6~7米深就有地下水，有胡杨林生长的地方，则表明地下水位距地表面不超过5~10米，有芨芨草生长的地方则表示地下水位于地表下2米左右，如果你在野外发现茂盛的芦苇，则表示地下水位只有1米左右，如果发现喜湿的金戴戴、马兰花等植物，便可知在这里向下挖50厘米或100厘米左右就能找到地下水。

人们还可以从植物得知地下水的水质情况，如见到马兰花、拂子芽等植物群，就可断定那里不太深的地方有淡水。

我国南方，根深叶茂的竹丛不仅生长在河流岸边，也常生长在与地下河有关的岩溶大裂隙、落水洞口的地方。例如在广西许多岩溶谷地、洼地，成串的或独立的竹丛地，常常就是有大落水洞的标志。这些落水洞，有的在洞口能直接看到水，有的在洞口看不到水，但只要深入下去，往往就能找到地下水。

地下水埋藏较浅的地方，还会有一些其他标志，例如这些地方的泥土都会比较潮湿，蚂蚁、蜗牛等动物喜欢在此地做窝聚居。

冬天的时候，青蛙、蛇类动物也喜欢在比较潮湿的地方冬眠。夏天的傍晚，潮湿的地方一般都比较凉爽，在这些地方通常可以看见蚊虫在此成柱状盘旋飞绕。

当你找到有浅层地下水时，可以自己实验一下水位，一般情况下，可在地上挖一小坑，然后用盘子扣在坑底上，在上面盖一些草，早晨盘上有小水珠时，则地下水位较高。

水在自然界的分布比较广泛，且水是呈流动状态，特别是地面水，流经的地域非常广，因此一般情况下很难保证水源不受污染。

野外找到了水资源也一定要确保水没有污染才能饮用，如果有地图，要注意水源上游有无矿山，若有矿山，水源有可能受矿物污染。

如果河流的石块有异常的茶红色或黄色，此处河水可能受到污染，最好不要饮用。另外，还可以观察水中是否有鱼类或其他生物栖息，如果有，则表示水的清洁度还可以，如果没有就要慎重。

雨水的清洁度还可以，通常雨水可直接饮用。在野营遇到没有水时，可在下雨时，用雨布塑料布收集大量的雨水。用空罐头盒、杯子等容器接一些雨水，放在干净的石头上，不要放在地上，若雨势较大，地面的泥会溅到接水的容器中，使水质受到污染。

郊游饮用水净化法

人不可一日无水，水是人生存的必要条件。有时候，人们在郊游时为了减轻旅途的压力，会少带一些水，因为在山林中可能会找到一些山泉。

郊游时，如果没有找到干净的山泉，只有河流和湖泊时，你要对水进行简单处理，然后才能饮用。河流、湖泊中的水有时会不洁净，这些水中经常会带有一些致病的物质，如变虫痢疾、伤寒、血吸虫、霍乱等有毒病菌，以及腐烂的植物茎叶、昆虫、飞禽、动物的尸体及粪便，有时还可能会带有重金属盐或有毒矿物质等。

因此，当你找到这些水源以后，最好不要急于狂饮，应就当时的环境条件，对水源进行必要的净化处理，以避免因饮水而中毒或传染上疾病。野外净化时，可利用当地的条件，简单净化。

1. 渗透法

当你找到的水源里有漂浮的异物或水质混浊不清时，但是河边湖边有很多沙子时，可以采用渗透的方法净化水源。

一般可在离水源 3~5 米处向下挖一个深约 50~80 厘米，直径约 100 厘米的坑，这样水就会从沙、石的缝隙中自然渗出来，这些水要比水源的水干净很多。

可轻轻地将已渗出的水取出，放入盒或壶等存水容器中，但在取水时不要搅起坑底的泥沙，以保持水的清洁干净。

2. 过滤法

当你找到的水源泥沙较多，水比较混浊，但水源周围环境又不适宜挖坑时，可以采用自制过滤器的方法进行过滤，这样可以将水净化，饮用后可相对安全一些。

过滤时可找一个塑料袋，将底部刺些小眼儿，也可用一个可乐瓶，去掉瓶底后倒置，再用小刀把瓶盖扎出几个小孔，然后自下向上依次填入 2~4 厘米厚的如土质干净的细沙、木炭粉 5~7 层，压紧按实，将不清洁的水慢慢倒入自制的简易过滤器中，等过滤器下面有水溢出时，即可用盆或水壶将过滤后的干净水收集起来。

如果对过滤后的水质仍不满意，可以再制一个简易过滤器，将过滤后的水再次进行过滤，直到满意为止。

3. 沉淀法

将所找到的水，集中收集到盆或壶等存水容器中，然后在水中放入少量的明矾或木棉枝叶、仙人掌、榆树皮等物，这些物质在放入水中之前一定要先捣烂，搅匀后沉淀 30 分钟，轻轻舀起上层的清水，不要搅起已沉淀的浊物，这样，你便能得到较为干净的水了。

郊游时饮用水消毒

郊游野营时除了找到干净的山泉外，一般水都不可直接饮用。河水、湖水、溪水、雪水、雨水、露水等，通过渗透、过滤、沉淀以后，可以相对安全一些，但这些水最好还是应该进行消毒处理，然后再饮用。

郊游野营时，人们都是在野外活动，用什么来给水消毒呢？下面给大家介绍一些给水消毒的小方法，也许你在野营的时候，就能用到。

消毒的最好方法就是把水煮沸5分钟，这种方法简单且实用，在平原或山不是很高时，多采用这种消毒方法，用这种方法消毒过的河水、湖水、溪水、雨水、露水、雪水等可保证饮水和做饭的安全。

外出野营时，最好带上几片净水药片，找到不是很清洁的水，可将水存在水容器中，然后放入净水药片，搅拌摇晃，静置几分钟，即可饮用，也可灌入壶中存储备用。一般情况下，一片净水药片可对1千克的水消毒，如果水质较差可用2片。

如果没有净水药片，可以用随身携带的医用碘酒代替净水药片对水进行消毒。可在已经净化过的水中，每千克水中滴入3~4滴碘酒，如果水质较差，可以适当多滴一些碘酒，搅拌均匀后，静置20~30分钟后，即可饮用或备用。

如果连医用的碘酒也没带，还可以选野炊用的食醋。在净化过的水中倒入一些醋汁，搅匀后，静置30分钟后便可饮用，只是水中有些醋的酸味。

目前，有一种饮水净化吸管，在野外非常实用，这种吸管的形状像一只粗钢笔，经它净化的水无菌、无毒、无味、无任何杂质，不需经过沸煮即可饮用，很轻便。

另外，还有一些从国外进口的净水器，体积虽然小，但净水的效果非常好，能在较浑浊的液体中过滤出可饮用的纯净水。

（四）户外野营时的常识

野营前的充分准备

1. 身体检查

出门野营前一定要检查一下自己的身体，身体状况不好，会影响到整个野营进程。如果自己患有急慢性疾病者，应先请教医生是否适宜外出野营，可以外出，也要备好药品，以备不时之需。

2. 野营装备

野营时一定要准备好帐篷、睡袋、防潮垫、背包等必备之物。帐篷是野营时主要宿营方式，也是值得积极提倡的宿营方式，野营时使用帐篷比较方便。

为了在夜晚能更好地睡上一觉，缓解一天的疲劳，睡袋和防潮垫更应该准备好，这些东西可以更好地防潮，避免野营时受潮湿。

野营时，背包的学问也很大，一定要选用质量较好，且内部的容量较大的背包。行走时可以将背包背在身上，这样手就可以把住树枝或者石头，对于安全也有一个保障。

3. 穿着准备

外出野营时要穿耐磨且宽松的长裤，并选择一双舒适、厚底的鞋，鞋的防滑性能要好一些，这样在山林中行走会更方便。袜子要选用质地较好的厚棉袜，这样可以保证你在长途跋涉时脚上不会起泡。

野营时要选用防风防撕性能较好外衣，内衣则以透气、柔软为好，同时可准备几套内衣替换。野营时人们经常会出汗，因此内衣要经常换洗。

山里的温差较大，早晚的温度更低，因此还要准备好防寒衣物。另外，山上天气阴晴变化无常，野营时经常会赶上下雨，因此，雨衣也是必备衣物之一。

4. 饮食准备

野营时，通常都是到大山里游玩，在山里有时就会遇到山泉，这些泉水清澈、甘甜，是山里人最好的饮用水，因此野营时可以相对稍带一些水。

野营时，应以能量高、重量轻、体积小的食物为选择标准。一般可以选用容易保存的大饼、馒头、方便面为佳，同时可带牛肉、火腿、鸡蛋等，但是这些食物一定要真空包装，以免食物变质，食用后引起胃肠疾病。运动量增大也会使你的食欲大增且口味加重，因此可带一些果酱、辣酱、肉酱、沙拉酱等。

5. 药物准备

外出野营时一定要带上一些常用的药品，当发生感冒、胃肠不适时，服用一些可缓解病情。一般可带一些速效伤风胶囊等感冒药，用于感冒发热，清热解毒，还可带一些促进消化等药物。

6. 野营小物品

野营时还要带一些小物品，如手电、小刀、火机、绳索等，这些物品要以小巧、结实、耐用为原则。这些物品在野营时会起到一些意想不到的作用，因此外出野营时一定要适当准备一些。

另外，整天在外面风吹日晒，最好准备一些防晒霜，这不仅能防止被晒黑，还能有效阻挡紫外线对皮肤的伤害。

野营需携带的药品

野营时，一定要备好药品，这样才能在野营时，有备无患，也可以使你的野营顺利进行。这里介绍一些野营时常备药品：

感冒预防药

可以带一些板蓝根，平时冲上一些可以预防感冒。

感冒药

康泰克、百服宁、克感敏、速效伤风胶囊、白加黑、吗啉胍等，其中速效伤风胶囊含扑尔敏较多，最好只吃一粒，吃多了很容易打盹，旅行时不安全。

腹泻药

很多人在野营时，因不注意饮食，引起腹泻，因此野营时一定要备好腹泻药。常见的有肠康片、氟哌酸、黄连素、诺氟沙星等。其中肠康片系纯中药，无副作用。

跌打损伤药

野营时，很容易受到外伤，因此跌打损伤药是必备药品之一。红花油、云南白药等都要带上。当出现大出血时，用手按住动脉，并在伤口上洒红花油与云南白药的混合，可止血消炎。

另外，还应带脱脂棉、纱布、绷带、创可贴、碘酒、止血带等包扎伤口的用品。野营之前，最好学会如何进行简单的包扎，这样才能在出现意外时，进行急救。

胃药

很多人在野营时，因不按时吃药而使胃病复发，因此在出发前，有过胃病的人一定要准备一些胃药，如吗叮啉、雷尼替丁等用于胃疼、胃酸过多、胃溃疡等药品。

促进睡眠药

野营时，有一些人会因为过于兴奋或者是过于劳累等原因，夜间会失眠，因此出发前可以相应地准备一些有利于促进睡眠的药品。

维生素类药

外出野营时，人们对一些蔬菜的补充可能不会很及时，因此可带一些维生素C、维生素 B_1、维生素 B_2 等维生素类药物。

维生素 B_{12} 结构式

清火药

山上一般都很干燥，很多人在野外还容易上火，因此可带上一些夏桑菊、黄连上清片等明目、清火的药品。

蛇药

山林野营时，有时会看到一些蛇，如果不小心被蛇咬伤，就会影响你的野营生活，因此一定要注意防范。另外，带上一些季德胜等蛇药是有必要的，这样可以及时救治。

防中暑药

野营时，天气过于炎热，很多人在野营过程中都会发生中暑，因此人丹、十滴水、藿香正气水等也要准备一些。

选择一个安全营地

郊游时，会在野外宿营，那时首先要考虑的就是安全。在野外，很多意外都有可能发生，因此选择营地时一定要注意安全。低海拔地区宿营，危险性相对要小一些，但在选择营地时，仍然要考虑必要的安全因素。

宿营之前，一定要仔细观察一下地形，营地的上方不要有易滚落的石头及风化的岩石，一旦发现附近有岩石散落的迹象，就不要在此地搭建帐篷了。尤其是在岩石壁较近的地方搭建帐篷时，更要留意滚石问题。一旦发现滚石，应立即大声喊叫，通知同行伙伴。另外，扎营时应尽量避免在凹状的地方扎营。

外出野营，选择营地时一定要注意观察，营地不要建在泥石流多发地。辨别泥石流发生的主要方法是，泥石流多发地带，许多石块有被泥土包裹的痕迹。

雷雨天建造营地时，更要多加注意。雷雨天营地不要在山顶或空旷地上安营，以免遭到雷击。也不要在河滩、河床、溪边及川谷地带建立营地，以防被突如其来的洪水冲走。

沙地平坦又干燥，溪谷边有清澈的水流，气候良好，是很不错的宿营地。但是，如果下起倾盆大雨，山谷里的水很可能会突然暴涨，使河岸没入水中，冲走野营等，甚至连人一起都被水流冲走。

雨季野外宿营前一定要关注宿营地当地及河流上游地区的气候、水文情况。宿营时要注意在离水面几米远的高地上搭帐篷，营地要选择排水良好的地方，发生危险时，还要有可逃生的道路。

营地搭建好以后，宿营时要常注意流水量、浑浊情况以及流水声。一旦感觉异常，就要赶快离开此地，以免发生意外。很多人游玩一天以后会感觉到特别累，但是为了安全着想，千万不要粗心大意。

选择营地时，排水的性能十分重要，尤其是在可能有倾盆大雨来临时更是如此。不但应该避免低洼地带，而且完全平整的地面也应该避免。尤其是那种没有缝隙的被压得很结实的土地，这种地面将导致雨水无处可流而且不容易渗入地面。

在干燥的地区旅行时，在旱季即将结束的时候，不要选择在干涸的鹅卵石河道上扎营。一场暴雨就可能让这些地方恢复成一条宽阔的河流。

建营地时要仔细观察营地周围是否有野兽的足迹、粪便和巢穴，不要在多蛇多鼠地带建造营地，以防伤人或损坏装备设施。营地周围可撒些草木灰，这样可有效地防止蛇、蝎、毒虫的侵扰。

毒蝎

炎热而潮湿的天气里，成群蚊子对于露营者来说可能是最可怕的东西。这种情况在没有一丝风的夜晚会更加严重，所以在选择露营地时，应该注意不要选择死水塘边、茂密的草地中和任何可能有积水的地方，这正是蚊子滋生的地方。

另外，蚊子不会在通风的地方聚集，所以在闷热的夜晚选择风口的地方是个好主意，比如两座小山之间的地方，或者通风的隧道。

建造营地的适宜之地

外出野营时，宿营地的条件是关系到野营生活和全部人员休息的大问题。因此，在建造营地时，一定要注意周围的自然条件。

1. 近水

野营休息时离不开用水，因此选择营地时，近水是首先要考虑的一个条件。选择营地时应选择靠近溪流、湖潭、河流边，这样既能保证做饭饮用的用水，又能提供洗漱用水，如果远离水源则会给营地带来很多不便，甚至是危险的。但也不能将营地扎在河滩上，这样会有一定的危险。

有些河流上游有发电厂，蓄水期间河滩宽、水流小，一旦放水将涨满河滩。溪流、河边的河滩，平时雨小时，河滩会很宽，一旦下暴雨，有可能发大水，这时河滩就会被淹没，因此一定要注意防范。

2. 背风

野外扎营，还要考虑背风问题，尤其是在一些山谷、河滩上，应要选择一处背风的地方扎营。建造营地时，一定要注意帐篷门不要迎风。

风大会搅得人员无法休息，点燃篝火就更困难了，这样就难以保证做饭取暖，所以营地一定要避风。

3. 近村

野营时营地可以安排在靠近村庄的地方，这样可以使你的野营更好方便一些，缺少柴火、蔬菜、粮食、用具时，可以向村民求助。

4. 日照

营地要尽可能选在日照时间较长的地方，这样会使营地比较温暖、干燥、清洁，便于晾晒衣服、物品和装备。

5. 背阴

野营时，如果在营地上需要居住两天以上，天气较好的情况下，可在背阴的地方扎营，如大树下面及山的北面。建造营地时，最好是朝照太阳，而不是夕照太阳，这样白天休息时，帐篷里就不会太闷热。

建设营地小细节

营地选择好以后就要建设营地，建造营地有很多学问，尤其是很多人一起野营，建造一个有一定规模的野外露营地时，要做好整体规划和具体局部的布局。下面给大家介绍一些营地建造知识：

1. 平整场地

宿营地选好以后，首先要将已经选择好的帐篷区打扫干净，同时清除场地内的石块、枯枝等杂物，对于营地上的一些矮灌木和各种不平整、带刺、带尖物的小树丛，也要清理出去，以免人在里面活动时扎伤身体。

营地内难免会有一些坑洼地带，这时可用土或草等物填平，防止行走时崴脚。如果营地是一块坡地，坡度不要大于10°。

2. 科学划分场地

集体野营时，营地划分最为主要。一个完整的营地应分帐篷宿营区、用火区、就餐区、娱乐区、用水区、卫生区等区域。这些区域之间要有一定的距离，同时还不能相隔太远，那样营地就会过大，相互之间照顾不到。

营地选好以后，首先应确定好帐篷宿营区，这是全体队员休息和睡觉的地方，这个地方决定整个宿营地安排的成败，因此一定要选好宿营区。

宿营区确定下来以后，用火区应在宿营区的下风处，并且要和帐篷保持一定距离，一般应保持10~15米，这是为了防止用火时火星烧破帐篷。

就餐区要安排在用火区的附近，这样就可以在饭菜做好以后及时就餐。就餐区一定要注意卫生，尽量选在背风的地方，这样可以更好保证食物的清洁。

活动及娱乐区应在就餐区的下风处，这样就可以防止活动时带起的灰尘污染餐具。娱乐区距离帐篷区也应在 15~20 米，这样可以减少对早睡同伴的影响。

卫生区应安排在营地的下风处，且与就餐区、活动区、宿营区都保持一定的距离。

3. 帐篷露营区的建造

集体野营，要搭建很多顶帐篷，数顶帐篷组成帐篷营地区。在布置帐篷时，所有帐篷应是一个朝向，即帐篷门都向一个方向开，并排布置。

帐篷之间应保持一定的距离，一般不应少于 1 米的间距，在没有必要的情况下，尽量不系帐篷抗风绳，以免绊倒人。

野外露宿时有可能会遇到威胁性动物的攻击，因此在帐篷的外围可以相应做一些防护措施，一般可在帐篷外用石灰、焦油等刺激性物质围帐篷区撒一圈，这样可以防蛇等爬行动物的侵入。

4. 用火区和就餐区的建造

用火区和就餐区一般要在相近的地方或是在一块儿，这个区域要与帐篷区保持一定距离，以防火星烧着帐篷。

烧火做饭的地方最好选在有土坎、石坎的地方，这样方便挖灶建灶。用火区一定要注意安全，拾来的柴应当堆放在区外或上风处，生火时不要乱动带火的树枝，以免引发火灾。

就餐区可选在离生火区较近的宽敞草地，这样可以方便大家围坐一起用餐。"餐桌"可以选用一块大平石或者在地上铺上一块塑料布，座椅同样用石块最好，或者席地而坐，但是地气对人体有害，故可以用各自的睡垫或气枕头代用一下，不要怕麻烦，至少要用雨衣或塑料布。

人们在野营时，用餐时间一般都是在天黑以后。因此，应当事先考虑好照明用品和照明的位置，不论是用汽灯还是其他方式照明，灯具应当放在可以照射较大范围的位置，可将灯具吊在树上、放在石台上或者做一个灯架将其吊起来。

5. 用水区的建造

建造营地时就已经考虑水源问题，营地一般离水源都比较近，但是生活用水和食用水应该分开，如是流水，食用水应在上游处，盥洗生活用水在下游处；如是湖水同样要分开地方，两种用水处应当距离 10 米以上。这种划分是出于卫生的需要。

另外，取水要经过的河滩地带，一般都生长着很多灌木，这些地方的乱石也比较多，如果没有小路可寻，白天时应先注意清理一下，不然晚上取水时就不方便了。

6. 卫生区的建造

集体野营或人员较多时应该建一个卫生区域，这样大家更方便一些。如果在营地内只住宿一晚，可以不必专门挖建茅坑，只需指定一下男女方便处即可。

住宿天数在两天以上，即应当挖建茅坑，临时厕所应建在树木较密的地方，最好是用围帘围上。这样的方便厕所，要注意不能建在行人常经过的地方。

附近的溪流多，可以将厕所建在溪流上，在小溪上塔两根大木头，要建平稳并有安全感，大家即可在上面大小便，并将大小便直接排入溪流中，不用担心这样会污染河流，小量的粪便会被河流中的生物分解或被自然净化。

7. 娱乐区的建造

娱乐区一般不需要另行建造，可在就餐区内进行，待就餐以后打扫出来即可。如果游玩的时间较长，且场地足够大，也可以单独划出一块地，只要场地平整即可。

娱乐区一定要注意场地的平整，场地里碎石块、矮树等杂物都要清理出去，这样可以更好地保证安全。另外，人员较多时，可在游戏时划定一个的范围并拉上保护绳，以免发生意外。

野外睡眠有讲究

很多人在野营时都会出现难以入睡的现象，有些人可能是因为换地方的缘故，还有一些人是因为过于兴奋，其实除了这两种原因之外，还有很多原因都影响野营时睡眠，一定要做到有准备。

1. 外界因素的影响

外界环境的因素会影响你睡觉的舒适度。因此要远离不良环境，帐篷坐落于舒适的位置，可以增加约 30 度的温度，扎营时不要选在溪底。因为此处是冷空气聚集处，也不要选在山脊棱线，可在背风面或森林处扎营露宿。

睡袋的蓬松度也会影响到你的睡眠。新的睡袋因长期挤压于睡袋套内，刚拿出来蓬松度与隔热性会稍差一些，使用时不是很暖，因此，最好是搭好帐篷就摊开睡袋让它蓬松，这样睡觉时会更舒服一些。

睡袋的材质也会影响到你的睡眠。每种睡袋的隔热系数都不同，它可以隔绝睡袋底层释出的热能，不同的季节用不同的睡垫。冬季野营时，最好选用与身体同长的且实心的睡袋或是自动充气的睡垫。

潮湿的环境下，人们在睡觉时肯定会觉得不舒服，没有防水的睡袋，可套上一个大型的塑料袋，这样可以防止潮湿。

帐篷泡水以后，要将湿的物品置于内、外帐之间或者放在内帐角落里，但一定要远离睡袋。恶劣天候，内帐会聚集水滴，所以帐篷的窗户须微开细缝让帐篷通风，当雨过天晴就须取出并晒睡袋，这样才能在晚上睡得更香。

2. 个人因素

（1）注意保暖

睡觉时一定要穿足够衣物，这样才不会感觉到冷。另外睡觉时，最好戴一顶帽子，因为身体的热能有一半从头部散失。

（2）切忌空腹睡觉

很多人在野营时，都会感觉疲劳，因此晚上有可能不吃饭就睡觉了。其实这样是不对的，空腹睡觉也不利于你在夜间休息，也会影响到你的睡眠。

睡觉前一定要吃饱，冬季野营时睡前可吃些高热量食物，同时补充身体所缺的水分，充足的水分对人体的代谢功能相当重要。

（3）睡前暖暖身

睡袋不会维持与制造热能，不要到营地就马上钻到睡袋内，太冷的身体使你在睡袋内会更感觉到冷。

晚上在吃好以后可以喝一杯热饮，然后在月光下漫步一会，以不流汗为标准将身体暖和一下，这样再入睡才会更舒服。

另外，需要注意的是，晚上睡觉时，一定要穿干爽的衣服睡觉，切不可穿着沾满汗的衣服睡觉，这样也会难以入睡。

保养好野营帐篷

帐篷对火的抵抗力相当弱，尤其是内部充满易燃品，如夹克、睡袋等物品时，因此，使用帐篷时，一定要注意防火，尽量避免在帐篷内炊事。

天气较好时，要将帐篷的门窗完全打开通风，避免湿气汇聚于内帐内壁，保持帐篷的干燥，这样有利于延长帐篷的使用寿命，也可以使你在夜晚睡觉时会更舒服一些。

搭建帐篷时，一定选好位置，夏季注意帐篷不要被水淹，这样会影响到帐篷的寿命。另外，帐篷被水淹，也会影响到你的野营生活。

登山以后，不可穿着登山靴直接进入帐篷，这时靴底的烂泥或小石粒会磨损底层内帐，这样就会降低帐篷的使用寿命。

帐篷折叠收拾前，要先晒干然后再擦拭干净，冬季野营时，可用雪块擦拭干净，但是不要弄脏弄湿睡袋，一般可将帐篷倒置晒干并擦拭干净，然后才收起。

野营活动结束以后，最好是马上清洗帐篷，如果天气不允许，可先取出来擦拭一次，晾干。

帐篷长时间不用时，应尽量吊挂于通风处，存放时也不要密封，这样帐篷的内部就不会有一种发霉的味，使用时也感觉不到霉味。

睡袋的清洗方法

睡袋的头部一般容易脏一些，其他地方都不容易变脏。因此，睡袋最好用手洗，这样不容易使睡袋变形，也可延长睡袋的使用寿命。

尽量不要干洗和使用洗衣机洗羽毛睡袋，这样容易将羽毛的天然油脂洗掉，除非送到专门的清洗店。

清洗睡袋时，可使用中性的清洁剂或专用的羽毛清洁剂，清洗过程不能有清洁剂残留于睡袋内，一定要清洗干净，睡袋拧干后要晾晒数日才能收，尤其是羽毛睡袋，晾晒时还要不停地拍打，不能让里面的羽毛聚成块状。

睡袋晾干以后，不要长期置于睡袋套内，这样会把羽毛或纤维挤压变形，最好是将睡袋放在一个大的旅行袋或衣柜内。

保障野营的安全

野营生活固然很快乐，但在与大自然接触时，仍伴有相当大的危机。无论是个人还是团体野营时都要注意安全，为野营的安全着想，应设定行动基准，并加以实行，享受没有事故而愉快的露营生活。

为保持野营生活的安全，集体野营时，每一个成员都要相互帮助，共同努力，完成一个圆满的野游旅行。

1. 安全第一

不管是学校组织的大规模野营活动，还是朋友之间发起的小规模团体，或是家族实施的家族野营，要想拥有安全的野外生活，就要要求每个人都要对安全有一个基本认识，并在紧急状况下，采取适当行动。

野营时，每个人除了有一个安全意识外，还要相互帮扶，遇到困难时大家一起努力解决，这样才能够成立一个良好团体，愉快地共同生活。

2. 制定规则

集体野营时，为了更好地确保安全，顺利推行共同生活，应参考实际制定一个合理的规则，且要求每个成员都要做到。

规则是大家共同约定，因此应该加以遵守。遵守规则时，各成员要相互信赖，这样这个集体才有一个凝聚力，野营生活才会更完美。

3. 培养安全能力

安全规则约定的同时，参加野营的成员，还要在自然状况下，自行培养对自身安全的保护能力，这样对以后也有一定作用。

培养向冒险挑战，积极的克服困难的态度，为以后的野营生活打下基础。野营是不能只靠几条约定就可以确保野外活动安全的，安全能力必须透过野外活动之进行自然产生。

4. 循序渐进

集体野营时，有些人可能经历过野营，另一些人也可能没经历过，因此对什么都感觉到新鲜。每个人的能力和经验都是随着不断参加活动得到增强，因此，有经验的朋友要劝一下刚开始的朋友，他们往往被一些事物所吸引，而忽视安全。

5. 自我照顾

在户外活动中，若没有基本的自我照顾的能力，不仅给自己增加危险，而且也给同伴增加危险。照顾别人，应该建立在可以自我照顾的前提下，否则都是空谈。空谈就有可能给自己和他人带来危险。

6. 团队协作

集体野营时，团队协作是集体必须具有的一个原则。野营时，个人的力量在自然面前，显得非常微弱。如果一个团队，不能拧成一股绳、发挥合力，那也就失去了组队的初衷和意义。

集体野营活动中，不仅要求成员之间在紧急的时候相互援手，而且要在平常的细节上也要彼此多关注、相互照顾。

7. 量力而行

野营时，有很多的户外山野活动，有时要穿过森林，有时要跨过河道，这时就要每个人量力而行。如果整个集体面对某一困难而无法解决时，可以选择其他方式进行。

另外，在野营时，有些人在某些方面有特长，他们会将自信延展到所不熟悉的领域，这样带来的潜在危险，不仅会影响到其个人，有时还有可能殃及同行者。

野营卫生不可懈怠

野营生活，一定要注意自己的身体健康，要想保证自己野营时有一个健康的身体，在野营过程中要有一个良好的生活习惯。

野外营地生活，确实很美好，可以欣赏到许多美丽的景色，但是在野外，也容易感染上一些疾病。因此，一定要注意卫生，保持健康。

首先，应注意卫生管理问题，以预防食物中毒及传染病发生。

集体野营时，营地是团队所有人共同出入的场所，要注意保持整个营地的清洁。集体野营时，用具共同使用的机会很多，因此，存在传染和食物中毒的危险。所以，营地的每一个人，均需充分注意卫生安全问题。

厨房卫生管理，在烹调之前，必须以肥皂洗手，砧板等烹调用具以热水消毒后，使其保持干燥。

餐具的卫生管理，即餐具清理完毕之后，使其保持干燥，筷子用热水消毒。

食物卫生管理，生鲜食品，要注意鲜度保存。密封的罐头打开后要立即食用，剩余的食品不要留在空罐中。

共同设施要保持清洁，这也是非常最重要的一点，做到来去都清洁，尤其应保证居住的卫生管理，即帐篷内外的清洁整理。

其次，剧烈的环境变化，会对身体产生影响。

到达营地之后，要与平时一样的饮食、睡眠，过着舒服的生活。应特别注意的是：第一充分摄取营养价值高的食物，补充足够的热量，并饮用足够的水。第二要用充分的睡眠时间，不做不合理的日程编排。

另外，帐篷狭小，容易致失眠，因此每个帐篷的人数上应有所限制。尤应注意以下两点：

山林中的日夜温差比较大，因此应根据实际情况，合理增添衣物。

如果无法入浴，而又出了很多汗，睡觉时应将衣物换下，这样可以保持身体的清洁，同时也会避免受潮湿。

野营生火小方法

野外生火时，如果没有火柴或者打火机时，你千万不要灰心，有很多方法可以帮助你生火。

1. 凸镜引火法

直径为 5 厘米或更大些的凸面镜，如望远镜片，在明亮的阳光下，可用来聚集太阳光线，照射在事先准备好的引火物上，就可点燃引火物。

用放大镜透过阳光，聚焦照射易燃的引火物如腐木、布中抽出的纱线、撕成薄片的干树皮、干木屑等取火，早已为人所熟知，因此在野营没有火时就可以利用这种方法取火。

凸镜取火

利用放大镜取火最为迅速的是照射汽油、酒精，可在 1~2 秒内点燃引火物。此外，放大镜透过阳光聚焦照射，还可将受潮或被水浸湿后晒干的火柴点燃。放大镜是一种重要的引火工具。

如果没有现成的放大镜，可从望远镜和照相机上取下一块凸透镜来代替。手电筒反光碗也可以用来引火，将引火物放在反光碗的焦点上，向着太阳光就能取火。

2. 击石取火法

击石取火法是人类最早的取火方法，这种方法的使用可能是受到制作石器工具时迸发出火花的现象所启发。

野营时，我们可以找一块坚硬的石头，做"火石"，用小刀背或小片钢铁向下敲击"火石"，使火花落到引火物上。当引火物开始冒烟时，缓缓地吹风，使其燃起明火。

如果"火石"打不出火来，可另外再寻找一块石头试一试，因为并不是所有的石头都能点燃引火物，石头击出的火花必须有一定的热量和持续时间才能点燃引火物。用黄铁矿打击火燧石产生的火花可以取火。

如何寻找引火物

生火之前，首先要准备的就是引火物，因为一般嫩树枝、大树权及湿柴草是很难直接用火种点燃的。天气较好时，引火物比较好找，但是遇到阴雨天，引火物就难找了。

干草、小树枝、枯树叶、小木块都可用来引火，如果遇到雨天，可在大树底下或岩石下寻找干燥的引火物。

针叶松的干果和落果通常是多树脂的，这是极好的引火物，可找些这样的干果或落果来引火。枯死的松树节子上常常会有很多松树油，这种松树油也是很好的引火物。有时，在一些枯死的老树根上，也可找到一些树脂。

另外，桦树皮是非常好的引火物，即使在雨天，桦树皮也可用来引火，因为桦树皮里含有易燃的油脂。

如果在没有树的地方，同样可以找到一些天然的引火物。这时你可以找一些干草，并将这些干草拧成干草绳，也可找一些枯死的灌木、动物的干粪便作为引火物。

燃着引火物以后，可慢慢加些小树枝或木片，然后再架上木块，木块要堆得疏松些，这样才能保持空气流通，火才能烧得旺一些。

燃点篝火小窍门

野营时燃点篝火时一定要注意避免火灾，尤其是学生组织野营时。因为投入大自然以后，都比较开心，但在游戏时千万要当心篝火。

篝火应选择背风的地方燃点，且篝火与帐篷要保持一定的距离，避免火星落到帐篷上引发火灾。如果要在湿地上生火，可先用石头或木头垫好地，这样可便于点燃篝火。地面潮湿时，可与风向成直角放置两根枕木，将用作燃料的木柴与枕木成直角并排放在上面，然后，在这些木柴上面和中间顺着放些用刀斧砍成斜茬的细木头。最后，放上引火材料点火。

为了使篝火的热量集中，且不受风的影响，可在篝火的背风面，斜着打入两根木桩，靠着木桩排放若干潮湿的圆木，做成防风墙。

（五）户外郊游遇险自救方法

迷失方向怎么办

野营时，因对路线和当地地形的不熟，有时就会发现原来的道路消失了，或者从开始就没有确定好行进路线，只是依照地形及方位行走，结果导致迷失方向。

发现自己迷失方向后，千万不要惊慌，应立即停下来，冷静下来，并回忆一下所走过的道路，想办法利用一切可以利用的标志重新定向，然后再寻找道路。

迷失方向后最可靠的方法，就是循着自己的足迹退回出发点。迷路后千万不要盲目乱走，那样只会使你更迷茫。返回原来的路线，有时需要下很大的决心，尤其是你已经登上了山岭。

迷失方向以后，如果是在山林中，可登到高处远望，辨认一下自己的位置，判断应该往哪儿走。通常应朝地势低的方向走，这样容易碰到水源，然后顺着河流走，这样就可以走出山林。

若山脉的走向比较分明且山脊的坡度较缓时，可沿着山脊走，因为山脊的视界比较开阔，易于观察道路情况，也容易确定所在位置。山脊还有一定的导向作用，只要沿山脊前进，通常可达到某个目标。

在茂密的森林中行进时，高密的树冠，遮天蔽日，最容易使人迷路，因此进入森林野营时，为了避免迷失方向，首先应当记清楚当地的地形图。特别要注意行进方向两侧可作为指向的线形地物，如河流、公路、山脉、长条形的湖泊等。行进时注意其位置在行进路线的左边还是右边，是否与路线平行。如发现迷失方向，应立即朝指向物的方向前进，一直走到为止，然后再行判定方位。

在森林中迷失方向，应先估计，从能确定方位的地方走出了多远，然后寻找身边便于观看的树干，用刀斧刮皮做环形标记（即树干周围的皮都刮掉，以便从任何方向上都能看到），再根据自己的记忆往回走。如果找不到原来的地点，折回标记处再换一个方向重新试行。最后，总能找到目标。

迷路后，当天色已晚，应立即选址宿营，不要等到天黑，否则将非常被动。若感到十分疲乏时，也应立即休息，不要走到筋疲力尽才停止。这一点在冬季尤应注意，过度疲劳和淌汗过多，容易冻伤或冻死。

如需救援，夜间可在高处燃点火堆，白天可燃烟，在火上放上青草，就会发出白烟，每隔十几秒钟放一次青草，正确的方法是每分钟 6 次，这是世界通用的救难信号。也可用斧头、棍棒击打桦树，因为击打的桦树声音宏大而且传播很远。

预防山火人人有责

山火是必须注意加以防范的，任何人在野营时都要注意安全用火。不要在非指定的烧烤地点或露营地点生火煮食，吸烟人士应尽量避免吸烟，烟蒂和火柴必须完全熄灭后才可抛弃入垃圾箱内或带走。

干燥的天气里，山火在较斜的草坡上顺风向上蔓延速度极快，野营时绝不可轻视山火的威力。为了更好地保护人身安全，也为了保护大自然的生物，任何时候都要小心火种。

山火白天时比较难看见，因此应随时留意飞灰和火烟味。如发现山火。尽速远离火场，山火蔓延速度极难估计，如发现前路山上远处有山火，不应冒险尝试继续行程，以免为山火所困。

遇到山火时首先应保持镇静，不要惊慌失措，也不要随便试图扑灭山火，除非山火的范围很小，或者你确实处于安全的地方，确保有可逃生的路径。

离开火场时，一定要确定山火的蔓延方向，避免跟山火蔓延的同一方向走。如果对山路较为熟悉，可选择较易逃走的小路，这样可以更快地离开火场。

另外，离开火场时要考虑附近的植物高度及密度，要选择植物和障碍物较少的地方走，这样的路好走一些，也能快速离开火场。

沿现有的小径逃生会比较少障碍，且走得更快。若山火迫在眉睫又无路可逃，则应用衣物包掩外露皮肤逃进已焚烧过的地方，这样可减轻身体受伤的机会。如情况许可，切勿往山上走，这样会消耗体力。切勿走进矮小密林及草丛，山火在这些地方可能会蔓延得很快而且热力也较高。

滑倒后起身有学问

野营时，有时就会遇到雨天，这时山路一般都比较滑，此时在斜滑的山径上行走，下坡时很容易滑倒受伤。

野外滑倒极容易受伤，因此滑倒以后首先要检查有没有扭伤、擦伤或受到其他伤害。发现有脚踝扭伤或有骨折的地方，需要时可立即进行急救。发生踝关节扭伤后，首先要绝对休息，并把小腿垫高，以利于静脉血液回流，促使瘀血消散。同时应注意保护脚部，一定不要用力揉搓受伤部位。很多时候，骨折并不容易由表面察觉，若发现伤处红肿或痛楚，不要继续行走。

如果伤者可以继续行走，这时同行的人员可以搀扶前进，并尽快返回营地，让受伤的队友休息。这时切忌不可以让其强行独自行走，以免伤势加重，自己不能及时处理，引发意外。

意外滑倒发生扭伤或骨折等意外时，经过急救以后，伤员的伤势依然很严重，要及时送到医院治疗，以免延误病情。

化解山洪暴发的危险

夏季山林野营时，有时会突遇暴雨，这时一定要想到有可能发生山洪。山洪的威力是巨大的，一定不要低估山洪暴发的威力和速度。在山林中，小溪往往会因为上游降下大雨，雨水集涌而下，数分钟内就会演变为巨大山洪，如果这时游人正在溪中，极易被洪水冲走，导致伤亡。

野营遇到大雨，首先躲雨时要避开山沟、河道，以防雨水急剧其间形成山洪。其次遇有山洪发生不要惊慌，因为山洪往往是由于暴雨突来降水突增而致，由于山区独特的地形条件，洪水往往发生的快、消退得也快，因此遇有山洪形成、大水漫过时，千万不要急于涉水撤退，以防发生意外，只需往高处躲避，把住树干等物，等待洪水消退。

洪水来临时，不要尝试越过已被河水盖过的桥梁，这时应迅速离开河道。发现流水湍急、混浊及夹杂沙泥时，是山洪暴发之先兆，应迅速远离河道。一旦不慎被洪水卷走，此时要绝对保持头脑冷静，惊慌失措只会失去自救的机会。

首先要尽量使自己的头部露出水面，保证呼吸，尽管跌入水中身不由己，但只要心中镇静，不管会不会水都可使身体保持平衡。而且，山洪并不是大江大河，只是水急但一般都不会很深，只要镇定下来，抓住可利用的物体，总会获得生机。

陷入山洪之中，一定要设法保证呼吸顺畅，然后要尽力冲出水面，以便抓住岸边任何可救命物体，如岸边的石头、树枝、枯藤之类物体，也可以抱住水中的一些漂浮之物，这样可以更好地帮助设法爬回岸边或等候同伴救援，然后脱离险境。

野营时，大多都是几个人一起活动，如果大家都处于洪水之中，这时一定要有互助精神，只有大家互相帮助才能共同脱险，如果扔下同伴只管自己逃命，就会影响大家逃生也很可能会害了自己。

陷入山洪时，大家可互相搀扶，手拉手，共同行动，也可利用背带、腰带互相牵连，集体的力量是无穷的，多一个人就多一份力量，大家在一起才能冲出洪水包围，这样也能保证同行中体弱者得到救助，共同走出险境。

对于被洪水冲走的同伴，要积极实施营救。遇到同伴被洪水冲走，千万不要惊慌失措，更不要只顾哭泣，这样只会失去营救时间。

可利用手边的物件勇敢地救助落水者，这时你可以将长树枝伸向他，使之抓住而获救，也可以利用背包的带子，将带子扔给他，顺利营救出落水者。

如果洪水较急，落水者很快就会被冲到远处，这时可尽快扔给他如木板、树干、脸盆等物品，落水者抓住这些东西，就可以借助其产生的浮力获得生存机会。

山体滑坡速逃生

野营时、暴雨时或连日大雨以后，要注意防范山体塌方带来的危险。大雨过后，很多斜坡处渗进大量雨水后，极易引起山泥倾泻，引发山体塌方。

野营期间，遇到斜坡底部或疏水孔有大量泥水透出时，这就表明斜坡内的水分已充分饱和，斜坡中段或顶部有裂纹或有新形成的梯级状，并露出新鲜的泥土时，都是山泥倾泻的先兆，此时应尽快远离这些斜坡，以免发生危险。

大雨过后，如果遇山泥倾泻并且已经阻断道路，这时切勿尝试踏上浮泥继续前进，应立刻后退，另寻安全小路继续你的行程或中止前进，返回到安全的地方。

山体塌方，大量山泥下落，如有队友被山泥淹没，切勿随便尝试自行抢救，以避免更多人遇到伤亡，这时应立刻通知有关部门准备适当工具进行救援。

"暴寒" 现象先预备

暴寒是指身处寒冷的地方又没有足够的衣服御寒，以致体温下降，时间过长也会有生命危险，这种现象也被称为失温。

暴寒不一定都发生在冬季，即使是在夏天，也会因为突然而来的寒雨或暴雨，导致气温骤降，这时也容易引起暴寒。

暴寒一般使人感觉特别疲倦、皮肤冰冷、步履不稳、发抖、肌肉痉挛、口齿不清、产生幻觉、无精打采等。

预防暴寒的最好方法是出发前带上充足的保暖物品。野营时一定要带上睡袋、御寒衣物，还可以带上保暖用的发热袋。另外，一定要带上一套备用的干衣服，以备更换。

野营出发前一个晚上一定要充分休息，养足精神。如果感觉自己的身体不适，一定不要勉强参加活动，以免发生意外。

出发前要吃一顿丰富的有营养的饱餐，旅行的途中也可吃一些高热量食物，如巧克力等。整个行程过程中要注意适当休息，不应过度疲劳，以免消耗体力。

野营时，有时会遇到雨天，这时不要怪自己运气不好，遇到了不要着急，应该迅速找地方躲避风雨，衣服被雨淋湿以后要迅速更换湿衣服，用衣服或发热袋、睡袋把头、脸、颈和身体包裹以保暖，并且食用一些高热量食物，保持体温。

时刻注意山上滚石

山区野营，要时刻注意山上的滚石，当你漫步在山谷或悬崖峭壁之下时，首先想到的就是头上的那些巨石，那些看似如诗如画的石块，真要滚落下来，是十分危险的，山林野营时一定要注意这些石块。

滚石现象的发生也有一定征兆，滚石下落时，较大石块移动过程中会带动一些碎石或泥土滑落，这些碎石或泥土会更快落下，而且还会发出一些响声，这时就要引起注意，防范滚石发生。

另外，即使你没有注意到这些下落的小石块，以及小石块下落时的声响，较大石块自高处滚落时，也会与山坡地面撞击发出巨大声响。

山上滚石下落时，一定要注意躲避，这也是预防滚石带来伤害的最好方法。发生滚石时，可以躲在身边的巨石或树木之后。另外也可以随机应变，利用自己身处的地形保护自己。

当你在谷底时，一面山坡上发生滚石，你可以逃向另一侧的山坡，并且处于山坡的半山腰，这样就可以躲开对面山的滚石。

如果你山上行走时遇到滚石，可以横向转移，这样就可以躲开石块下冲的方向。遇到大面积的滚石发生，也要尽快离开滚石下落的方向，并以随身携带的物品保护好头部，以减少伤害。

发生滚石时，如果真的被滚石砸伤，首先要对伤口进行处理。这时同行的人一定要帮忙处理伤口，如伤口出血，可在清除污染物之后进行包扎，用随身携带的毛巾、手帕、上衣等包扎止血。

滚石砸伤，很容易发生骨折。急救时应用树枝、书本、竹片等对受伤的肢体加以固定，这样可以减轻伤者的疼痛，也可缓解伤情。

骨折后，要注意不能随意乱动，应由他人抬下山去或背走。尽快离开山区，就近求得医治。如伤者伤势较重或昏迷不醒，应就地取材制一个简易担架尽快运走救治。

防备泥石流

泥石流是山区一种非常严重的自然灾害，破坏力极大，人如果遇到泥石流就更危险了，野营时一定要注意防范泥石流。

泥石流的发生是有一定规律的，对于泥石流这种自然灾害主要是预防，野营时要注意行进过程中一些山体，一旦被其吞没，难以自救。

为了更好地预防泥石流，要认识泥石流发生的自然条件，从泥石流形成原因看，它主要发生在由风化岩石与泥土混杂构成的地质区域。

这种构成方式的地区，土质具有松散、易含水的特点。因此，在雨水或春季雪水的侵蚀下，极易发生重力滑动，在滑动过程中产生巨大的破坏力。

泥石流往往发生多在暴雨季节，多与山洪相伴，一起发生。所以，在遇有山洪发生时也要想到泥石流，躲过了山洪之后，不要急于穿过山涧河道，要避开这类危险地形，选择地势平坦、地质坚固的地方尽快撤退。

山区野营时，如遇大雨需要躲避时，不要靠近那种土石相间的山崖或山坡。春季野营，遇雪水融化时节，即使在山区公路上行走，也要注意路旁山崖的地质条件。不要在可能松动滑动的山崖下休息，路过时要尽快通过。

常用的求救信号

野营时如果遇到了危险，需要向外求救时，可使用一些求救信号，这样有人看到时，你就可能获救。求救的信号有很多，在这里给大家介绍一些野外常用的求救信号：

1. 点燃火堆

野外遇到迷路或一些危险情况时，可以连续点燃三堆火，火堆之间的距离最好相等，白天可在上面放上一些青草，这样火堆就会产生大量浓烟，有人看到时，就会明白这是求救信号，你也会因此获救。

2. 声音求救

如果你在迷路时没有火种，就不能采用上面的方法了，这时可以采用声音求救方法，可以大声呼喊，但是一定要保存体力，这样才能获救。

采用声音求救时，可以借助其他物品发出声响，如在森林中可用木棍敲打树木，这样声音可以传出很远，有人听到，你就获救了。

3. 利用反光求救

在迷失方向或遇到意外事故时，可利用回光反射信号，获取救助，这也是野外求救的有效方法之一。

野外可利用的反光物品有很多，如利用罐头皮、玻璃片、眼镜、回光仪等。利用这些物品反光时，一定要保持一定规律，这样人们才能意识到是求救信号，才能获救。

4. 做一些求救标志

在比较开阔的地面，可做一些求救的标志，这样也有可能获救，如在草地、沙滩、雪地上可以制作地面标志。把青草割成一定标志，或在雪地上踩出一定标志，也可用树枝、野草等拼成一定标志，这些标志被人发现以后，你就有可能获救。

被蛇咬了不要慌

野地里有时会有毒蛇出没，在郊游时要预防被蛇咬伤。

一旦不慎被蛇咬伤，不要惊慌失措，先看看是否是被毒蛇咬伤的。如果是被毒蛇咬伤的，伤口上都会有两个又大又深的牙痕，如果没有这两个牙痕，并且在20分钟内没有局部疼痛、肿胀、麻木和无力等症状，那就是被没有毒的蛇咬伤的。

被无毒的蛇咬伤，并无大碍，只需对伤口进行清洗、止血、包扎。若有条件可送医院注射破伤风针即可。

被一般毒蛇咬伤，20分钟后，才会有症状反应。咬伤后，除尽快送医院救治外，还要争取时间，做以下紧急处理：

一、不要乱动，为防止毒素蔓延得更快，最好能用担架运送伤者。

二、为了不扩大中毒面积，同行的伙伴还要把受伤的肢体扎紧，以防血液流动引起更大面积的中毒。结扎得也不能太紧，太紧容易导致机体坏死。结扎紧后每20

分钟，要松开 2 分钟，然后再扎上。

三、用清洁的冷水反复冲洗伤口表面的蛇毒，但尽量不要用野外的井水、河水冲洗，以免伤口感染。

四、如果中毒者的情况危急，就必须进行扩创排毒。把小刀在火上烧了，然后按毒牙痕的方向纵行切开皮肤，注意伤口不要切得太深，最好把两个毒牙痕连贯起来。再用两手用力挤压，排除毒液。

五、在不具备以上条件的情况下，挑选一位没有龋齿，口腔内没有破损、溃疡的同伴进行口吸毒汁。吸完以后要尽快吐出，并漱净口腔。如果口腔之内有伤口，就不能吸毒，以防自己也被蛇毒感染。

以上只是处理的应急方式，可以为被毒蛇所伤者赢得时间，被毒蛇咬伤后，还应该想办法给毒者尽快服用解蛇毒药片，涂抹蛇毒药粉，并尽快送附近的医院救治。如不能确定是哪种蛇毒应将蛇打死，一并带到医院。

郊游时防被蜂蜇

外出郊游，尤其是穿过一些低矮的丛林时，如果不小心就会碰到马蜂窝，也就容易被蜂蜇伤。被蜂蜇伤以后，不要以为没什么大不了，有的蜂是有毒的，比如黄蜂。所以应引起重视，否则蜂毒进入血管，会发生过敏性休克，严重时可能会引起死亡。

被蜂蜇伤后，你要采取如下措施：

1. 不要紧张、保持镇静。

2. 用消毒针将叮在肉内的毒针断刺剔出，然后用力掐住被蜇伤的部分，用嘴反复吸吮，以吸出毒素。

3. 如果身边暂时没有药物，可用肥皂水充分洗净患处，然后再涂些食醋或柠檬。被蜂蜇伤 20 分钟后无症状者，可以放心。

4. 可以将大蒜、生姜捣烂后取汁涂于患处。如有韭菜，也可取少许洗净捣烂成泥状并涂在患处。

5. 万一发生休克，在通知急救中心或去医院的途中，要注意保持呼吸畅通，并进行人工呼吸、心脏按压等急救处理。

关节扭挫伤要科学处理

郊游登山、上下石阶或在不平路面上行走时，一不小心可能就会发生关节膝部和踝部扭伤，摔倒时手部着地，还会发生腕部扭伤。扭伤时，受伤部位会出现不同程度的肿胀、疼痛、皮肤青紫或瘀斑，关节活动从而受到阻碍。

有很多伤者求愈心切，往往采取立即走路活动或用力按摩、搓揉等措施，这种方法恰恰会适得其反，加重病情。下面有几种正确的处理方法：

1. 受伤部位避免活动和负重，将患肢抬高，以促进静脉回流，改善局部血液循环，减轻水肿。必要时，可以取消当日的行程。

2. 伤后应尽快进行局部冷敷，以促使血管收缩，减轻出血，减少新陈代谢产物对神经末梢的刺激和压迫，起到消肿止痛的作用。冰敷可每2小时做15分钟，至肿胀不再继续增加为止。

3. 受伤24小时后内，出血完全停止时可改用热敷，以加速局部血液循环，有利于消肿止痛、组织修复、代谢产物和淤血的吸收。如采用活血化瘀、消肿止痛的中药煎汤热敷、浸泡患处，效果会更好。因有些扭伤与骨折、骨裂难以区别，如感到受伤程度较重时，应早去医院诊治。

骨折的应急处理

骨折，指人体的骨骼部分或者完全断裂，大多数骨折都是因受到强力的冲击造成。

骨折后，骨折部位有明显的疼痛感，同时伴有肿胀、淤血和变形，严重的还会出现出血、休克、感染、内脏损伤等症状，人的活动受到极大限制，骨折后人无法负重。骨折发生首先应采取相应的应急处理，然后送往医院救治。

1. 发现有人骨折后，应使骨折者平卧，切记不要盲目搬动患者，更不能对受伤部位进行拉拽、按摩等活动。

2. 检查受伤部位，及时就地取材选用书本、树枝、木板、木棍等物对受伤部位进行固定，防止伤情加重。

3. 没有用于固定的物品时，对受伤的上肢可以用手帕、布条等悬吊并固定在其胸前，下肢可以与未受伤的另一下肢捆绑固定在一起，这样就可以避免肢体晃动，加重伤者的疼痛感。

4. 骨折严重者，骨折处皮肤或黏膜破裂，骨头外露，这时要注意保持伤处清洁，防止感染。

5. 做完应急处理后，立即送往医院救治，要注意运送途中不可碰撞受伤部位，避免人为加重伤情。

外伤止血的简单办法

随着人们生活水平的不断提高，人们对精神生活的要求也越来越高，郊游已经成为人们生活中不可缺少的一项活动。

人们在郊游时尤其是集体郊游的学生，他们在玩耍时有时会碰伤了身体，出现流血不止的现象，特别是鼻子最容易出血，也经常出现流血的现象。出现了这些情况，应该采取紧急止血的方法及时止血。

玩耍中如果是四肢或手指出血，应该马上用一块干净的纱布或较宽的干净布条将伤口紧紧地包扎住，这样可以有效止住流血。如果身边有云南白药等，最好在伤口上洒一些云南白药后再包扎。

鼻子出血流血不止时，可以把头仰起，用手指紧压住出血一侧的鼻根部，一直到不出血为止，也可高举与流血鼻孔相对的手臂。如果身边有干净的棉球，可以把棉球塞进鼻孔里进行压迫止血。

另外，还可以用冷水浇在后脑部，这样会使血管收缩，从而达到止血的目的。

二、登山旅游安全知识

山是大自然的宠儿，山是地球母亲的骄子，人类和高山有着千年的不解之情。高山冰川是地球江河之源，山中宝藏是人类生存的物质财富，高山豁达的胸怀，高峻雄伟的气魄启迪着人类，催人奋进。

"重九登高"是我们祖先所崇尚的一项活动，不但有利于身体健康，还能够陶冶人的情操，作为一种文化，千百年来一直延续至今。

登山是一项对身体健康很有益的活动，尤其是常年生活在城市里的旅游者，对改善体内血液循环和消化器官的功能都有很好的作用。同时登山对人体能量的消耗也很大，减肥也很有效。

登山也是一项勇敢者的运动，它能全面锻炼人的体格，培养人的机智、勇敢、吃苦耐劳和集体主义精神，它还可以使人们扩大眼界，增长知识，丰富人们的生活内容。一座高峰的征服对登山者来说是向自我的挑战，是向人类生理极限的挑战，它给予人们更多的是精神财富。

登山是一项美好的活动，但是必须严格掌握运动强度，平时缺少运动锻炼、体质较弱、年龄偏大的旅游者特别要注意。对于没有爬山经验的人来说，切不可从兴趣出发，一开始就速度过快、强度过大，这样体力消耗就会快许多，过不了多久，就没有继续再爬的力气了。

登山过程中的速度应该慢一些，行进时不可性急，要耐着性子缓缓而登，还要根据自己的体力情况，适可而止，感到吃力了就休息一会儿，能继续爬就再爬，实在爬不动了，也不可勉力而为。否则，就会弄得腰酸腿痛，导致以后的旅游行程都不能按计划继续进行。

通常在登山之前应该先喝足水，并且要带上水壶，因为登山时，体内水分的消耗极快,若水分的补充不能及时、充分,就难以持续进行。登山时饮用的水或者饮料,最好要含有适量的糖分和维生素 C,这样可以较快地减轻因为运动积聚的疲劳,迅速地恢复体力。

在开始登山前,还应该适当做些热身活动:如弯弯腰、转转颈、活动活动四肢等。登山结束时,还应该做些放松动作,使血液能很快从全身及四肢回到心脏,并恢复肌体能力。

生命通过登山这种形式,可以不断获得超越,不断获得升华。人们只有不断设定新的目标,才能不断突破自我,领略更新的生命境界。

(一) 登山运动的介绍

中国登山运动具有得天独厚的条件

中国是一个多山的国家,中华民族是一个崇尚山的民族。中国山的文化和中华民族的传统文化一样源远流长。

古代的三皇五帝,到而今的平民百姓,无不把登山作为生活的重要组成部分之一。

《史记》中记载夏禹治水时,不但攀登过许多名山,而且还研制了一种专用登山鞋。中国古代的圣贤孔子说:"仁者乐山,智者乐水",道出了中国人喜爱登山的根本原因——中国是一个倡导"天人合一"的国度,热爱自然是中华民族的天性。

有了这源远流长的山文化,又有丰富的高山资源,众多的高原常住人口,发展登山探险运动在中国就具有了得天独厚的条件。

从中国 1955 年诞生第一批运动员开始到 1975 年的 20 年间,登山运动有了长足发展。以中国 1964 年在世界上首次登上海拔 8012 米的珠穆朗玛峰为标志,人类终于完成了对世界 14 座 8000 米以上高峰的首次攀登,使登山运动跨入新的时代。

登山的好处

登山活动的好处众多,从医学角度来说,它对人的视力、心肺功能、四肢协调能力、体内多余脂肪的消耗、延缓人体衰老等五个方面有直接的益处。

治疗近视有一个最简捷的办法，就是极力眺望远处，放松眼部肌肉。然而城市中因为工业污染及热岛效应等因素，空气中颗粒悬浮物较多，能见度较差。山野之中，尤其是在山巅之上，可以使目光放至无限远，解除眼部肌肉的疲劳。

山间道路坎坷不平，穿行期间有益于改善人体的平衡功能，增强四肢的协调能力，尤其是行走在没有经过人为修饰的非台阶路段，可使人体肌纤维增粗、肌肉发达，增强肢体灵活度。

山中原始森林和草地的面积是远非城市中的绿地花草所能比拟的。因此在山间行走，对于改善肺通气量、增加肺活量、提高肺的功能很有益处，同时还能增强心脏的收缩能力。

人体的正常代谢中会产生出一种叫自由基的有害物质，它能破坏人体细胞膜，溶解人体正常细胞，引起人体组织的衰老甚至变异。而氧气负离子可以有效结合自由基，使之排出体外。因此，在大山中行走野营完全可以有效排出有害自由基，有益于延缓衰老。人们日常体内的糖代谢属于有氧代谢，登山活动尤其是登高山，因为空气稀薄，人体内大部分转为无氧代谢，加之登山野营活动的运动量较大，山中野餐往往难以满足体内热量需求，因此，它能大量消耗人体内聚集的脂肪组织，尤其是腰腹部的脂肪组织。

登山运动场地的介绍

1. 山地

在山地行进，为了避免迷失方向，节省体力，提高行进速度，应力求有道路不穿林翻山，有大路不走小路。

如果没有道路，可以选择在纵向的山梁、山脊、山腰、河流小溪边缘，以及树高、林稀、空隙大、草丛低疏的地形上行进。一般不要走纵深大的深沟峡谷和草丛繁茂、藤竹交织的地方，力求走梁不走沟，走纵不走横。行进应遵循大步走的原则，山地也是如此。

山地行走，经常会遇到各种岩石坡和陡壁。因此，攀登岩石是登山的主要技能。

在攀登岩石之前，应对岩石进行细致的观察，慎重地识别岩石的质量和风化程度，然后确定攀登的方向和通过的路线。攀登岩石最基本的方法是"三点固定"法，要求登山者手和脚能很好地做配合动作。

2. 雨季山地

雨季在山地行进，应尽量避开低洼地，如沟谷、河溪，以防山洪和塌方。如遇雷雨，应立即到附近的低洼地或者稠密的灌木丛去，不要躲在高大的树下。大树常常引来落地雷，使人遭到雷击。

避雷雨时，应把金属物品暂时存放到一个容易找的地方，不要带在身上，也可以寻找地势低的地方卧倒。

在山地如遇风雪、浓雾、强风等恶劣天气，应停止行进，躲避在山崖下或者山洞里，待气候好转时再走。

山地行进不要过高估计自己的体力，疲劳时，就应适时休息。不要走到快累垮了才休息，那样不容易恢复体力，再走也提不起劲。若天气冷，不要坐在石头上休息，石头会迅速将身体的热量吸走。

3. 草坡和碎石坡

草坡和碎石坡是山间分布最广泛的一种地形。攀登 30 度以下的山坡，可以沿直线上升。当坡度大于 30 度时，沿直线攀登就比较困难了，一般均采取"之"字形上升法。

通过草坡时，注意不要乱抓树木和攀引草蔓，以免拔断使人摔倒。在碎石坡上行进，要特别注意脚要踏实，抬脚要轻，免碎石滚动。

4. 冰川和雪坡

攀登冰川和雪坡要特别谨慎，冰川上裂隙很多，对人威胁最大的是冰瀑区和山麓边缘裂隙，特别是被积雪掩盖的隐裂隙危险。

通过裂隙时，应数人结组行动，彼此用绳子连接，相邻两人之间的距离 10~12

米。在前面开路的人，要经常探测虚实。后面的人一定要踩着前面人的脚印走，这样比较安全。通过裂隙上的冰桥时，要匍匐前进。

雪坡行进不仅要注意防裂隙，还要注意不要将雪蹬塌。在冰雪和积雪山坡交界的地方，积雪往往很深，行动时必须结组。

过雪桥时开路者先探测雪桥虚实，之后再行通过。如果雪很松软，而又必须由此通过时，应匍匐行进。攀登坡度很大的雪坡时，一定要两脚站稳后再移动。向前跨步，要用两脚前掌踏雪，踩成台阶再移动后脚。如果不慎滑倒，要立即俯卧，防止下滑。

攀登冰川雪坡，要少走有裂缝的地方。在积雪上行军，要拣雪硬的地方走。走热了，不要用冰雪解渴，骤然吞食冰雪，易得喉头炎。实在干渴得厉害，可以用融化的冰雪漱口，尽量不要咽到肚子里，水会增加人体循环器官的负担，影响体力。

在松软的雪地上长时间行走时，要跨大步，缩短在雪地行走的时间。行走时要先把脚往后稍退一点，再向上抬脚大步迈向前方。脚后退是使雪鞋前有活动余地，向前迈出时还可以起到拂去附雪的作用。走陡坡，要用雪鞋内缘踏坡，尽量避免身体偏向外缘。雪冻结得十分坚硬时，要脱掉雪鞋步行。

在山谷中行进，应靠近山谷中心线，以避免山坡滚石。不要接近雪檐，更不要在雪檐下行走，以免触发雪崩。雪檐，向棱线或悬崖的下风处伸展。上风处坡缓，容易形成雪檐，45度左右的陡坡则不易形成。在风向不定、棱线侧面的坡度各不相同的地域，要特别注意。

登山旅游设施

登山旅游就是一种不登顶峰的旅行游览活动。登山爱好者背负必要的登山食品和装备结组进入山区，观赏奇峰险岭，进行摄影和采集标本等活动。二十世纪七十年代初，登山旅游随着登山运动的发展而兴起。

1. 登山营地

为登山运动员的适应休息和运输物资等需要而设置的营地称之为登山营地。攀登海拔 5500 米以上高峰时，一般设"基地营"和"中间营地"两种。

基地营：是一次登山活动的指挥部和后勤供应总站，也是登山队员经过适应性行军后，在突击顶峰之前进行休整的总营地。其设置位置要求安全，无洪水、滚石、冰雪崩，便于观察所登目标的路线，便于取水、能避风、日照时间长、地势平坦，能以汽车与附近城镇进行联系。

中间营地：主要为登山者适应高山特殊环境保境而设置。在升高过程中，能逐步适应环境对人体各部器官的基本要求和运输物资供应需要。

2. 低压舱

测试和锻炼登山运动员对缺氧耐力的装置称之为低压舱。登山运动员通过在低压舱的耽留时间，可以测试出其对缺氧的耐力，并由此测出运动员的登高能力。在一般情况下，也可以利用低压舱作为锻炼缺氧耐力的手段。

3. 登山装备

登山运动中使用的器材、工具、服装等统称为登山装备。其中包括宿营装备中的帐篷、炊具、寝具和各种燃料等；技术装备中的登山绳、氧气装备、测量仪器、高度计、干湿度计、钢锥、登山铁锁、升降器、挂梯、滑车、雪铲等；个人装备中的登山服装、登山鞋、高山靴、头盔、电筒、手套、防护眼镜等。

登山装备的特点是：轻便容易携带，坚固耐用，便于拆卸，一物多用。

4. 登山绳

登山运动装备中的登山绳主要分为主绳与辅助绳两种。主绳长度在 60~100 米，直径大约 10 毫米，每米重量要求在 0.08 千克左右，抗拉力要求不小于 1800 千克。过去的登山绳多用黄麻制作，近几年来已改用尼龙纤维做原料。

另外，有一种直径为 8~9 毫米的主绳，每米重 0.06 千克，抗拉力不小于 1600 千克，用于攀登陡险岩壁。辅助绳长度根据各地区的活动要求而定，无统一规格，绳直径为 6~7 毫米，每米重量不超过 0.04 千克，抗拉力不小于 1200 千克，原料与主绳相同，用作自我保护和在主绳上使用各种辅助绳结进行保护，以及搭绳桥渡河，用牵引绳桥运输物资等。

登山绳

登山的基本功简介

登山具有怡神健身之功用，山中林壑清幽，景色优美。旅游者在登山之前，要做好健身运动，如果将攀登的山比较高或者平时较少参加攀登运动，那么，在登山之前做一些热身运动是很必要的。可以利用10~20分钟做一些肌肉伸展运动，尽量放松全身肌肉，这样攀登时会觉得轻松许多。

向上攀登时，在每一步中都有意增添一些弹跳动作，不仅省力，还会使人显得精神，充满活力。

登山时不要总往高处看，尤其是登山之初，因为你的双腿还没有习惯攀登动作，往上看往往使人产生一种疲惫感。一般来说，向上攀登时，目光保留在自己前方3~5米处最好。

下山一定要控制住自己的脚步，切不可冲得太快，这样很容易受伤。同时，注意放松膝盖部位的肌肉，绷得太紧会对腿部关节产生较大的压力，使肌肉疲劳。

登山的技巧

1. 爬山技巧

上山：上体放松并前倾，两膝自然弯曲，两腿加强后蹬力，用全脚掌或者脚掌外侧着地，也可用前脚掌着地，步幅略小，步频稍快，两臂配合两腿动作协调有力地摆动。

下山：上体正直或稍后仰，膝微屈，脚跟先着地，两臂摆动幅度稍小，身体重心平稳下移。不可走得太快或奔跑，以免挫伤关节或拉伤肌肉。

坡度较陡时：上下山可沿"之"字形路线来降低坡度。必要时，也可以用半蹲、侧身或手扶地下山。

通过滑苔和冰雪山坡时：可以使用锹、镐等工具挖掘坑、坎台阶行进，或用手脚抠、蹬、三点支撑、一点移动的方法攀缘爬行。

通过丛林、灌木时应注意用手拨挡树枝，防止钩戳身体，对不熟悉的草木、不要随便攀折，以防刺伤，并尽量选择好的路线。

通过乱石山地时：通过乱石浮石地段，脚应着落在石缝或者凸出部位，尽可能攀拉，脚踏牢固的树木，以协助爬进。必要时，应试探踩踏石头，以防止石块松动摔倒。

2. 攀登技巧

攀登时手脚要紧密配合，保持身体重心的稳定，不断观察、试探攀登点的牢固适用性。欲借草根或者树枝攀登时，应先稳住重心试着用力拉动，以免因草根树枝突然松脱造成危险。

徒手攀登时：即利用崖壁的凸凹部位，以三点固定一点移动的方法攀上崖壁。攀登时，身体俯贴于崖壁，采用两手一脚固定，一脚移动或两脚一手固定，一手移动的姿势，利用手抠、拉、撑和脚蹬等力量，使身体向上移动。

绳索攀登：两手握住绳索，使身体悬起并稍提腿，用两腿内侧和两腿外侧夹住绳索，随着两脚夹蹬绳索，两手交替引体上移。或两手伸直接握紧绳索，腿脚两下垂，两手交替用力向上引体，攀至顶点。

拔绳攀登：是指固定绳索的上端，用脚蹬崖壁手拉绳索引体上移，攀登方法是，上体稍前倾，绳索置于两腿间，两手换握绳索交替攀拉上移。同时，一脚蹬崖壁，另一脚上抬准备蹬崖壁，用手拉、脚蹬的合力使身体向上移动。

绳索攀越：是固定绳索的两端，身体横挂在绳索上攀越山涧、小溪等障碍物的方法。横越时，两手前后握绳，腹部微收，一腿膝窝挂住绳索，使身体仰挂在绳索下面，臀部稍上提，两臂弯曲约 90°。前移时，后握手前移，异侧腿由下向上向内摆动，并将膝窝挂于绳上。当一腿膝窝挂上绳索时，另一腿离开绳索悬摆。两臂、两腿依次协调配合，交替向前移进。

撑越壕沟：将杆一端插入沟底固定，并斜靠在石壁上缘约成 70°，撑越时，快跑几步至握杆点投影线后，两手上下分开握紧撑杆。同时，一脚快速而有力地蹬地起跳，使身体向前上方跃起并悬挂于撑杆一侧，两臂借身体向前摆动的惯性力将杆向前推移，身体随杆摆过垂直面后，两腿前摆，下握手向后推撑杆，身体前倾，屈膝缓冲着地。

立姿跳下：立于崖壁边缘，两腿弯曲稍分开，身体前移，两脚稍用力蹬崖壁边缘，向下跳落，以前脚掌先着地，随着屈膝缓冲。

悬垂跳下：身体背向跳落方向，屈体下蹲，两手抠住崖壁边缘，身体下移，两腿依次下伸，使身体悬垂，并略向左移，左手下移扶壁，手脚同时推蹬崖壁转身跳下，脚掌先着地，随着屈膝缓冲。

3. 走斜坡避险法

经常走山路的人都知道，往斜坡上走，身体的姿势最好稍微前倾。因为背上背着东西，为了要身体在斜坡上保持平衡，就要把重心放在前面。而斜度愈大则步幅就要越小，要不然第一步走得太大，第二步就跟不上来。

要保持一定且适当的速率，走起来不会太累，心情也舒畅。

途中万一遇到下坡或稍微平坦的地段，也不可以放松心情，乱了步行频率，加快或加大脚步，这样反而会使身体的状况一下子适应不过来而感到难过。

山路一般都是布满岩石、砾石、树根等而凹凸不平，所以走时一定要看清楚，每一步都要踏得很平实，而且要保持相同的速度，一步一步慢慢走。最重要的是要能充分利用鞋底和地面所产生的摩擦。

如果在山谷斜坡那种斜度很大的地面行走，最好先用脚尖把坡面踢出踏脚阶，再把脚踩上去。虽然一些锯齿形的道路是捷径，但是走下来却往往比走原路还累、还慢。

4. 登山旅游行路法

要想走长路而不疲劳，窍门是放小步幅、保持步调平稳。疲劳大多是因为在平地上加快速度或者迈大步，破坏了节奏所造成的，绝不能急躁。

迈着大步爬坡，身体一定会摇摇晃晃，从而破坏了平衡。应该使用比平地上更小的步幅，一步一步稳定有力地行走。特别陡的斜坡，可以一边左右圆缓地拐着弯一边前进。

下坡路上常常会乱了步子节奏，摔倒受伤。在这种地方跑跑跳跳是非常危险的，鞋带也最好系得比平时紧些，如果太松，脚趾尖会顶到鞋上，有时甚至会造成脚指甲缺血坏死而脱落。

由多个人组成的小组，总会有些人走得快一些而有些人走得慢一些，但是，既然是集体行动，同时也为了防止发生事故，建议按较慢的人的速度一块儿行走。带队的人应该走在队伍最后。

5. 登山旅游过桥与过河法

过吊桥时，因为吊桥不时地摇晃，要一个人一个人地过。对桥下河水恐惧的人应该只看脚下 1 米前方的桥面。

过独木桥时，要把脚横开如肩宽，采取稍有点外八字的步法，就能取得良好的平衡。若独木桥只有一根，应看着 1 米左右的前方，一步一步使鞋底踏稳，尽快走过去要比慢吞吞地更稳便。

对于浅过膝盖的河水，如果是夏天，要穿鞋趟过去，这样比较安全。如果河流里有石头，可以踏石而过，此时应该选踏比较干燥的石头，因为湿石容易滑倒。而对于深过膝的河水，涉水过河比较危险，请另选它路过河。

6. 登山旅游正确的休息方法

登山旅游走平地时，每走 50 分钟休息 10 分钟；爬坡时，每走 30 分钟休息 10 分钟。休息时间过长反而会使刚刚活跃起来的身体机能变得迟钝。休息时可坐到石头等高一点的地方，以使血液不致下行臀部，身体保持良好状态。休息时还可以做一些轻微的屈伸活动。

（二）登山旅游的准备

登山前的准备工作

登山之前必须了解攀登对象，对山峰的情况、个性以及与别的山峰不同的特点，都要有个清晰的认识，对于山峰的图片，录像和文字资料、地形图、交通示意图、周边居民情况，要尽可能多的研究。

了解山区不同的风光、气候、含氧量，了解山区和平原地区的不同，首先最重要的就是考虑高山缺氧的问题。大体上有一个标准是，在海拔 5000 米的地方，空气中的含氧量是平原的 1/2，7000 米以上含氧量是平原的 1/3，到了 8000 米以上含氧量不足平原的 1/4。

一般人到了海拔 3000 米左右，都会有明显的感觉。为什么我国的登山队、田径队、足球队每年都进行所谓的高原训练，就是希望能在含氧量低的地区训练，到含氧量高的比赛场地中将能量释放出来。我国昆明海埂、青海西宁都有这种训练基地。

按常理分析，最危险的地方是 6000 米，如果通过了 6000 米的关口，在 8000 米以下的高山适应应该就没有问题了。

另一个问题是高空风。高空风来临时，往往引起冻伤、滑坠的可能。遇到有云的天气的时候，容易引起暴风雨。

暴风雪来临的时候，一般都伴随有严寒、低温。雷电加上高空风、缺氧、冰雪壁、裂缝、泥石流、冰雪崩、山间急流，上述都是攀登山峰时，遇到的共同的特点，除了这些共性之外，还必须分析攀登对象的个性，了解到哪些山间危险是很可能发生的，然后"对症下药"。

制定详细的计划，具体分析山峰的个性，哪些危险是经常发生的，哪些出现的可能性比较小，根据山的特点准备装备，食品、制定严密的计划。最不容易忘记的事情在出发前极容易忘记，一定要列清单。

身体训练，组织队伍，这大体上算作是心中有数。但计划随着情况的变化要修改，突发事件的发生要求有较强的应变能力，惊惶失措往往造成不必要的损害。至于应变能力的提高，这是一个逐渐积累高山经验的过程。

下面谈一些以往的经验，供大家参考。

1. 越是觉得忘不了的东西越容易忘记，一定要将需要的物资列出清单，一一准备。大到帐篷，小到火柴，都要精心细致的安排。如果是去较荒野地方的登山旅游，在上去时需带备用拐杖、绳子和手电筒，遇到特别情况时，它们会发挥很大作用。天黑之前，一定要到达预定目的地，以免夜间露宿郊野，造成诸多不便。

2. 选择宿营地一定要躲避山间危险。这是一个基本的原则。特别是大本营，有水源，但不能太靠近河边。晚上山洪暴发，半夜时分水位最高，会将帐篷冲走，营地要远离滚石，泥石流，雪崩可能发生的地方，远离山间危险。

3. 登山路线的选择，能在山脊走就不要走山谷线。尽量避免山谷长时间行军。山谷中一般明、暗裂缝丛生，冰川有多厚，裂缝可能就有多深。冰雪崩发生的可能性也很大。而在山脊行军，则可躲避冰雪崩和裂缝，但同时又容易引起滑坠。结组行军，能够有效防止滑坠，使用得当，是挽救生命的好办法。

4. 早出发，早宿营，早赶到目的地休息，当然这与山峰的特点有关。一般山区上午风较小，气温低，冰雪冰结结实，行军稳而快速。

1988 年，中、日、尼同跨珠穆朗玛，三方运动员连续三次行军，都没有通过著名的大风口。主要原因是日本队员没有严格按照时间作息，起床太晚，下午的时候，这一段路暴风雪很频繁。后来中方队员接到命令，先出发，中午 12 点前通过了大风口，日本队员见势跟了过去。直接经验和间接经验同样都是财富，有一年清华队员在云蒙山，出发太晚，造成迷路。因此，我们要尽量早行军，早宿营。

5. 坏天气留在山下，好天气用在山上，登 6000 米以上的山峰，任何的预报都不是很准确，小气候不可能完全预测，只是一个大体的状况供参考。老登山的作用这个时候就体现出来。雨雪天、雾天不要冒失去走险路，以免因为路滑、视线不清而失足。雷雨天时，不宜攀登高峰，也不宜手扶铁索链、手持铁器，更不可在树下避雨。

如何判断好天气，就是要相信天气好坏交替。从前我们将天气分等级，一等天气是七级风以下，能见度较好。二等天气是八级风左右，这样的天气，不要滞留在低山营地，可利用，可行军的天气不要错过，在没有安全隐患的地方，不要期望于绝对的好天气，好天气留在高山行军和突顶。稍微遇到坏天气的时候，就停止攀登，一般都会耗到弹尽粮绝，被迫下撤。这样的例子举不胜举。

6. 反对、杜绝个人行动。我国历来反对个人登山，尤其是登高海拔的山。京郊的低山，因为森林茂密，个人行动也易导致迷路。在雪山上，个人行动具有强烈的孤独感。孤独感有时候能将人逼疯。

1988 年，一名叫李致新的人登珠峰，从 7800～8300 米运输，风雪来临，能见度变低。风雪镜结冰了，他一门心思行走，居然忘了敲掉雪镜上的冰碴。他一个人在风雪中，孤独行军了 10 多个小时，因为报话机、电波还能够联系，终于忍过了孤独。

1966 年，400 多人在珠峰训练，一个队员从 7800 米下辙，回到 7400 米的过渡营地时，发现自己的后面的结组绳被解开，回来后发现后面的队员不见了，后来返回找，发现他躲在一个石头后，因为怕连累别人，而将自己置于孤独的境地，信心和意志几乎丧失，坐下来就不想起来了。

7. 山上的气温变化大，山风也大，因此，上山时应带足衣服，尽管山下是烈日炎炎，也一定要带风衣，或者薄毛衣；南方的山区时晴时雨，因此雨具也是必不可少的。

在登山时要穿单衣，歇时穿"棉"衣。登山时衣服可以少穿一点，如停步歇脚，特别是汗流浃背时，要披上暖和的衣服，防止受凉感冒。为防冻伤，要常活动，尤其是鞋子，上山至少带 3～5 双袜子，袜子一湿就换下以保证脚的干燥，不断地抓动以防冻伤。

8. 一旦迷路，如果有条件，应该就地宿营，不要盲目抢时间，四处奔走，如果拼命寻找，有可能体力衰竭，冻伤甚至一些严重的事故发生。

有一位日本朋友高健和成，曾攀登珠峰、乔戈里，在日本的 2000 米山上，迷路连续 5 天没有走出来。大家都以为他遇难，但后来他奇迹般地出现了，因为他在大雪中挖了雪洞，逃过大难，天气好了走出来。但是，两天后他在同一座山上滑坠而亡。

因此，一旦迷路或是遇到暴风雪，不要盲目，不要急躁，努力寻找脱险的办法。

9. 登山不宜穿皮鞋、新鞋、高跟鞋和凉鞋，穿着这些鞋不适宜走远路、高低不平的路以及湿滑的路。而且要穿厚袜子，不会长水泡，脚部皮肤也不容易受伤。真正适宜登山的是较轻便的运动鞋、旅游鞋和胶底布鞋。个人、集体装备，都要先试用，尤其是新鞋，试过合脚才可以穿。有许多老队员都信任自己的老装备也是这个原因。装备在很大程度上决定登山的成功与否。

10. 紧急食品和紧急水，不到万不得已时不要动用。一个成熟的队员都会在回营地后还留着一口水和丁点的食品，国外很多的登山检验都严格要求队员返回营地时留有饮用水。这也是检验一个登山者是否合格的主要标准。给自己留后路是登山的基本要求。还要带一些外伤药，如：创可贴、紫药水等。蛇虫出没的季节还要带上蛇药。

11. 盲目自信，是登山者大忌。山间危险是登山的天敌，而登山者自身的天敌就是盲目自信，所以要强调安全，科学登山，克服盲目自信。登山要根据各人的体质量力而行，年老体弱者及妇女、儿童，要有强壮者同行，以免遇到意外时无人照顾。

12. 相信同伴，每个人发挥自己的能量，团队精神要好，尤其是队伍的指挥。

13. 前进时想着后退，上升时注意考虑下降。攀登队长尤其要考虑路线的安全，不要只顾着眼前的景色，回来时少了一张熟悉的面孔。

14. 记录攀登过程，总结登山经验，登顶有如登临天堂，但攀登的过程无疑是踩着地狱的边缘。登山还要做登山日记，对天气情况、路线难度、周边环境都要记录，这是珍贵的资料。有记录也是一个成熟的登山者的标志。

15. 坚持就是胜利，信心就是成功，大山小山都一样，如果没有毅力，连香山也上不去的，不畏山间崎岖小路攀登的人，才能到达顶峰的无限风光。

登山旅游进行健康检查

人们都知道，适度的旅游，对人体的健康极有助益，对某些患有轻微疾病的，只要掌握好不使身体过分疲劳，也能收到很好的效果，甚至能够起到一定的治疗作用。例如：患有肥胖症、精神抑郁症、神经衰弱的失眠症以及轻度高血压的病人，尤其是对因为工作过分繁忙带来的精神紧张而引起的各种疾病，可以从旅游中得到放松，使心情宽舒，从而获得意想不到的治疗效果。

但是，旅游毕竟是相当耗费体力的活动，并不是任何健康状况的人都适于参加的。凡是患有比较严重的心血管病以及患有肝、肺、肾、肠、胃病的人，处于各种传染病和炎症发作期的患者，患慢性症病正处于急性发作期患者，身体过分衰弱者和年龄过大活动艰难者，为了避免在旅游途中产生意外，都不宜参加旅游。

因此，在旅行出发之前，进行一次身体健康情况的全面检查是十分必要的。以便在检查结论中，好好评估一下根据自己的健康情况，是否能经得起较长时间的旅途活动而不产生难以对付的困境，考虑可不可以参与旅行。

登山路线选择的原则

首先是安全的原则。

在由大本营到顶峰的整个路线上。虽然布满了困难的地形和存在各种山间危险，在采取各种技术措施和队员发挥应有的技术水平后，能够保证人身安全的，称为安全路线或成功路线。

珠穆朗玛峰东北山脊路线，虽然有"北坳""第二台队"等极困难的地形，有极度缺氧、冰雪崩、明暗裂缝、滑坠、暴风雪等山间危险，但若采用得当的战机、安排有相应的措施通过困难和危险的地形亦可称为安全路线。

第二，避难求易，舍远求近同是选择登山路线的第二个原则。

攀登一座八千米以上的高峰，一般登山路线都在二十公里以上，珠峰东北山脊路线长达 35 千米。路线长，必须在物资上运、体力保存、营地设置、好天气的运用、抢救伤病人员、组织指挥、通讯联络等方面增加一系列的工作量。这就应该力求在安全的前提下选择较短的路线，以减轻不必要的工作量，节省队员体力。

第三，根据山峰的地形选择路线。登山运动是在特殊的自然地理环境中人与大自然的斗争。要战胜自然界的各种困难，必须了解活动的环境特点。

高山地区的地形，从垂直方面来讲，具有明显的分带特点，3500 米以下为森林带，3500~5000 米为草原草甸带，5000~5500 米为冰川冰迹带，5500~8000 米以上为高原冰川寒漠带，并常以冰雪石混合地形为其特征。冰川主要表现为冰雪补给区，即粒雪盆围壁和山脊山坡上的零星冰雪，这个地带的岩石以冰冻风化的破碎岩石为主。

在选择登山路线时，必须要考虑如何通过以上各种地形。

1. 森林中行军时，应尽量利用当地牧民、猎人走过的大道小路，并注意在新选路线上以明显路标指示方向。

2. 高山草原草甸带，视野开阔，路线较易选择，但要注意避开泥泞的沼泽地区。

3. 冰川冰迹地带中选择路线时，要注意两个方面：冰川区的路线选择，如沿冰川方向行军，山峪冰川上，路线应在冰川侧迹和冰川之间的排水沟中选择。

进入冰川表面平缓的高度时，应由排水沟转到冰川表面。要尽量避免在冰川消融的地区，如冰塔区中行动。

横穿冰川时，对于低纬度地区的山谷冰川，路线应选择在粒雪盆与冰舌交界处的上方，即冰塔上限，也就是雪线，这里冰川较窄，冰面坡度较为平缓，是万年积雪与消融区的分界线，是粒雪盆的出口，冰雪在这里受到地形的限制，大量冰裂缝在这以下开始产生，比较安全，例如珠峰东绒布冰川的 6300 米处，中绒布冰川的5800 米处。

对于高纬度地区的短小冰川，如博格达峰北坡的冰川，横穿冰川时，则应选在光滑平坦的冰舌部分，而不宜在陡峭多裂缝的粒雪盆地区通过。高纬度地区的山谷冰川，冰舌部分仍然消融强烈，冰崖陡坎布满冰面，冰舌部分不容易横穿，适用低纬度地区在粒雪盆出口处横穿的原则，例如开山托木尔的冰川，就是这种类型。

登山器具的选择

为了保护自然环境和避免发生山林火灾，我们在户外远足和登山活动中，除非迫不得已，不提倡用木柴干草等点篝火做饭或取暖，因此我们必须自己携带炉具和燃料。

通常用的燃料包括直馏、煤油、丁烷汽、酒精等。对应不同的燃料，所用的炉具也五花八门，各有所长。

使用直馏汽油的炉子具有火力强、抗风性能好、热输出功率高等优点，适合与人数较多时使用。但直馏汽油极易挥发泄漏，容易引发火灾，不宜运输携带。而且现在国内很难买到直馏汽油，汽车用的普通汽油因极易堵塞喷油嘴，要用时可能不着，因此不可代替使用。

使用煤油的炉具同样具有火力强、抗风好、热输出功率高等优点，同时还有不易挥发，容易携带运输，价格便宜，到处买得到等优点。是在登山和户外活动中使用最广泛的一种。但煤油炉也具有明显的不足：必需打气加压，需预热喷嘴，燃烧时冒烟呛人，携带运输时无论如何处理都会在背包中留下难闻的气味等。在国外现已基本上被瓦斯炉取代。

瓦斯炉使用的燃料主要是液态丁烷气和丙烷气，具有可靠性高，一点就着并可马上达到最大热度，还可随意调整火力大小，不需加压预热，燃料绝不会泄露，重量轻体积小，携带方便等，现已成为国外户外活动和高山探险中应用最普遍的燃料和炉具。

瓦斯炉虽然有无可比拟的优点，但也有其不足之处，如抗风能力较差，在罐内燃料快用完时火头变小等。在国内，由于瓦斯罐价格较高，仅在极少的大城市才可以买到。因此，除少数发烧友外，大多数户外运动和登山爱好者仍以使用汽油或煤油炉具为主。

使用酒精或其他固体燃料的炉具由于热量较低，一般仅可用来预热其他炉具或紧急情况下加热少量热水，不适于用来做饭。

1. 炊具的选择

要做饭除了炉子外还必须有锅。为户外远足或登山等户外活动专门设计制造的锅与普通锅有所不同。首先从形状上有区别：家里用的锅不论高低大小形状都是圆的，但户外活动专用的锅却有许多设计制作成方形的，并且可以大套小，一个套一个。

实际上，方形的锅更好用。第一，方形的套锅在放进背包时最节省空间。第二，锅里的东西更容易倒出来。其次从材质上也有区别，家里用的锅材料较厚，不易迅速均匀导热。而户外专用套锅一般用合金制成，内附特富龙涂层。重量轻强度大，防腐防裂，容易清洗。

在野外缺水的情况下，用一张卫生纸即可擦洗干净。还可根据使用人数任意组合并兼做餐具使用。

2. 餐具的选择

另外，每个人应准备一个大一点的有把不锈钢杯子，既可用来喝水，又可作为餐具，甚至可用来当炊具使用，一专多能。为了保护自然环境，不要使用一次性塑料餐具。

3. 食品的选择

有了炉具、炊具和餐具，我们再来说说食品。吃进肚里基本原则是：高营养和高热量值；美味并易于消化；好弄熟又好带。

由于户外远足或登山活动要比平时消耗更多的能量和热量，提供能量和热量的主要来源是食品中碳水化合物、蛋白质和脂肪。

碳水化合物最容易转换成身体的热能，因此应占大部分。富含碳水化合物的食物主要有奶酪、奶粉、鸡蛋、牛肉干、坚果、包含鱼和肉的罐头食品及方便食品等。

脂肪也是身体热能的重要来源，所含热量是同等重量的碳水化合物的两倍。因脂肪较不易消化，吃进脂肪后可维持很长时间没有饥饿感。富含脂肪的食物主要有奶油、肉类、蛋、奶酪、火腿、香肠、坚果、花生酱、巧克力等。

在两天的户外活动中，为了减轻携带的重量，一定要根据需要制定尽可能详细的食品计划。可以在超市或商店里购买各种脱水或方便食品，携带和烹调都很容易，但可能味道不佳。携带新鲜的蔬菜和肉类时要选择萝卜、马铃薯、洋葱等不易腐烂的品种。

绿叶类蔬菜在气温较高的夏季当天即可腐烂，而在气温较高时即便是冷冻的也会冻烂无法食用。携带新鲜肉类，在夏季气温高时即便是冷冻的也仅能保质一天，可煮熟腌制后携带，能保质两到三天。

另外，野餐烹调要用的调料数量很少，在商店里购买包装太大不合算，且商业包装的塑料袋和玻璃瓶都易破损不易携带。可在家里事先确定所需用量后，将盐、味精、胡椒等粉末状调料放进装胶卷的小盒，酱油、醋等液体放进塑料药瓶里再用塑料袋包好，放进背包，既便于携带又使用方便。

4. 睡袋的选择

睡袋从形状上区分，可大致分为信封式和木乃伊式两种。采用同样材料、同样重量的信封式睡袋使用方便，生产加工容易，价格相对低些。木乃伊式的保暖性能更好，生产工艺要求高，价格会稍贵一些。从材料上区分，有羽绒（鹅绒最好，鸭绒次之）、天然纤维（丝绵，棉花等），化纤（杜邦棉，太空棉，腈纶棉等）。

羽绒睡袋保暖性能最好，重量轻，压缩性好，体积小，不易变形，经久耐用。如果保养得好，可以使用几十年时间，但羽绒容易吸水，睡袋一旦受潮或湿了，保暖性能急剧下降而且很不易干，价格最贵。

目前国内市场上有些睡袋自称是羽绒，售价却很便宜，保暖性能极差。如果你打算购买羽绒睡袋时一定要辨别清楚或请有经验的朋友帮忙选购，避免上当受骗。

化纤睡袋虽不及羽绒睡袋保暖性好，但受潮后仍可继续保暖，易干，容易清洗，价格也比羽绒睡袋便宜很多。化纤睡袋的缺点是较重，压缩性差体积大，使用寿命较短，一般最多为5~10年。天然纤维睡袋的各项性能指标都不及羽绒或化纤睡袋，所以现在市面上已很少有出售且很少使用这一类睡袋了。

无论你使用的是哪一种睡袋，在使用中都应注意以下几点：

（1）睡袋务必保持干燥。羽绒睡袋湿了就起不到保暖作用了，化纤的虽仍保暖且干得很快，但保暖程度下降是肯定的。

（2）不要穿很厚的衣服钻进睡袋，那样反而不暖和。

（3）不要穿湿衣服、湿袜子进睡袋，最好戴一个套头帽子睡才更保暖。

（4）可将第二天要穿的衣服和袜子一并放入睡袋，起床时就不会感觉很凉。

（5）购买睡袋时要先看一下说明书上所标明的使用极限温度和舒适温度范围，选择最适合你需要的规格。并不一定最贵的就是最适合你的。

（6）购买睡袋时要根据你自己的身体，选择合适的尺寸。太大不保暖，太小了不舒服。

（7）睡袋使用完后，要清洗干净彻底晾干，在蓬松状态下保存，不要卷紧放进袋子里保存。

5. 睡垫的选择

野外宿营要想睡好，除了睡袋之外还要有睡垫，睡垫用来隔热防潮，减低地面凹凸不平对你睡眠的影响。

睡垫主要有泡沫海绵、吹气、自动充气三类。

（1）泡沫海绵睡垫主要优点是重量轻，价格低，防潮隔热性能尚可。缺点是体积大，舒适性差，易破损，寿命短。目前国内市场上出售的大部分是这一类睡垫。

（2）吹气垫的优点是保温性和舒适性稍强于泡沫垫，可折叠便于收藏。缺点是重量太大，可能漏气或爆裂而无法使用。使用时最好吹气到6~7成左右。

（3）自动充气睡垫性能最好，防潮隔热，舒适程度极佳，重量轻，便于携带，帐篷的选择同时也较耐用，只是价格非常昂贵，市场售价在500~1000元左右，并且怕火，怕刺。

6. 帐篷的选择

要想住在野外，除了准备好睡袋和睡垫外，最重要的是要有一个"家"——帐篷。选择帐篷最重要的是先确定你的需要。

（1）重量轻，便于携带。如果你只是在春夏秋三季里偶然去户外远足或参加低海拔低强度的登山活动，希望你的背包越轻越好，你可以选择单层轻薄面料，只有两根交叉篷杆支撑的双人用圆顶形帐篷。

这种帐篷重量一般在两公斤左右，能防小雨或雪，有纱门或窗，能防蚊蝇等小虫飞入。通风透气性较好，价格便宜。但抗风能力差，耐用性差，只适用于春夏秋三季，不适用于较恶劣的环境下。

（2）防雨雪性能好，居住舒适。如果你只是休闲性野营或驾车远足，希望居住比较舒适，不在乎帐篷的重量和搭建是否容易等因素时，可选择有多根帐篷杆支撑，内部较为高大宽敞，采用双层面料结构，外层为防雨雪性能优良的尼龙等材料制成，内层则选用通风透气性能好的材料制作的球形，蛋壳型、屋型或半球型帐篷。

这一类帐篷内部活动空间大，通风性能较好，居住舒适性强，适合人数较多或家庭野营时使用。但这一类帐篷的最大缺点是抗风性能差，重量大，搭建复杂，且携带困难，价格较贵。

（3）强度大，抗风保暖性能好，在严酷的自然条件下使用。如冬季野外宿营或攀登高海拔的山峰时，要求帐篷既要强度较大抗风能力强，至少能经受住八到十级大风的考验，又要重量轻，以便于携带，还要容易搭建。

登山的衣着装备

登山衣着的目的在于保暖、保护、舒适。原则上，登山衣着应该富机动性与调节性。

但是高山的气温低于平地的气温，每上升一段的距离，气温就会有所下降。在山上所测得的气温并不等于人体所感受到的温度。若有风，流动的空气能不断把热量由体表移走，使体感温度在有风时比实际气温来得低。所以登山放入衣着应该尽量保持干燥，水的冷却力较空气高23倍，若再加上风，常会造成失温而发生意外。

登山的服装要选择的衣着都不宜过紧，否则会妨碍血液循环与空间的舒适，而且失去一层空气对流的空间，会降低保暖度。

登山服装的穿着通常是三层式穿法，可以起到舒适、保暖、保护的作用。

里层：维持皮肤表层温度及舒适，须贴身才能充分发挥保暖的功用，而且不会造成过度摩擦，选择时注意贴身应适切而勿过紧。

中层：中间层服装主要提供保暖功能。选择中间层服装时应注意调节性与方便性。

外层：外层服装提供隔绝冷、热、防风、防水的保护功能。应以方便活动、容易穿脱为原则。

服装搭配

帽子：头部散热达全身的 60%，保暖舒适的帽子可以减少体温散失、遮阳、并保护头部。帽子仍是采用三层穿法，保暖用的帽子要连耳朵一起保护。

上衣：内层用于排汗易干的材质，应该较贴身。中层的选择如羽毛衣、毛衣等。羽毛衣保暖效果好，收藏体积小，但是怕水，透气性差。外层衣服主要是防风和防水，雨衣和风衣是一年四季的必备品。可以根据需要及财力选择一般风雨衣或特殊处理的风衣，最好要方便活动的两截式设计，并注意缝线处的处理以及是否容易于穿脱。

下身：除了三层穿法外，还须考虑便利性。内层要选择排汗容易干材质的制品。中层用方便活动的裤子，注意保暖度、防风性。最好选择长裤，可提供较佳的保护；七分裤不适合登山穿着，除非是夏季路径良好的郊山健行。外层要选择一般防水的长裤即可。

袜子：内层最好穿一双内袜，勿使用棉袜。棉袜容易吸汗，潮后增加与足部的摩擦，容易造成摩擦部位起水泡。中层以毛袜或者毛料与聚合纤维混纺的袜子较佳，具有保暖及保护足部的功能。

绑腿：分长绑腿和短绑腿。短绑腿防水、虫蛇，除了保护作用，也可以防脏。长绑腿通常适用于雪季，有防水和保暖的供用。

登山鞋：是所有登山装备中最优先考虑采购的装备。选购时应考量其用途、重量、抗水性。如轻便鞋用于传统路线，其缓冲力及重量已足够。非传统路线可选择较硬的鞋，提供更好的保护及提高平稳度与背负力。

轻型登山鞋：其特性是轻便、舒适、快干、容易穿着。这类登山鞋的鞋底较软，用黏着剂黏合，鞋子透气性高、舒适，适合背负轻便的重量，行走在道路良好的山区。

硬底登山鞋：强调脚踝的支撑力、鞋底的稳定度及可因应恶劣条件。行于崎岖地形时，较硬的鞋底可以提供足部保护，支撑脚踝及脚掌的稳定度。因为脚踝、后跟、脚趾有足够的支撑力，可提升背负力、适应困难地形。

塑胶鞋：国内通常称为双重靴，防水、保暖，适用于硬雪地形和冬季冰壁攀登。内靴绝缘可以保持脚的温暖与干燥。这种靴子很坚硬，不适合一般行进使用。

（三）登山旅游的注意事项

夏季登山旅游注意事项

在夏季登山的活动中，一些体质较弱的登山者会因为活动剧烈、体力消耗过大，尤其是未能及时补充体内损失的水分和盐分时，容易发生热昏厥。

当登山者发生热昏厥症状时，感觉筋疲力尽，却烦躁不安，头痛、晕眩或者恶心。脸色苍白，皮肤感觉湿冷。呼吸快而浅，脉搏快而弱。可能伴有下肢和腹部的肌肉抽搐。体温保持正常或者下降。

为了避免发生热昏厥，一些体质较弱的登山者，在参加夏季登山的活动中，应该特别注意避免体力消耗过大的活动，注意休息节奏、保持体力。还应该多喝一些含有盐分的水或者饮料，及时对体内的电解质损失给予补充。

一旦发生热昏厥，应该尽快将患者移至阴凉处躺下。若患者意识清醒，应该让其慢慢喝一些凉开水；如果患者大量出汗，或者抽筋、腹泻、呕吐，应在水中加盐饮用；若患者已经失去意识，应让其卧姿躺下，充分休息直至症状减缓，然后送医院进行处理。

秋季登山旅游的注意事项

1. 秋季登山之前需要做热身运动，特别要注意下肢肌肉和关节的活动，可以先在原地慢跑几分钟，然后做有针对性的伸展练习。

登山前热身，可以使肌肉、韧带得到拉伸，防止关节受伤。

2. 登山时的姿势要正确，全脚掌着地最省体力，而用前脚掌或者脚后跟着地是不科学的爬山姿势。

3. 上山时小腿肌肉群已经得到充分锻炼，下山时还要继续发力，容易造成下肢不稳定，因此下山的时候最危险。

下山前要稍事休息，以做调整，让这部分肌肉得以恢复。另外，下山时不要走得太快甚至奔跑，以免刹不住"车"，挫伤关节或者拉伤肌肉。如果坡度比较陡，可以沿"Z"字形路线走，以降低坡度。

4. 秋季登山对于没有运动基础的人来说，至少要间隔两三天，体质稍差的需要一周才能恢复体力。普遍的运动频率可以是：每周一次或者隔周一次。

5. 在秋季，选择下午 5 时左右去登山最为适宜。因为此时人体运动机能最强，经过一天的活动，身体已经被充分预热，活动能力最强。这段时间也是做有氧锻炼的最佳时间。

6. 登山旅游是一项大众体育运动，因为没有过高的技术要求，多数人都能参与。但是也有一部分人因为身体缘故并不适合爬山。比如：腿部有疾病的人、冠心病患者、癫痫病患者、眩晕症、内脏下垂、高血压、肺气肿病，以及处于生理周期的女性一般都不宜爬山。

冬季登山旅游保健常识

中医学认为，经络是人体气血运行的通道，只有气血调和，人体才能健康无病。如何保持经络通畅，是登山旅游保健的重要原则。

冬季登山旅游可以选择合适的衣服，所穿衣物的基本原则是防寒保暖。皮衣、绒衣的皮毛和绒面都朝里面，因为绒、毛里能贮存大量空气，而空气又是热的不良导体，所以能起到保暖的作用，人体的热量不致很快散失。

现在人们普遍爱穿毛绒织品，因为其柔软而富有弹性，空隙很多，可贮藏很多空气，穿在其他衣服中间保暖性能相当好。在北方，冬季最普遍的服装是棉衣，有良好的保温效果，但其缺点是体积大，显得臃肿累赘，活动不便。

因此，冬季登山旅游者不宜穿棉衣。最好是穿用纯棉、驼毛、羽绒做成的衣服，既松软又轻便，非常适合于旅游。

旅游者除了注意选择衣物外，还要注意衣着的松紧。一般地说，登山旅游者不适宜穿紧身衣，因为紧身衣裤都会不同程度地压迫肌肤、血管，不利于气血运行，并妨碍呼吸运动等。尤其是内裤适宜宽大适中。

另外，因为旅游时活动量很大，容易出汗，而一些人一出汗就脱衣服，这样忽然脱下衣服，很容易受风寒侵袭而致病。登山旅游者出汗后应及时换衣服，因为出汗后湿衣服不容易干，消耗并伤害人体之阳气。汗后腠理虚，汗湿滞留肌肤，易产生风寒湿之类的病变。

登山旅游者还应该注意穿鞋。塑料鞋尽管物美价廉，但是旅游者不宜穿，尤其是脚出汗多的旅游者和有足癣的旅游者更不宜穿，因为塑料鞋透气性能差。

此外，皮鞋和高跟鞋也不宜穿，因为高跟鞋容易引起足与踝部的扭伤以及足部肌肉和韧带的劳损，久之出现足和腰部的疼痛。而皮鞋较笨重，也不适宜旅游。当然也不能穿无跟鞋，因为此种鞋定向转动最大，容易引起足部损伤。

一般情况下，以穿旅游鞋为好，这样行走起来轻巧而富有弹性。为了防止脚痛和损伤，可以带一点护创膏和松节油。

冬季登山旅游，长途跋涉，身体疲劳，睡眠就显得非常重要。环境因素对睡眠有很大影响。例如有的人从清静的地方到嘈杂的环境，甚至换了床位，都会因改变了习惯，一时不能适应而导致失眠。

对于一个一贯有失眠习惯或者来到新环境而不容易入睡的旅游者，最好事先备好安眠药，如安宁、安眠酮或者利眠宁等。

如果是失眠非常严重，或者是中老年人，尽量选用中药为佳，中药的作用虽较慢，但副作用小。常用的中成药有朱砂安神丸、柏子养心丸、人参归脾丸等。

若因为噪声太大而失眠，可以在耳内塞上脱脂棉做的耳塞，有助于入睡。

野外登山旅游注意事项

随着"回归自然"的呼声日益高涨，野外登山旅游越来越火。重阳登高本是我国的传统风俗，但是在登山时，强度不宜过大，心率保持在 120~140 次分钟。

爬山是一项极佳的有氧运动，一般每周锻炼 3~4 次为宜。

据测定，一位体重在 70 千克的男士，假如以每小时 2 千米的速度在坡度为 70 度的山坡上攀登 30 分钟，他所消耗的能量大约是 500 千卡，这相当于以每分钟 50 米的速度在游泳池里游上 45 分钟，或者相当于在健身房里连续做 50 分钟枯燥的腹肌练习。所以爬山尤其受到想尽快减轻体重的男士的喜爱。

适宜的运动强度会使机体的脑胰腺素水平升高，脑胰腺素有抑制食欲、增加机体产热的作用，因此爬山以后常常会感到食欲降低，摄食量下降。

研究显示，登山除了在运动时需要消耗能量外，运动后体内乳酸及脂肪酸氧化，运动消耗的糖原储备的恢复也需要消耗能量。此外，登山引起的内分泌变化、体温升高也使运动后休息时的代谢率高于运动前，而且至少持续一两个小时甚至更长。

登山一般选择清晨为好，运动时要注意补充水分，在满足解渴的基础上再适当多饮些水，或者在运动前 10~15 分钟饮水 400~600 毫升，这样就可以减轻运动时的缺水程度了。饮料应选择含有适当糖分及电解度（并最好选择含有维生素 C）的，以尽快减轻疲劳感，恢复体力。

开始登山锻炼时，避免开始就加大运动量，要循序渐进。通常要先做一些简单的热身运动，然后按照一定的呼吸频率，逐渐加大强度，避免呼吸频率在运动中发生突然变化。锻炼结束时，要放松一下，这样才能更好地保持肌群能力，使血液从肢体回到心脏。

登山时因为能量与各种营养物质的消耗都比较大，因此在饮食方面除了根据个人的情况而摄取足够的能量外，维生素的供给也不可缺少，每天补充适量的维生素 A、维生素 B 及维生素 D。

另外，食物应该容易消化，少食含粗纤维和容易产气的食物（芹菜、韭菜、大豆等），多吃碱性食物蔬菜、水果、海带等。这样，以利于体内酸碱平衡，增加碱的储备，提高运动能力。

登山旅游常识

1. 登山游览安全第一，请听从导游的指挥和安排，切忌擅自单独行动；

2. 自行开车进山旅游，须事先做好车辆保养，并留意旅途沿线的加油站、修理厂、医院等位置；行前预先规划旅游路线，充分了解交通路况，进入山区应注意塌方落石与路肩塌陷。

3. 登山前应了解自己的健康状况，随时携带药物；有高山反应及身体不适者，勿勉强上山。

4. 要做到观景不走路，走路不观景；照相时要特别注意安全，要选择能保障安全的地点和角度，尤其更要注意岩石有无风化。

5. 山上物品价格较贵，登山前自备少量的点心和饮料；行前应该注意气象预报，适时增减衣服。山上气候多变，登山前请带好雨衣，以备下雨。遇雨时在山上不可用雨伞而要用雨披，这是为避雷电，并防止山上风大连人带伞给兜跑；雪天在山上走路更要注意防滑。

6. 山上气候比山下气温要低许多，山上房内比较阴冷潮湿，旅游者注意穿好衣服，尤其是在山上住宿的游客更要注意保暖，防止感冒。睡觉前如有条件可以热水烫脚，以消除疲劳。

7. 景区内除规定地点以外，上山要注意林区防火，观光沿途不能吸烟。

8. 登山旅游切忌行李过多，旅行时带过多的物品是没意义的，它是人们旅行的累赘。带在身边，行动又不方便；放在旅馆，又不安全。所以提倡旅游者登山前要注意服装和鞋子，尽量要轻装上山，少带杂物，以减轻负荷；鞋子要选用球鞋、布鞋和旅游鞋等平底鞋，勿穿高跟鞋，以免造成登山不便和有碍安全；借助拐杖要注意选择长短、轻重合适与结实。

9. 登山旅游不要惹是生非，旅行的地点始终不是自己"地头"，蛮劲、霸气还是收敛点好。也不要分散活动，如果是一伙人去旅游，最好不要各有各的节目，至少保持两、三人的人数才分散活动。千万不要单独外出。

10. 注意自身旅游安全，勿擅自到未开放的旅游山区和危险山区游玩；尽量避免在无人管理的山地游玩；不在无救生人员管理的深潭、溪流水域游泳及戏水；注意并依照警告、禁止标志的规定进行旅游。

11. 爱护自然环境，不破坏景观资源；维护风景区环境整洁，不任意丢弃垃圾。

12. 注意保管好自己钱物，防止丢失及被窃，尤其是照相机等常用之物更要注意别丢落，特别是在换胶卷时勿将胶卷落下。

（四）登山安全常识

旅游登山要掌握量和度

旅游登山首先要量力而行，因为超负荷的运动会对心脏产生无形的损害。

1. 要控制好登山速度，以不大喘气为好，不追求时间和速度。

2. 在登山过程中，最佳脉搏应该保持在每 10 秒 18 次左右。

3. 登山时，上体应保持挺直，步调要配合呼吸的律动，在登山 30 分钟后，要休息 5~10 分钟。

4. 口渴补充水分时，不要大口大量地喝水。

5. 登山前要做好充分的准备，一般刚开始爬山时，大家都会十分兴奋，感觉浑身有使不完的劲儿，容易猛爬，但十几分钟后便会感到乏力、呼吸困难、局部肌肉发紧、酸痛等。如果运动前做一些准备活动，这些不舒服的情况就会消除或者减弱。

6. 登山具有一定危险性，如果过多人扎堆儿挤在山道上，容易因为挤撞而发生肢体伤害，严重时甚至会发生重大安全事故。即使没有发生危险，过于稠密的人群，也会影响登山的心境与欣赏风景的心情。所以最好尽量避开人群高峰，选取游人比较少的景区，这样才能在登山的过程中享受更多的乐趣。

安全地开展自助登山旅游

自助登山相对于传统旅游更有情趣，但是因为自助旅行所选择的路线大多是野山、险山，因此自助登山旅游需要注意制订行前计划。

自助登山者所选择的山野大多是没有涉足过的，地理人文环境不熟悉，因而首要的问题是要查资料确定路线，设计旅游草图，对较危险的地带要有明显标注。因为没有导游的解说，临行前还需要对所游览地点的名胜古迹做大概地了解，不致枉爬一趟山。

集体出行自助登山旅游，每个人不可避免有身体素质强弱之分，喜好也会有所不同，但是遇到特殊的事情要相互包容，不能强人所难。不可以无限制的随心所欲，要以团队整体利益为先。

自助登山大多是到山野老林，废弃物品一定要随身携带，尽量做到留下的是脚印，带走的是照片。

登山旅游要保持身体健康

登山旅游中，虽然有车、船等交通工具代步，但是毕竟少不了要步行甚至爬山越岭，体能的消耗相当大，身体体质稍差一些的人，经过紧张劳累的旅游活动，免不了会降低身体的抗病能力。因此，在饮食方面要有较好的营养补充。

健康情况正常的人，登山旅游活动主要目的是锻炼身体、开阔视野和放松紧张情绪，可以吃些西洋参、牛奶和多种维生素来增加营养，在日常饮食方面适当进食一些肉食品、蔬菜和水果等，对维持身体的各种生理功能，使人精力充沛，都有很好的作用。

登山旅游中，很容易发生一些常见病和创伤，必须有所防范，并掌握一些救护的方法，做到有备无患。

每个人的体质都各不相同。有些人在乘车、乘船、乘飞机时，会出现身体不适，胸闷、脸色绯红、苍白发青、眩晕恶心，甚至呕吐不止。这与旅途颠簸、心情紧张以及飞机上、车上、船上的空气流通不畅有关。

有这种病的旅游者，在出发旅游前就应预先购备好防眩晕的药物以及清凉油等。出发前一天晚上，要尽量设法睡一个好觉，上车后，要尽量挑选距离发动机远些并且靠窗口较透空气的座位，以减少噪音和振动感。

旅途中还可以聊聊天，打开随身听欣赏音乐，并带些梅子、葡萄干、牛肉干等零食，不时地吃一点，可以分散和转移注意力，降低眩晕的发生率和发生程度。

在登山旅游途中，因为活动多，人比较疲劳，身体的抵抗力较差，加上有时衣服未及时穿上，一旦受风寒，就容易患上伤风感冒。另外，在涉水的旅行之后，浑身热汗淋漓之时，有人禁不住热脱下外衣纳一下凉，但经不了多久汗水干了，此时毛孔都张开了，因此很容易受凉。许多旅游者都是在这种情况下患上伤风感冒的，所以要特别当心，出汗脱衣服后要即时穿上，不能等到凉时再穿，否则就来不及了。

此外，在夜间行车时，窗外凉风直往车内灌，这时注意加穿衣服保暖，并关小窗口，要尽量避开风口，否则也容易患上伤风感冒。因而，在旅游之前，必须备带好治疗感冒的药物，一旦发现有患感冒的迹象，应尽快服药，以减轻病情并获得痊愈。

登山旅游之前，人在家中的生活是比较安宁的，对家中房屋及家庭中的各项设施都比较熟悉，形成了一定的规律和习惯，但是，一旦进入旅游的行列，所看见的、所接触的环境和事物都是陌生的，一天下来，脑子里装进了许多见所未见的山水树木、田园景物的印象，尤其是晚上住宿时，睡在一个不熟悉的房间和不熟悉的床铺上，床上垫的褥垫、盖的被子或者毯子、头边的枕头等也都是陌生的，与家中那些见惯用惯的用品完全不一样了，有些人就会因为周围环境的变异使心情不能平静，安睡不下来而造成失眠。

失眠是初次参与登山旅游的旅游者中比较普遍的现象，出现这种现象后，只要情绪稳定，认识到这是正常现象，不产生恐慌情绪，这种现象可以很快得到改善，使睡眠趋于正常。

克服失眠最重要的是使情绪平静而愉快起来，要保持饮食起居的规律性，饮食不过量，不忽多忽少，睡眠按平时的习惯进行，不要参与使人兴奋的跳舞活动，不观看使情绪过分激动的电视、电影，以平常心对待周围所发生的事情，以既来之则安之的观点去适应当时当地的气温和气候条件。

此外，睡前不要喝浓茶，用热水洗脚，有条件的还可以喝一杯热牛奶，这些都是有利于促进安静入睡的。

登山旅游过程中，有些人因为生活节奏的突然改变，会产生食欲不振，心绪不宁，两面潮红，甚至嘴唇也发炎溃疡，有的甚至连嘴巴都难以张开，这就是上火现象。

这种现象的出现，一般是生活缺乏规律、精神紧张焦躁、过度疲劳以及对当地的气候条件不适应所引起的，要避免发生上火，最重要的是在参与旅游之前，先要制定出一个比较详细具体的旅游计划，一切按照旅游计划进行，这样就不会有那么多紧张焦虑和过分烦心的事情出现。

如果不作自助旅游而去参加旅行社的团队旅游，吃、住、行的问题都由旅行社操办，就可以省事得多，而不致发生上火的病症。

此外，对于已经患上这种病的旅游者，要注意生活规律，多吃点蔬菜和水果，还可以在出发旅游之前，随身带点牛黄解毒片、大青叶片、板蓝根冲剂等降火药物，及时服用会有一定的效果。

坐办公室工作的人，平时活动量很小，在进行登山旅游参观时，步行时间一旦较长，就会感到很劳累，有些平时活动量较大，很少坐着工作的人，乘坐飞机或车船时间长了，就会感到很不舒服，这两种人在旅游过程中都容易发生脚肿的现象。这虽然不会导致什么严重后果，但是会感到脚发麻发胀，举步沉重，行动不便。

缓解这种现象的办法是适当缩短登山参观的时间，注意尽可能多休息，减少站立的时间，多坐少行走，有机会休息就抓紧躺下平卧休息，不论是坐着或者躺着，都应该尽可能地将双脚架高，让腿脚部的血液向上回流，以缓解腿脚部的负担。

如何确保野外登山的安全

目前，登山爱好者的人数呈现不断增加的趋势。但是登山爱好者去野外登山，一定要先对登山线路进行细致的研究，列出周密的行程计划，画出活动线路。到一个陌生的地方后，尽可能和当地熟悉地形的村民联系，向他们了解所登山脉的地形情况。如果条件许可，最好请一位当地村民做向导。

野外登山有很多不可预见的因素，所以一定要对可能发生的各类意外情况有足够的心理准备，并要做好相应的预防措施，包括带上足够的食物、饮用水和衣物、雨具、照明、指南针、通讯工具等。

登山安全知识

山上对流作用旺盛，天气较平地寒冷（大约每升高一百米温度降低 0.6 度），自然降雨的几率也较多。

登山的人难免会遭到风雨的侵袭，所以如何防雨，对于登山者来说是首要考虑的。根据实验结果，水的散热速度较空气快 23 倍，穿着湿衣服，体温流失极快，先是感到寒冷，渐而开始发抖。颤抖是一种剧烈运动，能产生热量，但也使体温流失量相对的加快，若再加上寒风的吹袭，不久即可能冻毙。

1. 如何处理淋湿或者寒冷：

（1）寒冷时，切勿喝酒，因为喝酒只会加速体温的流失。

（2）求生最重要的就是保存能量，不可轻易消耗体内的能量。情况不佳、天气不好或台风来临时，不宜乱闯；应先寻找一个不会发生山崩、山洪或落石的安全地点扎营。若遇风雨太强而无法搭营时，则顶着帐篷换上干衣，外着风衣和雨衣，以免体温散失。

（3）如果衣服都湿透，而无法保温，可将干草、苔藓或干的报纸塞在衣内，皆有御寒作用。

（4）头是加热系统中最有效的部门，应将头部保护好。

（5）如果发现遇难者已有严重的体温过低现象（正常人口温 37 度），在施以治疗前尽量不去移动他；如果症状轻微则可移到背风处，替他换上干衣，并尽量在地上多铺干垫子，让他躺下（头部抬高），喂食时亦应注意使他保持清醒。而且人员亦在其左右护持以体温共享或使用暖包或在营帐内点瓦斯灯，使周围温度升高，亦可使用水袋装热水并用毛巾包裹，放在患者腋下等地方，且摩擦其暴露的手脚至其恢复为止。

2. 如何预防：

（1）上山前，务必将衣服用塑料袋包好。在山上至少应保有一套干衣服，准备休息或搭营时穿，切不可因为怕穿湿衣服走路难受，而将干衣用尽。

（2）空气的绝热性较佳，所以穿饱含空气的衣服，较能保温；或是多层衣服亦可，用富含空气的毛、丝、羽绒衣。

（3）准备老姜及糖煮食姜肉汁亦是一种补充及保暖法，将老姜在家以果汁机打碎后煮好过滤，用宝特瓶装上带上山，要喝时加热即可，这亦是一个好方法。另外市面上亦有卖即冲即饮的姜包汁。

（4）每人需准备一个个人炉，当遇恶劣天气时取出烤火是最方便最实在的野外求生装备。

登山旅游时出现身心疲劳时怎么办

在经过较长时日的登山旅游之后，一般都会感到身心疲劳。目前人们发现一种旅途操，可以有效地缓解疲劳：

1. 先取坐姿，双手抱头，两肘向颊部内夹，稍用力下压，使颈部前曲，然后使颈部用力尽量后仰，做8~10次，每次中间停止2秒钟。

2. 取坐姿，肩部伸展，十指交叉，掌心朝上稍用力向上伸举，然后，由快到慢，用力后振10~15次。

3. 胸背伸展，坐姿，两臂屈肘前平举，含胸低头，然后两臂向侧后平行伸展，抬头挺胸，做10~15次。

4. 体侧伸展，坐姿，一手臂伸直上举，另一手叉腰，上体稍侧曲，手臂用力向侧上方伸展 6~8 次，再换另一侧做，每次做后，停止 2 秒钟。

5. 腰腹伸展，坐姿，两手抱头，体前曲，然后上体后仰，肘关节外展，尽量将身体伸直，保持 4~5 秒钟，慢速做 6~8 次。

6. 腿部伸展，坐姿，双腿屈膝置于胸前，然后两腿同时伸直，脚尖前伸，做 12~14 次，每次做后停止 2~3 秒。

登山安全守则

1. 不要跟随没有责任感及缺乏经验的领队。

2. 不要参加新手超过 1/3 以上的登山队伍远征。

3. 不要找没有责任感，并对山区活动、计划了解不够的人担任留守。

4. 行程、计划须缜密完整，并让每位队员都彻底了解。

5. 平时应多训练体能及技能，并阅读专业书籍、杂志，随时吸收野外新知。

6. 登山时应有完整的装备及充足的粮食。

7. 出发前应先作健康检查，尤其是平日很少运动的中老年人，更需认真检查。

8. 从上山到下山，均需随时向留守人员、途中警察机关或家人报告行踪。

9. 活动前或进入山区后，应随时注意气象资料及变化。

10. 对于每一座山峰，都不可掉以轻心。

11. 登山队伍不可拉太长，应经常保持可前后呼应的状况。

12. 迷路时应折回原路，或寻找避难处静待救援，以减少体力的消耗。

13. 切忌在无路的溪谷中溯溪攀登，亦不可在深山无明显路径时沿溪下降。因为高山溪流的地形由缓渐陡，对于登山技能不足，地势情况不清楚的登山者，容易失足跌落，因此登山时最好能沿途标示记号，或依循前人所留下的旗帜辨别方向。

14. 喝水时不可狂饮，否则汗量会增加，更容易造成身体疲劳，此外，行进中应随时调整步伐及呼吸，不可忽快忽慢。

15. 行进中应随时将水壶装满水。

16. 登山期间，可多作休息，但休息的时间不宜过长，以免着凉。

17. 切勿让身体及衣物受潮，以免体温散失。

18. 在面临危机、疲劳等压力时，维持体温是首要之务，并应随时注意自己及队友的心理变化，设法维持情绪的平衡。

19. 在山林中活动时，切勿乱丢烟蒂，离去时亦应将营火彻底熄灭。

20、活动结束后的检讨会，有助于自己和他人将来登山时的安全，因此必须认真且确实地实行。

（五）登山旅游遇险自救

登山旅游自救

当自我制动失败，当登山者跌落而没有自我制动的保护，或在冰河旅行中绳索串联的队伍中的一员跌入缝隙时，登山者须进行自救，即用冰镐来制止下滑。

自救是未系绳索的登山者用以制止下滑的唯一机会。因此，它也是必须学会的第一重要的攀雪技巧。登山者以及同队队员的性命很大程度上取决于他的自救技术。每一个登山者都必须熟练、可靠地掌握各种姿态下的自救。可以在愈来愈陡、愈来愈硬的雪地（有安全的落点区）上进行练习，来确定每个人的极限。

1. 一手抓住冰镐头部，拇指在镐尾上，其他手指在镐锋上自救抓握法；另一手握住冰镐柄尖头以上的位置。两手均握紧。

2. 镐锋在肩部上方位置压入山坡，冰镐柄成对角线斜过胸前方，贴着另一侧髋部握紧。冰镐柄较短时以同样的姿势握住，虽然冰镐柄尖头到不了另侧髋部。

3. 胸和肩紧压镐柄，脊柱弓起，稍离雪面。背部弓起至关重要：它把登山者的重量置于镐锋和脚趾（或膝盖）上，即抠入雪中实现控制的那些点上，形成弓形的最佳方式是集中精力拽住镐柄的末端，镐柄较短会更困难。这种拉力形成弓形并使重量移向镐锋那边的肩膀。需要注意的是，那些不愿使胸和脸没入雪中的人可能会使背部弓起过高。

4. 两腿挺直，分开，脚趾抠入雪中（如果穿钉鞋，使脚趾离开雪面直到最后几乎停住）。

5. 紧握冰镐。紧握冰镐头部会使镐锋挨着肩部和颈部。另一只手必须靠近镐柄的末端以防止镐柄尖头为轴心转入大腿，造成重伤。尤其在松软的雪上，挺直分开的两腿以及抠入雪中的脚趾可增加阻力，加大稳定性，在硬雪或冰上并穿着钉鞋时，两脚必须抬离山坡直到速度减慢，这样鞋钉就不会止住登山者并把他向后抛去。双膝可帮助下滑者保持稳定，但在硬雪或冰上却无法让他停住，尤其是当他正好穿着光滑的防风裤时。

好的自救姿势可能会非常优美，但是在实践中，即刻实施是极其关键的。停止下滑所需的可能仅仅是一个蹩脚但迅速地控制。过分关心姿态的优美会导致行动迟缓，从而使下滑增加到一个完美姿态也无法制止的速度。关键在于尽可能用力而迅速地刺入镐锋。

登山旅途中的自我急救

登旅游途中常见的突发症状，疾病及意外伤害的应急处理：

1. 晕车

乘车前半小时服用晕海宁、苯海拉明等药物；旅游前的夜晚要有充足的睡眠，旅游当天上午不要吃得太饱；最好坐在车辆的中部，靠近窗口。

2. 出血

登山旅游中如果发生外伤，就会面临出血的问题。有些人对血液很敏感，一见到血就昏过去。其实，并非所有的出血都很严重，而且见血就昏的人也并不说明其出血很多，也可能是心理上的问题，有的人患有晕血症。

在旅游过程中，一旦发生出血意外事件时：首先要确认一下是动脉破裂还是静脉破裂。如果是动脉破裂出血，其色泽鲜艳，而且呈现搏动性喷射；而静脉出血呈现暗红色或者紫色，向四周满溢出来。动脉出血是极危险的严重状况，因为一个人如果在几分钟内失血达 1000 毫升以上，就可以危及生命。静脉出血相对要缓和得多，所以危险性也明显减少。

发生出血事件时，对于伤口较小的出血，可以清洗局部后盖上一块消毒纱布，并用绷带或者胶布固定即可；也可以用拇指按压伤口上方的血管，以阻断其血流；还可以在伤口处涂敷明胶海绵，外用纱布，胶布固定。

另外，还可以用加压包扎止血法，适用于全身各部位。一般用纱布、棉花等垫放在伤口上，然后用较大的力进行包扎，以借用压力来达到止血的目的。注意加压时力量不要过大，或者扎得过紧，如果发现肢体有发紫外发黑现象即应适当放松，以免引起局部因为缺血而造成坏死情况的发生。

3. 骨折和脱臼

登山旅游途中，如果发生骨折和脱臼时，必须鉴别是骨折或者脱臼，在鉴别不清时应尽可能先从骨折考虑，千万不要把骨折当作脱臼来处理。还需要弄清骨折或者脱臼的部位，进行适当的处理。

有开放性创口的，应清洗创口，包扎止血；无创口的应尽快进行简单固定，固定物可以就地取材，如树枝、竹片、硬质厚纸、塑料板等均可，应该把骨折肢体的上下两个关节固定起来。

如果怀疑颈椎或者脊柱骨折时，必须让病人平卧在门板上，头部两侧垫上沙袋或者衣服，使之固定，搬运时须轻巧平稳，防止剧烈颠簸。千万不能搬肩抬脚运送伤员，造成生命危险。

4. 蜈蚣及蝎子咬伤

通常情况下，蜈蚣越大，其毒性也就越强。砸在登山旅游过程中，若被蝎子蜇伤后，局部有烧灼样疼痛，数小时后毒素在体内蔓延，产生全身中毒症状。使伤者发生烦躁不安、出汗、流涎、发热、呕吐等症状，严重者还可能出现肌肉疼痛、抽搐、甚至因为呼吸心肌麻痹死亡。

如果发生这种意外伤害时，要立即用碱水、石灰水、氨水等碱性物质来冲洗伤口，也可以用肥皂代替，冲完再涂上较浓的碱水或者3%的氨水。

登山旅游时，为了预防蜈蚣及蝎子咬伤，野外露宿时不要在林间、山石旁；不要赤脚在草地上行走或者玩耍。

5. 毒蛇咬伤

大部分登山旅游者去的地方，总是有山、有水、有树木、有森林，而这些地方往往也会有蛇虫出没。蛇可以分为有毒蛇和无毒蛇，常见的毒蛇有眼镜蛇、五步蛇、金环蛇、银环蛇、蝰蛇、蝮蛇等。

金环蛇

登山旅游过程中，如果被毒蛇咬伤后，最关键的就是"时间"，若延误治疗，常常会危及生命；反之，若能及时急救，则可以避免或者减轻中毒。

参加登山旅游活动时，为了预防被毒蛇咬伤，在野外露宿时，必须住在帐篷中，并且将周围野草拔除，乱石搬走，在外围四周喷洒杀虫类药物。

在爬山、过草地、森林时，随身携带树枝、棍棒或者手杖，边敲打边前进可以事先赶走蛇虫；夜间行走时须穿上靴子、套鞋或者球鞋，并且要带好手电、随身携带蛇药以备急用。

登山旅游过程中，一旦被毒蛇咬伤后切勿惊慌失措和竭力奔跑，以免加快血液循环而增加毒液的扩散和吸收。

此时应该迅速用绳子或者撕下的衣片，在靠近伤口的上方大约5厘米处的近心脏一端，紧紧缠绕住，以防止毒液蔓延，但是必须隔20分钟放松一次，否则会引起肢体坏死。结扎完成后，立即用冷开水、冷茶或者自来水冲洗伤口，然后用小刀在伤口处作十字形切开以帮助毒液流出。

也可以用拔火罐的方法，或者在紧急时用嘴吮吸伤口，以将毒吸出。吸出之后必须用清水反复漱口。还可以使用解毒药涂敷在伤口周围。最后，还需要到附近的医院进行检查。

6. 飞沙入眼

登山旅游时，飞沙入眼意外事件常常发生，此时可以用脸盆盛清水，将头部浸入，然后眨动眼睛，借助水流使异物脱落。

7. 小虫飞入耳

向耳内滴油液，如菜油、麻油，也可向耳内滴一些温水或冷开水，将耳内小虫淹死或将它的四肢、翅膀粘住，限制它的活动，然后再去医院取出小虫。

8. 中暑

在登山旅游过程中，如果中暑了，其体温会升高在38.5度以上，面色潮红、胸闷、皮肤干热、恶心、呕吐等，严重的有昏迷、痉挛或者长达一天内仍不能恢复。

当这种意外事件发生时，可以到阴凉通风的地方休息，并服清凉饮料，也可服用仁丹、十滴水、解暑片等。用冷敷或者冷水擦身，以帮助散热。

登山旅游对抗迷路的策略

登山活动时，为了顾及队员们的体力不同，应安排体力中等的队员走前面，体力较弱者走中间，以防队员因为体力不支而脱队。

登山旅游所有的行动，都应该以全队或者小组行动为宜。行动中应随时留心观察周围的风景及地形、地物以及前面的人所留下的脚印，同时应注意向导员留下的记号或者足以指引正确路径的任何标志。

遇到岔路时，应该仔细辨认观察，可以用哨音联络，或者等候队伍确定正确路径。学会看地图、指北针及高度计是预防迷路的要件之一，在出发前应先把地图看熟，最好把应走路线上的起伏量、距离、山头、鞍部，都先从地形图上计算出数字，标上记号，写在笔记本上，进入山区以后，不论在何种气候下，都要知道自己的位置，养成每次登山都使用地图、指北针及随时定位的习惯。

如果气候恶劣，如浓雾时，最好先暂停活动，在浓雾中要保持正确的位置，除了计算走过的山头外，主要的支口、溪谷、断崖和特殊地形、地物等，都有助于位置的判断。

此外，可依步行的时间与速度，估算在一定的时间内所走的距离。对于没有到过的山区或者浓密的芒草林、箭竹林，都应该沿途留下记号，以便走错路时可原路折回。并且对一些容易误认的兽径、猎径、林道、保线路、取水径等，都应加以辨认。

迷路时，常会因体力消耗及饥渴而引发休克，须谨慎注意，加以急救。

登山旅游时应对抽筋的紧急策略

登山时过度地运动或者姿势不佳，常常会引起肌肉的协调不良，或者因为登山时或者登山后受寒，体内的盐分大量流失，因而致使肌肉突然产生非自主性的收缩，也就是抽筋现象的发生。

登山旅游者抽筋时，其患处疼痛，肌肉有紧张或者抽搐的感觉，患者无法使收缩的肌肉放松。这种意外现象发生时，要拉引患处肌肉，使患处打直，轻轻按摩患处肌肉。补充水分及盐分，休息直到患处感觉舒适为止。

下山途中也很容易发生小腿抽筋，感到疼痛或者抽筋，医学上称为腓肠肌痉挛。

这种现象是因为腓肠肌一直处于紧张收缩状态，在下山过程中得不到松弛休息，肌肉连续工作，使肌肉乳酸蓄积而产生。

防治小腿肚子疼痛和抽筋，可以在下山时，走一阵就短暂休息一会儿，不要一鼓作气不停地往下走。当休息时可以用双手握住小腿肚子，一捏一松地作按摩，以促进肌肉的血液循环，使腓肠肌得到松弛；按摩应该做到发硬的腿肚子肉软、感到舒服为止。

休息或者晚间睡眠时，将腿脚的位置放高一些，也可消除肌肉疲劳。回住地洗脚时，可以用热水将毛巾浸湿敷在小腿肚子上，也能使肌肉疼痛、抽筋减轻和消除。

登山旅游时应对落石的策略

陡坡、断崖、陷落的地段、碎石坡、溪谷或者刚发生坍方的地点，是较容易发生落石的地方，特别是下雨的日子。

登山旅游时，行经这些路段应该提高警觉，最好能绕道而行，若必须行走以上路段，应该戴头盔，并有人指挥，随时注意落石的发生，并且应该保持 5~10 米的适当距离，以防止有落石发生时闪避不及。

如果遇到落石时，应利用地形物躲到崖壁下、大树后，或者以手臂、背包遮挡，以保护头部。若听到或者见到落石距离尚远，应注意落石滚动的方向，再依其相反方向闪避。

若有伙伴遭落石击中，应等落石完全停止后，将伤者移到安全的地方，再施行急救。

登山旅游时膝部损伤的类型

1. 膝关节半月板损伤

人的膝关节是所有关节中面积最大的关节，承受体重的主力，它由股骨下端及胫骨上端组成，其前有髌骨，其中间有"软垫"即半月板，周围有强壮关节囊、肌肉及韧带保障了关节的稳定。

体重是膝关节承受的垂直应力，复杂的人体动作，如打球的转体、上厕所的蹲起动作等是侧方的应力。如果受力过大，膝部关节的两块半月板容易受到损伤，尤其在旋转力过大时更容易发生半月板撕裂伤。

半月板损伤伴有关节囊的损伤，因为血液循环丰富，容易出血并形成膝关节腔的积血、疼痛及肿胀。旅途中膝部扭伤疼痛是常有的事，只要不肿就可不必担心半月板损伤。

半月板是软骨组织，几乎没有血液供应，一旦损伤难以愈合，是形成伤后关节疼的原因。手术摘除半月板、通过关节内窥镜技术去除小片撕裂及条形撕裂是容易被接受而有效的方法。半月板损伤并非都要立即手术，走路小心保持膝部稳定，关节仍可以活动。

有时小的裂片可因为走不平坦的路或者不协调的姿势等因素而移动，卡在关节间隙的某处，立即剧痛不能行路，经活动或者处理又可"解锁"，症状随着一声弹响立即消失。应该对关节交锁这一特殊现象有所认识。有经验的患者经过多次体验往往会自己解锁，即放松下肢肌肉，轻轻晃动及屈伸膝关节，以达到缓解。

2. 膝关节游离体

关节交锁不仅由半月软损伤引起，还有一个原因是关节内的游离体，其体积甚小，本质是小片软骨因创伤或者变性等原因而由关节面上脱落下来，形如豌豆大小，不骨化者 x 线照不出来，偶尔可以摸到，旋而又不知去向，窜来窜去移动很快，它同样能卡在关节间隙中，形成交锁，反复出现以致引起关节腔积液，因为平时不疼，往往忽视。症状及处理同半月板损伤。

3. 髌骨软化症

膝关节疼的另一常见的原因是髌骨软化症。髌骨是膝前方的一块圆形骨质，也是膝关节的组成部分，位于股骨下端内外髁间窝的前方，髌骨后面的软骨面与之相关节。膝关节屈伸活动时髌骨关节面互相接触可起支点作用，髌骨上下都有韧带相连，膝关节伸直时，股四头肌腱带动髌骨向后挤压股骨髁，起稳定膝关节的作用。

膝关节反复扭伤或不合理的运动姿势可引起髌骨关节面的磨损，软骨失去光泽及弹性，部分软骨软化脱落，移动髌骨则引起疼痛。

日常活动尚能忍受，只是容易疲劳。活动稍多即招致膝关节疼痛。病人对医学知识不熟悉，误以为是全部髌骨软化，实际病变为髌骨的软骨软化。

走路过多或道路不平可引起膝关节积液，关节肿胀，旅途中是难以预料的。只要及时休息，恢复很快。如果必须照常活动，赶上行程，可去医院做关节腔内强地松龙注射，加快症状的消失。

4. 膝部损伤的预防

登山旅游者下山的时候，膝关节总是处在交替屈膝负重的状态中，这时韧带松弛关节很不稳定，全靠支持带维持，当关节有横向位移时，极易损伤支持带，产生细小的纤维断裂，毛细血管出血。膝内侧或者外侧疼痛，以下山时为重。

屈膝时关节不稳定，如果受到侧向外力或滑动，重心不稳，可扭伤膝关节，造成半月板损伤。关节内剧烈疼痛，不能屈伸活动，合并关节囊损伤致关节肿胀。

登山旅游过程中，不要过大的负重，如果要锻炼，可由小渐大不要突击登山过猛，匀速省力；途中适当休息，以半小时到一小时为宜，并补充水分；带护膝，加强关节保护；对于素有膝关节病的人，不宜登坡度过陡的山或上下大的台阶。

总之，登山勿忘保护关节，使它能更好更长的工作。

登山旅游时发生骨神经痛怎么办

骨神经痛常常因为旅途中全身或者局部受凉，睡眠中受了风湿，白天登山时腰腿用力不当等而引起。其症状表现为腰、臀部、大腿及小腿后外侧的一侧发生疼痛。

治疗此病虽然有很多种药物可用，但是在旅途中一时很难办到，只能临时采取一些其他措施治疗：

1. 可服用去痛片、消炎痛等药或疏经导气、活血止痛的中成药。

2. 用按摩治疗。让患者仰卧在硬板床上，屈双膝贴近胸部。将感觉屈膝有困难的一条腿维持原状不动，另一条腿伸直。由陪护者帮助将不易屈膝的腿尽量向患者胸部推，让病人尽力吸气；待吸气一阵时，一手推住膝部，另一只手由下向上猛地拍打弯腿一侧的臀部。使用此法，一般轻症即可使疼痛停止。

3. 有此病史者平时应注意：对腰部要时刻注意保暖；平时不要睡软垫床，最好睡板床；避免腰部负重过度，如果患有腰椎肥大、椎间盘脱出症的，应先集中精力治好原发病。

登山旅游时出荨麻疹时怎么办

患有荨麻疹的登山旅游者，其皮肤上出现大小块状凸起的红斑或者白斑，而且有奇痒，俗称风疹块。病因是过敏反应。通常是因为旅途上接触花粉，或者动物羽毛被风吹沾在皮肤上引起；或者食鱼、虾、蟹引起。

另外，本病症可能发生在四肢或者躯体局部，也可能发生在全身，更有人发生在胃肠道黏膜或者呼吸道等部分。有时且能引起其他症状，如呕吐、腹泻、呼吸困难，甚至窒息。

对于此病可以采取临时办法：一是在旅途中无医药的情况下，用一个萝卜和少许糖、醋混在一起捣烂，用布包起贴敷患处，干后重换，可以反复用，一般轻症即可很快痊愈。二是如果发作于呼吸道，出现胸闷、呼吸困难，则应送医院治疗。

登山旅游时发生中风怎么样急救

中风多数是因为肝阴不足，肝阳偏亢，肝风内动，或者气血亏损，虚风内动所致，可以表现为口眼歪斜、肌肤麻木、头晕头痛、口角流涎、语言不利、脉弦滑；也有表现为脸色苍白、皮肤冷汗、脉搏虚弱而快速、躁动和恐惧，甚至瘫倒。

中风初起时，表现为心跳极其缓慢，血压下降，严重时，心跳停止。这主要是因为疼痛和过度的神经刺激，在旅游间突发中风，出现突然昏倒。

针对这种情况，处理的办法是：

1. 将患者平放，并将其腿部抬高，松解开患者颈、胸、腹等处的紧身衣服。

2. 不可给患者饮水，并设法维持其体温，但不可使其体表过热，否则会使急需血液的体内器官血液外流。

3. 护理者应设法使患者心情镇定，不存顾虑，感到温暖，并常用温毛巾为患者揩擦前额。

4. 若患者停止呼吸或心跳，应立即进行人工呼吸及按摩心脏，并送附近医院就诊。

旅游途中出现低血糖症怎么办

有些习惯于不吃早餐或者早餐吃得很少的人，很容易在旅游途中出现心慌、饥饿感、身体疲软无力，这就是低血糖病的症状。严重时可以突然晕倒在地上。

当登山旅游者发生低血糖症状时，一是应该立即让其平躺仰卧休息，松解衣服扣子和裤腰带。二是让其服饮些糖水或者甜饮料、果汁之类。三是有低血糖病史者外出旅游，最好随身带几粒糖果、巧克力等，以便出现发病前兆时食用，并应养成吃早餐的习惯。

登山旅游途中患上伤风感冒、咳嗽怎么办

因为旅游途中过于疲劳，抵抗力差，如再加上受凉或者雨淋，很容易患上伤风感冒，主要表现为打喷嚏、流清水鼻涕、鼻子不通气，有时还伴有发热、头痛、嗓子痛和全身不适。

患上伤风感冒、咳嗽的登山旅游者，要减少活动多休息，使室内温度提高些，并提高室内湿度，常在地上洒些水。

在旅途中，可以采用一种简单方法：把茶杯倒进开水，用塑料片或者玻璃片将杯盖上，使杯口露一小孔隙，将鼻子凑近，吸入热蒸汽，使鼻孔吸入热蒸汽后感觉舒适为宜，如有风油精，再在热水内滴入一些，效果更好。

还可以用生姜3克、鸡蛋1个，将姜切碎，加入适量盐和水，再将鸡蛋打入拌匀炖熟吃下；也可以服用药物：服用速效感冒丸、感冒清热冲剂等抗感冒药。

登山旅途中患上气管炎或者支气管炎，会使嗓子痒或者痛、干咳不止，难以休息入睡，发病后应先戴上口罩，防止冷空气、烟气刺激呼吸道，注意保暖，然后服用感冒丸片和止咳药物，可以使用吸入温热蒸汽的方法，使呼吸道中黏稠痰液稀释，使之易于咳出，而且可以使嗓子痒得以减轻。不可以吸烟和吃辛辣食物，多喝温开水或者梨子等多汁水果。

白萝卜汤

另外，可以用白萝卜或者青萝卜煎汤内服，或者温热后生食，或者用胖大海3粒泡水饮服。如果咳嗽兼有发热，痰变成脓样，就得服用四环素等抗生素药物。采取针刺或捏摩穴位治疗，可以取合谷、足三里、内关、肺俞等穴位。

旅游途中脚踝关节扭伤怎么办

脚踝扭伤是登山旅游中常见的一种现象。登山旅游时，因为道路崎岖不平，往往会扭伤脚踝，一般地在受伤当天还能忍耐，但到第二天，就会疼痛加重而且肿胀严重。

当登山旅游者的脚踝关节轻度扭伤时，可以用韭菜根 100~200 克捣烂，加 50~100 克面粉和 1 汤匙白酒调成糊状敷伤处，日换 1 次。伤后早期作冷敷可以减轻疼痛和肿胀，此外，用热醋洗扭伤处，也可减轻肿痛。中药治疗，可服用三七伤药片，每日 3 次，每日 3 片。针刺治疗，可取解溪、昆仑、太溪、阿是穴针刺，留针 15 分钟，每日 1 次。

登山旅游途中闪腰了怎么办

登山旅游途中，下坡时脚踩空了或者在滑倒前腰部扭伤，即俗称"闪腰"。受伤后非常疼痛，不能弯腰转身和走路，闪腰后要停止活动，卧床休息，但是要避免睡软床，腰部可用热水袋热敷，或者用布包裹炒热的盐、米糠，热敷腰部，可以促进血液循环，缓解肌肉痉挛和疼痛，疼痛激烈时，可以服些止痛片。

用推拿治疗，效果很好，可采用揉捏法或运法。但应避免直接推拿患处。

还可使用闪腰穴针刺疗法，效果也很好。闪腰穴在桡骨茎突和肱骨外上踝之间连线，靠近肘部 1/4 处，行针时，留针 15 分钟，并练习步行，活动后即可减轻疼痛或痊愈。

民间用拔火罐，效果也很好。可在腰部按压最痛的部位实施。

登山游途中鼻孔流血怎么办

从南方潮润地区到北方干燥地区登山旅游，因为风沙，或者是蔬菜、水果吃得少，用指甲挖鼻孔，患了热性病，受到触碰等，都会发生鼻孔流血。出现这种情况时，应采用下列措施：

1. 将患者衣领解开，使其头稍前倾，以手指捏紧两侧鼻翼，压迫鼻中隔前部的出血点，保持 10～15 分钟。

2. 用脱脂棉或者绵软的卫生纸塞入鼻孔，经一段时间后，鼻血即可止住。不可过早取出塞子，否则会再次出血。

3. 如有鼻眼净、滴鼻净等收缩血管的药物，可以将其滴在棉塞上塞入鼻孔。

4. 在额部、鼻部敷放冷毛巾，促使血管收缩，减少出血。

5. 如果鼻孔流血不止，或者血液不断流至咽部时，则出血点可能在鼻腔后部，此时就应该送医院，请医生填塞油纱布，或者用后鼻孔填塞法止血。

（6）鼻孔出血后 1～2 周内，要尽量避免打喷嚏，或者用力擤鼻子、提重物，或者作剧烈运动。

（7）多吃含维生素 C 的蔬菜、水果等。

登山旅游途中发生牙痛怎么办

在登山旅途中发生牙痛，轻者饮食受影响，重者则坐立不安。此时可以进行临时简单的治疗：

首先要保持牙齿清洁，剔除嵌入龋洞中的食物残渣，不吃过冷、过热、酸、甜食物，用温水漱口。

用指甲重捏或者按摩牙痛穴。牙痛穴在第 3、4 掌骨间，指掌横纹下一横指的地方。用拇指和食指，从掌背、掌心两边捏这个地方，能产生明显酸胀感，止痛效果很好。

其他一些穴位，如颊车、合谷、下关，用指头捏压时，也可得到止痛效果。饭前捏这些穴位，可以防止吃饭时牙痛。

还可以用 1 粒花椒填入龋洞处可即时缓解；或者用陈醋 60 毫升，花椒 15 克，煎 10 分钟含漱也可以止痛；或者取丁香花 1 朵，用牙咬碎，填入龋洞内，几小时后牙痛即可消失，并能在较长时间内不再发生牙痛。

当登山旅游者的牙龈红肿，脸部也肿起来，并伴有发热时，可以服用四环素或者磺胺片治疗，也可服用牛黄解毒丸治疗。

登山旅游时中暑了怎么办

夏天在我国的南部者中部旅游，骄阳似火，白天汗流浃背，夜晚汗湿枕席，闷热难熬，若不能适应，体内积蓄的热量散发不出就会中暑。有慢性病的人或者老年人，更容易中暑。

中暑时首先出现头昏眼花、恶心和四肢无力，这是中暑的前兆。如果注意不够，发生重症的中暑，体温可能会上升到 40～41℃，就能昏倒，甚至有生命危险，应立即进行抢救。

1. 轻症中暑者，可以服用人丹、十滴水等药物，并在太阳穴两侧与人中穴涂清凉油或者风油精。

2. 中暑较重，应在头部放凉毛巾，或用塑料口袋盛凉水放头部降温，以防脑水肿。同时用凉水或酒精擦全身，或将病人浸入冷水内几分钟，并按摩四肢，促进血液循环，加速散热。在擦浴的同时，用风扇吹风散热。

3. 取大蒜数瓣捣烂，取蒜汁掺入温开水适量，经口灌下；或者用鲜韭菜汁滴入鼻孔内。

4. 可用通关散吹入鼻孔。重症中暑病情危重，应尽快送医院，给予降温补液、提升血压等急救。

登山旅游时发生冻僵后怎么办

登山旅游遇到雪崩，雪地行走滑落雪坑，海上旅游失事落水，或者野外旅游突遇暴风雪等情况下，均会使人体内热量散失，关节肌肉发硬，即俗语说的"人被冻僵了"。

在旅游中，如果有过劳、饥饿、醉酒、受伤、患病昏迷等情况，一遇到严寒，均容易冻僵。

发生冻僵时应采取下述措施：

1. 受冻者移至温暖环境或者热炕上，裹在被褥中保暖，并用温热毛巾、热水袋给其加温；最好有人抱着他，用体温将他热过来。

2. 在脱去衣服时，如果手套、鞋袜已冻在手、脚上，不可勉强脱，须浸入温水中待解冻后再脱下。搬动僵者时手脚要轻，以防折断或者扭伤冻僵的肢体。

3. 轻度受冻者，经过加温后就可以恢复，即可将受冻者浸入温水中保持10分钟，恢复体温后应擦干身体，裹被保温。并为其作全身按摩，促使血液循环，清醒后可给他喝些热饮料如热茶，并继续保温，以防止体温再次下降。

旅游登山后发生高山反应怎么办

平时生活在平原上的人，一旦到海拔很高的地带，如西藏或各处高山上旅游，容易发生头痛、恶心呕吐、心跳加快、水肿和全身无力等症状，这就是高山反应。

预防高山反应的方法是：

1. 登山的速度要慢，应分阶段逐步上山，爬一段休息一段，使心情平稳，呼吸自然和缓，避免出现缺氧反映。

2. 在进入高山地区前一天选服以下各种药物中的一种：参麦片，每次9片，每日2次；乙酰唑胺，每次0.25克，每日2次；速尿，每次20毫克，每日2次。

当登山旅游者发生高山反应时，应停止活动，卧下平静休息。如果症状较轻，可以在原地休息，对症治疗，几天后即可自愈。

如果高山反应较重，出现头痛等症状可以服用镇痛片，也可以用按摩或者针刺合谷、太阳、上星、百会等穴位；呕吐可以服灭吐灵；精神紧张可服镇静剂；胸闷可服氨茶碱。

登山旅游防止脚磨伤

外出登山旅游，脚磨伤现象的发生比较常见，它会影响旅游的顺利进程，而且处理不当还会引起感染。

预防脚磨伤的发生必须注意鞋袜要合适，鞋子不宜过高或过小，最好穿半新的胶鞋或布鞋，女同志不要穿高跟硬底皮鞋，鞋垫要平整，袜子无破损、无皱褶，鞋内进砂应及时清除，要保持鞋袜干燥；徒步游览应循序渐进，先近后远，脚步要均匀，落地要稳，不可时快时慢；临睡前要用热水烫脚，以促进局部血液循环，对足掌部位应用手按摩或用煤油在足底突出部位涂搽。

此外，亦可用药物预防，川芎、细辛、防风、白芷各4两，加水5斤煎至3斤，徒步旅游前涂脚底，每日一次。

若发生脚磨伤，目前治疗尚无良法，主要是将泡穿刺与引流。首先用热水烫脚5~10分钟，然后用碘酒或者酒精对脚磨伤局部消毒，再用消毒的针刺破脚泡，使泡内液体流出，也可用消毒的马尾穿过脚泡引流。另外切忌剪去泡皮，以防感染。

三、徒步旅游安全知识

（一）认识了解徒步旅游

我国陵地的国土面积约960万平方公里，在这片广袤神秘的华夏大地上，风景奇观、名胜古迹不胜枚举。古往今来，无数文人墨客流连于湖光山水之间，怀古于残垣断壁之侧。郦道元、玄奘、郑和、徐霞客皆是我国历史上著名的旅行家。

徐霞客塑像

融入自然，可以净化心灵，探索古迹，即能感悟人生。旅游可以使我们品味山河大川的雄壮秀丽，也可以使我们体会名城古迹的深沉苍凉。只有真正热爱旅游的人，才能深切地体味到大自然的神奇与绚烂，才能明了纵情山水中的乐趣。

祖国各地的自然景观、风土人情迥异，风景或雄壮或秀丽、民风或淳朴或豪迈。各具特色的景观吸引着旅游爱好者前往一览究竟，这也从根本上促进了我国旅游业的发展。

在众多的旅游方式中，徒步旅游以其独特的风格和特点备受旅游爱好者所喜爱。徒步旅游有游览细致，随意性强的特点，另外由于它安步当车，对身体能起到很好的锻炼作用，如今更是被人们当成一项可以挑战自我身体素质和意志精神的体育运动。

也正因为徒步旅游"徒步"的特点，旅行者不借助任何交通工具，往往会遇到一些意想不到的问题、麻烦甚至危险。那么如何在徒步旅游中保障自身的健康安全呢？

徒步旅游的定义

徒步旅游是一种时尚的旅游方式，也是一种充满了挑战的旅游方式。双脚就是交通工具，丈量着你所喜欢的旅程。大自然中的各种外部条件可能随时都会给徒步旅游带来困难，天气的变化、自然环境的不同等。除此之外，徒步者还会遇到体力、毅力和智慧的挑战。不过正是这些挑战，才不断地激励着徒步者向着自己心中的理想进发。徒步即"HIK-ING"，是户外运动的基本构成。

严格定义里，只有在其他交通方式不能到达的前提下的长途步行，才能定义为"徒步"。

当"徒步"介入户外的概念之后。它就演化为一种运动方式，和其他所有运动一样，有专门的规则和窍门。可以说，徒步是步行、攀登、重量训练和增氧健身的组合，可以包含一天几千米的步行或用1周的时间攀登多山的地区。

对于初学者而言，最基本的徒步要求是，必须背负额外的行李，这是为了以后能完成诸如山地行走、雪坡行进等特殊地貌中的旅行，在技术上所做的基础训练。所以说，"徒步"和平常意义上的"走路"并不能完全等同，它既是户外旅游的入门基础，也是贯穿始终的训练和基本技术元素。倘若要探索自然，很多地方需要我们具备这样的基本素质。

所谓"暴走"，不妨理解为徒步的一种短途强化训练。而"毅行"，严格定义上是指结组完成难度线路的徒步，小组一般由三男一女组成，要求在规定时间内组员协作完成穿越、攀登、涉溪等技术线路，是训练和体现户外运动协作互助精神的一个方式，比较多的运用在比赛中。

至于在都市中、在寻常人的生活中，"徒步"则更多地被演化为一种私人的旅行方式。也许有人认为它哗众取宠，但实际上它本身是极自由简单的选择，只是因为被关注得太多，才在各种眼光下变形。

全世界每年大概有4000多万人在以各种各样的方式徒步旅游，他们中有些可能是严格地遵从户外的定义，在挑战自我的同时，锻炼着自己的心脏、肺和肌肉。但更多的人，可能只是享受步行带来的自由，喜欢那种在任何时候任何允许的地方停留下来的感觉。一段线路，徒步能够得到的体验是行车所不能替代时，或者你个人喜欢徒步这样一种方式，就是它存在的理由。

当把"徒步"理解为一个爱好的选择时，就完全没有必要关注它是"必须"还是"多余"，喜欢就可以成为它发生的全部理由。这种方式一直存在，成为时尚的东西，并非它的本意。新世纪最流行的热门话题是环保和健身，许多热衷于健身的有识之士开始抛弃以往"白斩鸡"的健身房训练方式，将度假旅行和传统的徒步训练结合起来，于是大自然成为天然的俱乐部。

"徒步旅游"是步行、攀登、重量训练和增氧健身的组合，就像在你自己的一个天然健身俱乐部里练习一样，使身体得到完全锻炼。通过练习，你的身体在减少停歇、呼吸更加自如的同时，变得更健康苗条。

徒步旅游的意义

徒步旅游已不是一般意义上的随便走走，而是有目的、有针对性地野外旅游活动。这种游览要付出辛苦，在徒步中增长知识，在游览中强健体魄。桂林有很多独具特色、风光秀丽的地区值得徒步旅游爱好者去尝试、去体会，你定会有与其他旅游方式不同的切身感受。

徒步旅游就是亲近自然，做一次环保的旅行是热爱户外运动者最起码的道德标准。保护自然的生态平衡也是大家分内的责任，有句话说得好："除了照片什么都别带走，除了脚印什么都别留下"。所以做一个旅行者，首先应该是个环保者。

旅途中最大的问题就是垃圾处理，所以在徒步过程中产生的不可降解无机物垃圾请用塑料袋包好，并带回城市处理，对于可降解的有机物垃圾可以就地处理。

另一个就是卫生问题，在自然界就地如厕时要远离水源 30 米，且在营地下风口，最好在方便地点用土掩埋，以防止气味散发污染。

还有野外用火、袭击野生动物、砍伐树林等都是破坏自然的行为。

了解一些文物保护知识也是必要的，这样可以不购买受保护的出土文物，不要有意或无意去破坏那些受保护或尚未开发的历史遗迹。

在某些地区的旅馆，可能会有人以食用野生动物为盈利手段，把许多受保护的野生动物搬到了餐桌，比如：穿山甲、野生蛇类、野生鸟类等，这是应该禁止的行为。

旅游中要注意自身修养，不要在风景区乱刻乱划，比如："某某到此一游"之类的刻字最好别留下。

徒步旅游的优点

徒步并肩负所有的装备，张弛进退由自身控制，可全身心地投入自然，回避尘世的喧哗，并在不断挑战自我中，倍增勇气及对生命的热爱。徒步旅游最重要一点是它不是一项竞争或比赛，当你登上山顶时是因为这对你有益处。当你高兴时，你可以控制你的步速和停歇来享受身边的景致。

徒步旅游中山景也许是最吸引人的，但旅行者们还发现了其他的诱人之处：

美丽的小山村，别具风格的房舍，整洁的山野，引人入胜的庙宇。当你越走越高时，绿地、绵延数里的森林、水流湍急的溪流和深不可测的峡谷代替了亚热带低地风光，最后你将到达山脚的荒凉贫瘠的地区。

山景随季节而变化，春种秋收，花开花谢，却总是一派迷人景象。徒步旅游是从繁乱的日常生活中解脱出来，在欣赏风景的同时使心脏、肺和肌肉得到锻炼的一种好方式。这是一项温和的运动，能量消耗缓慢，大约 32 卡/分钟/千克（只是成人躺下休息时热量消耗的两倍）。

在都市待得越久，走近自然的愿望就越强烈。行走可以帮助你逐步锻炼全身肌肉，是从事其他高强度活动前的有效过渡。

明媚的阳光可以使我们走出心理的阴霾，行走于青山绿水间，舒筋活络的同时，心情畅快。旅途中，你会碰到很多的新东西，包括从没见过的植物、动物、建筑等，乐趣无穷。

徒步旅游的缺点

由于徒步旅游存在太多的未知性和不稳定性，所以潜在着更多的危险和挑战性。你要冒着被蚊虫叮咬，受割伤、瘀伤和其他"自然灾害"，你或许要走一段距离才能找到适合徒步旅游的路径。因此，在徒步旅游前即要从事几个月的定期步行和重量训练项目。

刚开始时进行一个或两个小时的短途徒步旅游，然后如果你愿意，再循序渐进过渡到一整天或几天时间的徒步旅游。

千万不要独自一人徒步旅游，带上一张地图，把你的日程安排告诉他人。一定要带上食物、充足的水和急救包。穿徒步旅行靴，要结实耐穿，脚心部分的垫要厚。

徒步旅游注意事项

正常人谁都会走路，但在徒步旅游中如何走应注意哪些问题，这里有不少学问。

徒步旅游接触面广，沿途可以观察和学习到许多有益的东西。加知识，并能锻炼身体，培养艰苦奋斗、坚忍不拔、克服困难、勇往直前、团结互助的精神。

徒步旅游如能很好地掌握走路的技巧和技术，在旅途中就会感到轻松愉快。走路技巧的核心是如何保持体力。经验证明，步幅迈得大比迈得小好，不仅可节省体力的消耗，而且还便于休息。

行走的姿势应是身体自然前倾，手不要向两边摆，应向前后摆动，过分地摆动既需要增加保持重心的力量，又分散了向前的惯性，容易引起疲劳。

迈步最好是用脚跟着地，再通过脚弓，把重心逐渐转移到前脚掌上去。走路的鞋子很重要，要轻便，大小合适，鞋底不能太薄，选择较平坦的路面走。

行进中间休息时，松开鞋带，把脚垫高一些，促进血液循环。睡前最好用热水洗脚，有利于消除疲劳。

不常走路的人，走路多了，脚上容易打泡。起了泡，可用消过毒的缝衣针将水泡挑开，放出积液，穿进一根干净的线或头发，并注意防止感染。

（二）徒步旅游的基本常识

徒步旅游的保健强身作用

徒步旅游作为一项运动，具有很多好处。它可以增强腿部和臀部的肌肉，提高肌肉的防御抵抗能力，消除扭伤或痉挛，使躯干肌肉得到运动，从而改善脊椎的姿势，并可以防御背脊疾病，减少膝盖和髋关节负荷，制止骨骼退化并减少患骨质疏松症，改善心脏活动，减少心肌梗死危险，控制高血压，提高吸收氧气的能力，延缓人体疲劳，促进新陈代谢，有助于减肥。

徒步旅游的技巧

徒步旅游中的行走也是有技巧的。它要求上身平稳，走的时候脚跟要离地，着地的时候膝盖微微弯曲，要有一只脚经常着地，这样关节负荷量要比慢跑的时候减少40%。在步行的时候，胳膊应保持直角弯曲状态，视线要保持在行走路程前进方向约4~5米的点上。

在步行的时候，你可以脱去你的鞋子，光着脚走在沙地、木地、卵石地和草地上。这样，足部的反应区会受到按摩，消除痉挛，减轻头痛的状态。如果没有那些条件，你可以走在室内的地板上，让自己的足与地板直接接触，感受赤脚步行的味道。不过，要记住，赤脚步行只可偶尔为之，否则脚底板和关节受的负荷太大，对身体反而不好。

节省体力行走方法

有人估算，如果人体和背包总重量为 70 千克，步行 10 千米，折合 14660 步，步行时人体上下弹动幅度如为 4 厘米，那么此人所消耗的体力，即所做的功为 70 千克×14660 次×0.04 米＝41048 千克，可以视为，此人把 4 吨多的重物，抬高到了 10 米的高台上。

如果另一个人步子迈得大，上下弹动的次数当然就少，走同样的路程，他做的功就少，就省力。从人体生理上看，大步走，则迈步频率慢，腿部在空中有一个停留时间，这个停留时间即使是短暂的，腿部肌肉也得到放松。

小步走，腿部一直处于紧张状态，当然易疲劳。爬山时也是迈大步比迈小步好，至于下山则要看坡度等情况而定。

要挑好路走。一般人眼里的好路，是平直的柏油路，其实不然，走远路的人，都是走小路而不走平坦的公路的，即使走公路也专拣高低不平的路来走。

道理是有的，走在平坦的道路上，脚掌与地面接触的受力点始终不变，支撑身体的受力部位的骨骼和肌肉始终处于紧张状态，很容易疼痛和疲劳，而走在高低起伏不平的路面上，受力点不断改变，脚不会疼痛，支撑身体的骨骼、肌肉始终在不断地张弛，全身也不会出现疲劳。

不要心急，注意保存体力。如果刚上路时不管不顾往前冲，走出一段路就会累得上气不接下气，脚也会感到酸痛不堪。正确的方法是走路的步子和走路的速度基本保持不变，稳步前进，去争取最大的胜利。

有的人走起路来左摆右晃，有的人把腰挺得笔直，有的人腰弯得太厉害，这些姿势都不正确。正确的行走姿势是身体自然地微向前倾，不要过分地左右摆动，以保持重心和向前的惯性。迈步时，应先用脚跟着地，再通过脚弓，把重心逐渐转移到前脚掌上，然后提起后腿。徒步行走鞋袜很重要，鞋小了会夹脚，鞋太大了不跟脚，鞋底薄了会垫脚。总之，走长路，鞋不合适，不是磨出脚泡，就是挤出脚垫或鸡眼，那时你就要受苦了，因此要选择与自己脚型一致，宽窄大小适宜的鞋子。

鞋子的种类很多，长途旅行，以既轻又软的旅游鞋最好，其次是布面胶底鞋（但登山在草丛中易扎破脚），质地柔软的翻毛皮鞋也可以，硬皮鞋、塑料凉鞋和泡沫底凉鞋以及女式高跟鞋等，不是走长路的鞋，不可在旅行中穿。

徒步旅游中一定要穿袜子，这不是为了美观，而是为了减少脚和鞋之间的摩擦，并避免脚板在鞋底之间打滑。

行走时，所穿的袜子以棉线袜最好，混纺袜次之，厚底尼龙袜也可以，切忌穿丝袜。出发前在袜底或在鞋里蘸一点酒精或烧酒既可减小脚臭气味，也能防止脚上打泡。

由于走路时髋关节不间断地扭动，两腿交叉前后移动，要求裤料应柔软些，裤子过紧过肥都不好。大城市里有些青年穿的那种紧身的时髦裤子，不适宜走长路。上衣以宽松些为好，尤其内衣不可紧束在身上。腰带以较宽的松紧带为宜，柔软的皮带也可以。

行走在山间崎岖的小路上。要尽量靠里走，每步要踩实，防止摔倒出危险，因此要注意观察路面，集中精力。

徒步旅游方式

1. 古道徒步

古道徒步，不用说这是文化之旅，要想穿越它，就得了解它的文化渊源，就得有强健的体魄去应付艰险的行程，穿越其中可以领略到前人的艰辛、历史的足迹以及许多可歌可泣的故事。

2. 江河徒步

完成这类徒步之旅，需要有莫大的勇气和耐力，徒步江河，跨越的地区多，行前一定要了解不同地区的风俗，以及详细的资料。穿越其中你可以领略到大江大河的壮丽气魄以及天水相间的独特风光。

3. 峡谷穿越

忽左忽右，道路崎岖，行前了解峡谷的线路是能否穿越出来最为重要的因素，可认找当地的向导，了解谷里情况。穿越其中可以领略到溪流、怪石、奇松、山花营造的绝美风光。

4. 山岭穿越

时而攀越，时而探谷，时而涉溪，行前最好有张山势地形图，带好攀岩的装备，找个向导。穿越其中可以领略到攀岩的刺激、探谷的神秘、涉溪的乐趣。

5. 平原徒步

这些地方主要是一些好的风景区、古镇、遗址等，比较轻松、安全，行前有张地图，便可以走天下。徒步其间可以领略到田园的美景、古镇的古朴、遗址的沧桑。

6. 长城穿越

长城——中华民族智慧与勤劳的结晶，行走在前人用血肉筑起的民族脊梁上，你可以深切感悟到历史的沧桑、古人的伟大。行前了解长城的保护情况以及沿途的村落，不要人为破坏当地的环境。

7. 草地徒步

春天是草地徒步的最佳时节，小心泥潭、沼泽，行前了解徒步区域的情况，找个好的向导最为重要。穿越其中可以领略到野花的烂漫、鸟类的舞姿、田野的空旷。

8. 环湖徒步

它的行程就像圣徒的转山，为了一种信念，为了一种执着。徒步环湖需要准备的就是一张地图和所需的装备，沿湖一般都会有居民，只要了解他们的习俗，很容易相处，环湖徒步可以领略到不同美景，不同的民风。

9. 山地丛林穿越

山地丛林穿越，林深路险，行走之前一定要搜集大量的资料，确定详细的路线，最好有向导。穿越其中可以领略到自然的千姿百态，走原始森林，过独木桥，吃野山果，听鸟唱、兽嚎，看山泉瀑布。

10. 沙漠徒步

沙漠荒原穿越，时常大风骤起、荒无人烟、水源缺乏、气候干燥，行前要在当地了解好情况，可以找到水源是穿越成功的关键因素。穿越其中可以领略到一种苍凉之美，也许还可以寻找到古人留下的痕迹。

徒步穿越沙漠

徒步旅游常见地形

1. 圆顶丘

等高线近于环线，表示周围低地或接近高地而凸起的独立小丘。

2. 锥形丘

等高线成环形线，愈近高处，愈密集，多见于山地，状如锥形。

3. 山额

将近山顶倾斜峻急之处，斜坡忽然缓平凸出，状如人额，由此过后至山顶等高线表示此部分特别宽阔向下弯去。

4. 斜坡凹形地

为斜坡上低陷而浅窄之地，或平原伸入高地的低浅部分。常为流水通过，两侧有棱分隔，形态和山谷极相似。

5. 陡壁

棱线末端广阔而陡直，称作陡壁。临近河谷或海岸常见之，等高线在此特别密集。

6. 山肩

棱线上部或下部都显得峻急，中部却是缓平，称作山肩，用等高线表示中部特别宽阔。

7. 山脊

为一条狭长而两侧陡急的高地，顶上可能平坦，广阔或成刀口等形状，两侧坡度则可能均匀一致，或一侧急直，一侧缓和，多见于广阔平坦地区。此外，地势较周围高耸而绵长的，也可视为山脊，等高线表示山脊成椭圆形线。

8. 山坳

位在一条狭窄的两山间的低下处，河流从此相背分流，与鞍部无明确分别，通常以两侧宽阔又缓斜而便于跨越，其鞍部两侧较为狭窄险峻，通常很少在此做跨山道路。

9. 鞍部

也是山脊上两山间的低浅处，但略比山坳为高，如鞍部地形狭窄而深下，用来做横跨山脊两侧的道路，则称作山隘。

10. 交错山棱

幼年河谷中，遇河流成弯曲形，两岸的棱线便会互向凹处突出，形成竖锯状。突出的棱线，倾斜缓和，凹入的棱线，倾斜较陡。等高线表示凸出的棱线，离河岸稍远处向下弯入。反之，表示凹入的山棱，接近河岸向下弯出。

11. 悬崖

为一高峻而近于垂直的岩石面，多由侵蚀和断层两大作用所形成，内陆及海岸皆有，等高线表示壁立处，可以有许多等高线重合一起，但也有以特殊符号表示。

穿越山地与雪坡注意事项

攀登冰川和雪坡要特别谨慎，冰川上裂隙很多，对人威胁最大的是冰瀑区和山麓边缘的裂隙，特别是被积雪掩盖的隐裂隙更危险。

穿越雪坡

通过裂隙时，应数人结组行动，彼此用绳子连接，相邻两人之间的距离 10~12 米。在前面开路的人，要密切关注探测虚实。

后面的人一定要踩着前面人的脚印走，这样比较安全。通过裂隙上的冰桥时，要匍匐前进。

雪坡行进不仅要注意防裂隙，还要注意不要将雪蹬塌，在冰雪和积雪山坡交界的地方，积雪往往很深，行动时必须结组。

过雪桥时开路者探测雪桥虚实，再通过。如果雪很松软，而又必须由此通过时，应匍匐行进。攀登坡度很大的雪坡时，一定要两脚站稳后再移动，向前跨步，要用两脚前掌踏雪，踩成台阶再移动后脚。如果不慎滑倒，要立即俯卧，防止下滑。

攀登冰川雪坡，要少走有裂缝的地方。在积雪上行军，要拣雪硬的地方走。走热了，不要用冰雪解渴，骤然吞食冰雪，易得喉头炎。实在干渴得厉害，可用融化的冰雪漱口，尽量不要咽到肚子里，雪水会增加人体循环器官的负担，影响体力。

在松软的雪地上长时间行走时，要跨大步，缩短在雪地行走的时间，行走时要先把脚往后稍退一点，再向上抬脚大步迈向前方。

脚后退是使雪鞋前有活动余地，向前迈出时还可以起到拂去附雪作用。走陡坡，要用雪鞋内缘踏坡，尽量避免身体偏向外缘。雪冻结得十分坚硬时，要脱掉雪鞋步行。

在山谷中行进，应靠近山谷中心线，以避免山坡滚石。不要接近雪檐，更不要在雪檐下行走，以免触发雪崩。

雪檐向棱线或悬崖的下风处伸展。上风处坡缓，容易形成雪檐，45度左右的陡坡则不易形成。在风向不定、棱线侧面的坡度各不相同的地域，要特别注意。

雪崩是由于音响、震动、岩石或雪块滚落，以及风的作用而诱发的。雪崩通常发生在有小雪球滚落的斜坡，积雪有裂缝的斜坡，有雪檐的斜坡，36~42度左右的无树木陡坡，长度大的斜坡，凸形斜坡，南和西南方向的斜坡，以及旧雪之上覆盖新雪和因气温上升而积雪松软等地点。一般来说，新雪后次日天晴，早晨9~10点钟积雪易发生雪崩。

高山行走，雪崩是巨大的灾难。1957年5月，新中国第一位登山烈士丁行友就死于贡嘎山的雪崩。1991年1月，由17人组成的中日联合登山队在云南西北怒江与澜沧江之间的梅里雪山遇雪崩而全军覆没。

通过雪崩危险的地带应注意：预先松开背带，以备必要时解脱大背囊和其他装具，以保障行动自由，摘掉妨碍视觉和听觉的风雪帽，尽早发现雪崩征兆，避免横向通过有危险的雪坡。避免射击等音响震动、避免跌倒等冲击雪面的动作。

如被卷入雪崩时，应在移动的雪流中勇猛地反复做游泳动作，力求浮到雪流表面上。因为雪崩停止后手脚就难以活动，应在雪流移动期间尽量浮出雪面。当埋入雪中后，让口中的唾液流出，看流动的方向，确定自己是否倒置，然后再努力自救。

灌木林穿越知识

灌木林使健行变得危险又艰辛,灌木林掩盖了悬崖、漂石、峡谷,而且灌木林也是绳索的陷阱。

灌木林生长于潮湿地带、低纬度地区以及树木稀少的亚高山地带。经常变换河道的河流不利大树生长,却很适合灌木林密生。侵蚀谷遇冬季雪崩吹袭,灌木全遭白雪掩盖,但夏季一到,立即毫发无伤地探出头来,吐出新芽。

攀登者喜欢老林,老林枝叶浓密遮蔽了阳光,抑制灌木林生长。但幼林中灌木林遍地可见。遭森林火灾、风暴或砍伐而摧毁的森林再度复生时会长出浓密的灌木林,长到7米高时最是难缠。

风吹倒的树木、雪崩冲积扇和伐木留下的垃圾更难通过。这些乱七八糟的杂物能使行进速度缓如蜗牛,最好换一条路线。

茂密交缠的西洋杉攀附着悬崖和岩石区,形成另一个障碍。如果非和灌木林搏斗不可,下列办法可降低难度。穿越灌木林须找最短的路径,行走在长而直的倒木上。推开和拉开灌木枝,较低的枝条用脚踩,抬起或攀着高处的枝条以便通过。碰上陡峭的地形,利用强壮的枝条作为抓手的地方。

然而避开灌木林才是上策。以下是避开灌木林的诀窍:

(1)尽量利用山径,走五里山径比穿越一里的灌木林轻松。

(2)考虑在积雪掩埋灌木林的时节出游。有些山谷5月时覆满冰雪,很好走,但7月雪一融,非披荆斩棘无法通行。

(3)避开雪崩路线攀爬。长长的山谷最好走南向坡或西向坡,这些地方发生雪崩的频率较低。攀爬谷壁时,应穿越两条雪崩路线间的树林。

(4)目标锁定密林,因为通常大树下灌木较稀疏。

(5)走在碎石或残雪上,不要走旁边的灌木林。

(6)寻找猎径,动物通常会找出最好走的路。

(7)选积线或支派来走,较干且无灌木,溪底和谷底往往满是灌木。

（8）如果溪旁一侧长满灌木，请侦察另一侧是否较好走。

（9）路线若与溪流平行，考虑直接走进河道。溪床或许在灌木桩中形成隧道，便于行走，但必须涉水。干溪床很理想，但在深峡谷中，溪流有可能遭倒木阻断或是形成瀑布。

（10）路线若与山谷平行，考虑直接爬上林线或积线，选择高于灌木的路线。

（11）如果山谷两侧有绝壁，往绝壁脚下走，绝壁下往往形成平坦开阔的走廊。

徒步旅游应注意的问题

比起其他形式的旅游，徒步旅游受自然界的影响最大，消耗的体力也最多，特别需要注意几个问题：

1. 最好是结伴而行，至少是 3 个人以上，途中可以互相帮助，互相照顾。但又最好不要人太多，否则互相干扰，行动不便。行李带得少而轻，但一定要带一些常用药。

2. 出发前就应对所需要经过的地区各方面的情况，自己的身体状况（例如有下肢血管病、皮肤溃疡及扁平足症者不宜徒步旅游）以及当时的气候条件有所了解。

3. 夏季徒步旅游时，要避开上午 11 时至下午 3 时这段最热的时间，而且要戴草帽，水壶灌满水，以兔中暑。

4. 要掌握步行速度，一般是两头稍慢，中间稍快。开始行走要慢行，几天后再加快速度。每天途中应大休息一次，一般在中午。休息地点应避免烈日直晒和低洼、潮湿处。

5. 要保证足够的睡眠时间和营养的补充，不要长时间仅仅食用干粮，要尽量多吃新鲜的水果、蔬菜。

6. 徒步时较为理想的是穿旅游鞋，因为此种鞋有一定弹性，并且轻便、透气、防滑，对大脑能起到适度的缓冲作用，还能减少因长距离行走而引起的脚胀，也可以穿半新半旧的胶鞋。

7. 如果是进行长途徒步旅游，出发前最好进行几次适应性训练，逐渐加大运动量，以增强耐力。行走时，用脚板着地，用力要适中，保持身体平衡。

8. 每天步行结束后要用温水洗脚，以解除疲劳。脚掌有水泡时，可用针（先用酒精棉球擦一下或在火上烧一下）穿孔引出水，再涂上红药水，防止感染。

9. 徒步上山，身体要略向前倾，攀登陡峭山坡应走之字形路线，下山时，身体应稍后仰，放松下肢肌肉，以免腰腿酸痛。

10. 徒步旅游应根据自己的身体条件确定每日的行程，一般每小时走 4 千米~5 千米。每走一程，可选择树荫、凉亭等处休息 15 分钟，以恢复体力。

11. 绕远路也有一番乐趣。不要经常走同样一条路，不妨绕远路、看看周围环境，因为气候、季节的不同，而有不一样的变化。有时不妨停下脚步好好观察，说不定有新发现。

12. 徒步旅游个人行装除了应携带上述基本物品外，很重要的是要有一双自己认为穿着舒适而便于远行的鞋子，鞋底不能太薄，切忌穿新皮鞋。

不同地形的徒步旅游

1. 山地行进

容易迷失方向。为了避免迷路，节省体力，提高穿行速度，应本着有道路不穿林翻山，不走小路走大道。

如实在没有道路，可选择在纵向的山梁、山脊、山腰、河流小溪边缘，以及树高、林稀、空隙大、草丛低疏的地形上前行。不要走纵深大的深沟峡谷和草丛繁茂、藤竹交织的地方，正所谓走梁不走沟，走纵不走横。

此外行进时将步幅加大，三步并作两步走，几十千米下来，就可以少迈许多步，节省许多体力。而当疲劳时，应放松慢行当作休息，而不要停下来，站立 1 分钟，慢行就可以走出几十米。

山地行走途中，经常会遇到各种各样的岩石坡和峭壁。因此，攀登岩石是登山的基本技能，在攀登岩石之前，应对岩石进行细致的观察，慎重地识别岩石的质量和风化程度，然后确定攀登的方向和通过的路线。

攀登岩石最基本的方法是"三点固定"，要求登山者手和脚能很好地做配合动作。两手一脚或两脚一手固定后，再移动其他一点，使身体重心逐渐上升。运用此法时，要防止蹿跳和猛进，并避免两点同时移动，而且一定要稳、轻、快，根据自己的情况，选择最合适的距离和最稳固的支点，不要跨大步和抓、蹬过远的点。

草坡和碎石坡是山间分布最广泛的一种地形，特别是在海拔 3000 米以下的山地，除了悬崖峭壁以外，几乎大都是草坡和碎石坡。

攀登 30 度以下的山坡，可沿直线上升。身体稍向前倾，脚掌着地，两膝弯曲，两脚呈外八字形，迈步勿过大过快。

当坡度大于 30 度时，则较难用此法攀登。攀登此类岩石坡应采取"之"字形上升法。即按照"之"字形路线横上斜进。攀登时，腿稍曲，上体前倾，内侧脚尖向前，全脚掌着地，外侧脚尖稍向外撇。

通过草坡时，注意不要乱抓树木和攀引草蔓，以免拔断使人摔倒。在碎石坡上行进，要特别注意脚要踏实，抬脚要轻，以免碎石滚动。

在行进中不小心滑倒时，应立即面向山坡，张开两臂，伸直两腿（脚尖翘起），使身体重心尽量上移，以减低滑行速度，这样，就可设法在滑行中寻找攀引和支撑物。相反，千万不要面朝外坐，因为那样不但会滑得更快，而且在较陡的斜坡上还容易翻滚。

2. 雨季山地行进

雨季在山地行进，特别要注意避开低洼地，如沟谷、河溪等，避免受到山洪和塌方的威胁。

如遇雷雨天气，应立即到附近的低洼地或稠密的灌木丛去，千万勿躲在高大的树下遭到雷击。此外，金属物品不应随身放置，应寻找地势低的地方卧倒。

在山地如遇风雪、浓雾、强风等恶劣天气，应停止行进，躲避在山崖下或山洞里，待气候好转时再走。

山地行进不要过高估计自己的体力，疲劳时，就应适时休息，不要走到快累垮了才休息，那样不容易恢复体力，再走也提不起劲。正确的方法是大步走一段，再放松缓步慢行一段，或停下来休息一会，调整呼吸。站着休息时，不要卸掉装具背包，可以在背包下支撑一根木棍，以减轻身体负重。若天气冷，不要坐在石头上休息，石头会迅速将身体的热量吸走。

天气变坏的征兆

1. 声音和气味

当空气湿度增加时，声音会传到更远，气味也更易于辨别。饱和湿空气就如放大器，是良好的传导体，例如，在某些地方听不到火车行驶的声音，可在某日下雨前能清楚地听到火车声。

2. 身体变化

当天气变糟时，卷发者会感觉到头发变紧，更不易梳理，像动物毛发一样，如果变得易于缠绕或者不再如通常那样挺直易于梳理，很可能将是一场暴风雨的来临。任何有风湿性关节炎、鸡眼或相关症状者，在空气湿度增加时都会感到疼痛和不舒服。

3. 观察篝火

如果烟火稳稳上升，表明天气不会有太大变化，依然会很好。如果烟火闪烁不定，或者升起又降下，可能会有暴风雨。

4. 观察自然景观

天气好的时候，白天与晚上的温差变化大，遇到冷空气的水蒸气就变成小水滴或结成霜，所以晚上愈冷，转天天气愈好。晚上有露水，转天天气也好。早晨若看见蜘蛛网上有水滴，则天将放晴。早晨若见到霜冻情况，则预示着又将是一个好天气。如有下述情况，天气可能会变坏。

（1）白天山谷的风从山顶吹向山谷，夜间从山谷吹向山顶；

（2）早晨出现绢云，而后黑云增多，并徐徐下沉；

（3）云团行走很快，并有增多之趋势，这可能是暴风雨的前兆；

旅游安全常识

（4）风向突然变化，并愈吹愈大，同时还伴有乌云吹来；

（5）在干热或雾气弥漫过后，突然能见度转好；

（6）清晨雾满山谷，至晚仍不消散；

（7）白天太阳周围出现大晕圈，夜间月亮周围出现小晕圈，这是大风的征兆；

（8）在黎明前星光闪烁不定；

（9）傍晚气温增高，夜间很暖，并有闷热感；

（10）半山谷的云雾上升，可能是暴风雨来临的兆头。

此外，天气变化时，自然界和野生生物也会有所变化，如果你注意观察，也能预测出未来的天气状况。

（三）徒步旅游的装备准备

徒步旅游着装要求

应以宽松、舒适、耐磨为基本原则。即使是盛夏，女孩也不要穿裙子，男孩不要穿短裤。这主要考虑野外虫子较多，另外无论是爬山还是钻树林，各种带刺的植物也会对你的皮肤毫不留情，应尽量减少皮肤的裸露部分。

贴身的衣服，应该选择柔软吸汗的纯棉制品，切忌尼龙纤维织物。春秋两季外罩一件纯棉或纯毛宽松外套或一件防风衣就可以了。

裤子的耐磨程度很重要，一般野外活动，牛仔裤是不错的选择。但要注意，不要穿很紧或档很短的牛仔裤，那会使你行动不便，坐卧也很痛苦。宽松式的牛仔裤和棉制的休闲裤都会给你以舒适和潇洒的感觉，另外，别忘了戴上遮阳帽。

不要穿新鞋，因为脚与新鞋尚未磨合，穿新鞋容易使脚疲劳、受伤。在山间行走，各种情况都会遇到，所以应选择结实的鞋子：鞋底要厚、底部有大而深的花纹，可以起到防滑作用，鞋底用硬橡胶制成，在碎石及不平坦的路面上能有效地保护双脚，鞋帮高且较硬，可以起到支持脚踝的作用，而且穿这种鞋，水不易浸入鞋内。袜子分棉制、毛制、化纤制和混合制等，混合制袜吸汗、排汗、触觉好，适合多日徒步旅游。

徒步旅游的装备的选择

如果你希望持续性地参加徒步旅游活动，并且非常热爱这项运动，那么选择装备就非常重要。一套合适的装备确实可以为我们的户外活动提供保护，让我们更能亲近自然，感受自然。

不同的地区，不同的难度，不同的时间长短，不同的季节气候，在选择装备时差异很大。有时计划选择不当会使穿越中负累不小，而有时又因为装备不全，感到非常棘手甚至危及安全。出行前在对活动地区尽量充分了解后，仔细挑选应带装备和给养。许多装备用品都有不同的品牌和种类，根据实际需要和自身条件慎重选择。

短途旅行需要徒步旅行靴、合适的衣物、一小包食品、水和急救包即可。长途旅行则可能需要大背包、宿营工具、食品和救生工具。切记：永远都要带地图。

徒步旅游必备用品

1. 背包

在这里最需要决定的是你需要一个内向型背包还是一个外向型背包。所谓内向型是指一切自备，不向外求。内向型背包当然是大背包，适用于登山、探险和科学考察等活动。外向型是指自己携带必要装备，其他东西尽量利用当地提供的服务。外向型背包适应人烟稠密的地区和较成熟的旅游线路。

背包的大小要看出行路线远近而定，一般在本市周边出行 30 升左右即可。如果作长途出行的话，女子要有一个 55 升左右的背包，男子要有一个 65 升以上的背包。在选择购买背包时，一定要反复背试（最好可以有负重测试），并且一定要向有相关技术经验的营业员请教背包的正确用法，否则出行时会起不到减轻负重、均匀负担的作用。

买包时不一定要最贵，重要的是要适合自己的身体的背负系统，面料要结实，轻度防雨，在购买时如果背包没有自带防雨罩，别忘了同时买一个背包防雨罩。

2. 鞋子

选择旅游鞋基于你计划要去的地区，和你打算要背多少东西，鞋要足够结实，才能保护你的双脚。

对于任何长于一天的徒步旅游，都应该选用高帮鞋，因为低帮鞋主要是为轻量负重和在平坦道路上行走准备的。

买鞋时最重要的是要选择大小合适的，脚后跟处应该感觉舒适，脚趾也应该有必要的活动空间，两只脚都要试过。鞋子和背包被称为徒步者最重要的装备，因为鞋子的好坏将直接关系到你的人身安全。

你一定要选择一双好的登山鞋，登山鞋最好是高帮的，可以保护你的踝骨，人在长时间徒步时踝骨很容易受伤。

如果你是一位户外运动爱好者，在选择一双好的鞋子上多花费一些时间、精力和金钱是值得的。最好是防水透气面料，并且买鞋一定要到正规商场或专业户外商店选购品牌的鞋子（注：试穿鞋的时候请牢记一定要大半码或者一码，当你穿好后可以用手指测一下后跟，空隙在一指左右。）。如果你将作长途旅行，或者已知有涉水，那你该准备一双溯溪鞋作为备用，当然你也可以买一双便宜的解放鞋。

3. 睡袋

假如想露营就应该带上。睡袋的选择由于材质关系，价格相差很大，不过一般买睡袋要选择一只适合在零下 5 摄氏度左右的睡袋，因为此标准睡袋的适用期比较长，即使在夏天，夜晚的山顶气温也会很低。

你可以考虑买一个睡袋内衬（方便洗涤）。睡袋并不需要常洗，每次活动回来只要在太阳下照射就行了。睡袋有多种，基本是按照御寒能力来分类，可根据出行的季节来做出选择。睡袋也有大小之别，不要光注意外面的尺码，可能的话，买睡袋的时候应该自己钻进去感觉一下是否合用。

4. 帐篷

虽然有些地方提供住宿或露营设备，但带一个帐篷也是值得的。在帐篷的选择上最重要的是防水指数要好，其次是防风性能。

要注意的是重量问题：一般的帐篷重 2.5 千克左右，如果超过 3 千克以上的在购买时请慎重。建议尽可能不要买单人帐，因为双人帐和单人帐的分量相差无几，并且一般都会是集体活动。如果你要把自己的东西都放在帐篷里过夜，那么你携带的帐篷还要稍大一点，一个人用双人帐篷，两个人用三人帐篷。

5. 炉子

"有些人活着是为了吃饭，有些人吃饭是为了活着。"有炉具你就可以喝上热的水，吃上热的饭，不过并不一定要人人拥有。一般一个炉具和一个扁罐可以满足三个人的三顿口粮。

如果有炉具就配上防风板，最好带一只可以用来煮烧食品的餐具和一次性筷子。在冬季和高寒山区，炉子更是必不可少。篝火也能用于煮食，不过太费时间，不怎么干净，而且对环保不利。

6. 食品

一般短途（两三天的活动）可以带一些方便面和面包，方便包装的榨菜，以便大量出汗后补充盐分。但是要说的一点是，方便面其实是最没有营养的食品，在长途徒步中并不合适带它。

长途徒步一般可以带些米、腊肉和红辣椒之类的东西，还一定要带足合适的压缩饼干（迷路或者其他遭遇时可以备用），可以带一些牛肉干、巧克力之类可以快速补充体力的食品，也可以带一些含有维生素药片和糖，其他零食自己选择（注：尽量不要携带过度包装的食品，剩余食物和可降解包装垃圾可以深埋处理，不易降解的包装垃圾应该带走不可乱扔，人在极度疲劳的时候往往会降低对自己的要求。另外山村处理垃圾的能力有限，山民环保意识薄弱，往往将垃圾往河道和山谷一倒了之，所以尽量将垃圾带到颇具规模的城镇再处理。）。

7. 急救包

这个包最好能防水。一个人在出行的时候你必须带着常备药品，在很多活动中你将来不及得到别人的帮助，并且有的药品要在装包过程中尽量放在容易快速拿到的地方。医药箱中备有：云南白药（粉状，喷雾剂）、蛇药、感冒药、创可贴、绷带、止血带、纱布、止泻药等。

不过在集体出游时可以公共购买些共同药品，比如净水片、十滴水等，这样可以减轻你的负重。

8. 地图和指南针

你一定不要盲目前进，所以在任何情况下都应该对这样两点心中有数：你的位置和怎样沿原路返回。

指南针

9. 登山杖

"君子性非异也，善假于物也。"在户外活动中，适当地利用装备，有时候能获得事半功倍的效果，对于户外爱好者来说，在徒步的时候如果能有两根登山杖与你同行，能为你带来不少便利。

（1）最好有两根可以自由伸缩、携带方便、有防震功能的专业登山杖。如果没有，当然也可以就地取材用树枝、木棍代替。

（2）当你在凹凸不平的山路上前进的时候，登山杖可以保持你的身体平衡，避免一些摔倒或磕磕绊绊发生的。

（3）过河的时候，登山杖等于你的身体又增加了支点，有利于在湍急、湿滑的河流中保持平衡。

（4）上坡的时候，登山杖可以帮助你的脚助力，下坡时可以帮助减少膝部的震动，减少对身体的伤害。

（5）走在有灌木丛的山路上时可能会有蛇，这时可以用登山杖在前面探路，起到打草惊蛇的作用。

（6）虽然不是丐帮弟子，但是有了登山杖，就等于你也有了一根打狗棒，逢村过寨的时候，你可以用它来对付野狗。

（7）休息时可以用登山杖把地席支起来做一个简易的遮阳棚来遮蔽太阳。

（8）冬天的时候，经过有雪的低矮树木时，可以用登山杖把树枝上的雪打下来，这样雪就不会掉在身上了。

（96）有的登山杖还可以作为照相机的独角架使用，在徒步的同时，如果你还有摄影的爱好，这种登山杖是个不错的选择。

其他装备

1. 饮水

最好带两个一千克塑料瓶，一瓶专供饮用，一瓶用作煮食和清洗，也可以另外再带一个旅行杯。

2. 净水器

直接饮用山泉的确清爽，但您仍然冒着健康方面的风险。作为一般的原则，自然界里的水都应该经过处理并煮沸后才能饮用，小型滤水器有多种，您可以自行选用。

3. 刀具

多次的出行活动大家认为最适用的刀具就是瑞士军刀，因为它很锋利而且功能很多，我相信瑞士刀是你的首选。

并且您要将刀放在最容易取到的地方，平时不用的时候不要乱扔，要保护好它的锋利性，在户外有很大的用途。比如：如果在户外被毒蛇咬伤，或许就会用它来开口放血。

4. 太阳镜

瑞士军刀

在高海拔地区紫外线强烈，太阳镜可以保护眼睛。如果你本来就戴眼镜，那么可以试试变色眼镜，鸭舌帽也很有效。

5. 驱虫药

最主要的用处是使成群的蚊子不来缠住你（不过似乎难买到）。在滇南丛林地区，连衣服上都应该弄上一点驱虫药（但不要弄在化纤衣料上）。

6. 炭精（火种）

生火用，在阴雨湿透的天气里更用得着。最好是可以防风的，一般可以带打火机或粗一些的火柴，还有一种据说可以点一万次的火柴。最重要的是你该拥有一个防水防潮性能极好的火柴罐。

7. 通信装备

一个团队活动有必要有对讲机，这样领队和压队可以控制行军的速度和知道队伍行军情况，有紧急情况下便于联系，个人可以配一个救生哨。但千万不要没事的时候乱吹一气，否则很容易让人紧张和误会。现在通信设备发达，出行时也可带上手机，方便与家人和朋友联系，但是一定要记得电池的待机时间要够久。

8. 衣服

除了适应季节的要求之外，还要带一点额外的衣服以防气温突变。热天，当然要保持凉快和防止晒伤。柔软的休闲服，宽大的太阳帽，以及长袖 T 恤衫等都会有助益。冷天，几层薄衫要比一件厚大衣更能够保暖，而且轻巧方便。当你由于运动而暖和起来后，可以很容易脱掉一件以免过热。

9. 电筒

如果你晚上要进行任何活动（例如写日记），电筒，还有高容量的碱性电池，可能会很有必要。电筒不必大，最好选用那种小巧、防水的。有的专门产品还设有可折叠的托架，也很实用。如果避风，蜡烛可能是更好的选择。

10. 绳子

绳子是急救的必备工具，它的粗细、长短根据需要而定，有空的时候应照着《生存手册》中学习一些结绳法。团队出行特别是一些登山难度较高的穿越活动中，绳子是必备的，这样可以提高活动的安全性。

11. 塑料袋

最好是可以装食物的可降解的那种，并带有拉链式封口，例如可以考虑冰箱保鲜袋，用途多多，至少准备 1 打。

12. 水杯和水壶

旅行途中体力消耗很大，需要及时补充水分，水壶水杯中要常备饮用水。

13. 笔记本和圆珠笔

用于记录行程、见闻、感悟等。笔记本最好选用小开本，厚一点，最好是多色的，方便区分。

14. 证件

最好带着身份证，或其他有效证件。在出行时，可能遇到各种情况，准备好证件会给您带来方便。

15. 摄像机

如果长途行程，不要带太重太大的相机，越小越好，最好是数码相机，更不要带三脚架以增加负重。摄像机可以真实记录旅途中的风景和见闻等，你可以和家人、朋友一起分享，也可作为珍贵的资料或收藏。

16. 望远镜

推荐云南光学仪器厂的熊猫牌 8 倍望远镜，售价 200 元左右，实用而价廉。

17. 娱乐玩具

消闲书、扑克、麻将、棋类和电子游戏机，在漫长的徒步旅游过程中，可以为你的生活增加点乐趣。

18. 雨衣

天气多变，雨衣是你必备的。雨衣要轻巧和宽大，折叠起来很小，展开了可以罩住你和背包。

19. 太阳帽和防晒油

不少地方海拔高，紫外线强。你既要考虑防雨又要考虑遮阳，准备一把折叠伞或太阳帽是不错的选择。

20、护肤霜

冬春季较为干燥，皮肤敏感的人有必要准备护肤霜。

21. 工具箱

用以放置你的针线包、帐篷修理工具、炉子修理工具，再加上你的瑞士军刀等。

22. 手套

无论是上山或下山，不论是天冷还是天热，你必须要有一副手套。因为在乱草中和山石中行走时，它能给你起到很大的保护作用，但要注意一点的是，戴着手套会降低手的敏感度。

23. 护膝和护踝

如果你准备做长距离的徒步那有必要带一双好的护膝和护踝，特别在下山的时候由于负重，你的膝盖会承受很大的压力，并且膝盖的损伤是很难恢复的。或许有的损害会影响你的一生。往往在徒步中会有碎石路段，所以你也该有一双护踝。

24. 毛巾和洗漱用品

· 最主要用于擦汗，在行军时你可以将它挂在容易取到的地方，出汗的时候可以直接擦汗。在有溪水的时候你可以洗脸，这样会很方便。另一个用途是在灰尘多的地方可打湿蒙在口鼻处，抵挡灰尘。尽可能带小的牙膏（自己预算一下够用就行）。

25. 其他东西

手帕（棉质的，大一点）：用途多多，值得带一块。

口哨：声音要尖锐和响亮，如果有几个同伴，可以方便联络，紧急情况下还可以用来呼救。

快挂：用途很多，比如可以挂毛巾，也可以把带走的垃圾用快挂挂在包的后侧等。

除此之外，如果背包较重，你可能需要用皮带预先作额外的加强，否则，当背带在半路上突然断裂时，你会非常头痛。

（四）徒步旅游遇险自救方法

躲避沙暴

一般要去沙漠，不要在春季和夏季去。从 3 月中下旬开始，一直到 5 月份，沙漠的气候变化可谓瞬息万变，风很大，特别是沙暴，容易迷途并危及生命。

沙暴到来得异常迅猛，当感觉到好像有种声音从很远的地方传来时，仅在几秒钟之内，天地就变成了黄色，裹着沙尘的狂风铺天盖地，一切能抓走的东西它都要抓走，而且闪电般地抓得无影无踪。打在人身上的沙子就像砂纸一样打磨着每一寸皮肤。

沙暴真是很可怕的自然灾害，一场沙暴过后，大难不死，抬头一看，所有的景观全部改变了，很容易迷路。

一次，当地石油勘探公司的宿营车被沙暴困在沙漠里一整周。车与车之间联系不上，人们都不敢出来，一出来就被沙暴给吹跑了，大家困在里面，好容易沙暴停了。人们打开车门一看：沙子都已经埋到车轮高了。可见，沙暴的确十分可怕。沙暴的可怕，早已经记载在古人的资料里了。

过了这么多年，沙暴同样也叫拥有现代化手段的现代人害怕。沙暴来的时候，首先，天边涌来了黑黑的云，慢慢地，它就向你所在的方向逼近，探险队感到不对，就要从马上下来，用毡子把自己全身包起来，最好躲在骆驼的身边。

万一在沙漠中遇见沙暴，千万不要到沙丘的背风坡躲避，否则有被窒息或被沙暴埋葬的危险。可以跟随骆驼行动，骆驼比较有经验，它会随着沙子的埋伏不断地抖动。这样，就不至于被沙子埋没。人只要随着骆驼活动，这样也就不会有被沙子埋没的危险了。同时，也不会被沙暴吹跑。

沙漠里的饮水问题

专家不仅教给人们如何保存体内水分的方法，还教给人们如何在表面上看来滴水不存的地方找地下水源。许多从沙漠死里逃生的人发现，形形色色的仙人掌恰恰是天然的水库。

一名美国飞行员脱险后讲述道："对众多的仙人掌类植物品尝后，我发现一种瓶状的仙人掌含水量最为丰富，只需挤压一下就能畅饮一顿。"在沙漠中有一种仙人掌据说一次可以挤出 4 升水。许多人恰恰是与仙人掌失之交臂，活活地渴死了。另外，还有很多动物的血，昆虫的汁液都可以用来止渴。

另外，沙漠里的水，也不要随便喝。沙漠里的水矿化度非常高，又苦又咸。塔里木盆地并不是人们所想象的那么干旱。来了洪水之后，一些水洼子就会储存一些水。但是，这些水很脏，有一些动物在里面喝水或者洗澡。最好带上净水过滤器，或者带上过滤的药片。

一般说来，除泉水和井水（地下深水井）可直接饮用外，不管是河水、湖水、溪水、雪水、雨水、露水，还是通过渗透、过滤、沉淀而得到的水，最好都应进行消毒处理后再饮用。那么，怎样进行消毒呢？方法如下：

将净水药片放入水容器中，搅拌摇晃，静置几分钟，即可饮用。或灌入壶中存储备用。一般情况下，一片净水药片可对 1 升的水进行消毒，如果遇到水质较混浊可用 2 片净水药片进行消毒。目前，军队里都采用此法在野外对水进行消毒。

如果没有净水药片，可以用随身携带的医用碘酒代替净水药片对水进行消毒。在已净化过的水中，每1升水滴入3~4滴碘酒，如果水质混浊，则在每1升水中滴入的碘酒要加倍。搅拌摇晃后，静置的时间也应长一些，20~30分钟后，即可饮用或备用。

如果以上的消毒药物均没有，正巧随身携带有野炊时用的食醋（白醋也行），也可以对水进行消毒。在净化过的水中倒入一些醋汁，搅匀后，静置30分钟便可饮用。只是水中有些醋的酸味。

出现脚泡的处理方法

徒步旅游，脚泡的发生比较常见，它会影响旅游的顺利进行，而且处理不当还会引起感染。

脚泡的产生是由于脚底汗湿，表皮软化，足掌长时间着力和摩擦，促使局部组织液渗出而形成，常与鞋袜、行走的道路不平和速度不匀，以及旅游者缺乏锻炼等因素有关。

预防脚泡的发生必须注意：一是鞋袜要合适，鞋子不宜过高或过小，最好穿半新的胶鞋或布鞋。女同志不要穿高跟硬底皮鞋，鞋垫要平整，袜子无破损、无皱褶，鞋内进沙应及时清除，要保持鞋袜干燥。二是徒步游览应循序渐进，先近后远，脚步要均匀，落地要稳，不可时快时慢。三是临睡前要用热水烫脚，以促进局部血液循环，对足掌部位应用手按摩或用煤油在足底突出部位涂搽。此外，亦可用药物预防，川芎、细辛、防风、白芷各200克，加水2.5千克煎至1.5千克，徒步旅游前涂脚底，每日1次。

若发生脚泡，目前治疗尚无良法。主要是将泡穿刺与引流。首先用热水烫脚5~10分钟擦干，然后用碘酒或酒精将脚泡局部进行消毒，再用消毒的针（针可用煮沸的水或酒精浸泡）刺破脚泡，使泡内液体沿道流出，排干。也可用消毒的马尾穿过脚泡引流。但处理脚泡时，切忌剪去泡皮，以防感染。

徒步旅游防止迷路办法

安全第一是户外轻松徒步的前提。在野外，如果不小心迷路了，可不是一件小事。为了避免迷路，除了跟经验丰富的领队、向导活动外，作为每一个参与者在徒步的时候，还需要多留心，清楚自己的位置与方向。如果队伍中这样细心的"识途老马"有好多，一旦迷路一般能回到来时的路上。

1. 在前进的时候，随时要注意所经过的明显的自然标志，如河、湖、岩壁、形状比较有特点的山头等，这样一旦迷路也可以根据这些明显标识来找回来时路。

2. 我们徒步的地区，大都有当地人活动，可以根据小路的大小或有无经常走动的痕迹来进行判断。如果你徒步的路线曾经是热点路线，可以留意路上是否有一些先行徒步爱好者留下的路标。

3. 如果没有携带指南针，在有太阳的时候，结合时间，可以通过看自己的影子，来知道自己大概的前进方向。

4. 徒步的时候，最好戴只手表，这样对时间能有一个清晰的概念，知道自己还有多少路程要走。

5. 每个地区太阳下山的时间都是有一定的规律的，可以向当地人咨询一下当地太阳落山的时间，根据时间及时地寻找营地或准备休息，徒步的时候要尽量避免走夜路。

意外情况的处理办法

1. 风雨与电击的躲避

长久住在都市的人在露营时，遇到闪电、听到雷声常容易慌了手脚，事实上不用紧张，只要不架营在最高地势的山头或光秃秃的地方，危险性就减少了很多。闪电时应避免站在高树之下，手中身上金属类东西最好丢弃。如果逃避不及，那么就地卧倒也可将危险降至最低。

2. 安全扎营

应注意洪水流向，沙滩冲积地是扎营佳处，但洪水来时也首当其冲。下雨后应采取行动，换个营地，否则会有被洪水冲走的可能。

3. 溺水救助与防火

如果不幸有人溺水，第一要先清除口中的异物，并施行心脏按压和人工呼吸，并尽快找来懂得医护的人员，尽量不要压到伤者的腹部，从腹部挤出来的东西，很可能堵塞他的咽喉。

救溺时，以竹竿、浮物（木头、木板、救生圈）或衣服均可。另外防火方面，除了做好灭火的工作外，切忌在帐篷内点蜡烛，烟头烟蒂不往干柴上丢，帐内的照明最好使用手电筒或营灯。

4. 预防昆虫咬伤

蜂群攻击最重要的一点就是远离蜂窝，如果不慎被毒蜂螫到，要尽快使用含碱性的肥皂清洗，再以水或冰块冷敷患部。

预防蚂蟥（又称吸血虫）咬伤的方法是：进入山区时，先以酒精、汽油、煤油、肥皂、食盐等碱性物质涂抹在皮肤及衣裤上，以防止蚂蟥浸进。如果还是不慎被咬伤，切忌用手抓它，因为这一抓，很可能把它的头扯断，反而留在皮肤内，导致传染病。最好以手拍动皮肤，或在其身上涂食盐、白糖、石灰，或用香烟、火柴等熏烧之，则自然脱落。蚂蟥脱落后，最好立即挤压伤口，让它流出血水，其数量与被蚂蟥吸去之血量相等。

5. 毒蛇咬伤的处理

被毒蛇咬伤的人，事先都不知道毒蛇要咬在哪里，万一是咬在靠近动脉之处，就有生命危险了，要尽快送医院急救。不过，一旦被毒蛇咬伤，赶快把握时间，用力压伤口附近的肌肉，将伤口的毒血挤出后，再采取其他方法进行救治。

6. 发生火灾的处理

在参加野外活动时，由于吸烟、使用炉具不当，烘烤衣物或用蜡烛照明等原因，容易引燃周围的草地、树木或其他设备，而发生火灾，造成事故。一般发生火灾事故，大多数是因思想麻痹，用火不慎造成的，因此我们在野外用火时，必须提高用火安全意识，注意以下几点：

（1）在野外点篝火或用炉具野炊时，必须要随时有专人看管和负责，一旦使用完毕，要马上用水将火源彻底浇灭和用沙土盖灭。并挖土掩埋，防止死灰复燃而酿成火灾。

（2）用炉具或建炉灶时，应选择避风和距水源较近地方，并准备一桶水，以防发生火灾时取水灭火方便。

（3）在草木较多的地方，必须用火时，应将周围的草木清理干净，并在四周开出2米左右的防火道，以免火星飞溅出去，引燃周围的草木。

（4）如风力较强时，应在避风的沟、坎下面点火，或修建防风墙，以免强风吹散火堆，或将火苗吹出引起火灾。

（5）在山区或林区吸烟时，应准备一个空罐头盒，将烟灰、烟头全部放进空罐头盒内，用水或沙土浇灭，挖坑掩埋或带走。

（6）一旦不慎使周围的草木点燃，发生了火灾，不要慌张，如距水源较近，取水方便，迅速用水向起火处喷洒，降低温度灭火，这是最基本的灭火方法。

（7）如周围没有可用的水源，用麻袋、衣服和沙土等将燃烧物盖住，使燃烧物得不到氧气供应而熄灭。

（8）由于燃烧面积较大，小规模救火措施已无济于事时，为设法阻止火灾造成的损失过大，应顺风跑出一段距离，在大火烧到之前，除去草木等可燃物，开出一条放火隔离带，使火烧到这里后，因没有能着的东西而自动熄灭。

徒步旅行者的安全提示

徒步旅行者往往身处异地，随时随地都有危险存在，为了个人安全应本着"害人之心不可有，防人之心不可无"的心态，注意以下方面：

1. 只要你求人，不要人求你。比如说租车，你不要理会求你租车的人，而是自己选择车和司机，这样安全系数会更高，而且砍价也容易。

2. 目的地不要随便告诉陌生人，不要随便说出自己是独自一人，以免被坏人得知造成危险。

3. 当遇到一群陌生人时，如果其中有女性，一般较安全，当然这也不是绝对的。

4. 时时关注别人的弦外之音，这就要靠个人平时的积累了。

5. 最好不要夜晚到达目的地，如果确实已晚，宁愿呆在火车站，因为火车站人多且有相关管理人员，相对比较安全。

6. 包车一定要签合同，而且车款不要全部付完，怎么样都要预留 30%，以免发生付完钱了，却中途加价或是拒载的现象发生。

7. 不要乱给小费，这样既会搞坏市场，也会让有些人滋生出不怀好意的动机。

8. 遇到险情或危险，要冷静处事，明哲保身，要有战胜困难的决心。

9. 不要轻信他人，尤其是购物、住宿要相信自己的眼睛和经验。

10. 信息的正确与否对于旅行的成功非常重要，所以出发前一定要收集全面的信息。有可能的话，在行程中尽量和刚刚去过当地的朋友或者路上碰到刚刚去过的人，用手机或短信联系。

徒步旅游的防病准备

徒步旅游对于青年人和中年人，无疑可以增强体质，但是，如果不做好徒步旅游的防病准备，则有可能适得其反，主要注意以下几点：

1. 防疲劳：预防的关键在于要步姿正确，不要心急，是要会走路，走小路而不走平坦的公路，即使走公路也不走平坦的中心而是走高低不平的路边。

2. 防脚打泡：万一选鞋不对或步姿不正，行走中感到脚的某个部位有疼痛或摩擦感，可在该处贴上一块医用胶布或在鞋的相应部位贴一块单面胶，在一般情况下，这样就可以防止打泡。

3. 防寒暑：北方徒步旅游要带一些质轻防寒性能好的衣物，如果行走在广阔的北方平原，风速较大，衣着应及时调整。南方徒步旅游，夏季要注意防暑防雨。

4. 解渴要适可而止：出发前最好准备一壶清茶水，适当加些盐，清茶能生津止渴，盐可防止流汗过多而引起体内盐分不足。

5. 热水洗脚去疲劳。

6. 随身携带一些常用的感冒药、防暑药和外伤药。

四、随团旅游安全知识

（一）随团旅游基本常识

寒暑假是中小学生最快乐的时光，因为没有上不完的课、做不完的作业，孩子们就如同脱缰的野马一样无拘无束、自由自在，但也会给父母带来无尽的烦恼。

现在的家庭基本都是双职工家庭，父母白天不在家，偌大的居室就成了孩子的天下，好奇心重的他们可能纳闷电视为什么会出现画面、煤气为什么能煮沸开水、风扇为什么会不停旋转、冰箱能不能玩藏猫猫、插座为什么会有那么多小孔等。即使让孩子到户外和小朋友一起嬉戏，远在工作单位的爸爸妈妈也会暗暗担心马路如虎口，怕孩子摔伤、砸伤。

于是，寒暑假刮起了中小学生随团旅游的风潮。找一家信誉好的旅行社，让自己的孩子跟着旅游团一起出去走走、看看，不仅让他们欣赏了美景、增长了见识，也培养了团体意识，减轻独生子女自私、不懂得分享与合作的坏习惯。

中小学生随团旅游有很多需要注意的问题，诸如交通安全、消防安全、食品卫生安全、意外伤害、自然灾害等。只有掌握相关知识，才能在事故发生时处变不惊、妥善处理，玩得尽兴。

随团出游注意事项

1. 报团前注意事项

选择旅行社时一定要多比较，不能仅仅考虑价钱，要问清楚包含什么和不包含什么，最好选择正规的旅行社，上门服务或者是在写字楼里门面较小的都不十分可靠。

为了招揽游客，很多旅行社都把价格制定得很低，但又附加很多必须消费和选择消费，稍好的景点大多要自己再掏钱，所以要慎重选择。

签合同时一定要认真阅读每一项条款，把要求和问题写清楚，以便作为事后证据。

2. 随团游常出现的问题

（1）中途离团

①游客因病无法继续旅行时，旅行社扣除游客已用的费用和因此造成的损失费后，将剩余的款退回游客，医疗费用由游客自理。

②游客在旅途中未经旅行社同意擅自离团，或不参加某项合同约定的游览项目活动时，视为自动弃权，所交费用不退还。

③因游客个人原因造成其本人不能随团旅行，所造成的损失由本人承担。

（2）途中发生纠纷

如果在旅途中发现旅行社有服务质量问题，不要采取极端做法，不可中断行程或强行滞留要求现场索赔，延误正常行程。可先与组团社的全陪、领队或地接社导游多沟通，不能解决时，再与组团社联系，要求妥善处理。

如果旅行社拒不接受意见，应注意搜集证据，待行程结束后再向旅行社交涉或向旅游等管理部门投诉，或通过法律途径解决。

对于因恶劣天气、交通事故等因素造成的旅行社违约，游客要给予适当的理解，并积极配合旅行社完成旅游活动。

（3）购买到伪劣产品

①如果在旅游定点购物店购买到假冒伪劣产品，可要求旅行社协助交涉解决，自购物之日起90日内，游客无法从购物店获得解决或赔偿的，组团社应先行赔偿。

②由导游擅自安排的购物，所购商品是假冒伪劣商品，导游或旅行社应赔偿全部损失。

③由游客自行安排的购物，所购商品是假冒伪劣商品，游客可直接向当地有关部门反映、交涉，旅行社不承担赔偿责任。

旅游途中购物时，应向商店索取有效发票，妥善保管，当所购商品出现质量问题时，可作为投诉的有效凭据。

旅游中如何避免上当受骗

针对旅游行业中出现的一些问题，国家旅游局对随团旅游的游客提出的建议，想要外出旅游的人可以参考一下。

1. 考察旅行社的硬件设施

（1）接待方是否经旅游局审批，是否具有合法的经营许可证，是否向其主管部门交纳了足额的质量保证金，是否有法人营业执照。

（2）营业部是否有旅游局颁发的部门经营许可证、工商局颁发的旅行社分支机构营业执照，是否有正规的公章、财务章、合同章、发票、收据等财物档案管理物品。

（3）工作人员是否有良好的形象和气质，旅游从业人员是否有国家旅游主管部门颁发的上岗证。

（4）旅行社内部管理是否有明确的分工计划及严格的工作纪律，是否有规范的线路行程及报价资料。

（5）旅行社是否有固定规范的办公经营场所，是否有齐全的办公通信设备，如办公电话、24 小时咨询电话、电脑、传真等，有无值班人员也是考察内容之一。

2. 要考察旅行社各项接待工作的透明度、信誉好坏、是否有投诉举报现象等。选择旅行社时，千万不要相信那些将本社的服务和线路夸得天花乱坠的拉客人员，要保持清醒的头脑，仔细阅读协议书内的各项条款，以免误入"协议陷阱"。

3. 报名时的注意事项

（1）亲自报名

报名参团应持有效证件亲临旅行社营业部或报名点办理。

（2）认真签订旅游合同

国家旅游局和国家工商总局联合颁布了《中国公民出境旅游合同（示范文本）》，各地旅游部门也有推荐的旅游合同范本，应使用范本与旅行社签订合同。

（3）注意旅行社提供的行程表或行程计划书

要求组团社详细说明旅游行程中的吃、住、行、游、购、娱等服务内容，对交通工具、住宿安排、景点游览内容、用餐标准和购物次数及停留时间等，都需详细约定，并经双方签字或盖章确认后，作为合同的组成部分，明晰团费所包含的项目，索取发票、行程表、参团须知、赔偿细则等。

（4）做好保险

了解旅行社投保旅行社责任险情况，根据个人需要选择投保旅游意外险，对旅行中的风险加以防范。

4. 出发前注意事项

出境旅游应认真听取行前说明会，了解有关注意事项，出发前应尽量了解目的地国家和地区的有关法规和消费者保护措施。明确出发时间、地点、全陪姓名、联系方法，记下当地旅游部门、国家旅游局及相关部门的质量监督和投诉电话。国家旅游局质监所投诉电话：65275315。全国工商行政管理部门消费者申诉电话：12315。

5. 旅行途中注意事项

（1）听从安排

要听从全陪的统一指挥和安排，不可擅自行动，擅自离团，很容易迷路走失，发生危险。

（2）做理智决定

导游在原规定的行程之外临时增加节目时，要问明此项安排是否要另付费用，是否会影响下一个景点的参观，然后按照个人意愿确定是否参加，遇到导游减少景点的情况，可要求退钱，甚至投诉赔偿。

（3）留有依据

保存好协议书、行程表、随身证件以及贵重物品，如遇有纠纷，要保留相关证据，及时向旅行社的质量管理部门及相关部门投诉获得帮助。

（4）遇突发事情要冷静

遭遇突发事件，要听从领队、导游安排，并采取必要的自救措施，保护个人生命财产安全。

购买旅游纪念品的注意事项

在旅游景点，购买旅游纪念品，是游人的普遍心理。那么，旅游纪念品该如何购买呢？

1. 方便为主

有些特色商品，体积笨重庞大，随身携带很不方便，不宜购买。有些易碎物品，稍不小心就会中途摔坏，很不划算。旅途中游山玩水、乘车并不轻松，行李包越少越好。

2. 购买特色产品

地方特色商品，不仅具有纪念意义，而且正宗，有价格优势，值得购买，如杭州的龙井、海南的椰子、云南的民族服饰、西藏的哈达等，购买后既可留作纪念也可或送给亲朋好友。

3. 切忌贪便宜

在某些风景区，经常可见有出售假冒伪劣商品的，如珍珠、项链、茶叶之类。如果禁不住价格和叫卖的诱惑，就会上当受骗，造成经济上的损失。

4. 坚持己见

由于旅游制度的不完善，少数导游想尽办法把团队拉到给回扣的商店，任意延长购物时间，乐此不疲地帮游客选购物品，殊不知这一系列的安排是一个大陷阱，游客被温柔地宰一刀却还被蒙在鼓里，所以在异地购物不要盲目轻信别人，切忌冲动从众，而要相信自己的判断，管住自己的钱袋，学会自我保护。

旅游保险知识

1. 旅游保险

旅游保险是保险的一项业务，准确地说，是保险业在人们旅游活动中的体现。它是指投保人根据合同的约定，向保险人支付保险费，保险人对于合同约定的在旅游合同中可能发生的事故所造成的财产损失承担赔偿保证金责任，或者当被保险人在旅游过程中死亡、伤残、疾病时承担赔偿保证金责任的商业保险行为。

2. 旅游保险合同

旅游保险合同是保险合同中的一种，是各类旅游合同保险的总称，它是投保人与保险人约定在旅游活动中的保险权利和义务关系的协议，是保险合同在旅游活动中的一种体现。

3. 旅游保险的种类

旅游保险一般包括人身意外、医疗费用、意外双倍赔偿、紧急医疗运送、运返费用、个人行李、行李延误、取消旅程、旅程延误、缩短旅程、个人钱财及证件还有个人责任等诸多保险项目。

人身意外：若受保人因严重意外导致四肢不全，一目或双目失明，甚至死亡，受保人可根据投保内的赔偿额得到赔偿。

医疗费用：在旅游中因感染疾病或是遭遇意外所需支付的医疗费用。

意外双倍赔偿：假如受保人自费乘搭公共交通工具（包括飞机、气垫船、渡轮、计程车等）或乘搭私家车遭到严重意外时，受保人将得到双倍的赔偿金。

紧急医疗运送：若受保人因意外或重病，有关方面会提供紧急医疗运送。

运返费用：倘若受保人不幸身故，保险公司会负责将尸体运回原居地。

个人行李：受保人的个人行李，若在旅途中被人盗窃、意外遗失或损毁，将受到一定数额的赔偿。

行李延误：若受保人运送行李的航班抵达目的地 12 小时后仍未送达，可按每 12 小时得到赔偿。

取消旅程：若受保人在保单生效日至起行日内，因严重疾病或意外不能成行，所有旅费订金、机票等损失由保险公司负责。

旅程延误：若乘搭的交通工具因天气恶劣、机械故障、工业行动或被劫等导致延误，受保人可按时间得到赔偿。

缩短旅程：若受保人或家属因遭遇意外、重病或死亡，需要提早结束旅程时，受保人可索偿已支付或是不能享用的费用。

个人钱财及证件：范围包括金钱损失（现金、当地货币、旅行支票）及因遗失护照而造成的损失。

个人责任：若受保人因个人疏忽导致他人身体受损或财物损失而负上法律责任，保险公司可代为赔偿。

4. 购买旅游保险的必要性

旅游是时尚的休闲度假方式之一，团游和自驾游成为旅游的主要形式，旅游者在尽情游玩的同时，往往忽视了其中存在的许多不确定因素，比如可能随时会有意外事故发生。那么，购买旅游保险也就显得尤为重要。

5. 游客通常需购买的保险

对于自己的旅行，每个人都有自己的想法，会选择出境、随团、自助、自驾车等不同的方式和不同目的地，买保险也应该根据具体情况加以选择。自助游应该选择对人身安全和财物有更多保障的险种，而随团游，则应该在签订旅行合同时，确认旅行社是否购买了必要的保险，下面几种保险是通常要购买的险种。

（1）旅客意外伤害保险

这类保险主要为游客在乘坐交通工具出行时提供风险防范服务，游客所购买的车票和船票金额中的5%是用于保险，每份保险的保险金额为2万元，其中意外医疗事故金1万元，保险期限从检票进站或中途上车上船开始，一直到游客检票出站或中途下车下船。

（2）旅游救助保险

这类保险是国内各保险公司普遍开办的险种，是保险公司与国际救援中心联合推出的，游客无论在国内外任何地方遭遇险情，都可拨打电话获得无偿救助。

（3）旅游人身意外伤害保险

参加探险游和惊险游的游客最好购买此类保险，这类保险每份保险费为1元，保险金额最高可达1万元，每位游客最多可买10份保险。保险期限从游客购买保险进入旅游景点或景区时起，直至游客离开景点或景区。

（4）住宿游客人身保险

这类保险每份1元，从住宿之日零时起算，保险期限15天，期满后可以续保，每位游客可以购买多份，这类保险提供的保障主要有住宿旅客保险金5000元，住宿旅客见义勇为保险金1万元，为旅客随身物品遭意外损坏或被盗、被抢、丢失的补偿金200元。

旅游者人身意外伤害保险是由国家旅游管理部门以部门规章的形式加以约束的强制性保险，游客在跟随旅行社出游时，一定要明确自己应获得的保险权利。

6. 购买旅游保险的注意事项

（1）看清保险期限、保险内容和保险金额

①注意阅读保险期限，看清保险天数。

②阅读保险的保障范围，看清保哪些内容，不保哪些内容，这是非常重要的，尤其是要看清免责条款。

③看清保险金额，有些人认为旅游保险都一样，事实上有时候价格一样保险金额却不一样。

（2）买方便快捷的旅游保险

旅行本来就要准备很多东西，如果再花过多的时间在购买保险上面，就等于消耗了很多时间成本，人也很累，不太划算，所以，最好要购买方便快捷的旅游保险。

（3）核对保险信息

购买保险后，一定要注意检查审核保单的要素是否齐全和正确，保险资料是否完善，一般投保都应该有发票、保险单、投保单和保险条款等。

随团旅游安全知识

出门在外，没有父母在耳边殷殷叮嘱，中小学生要学会自己照顾自己在旅游过程中，要谨记以下六点，防患于未然。

1. 食物

一日三餐，生命之本，食物是我们保持体能的基本方式。但食用腐败变质或卫生不达标的食物，却会影响我们的身体健康。

（1）一定要到旅游定点餐厅就餐，发现腐败变质的饭菜及时向导游提出更换，注意用餐是否达到标准。

（2）不到小商小贩处购买食品、饮品。

（3）夏季，自购食品要注意保存，放在阴凉处，注意通风，微有霉变就不可食用。

（4）吃风味小吃要注意卫生，吃水果一定要洗干净。

（5）饭前便后一定要洗手，注意卫生，防止细菌、病毒侵入体内。

（6）不要乱摘野果野菜。

自然生态景区内，有数不尽的野菜与野果，中小学生不要随便采摘食用，以免中毒。

容易采到又能吃的野菜有樱草、蒲公英、菊巨芽，蘑菇最好不吃。

（7）中小学生切莫饮酒。

2. 住宿

（1）入住旅馆要注意是否与旅游协议书上的标准相符。

（2）入住酒店后一定要将贵重物品存放到保险柜里，不要随身携带或放在客房内。

（3）学生证、户口簿等证件不要随便乱放，应放在随身携带的包内，不要放在客房内。

（4）入住旅馆后一定要了解紧急通道、安全门等，记住导游的房间号码、联系电话，并给爸爸妈妈打个电话，将你入住旅馆的名称、房间门牌号和电话号码等告诉他们。

（5）入住旅馆后，一定要了解房间内的设施和物品的使用说明后再使用，因为某些旅馆的设施和用品需要另外付费。

（6）休息时关好门窗，不认识的人敲门不要开，尤其是晚间。

（7）看房间的卫生间及洗漱用品是否已消毒，如果没有消毒，可以请服务员进行清理消毒。

（8）如果在房间里看到蟑螂、老鼠、不明物体或房间过分潮湿、噪音超标等，小朋友要和导游说明，请他与旅馆相关部门协调，调换房间。

3. 交通

（1）要注意所乘交通工具是否与协议书标准相符。

（2）不带易燃易爆及违禁物品上车（船、飞机）。

（3）乘汽车时不要将手伸出窗外，以免发生危险。

（4）下车时不要把随身携带的物品忘记在车上，尤其注意座席下、货架上的物品。

（5）注意乘务人员和导游提醒的注意事项。

4. 游览

（1）注意导游提醒的注意事项，游览景点时注意与团队保持一致，紧随导游左右，不要与其他小朋友走散。

（2）游览时，穿轻便柔软的鞋来减轻疲劳，随身携带的物品不宜过多，以免加重自己的负担。

（3）零钱放在背包方便拿取的口袋里，整钱放在背包内部隐秘的夹层内，以免遭到扒窃。

（4）不小心和团队走散了，不要慌，也不要四处寻找，静静等在原地，待导游前来寻你。

（5）走山道、陡坡时不要和小伙伴手拉手，要拉开一定距离，以免发生连串滚坡。

（6）参观野生动物时，不要逗弄，防止发生意外。

（7）不要一个人到偏僻角落去，不仅容易走丢，还容易被坏人盯上。

5. 购物

（1）不要乱花钱。爸爸妈妈挣钱十分辛苦，中小学生要学会体恤父母，节约用钱。

（2）不要在地摊上购物，以免受骗上当。

（3）购物时要记得索取发票。

（4）掌握好购物时间，不要在离站前匆忙购物，这样不仅买不到自己心仪的物件，也容易给自己带来危险。

6. 娱乐

（1）参加各种娱乐活动之前，要注意听导游的讲解，了解注意事项，做到"安全第一"。

（2）参加娱乐活动要注意礼节，特别是参加与少数民族的娱乐活动，要特别注意少数民族的风俗习惯，以免发生误会，导致不愉快。

（3）注意民俗、宗教信仰、禁忌，在与伊斯兰教徒交往时切记不要用左手递送物品。

（4）不要单独活动，更不要不打招呼就离开，容易发生危险。

（5）爱护文物古迹是每个公民的责任，中小学生要从我做起，珍惜景区内的一草一木，不在文物古迹上乱刻乱涂。

（6）中小学生在旅游时要避免受骗上当，遇到陌生人的搭讪不要理，陌生人给的食物不要吃。若发现有陌生人对你纠缠不清，立刻请导游来处理。

（7）尊老爱幼、讲文明、懂礼貌是中华民族的传统美德，中小学生更应该将其发扬光大，待人接物谦恭有礼，自觉遵守景点内的公共秩序。

随团旅游的交通安全

近些年来，交通事故频发，给人们的平静生活蒙上一层阴影。中小学生外出旅游，交通安全就成了父母心头悬着的头等大事，为了保障自身安全，中小学生要掌握一定的交通安全知识。

1. 徒步安全知识

（1）红灯停，绿灯行，黄灯等一等，严格遵守交通规则。

（2）走路选择人行道，过街要走斑马线。

（3）不在车行道上追逐、嬉闹，不在车辆临近时猛拐横穿。

（4）不追着汽车跑，不拿石子打车子。

（5）没有人行道也要靠边走，右侧通行最安全。

（6）最好和同团的伙伴排队走，行走时要专心，不东张西望，不要边走边玩。

2. 乘坐汽车安全知识

（1）汽车停稳后再上下车，上下车时要环顾四周，确保安全。

（2）等车要排队，按秩序鱼贯上下。

（3）乘车时不把头、手、物等伸出窗外。

（4）下车后不要立即迈开腿就走，要等车开走后，确认安全再前行。

（5）不突然从座位上站起，不要在车上吃零食，尤其是果冻，以免汽车紧急刹车时，导致果冻卡在喉咙里，引起窒息，甚至死亡。

（6）不乘坐没有载客许可证、运行证的车辆，不乘坐超载车辆，不乘坐没有驾照的司机的车辆。

（7）当发现司机醉意朦胧、疲惫不堪、异常激动时，要及时和导游说明情况，提出更换司机或改乘其他车辆的要求。

3. 乘火车安全常识

（1）拿好车票，在导游的带领下按照车次的规定时间进站候车，以免误车。

（2）在站台上候车时，要与同行小伙伴排好队，站在白色安全线以内，以免被列车卷下站台，发生危险。

（3）火车行进中，不要把头、手、胳膊伸出车窗外，以免被沿线的信号设备等刮伤。

（4）不要在车门和车厢连接处逗留，以免被夹伤、扭伤、卡伤。

（5）不带易燃易爆的危险品，如汽油、鞭炮等上车。

（6）不向车窗外扔废弃物，以免砸伤铁路边行人和铁路工人，同时也避免造成环境污染。

（7）乘坐卧铺列车时，睡觉时要挂好安全带，防止掉下摔伤，尤其是睡觉爱动的小朋友，一定要牢记这一点。

（8）保管好自己的行李物品。

（9）以导游为中心，大家散坐在四周，免得下车时导游找不到人。

4. 乘船安全常识

（1）不乘坐没有安全合格证书的船只。

（2）不乘坐超载的船只，这样的船安全没有保障。

（3）上下船要排队按次序进行，不得拥挤、争抢，以免造成挤伤、落水等事故。

（4）天气恶劣时，如遇大风、大浪、浓雾等，最好不要乘船。

（5）穿好救生衣，不要随便脱下。

（6）某些中小学生由于第一次乘船，感到很新奇，喜欢在船头、甲板等地打闹、追逐，或拥挤在船的一侧嬉戏，这样很不可取。

（7）不乱动船上的各种设施，以免影响航行。

（8）夜间航行，不要用手电筒向水面、岸边乱照，以免引起误会或使驾驶员产生错觉。

（9）一旦发生意外，要保持镇静，听从导游和有关人员的指挥。

5. 乘飞机安全常识

（1）仔细检查自己的行李，不带任何危险品登机。

（2）一般情况下，导游会要求提前一小时到达机场，以便及时办理登机手续，并接受机场安检部门的安全检查，小朋友要遵守规定。

（3）在飞机上不要随便串舱，更不要接近驾驶舱，仔细听取乘务员讲解飞机安全须知和飞行安全示范，并熟读《安全须知》，熟悉紧急出口位置及各种安全设施的性能及使用方法。

（4）系好安全带，以防飞机颠簸时坐不稳，出现撞伤。

（5）在整个飞行过程中，必须关闭手机、遥控玩具等发射电子信号的便携式电子设备的电源。

（6）乘机时若感到身体不适，应及时与导游和乘务员联系。

（7）不要乱动机舱内的救生应急设施，若发生紧急情况，中小学生不要慌，要在机组人员的组织下，做好救生应急准备。

（8）乘机时最好穿棉质内衣，以防万一出现事故时，化纤衣服燃烧熔化不易脱掉。

随团住宿安全常识

1. 防范盗窃和拐骗活动

在旅馆投宿的人，一般都会携带大量现金和贵重物品，经常成为小偷觊觎的目标。小朋友可以将自己的大量现金和贵重物品交给导游，请他交给旅馆保管，自己保存好收据。

中小学生常常成为不法分子拐骗的目标，旅游过程中不要脱离团队，遇到陌生人搭讪示好，一定要保持戒心，不轻易与其一同外出购物、吃饭、游览等。

2. 防范失火等意外事故

旅馆人多，流动性大，不注意防火，很容易发生火灾。在旅馆住宿，一定要懂一些火灾逃生知识。当住进客房后，要了解紧急出口、呼叫铃的位置，并查看是否有灭火器。

（1）如果自己房间起火，要设法扑救并通过电话或呼叫铃向服务员求助，火势太大，就要迅速离开房间并关上房门。

（2）楼下或邻近房间着火时，往往先闻到烟味，这时要赶紧通知旅馆服务人员，通知完毕后，轻轻触摸一下房门，感到烫手就不要开门，要用湿被子等堵住门缝，然后到窗台呼救。如果窗外也有烟雾，就要把窗户也关上，用敲击墙壁等动作发出声响求救。

（3）发生火灾时不要慌，逃生时不要选择电梯，要匍匐着身体从未着火的楼梯逃离，千万不要从较高的窗户跳下。

（4）选择一楼房间利于尽快逃生。

3. 防范地震等自然灾害

发现房子震动时，要立即躲到卫生间的承重墙角或坚固家具附近，用柔软织物护住头部蹲下，待震动过后再离开房间从楼梯下楼。不可使用电梯，也不要从窗户往外跳，更不要躲在床底下、桌椅底下。

旅游失眠问题的解决

中小学生第一次离开父母，独自外出旅游，度过白天的兴奋期后，回到陌生的旅馆房间，没有父母在身边陪伴，难以入眠，这样会导致第二天提不起精神游览，也会降低身体的疾病抵御能力，让病魔乘虚而入。如何保证充足安适的睡眠，就成了中小学生旅游途中的头号问题。

1. 避免紧张情绪

旅游时，面对着陌生的环境和陌生的同伴，中小学生很容易产生紧张情绪，导致夜里无法入眠。其实陌生的环境可以让你看见别样的美丽世界，陌生的同伴也可以成为好朋友，不是吗？

2. 睡眠规律不要变

旅游时也应遵循平时的睡眠规律，如上床时间、睡觉方向等。如果有临睡前喝一杯热牛奶的习惯，旅游时也一定要坚持，因为热牛奶是很好的助眠剂。

3. 不要用冷水洗澡

冷水洗澡会促进毛孔收缩，提高人体神经兴奋度，是临睡前的大忌。外出旅游时，中小学生要尽量选择用温水洗澡，放松劳累的肌肉和紧绷的神经。洗澡时，小朋友可以自己捶捶疲劳的四肢，并按摩头部、颈部和脚底涌泉穴部位，可以起到意想不到的催眠效果。

4. 服用镇定药

如果采用以上几种方法后，仍然难以入睡，可以在临睡前服用一粒舒乐安定、枣仁丸等镇定药，但不建议中小学生采用药物助眠。

（二）随团旅游的物品准备

选择合适的旅行包

旅游时要带很多东西，旅行包合适与否直接关系到旅游尽不尽兴的问题。旅行包的选择要根据中小学生的身高、力量、喜好等因素来进行。

1. 尺寸的选择

中小学生的身体正在发育，个子较小，力量不大，建议使用带拉杆的旅行包，以减轻旅途负担。

2. 样式的选择

旅行包的样式再花哨，实用性不高，一样不可取，所以，选择旅行包样式时，实用性要摆在第一位。

3. 品质的选择

旅行包因为其特殊用途的原因，对承受力的要求比较高。所以应选择轻质而有牢度的面料为主料，耐用且减轻消费者的旅途负担，拎手处、钩扣、拉链等处应能承载包袋最大装载量的 2 倍以上重量为宜。

4. 细节的选择

在包中最好有可伸缩移动的内部隔层，小型旅行包内有笔袋和零钱袋等细节设计，使用方便、随心。

选择合适的鞋袜

1. 鞋的选择

千里之行，始于足下。旅游是一项非常耗费脚力的活动。如果选择不合脚的鞋，不但容易感到疲劳，而且还会使脚部擦伤或磨出水泡，不利于走更远的路。如果旅游的目的地是名山大川，要进行远足或登山活动，就要选择鞋底厚，能稳稳裹住脚，坚固耐用的旅游鞋或登山鞋，其他类型的景点选择运动鞋即可。

中小学生喜欢新鲜事物，选鞋时喜欢选择一些鞋样另类、颜色鲜艳的样式，将舒适、适用摆在第二位，这恰恰是本末倒置。另外，由于旅游需要长时间行走，会使脚部因充血而有所肿胀，因此选购时应该选择比自己的实际尺码偏大一些的鞋子。

休息是为了走更远的路。当旅游中途小憩时，不妨脱掉鞋子，让自己的脚放松放松，因此，可以备用一双舒适的拖鞋。

2. 袜子的选择

袜子是脚的第二层皮肤，选择合适的袜子可以让脚部更舒服，行走更自如。合成纤维吸水性不好，但容易清洗，棉质袜子吸水性强，但容易破损，毛质袜比较保暖，仅适合天寒时用。另外，出外旅游时一定要记得经常换洗袜子，穿脏袜子不仅不卫生，而且常是脚部擦伤的主因。

旅游前的准备工作

提起旅游，中小学生都会眉飞色舞，心就像长了翅膀一样，扑棱扑棱地飞到了目的地。但千万不要一高兴就忘了做旅游前的准备工作。

1. 物质准备

（1）证件

出门在外，证件是证明人们身份的有效凭证。中小学生还未办理身份证，可以随身携带户口簿、学生证等。

（2）衣物

应根据季节和旅游经过地及目的地的气候环境进行准备，衣服、裤子应宽松、柔软，棉质为佳。如果旅游时间较长，则尽可能多带几套，以防天气不好，衣服洗后不干；鞋子以旅游鞋为宜，鞋底不能打滑。

（3）物品

雨伞、太阳帽、电筒、水壶、相机等是旅游必备之一，中小学生不要嫌带着麻烦，它们可以给你带来很大方便。

（4）费用

虽然爸爸妈妈已经给你交够了旅行的各种费用，但随身携带一张银行卡和适量现金，可备不时之需，你也可以用它买一些纪念品送给爸爸妈妈，感谢他们含辛茹苦地抚育你。

旅行时，银行卡的密码不要告诉他人，也不要随便将现金外露，以免引起不法分子的觊觎。

（5）移动电话

移动电话是父母与你及时取得联系的工具。每到一个景点的时候，要及时打电话告诉父母，免得他们担心。当你不小心和团队走散的时候，可以通过电话与导游取得联系。

2. 精神准备

俗话说得好：在家千日好，出门时时难。出门旅游，没有父母在身边照顾，再加上饮食起居、风俗习惯、伙伴相处等各方面的不适应，会让中小学生有很深的挫折感，不知道该如何是好，甚至哭鼻子，吵闹着要回家，所以，在出发前要做好精神准备，以乐观饱满的精神状态和昂扬的斗志迎接可能到来的困难。

不斤斤计较，宰相肚里能撑船。

不抱怨争斗，多一分宽容与谅解。

时刻谨记安全，看好现金与行李。

不逞一时之勇，确保人身平安。

旅游必备药物

旅游出发前，看着妈妈把各种药物分门别类塞进你的旅行包里，你感到不以为然。千万别小瞧这些不会说话的小药片，它们不仅是无私母爱的倾诉，也是你旅游时的健康保障。当你在旅游过程中感到身体不舒服时，立即请导游帮你判断病情，对症下药。

旅游常见的必备药物有晕车药、感冒药、退烧药、腹泻药、安眠药、胃药、跌打损伤药、止血药等。

（三）随团旅游需要注意的事项

随团旅游登山时注意事项

登山可以锻炼中小学生的身体，开阔他们的眼界，是一项十分有益的运动。但山高路不平，登山也潜伏着一定的危险。为了保证旅游安全，中小学生一定要在导游的带领下集体行动。

1. 山上气候多变，登山前要带好雨衣，以防下雨。下雨时，千万不要撑雨伞，以避免雷击，并且可以防止人和伞一起被风刮走。在山上避雨时，不要选择山顶或树下，最好就近进入洞穴。

2. 登山要穿舒适合脚的运动鞋并备有适量饮用水。如果是夏季登山，更要带足饮用水，这不仅是因为山上商店的水贵，更是因为登山会出汗，如果不补充足够的水分，容易发生虚脱、中暑现象。

3. 随身携带急救药品，如云南白药、止血绷带等，以便在发生摔伤、碰伤、扭伤时派上用场。

4. 登山时间最好在早晨或上午，午后应该下山返回驻地，不要擅自改变登山路线和时间，要听从导游的指挥。

5. 将包背在双肩上是比较省力的方式。如果没力气继续攀爬，还可以用结实的长棍做手杖，辅助攀登。

6. 进入山区应注意塌方落石和路肩塌陷。如果发生意外，中小学生不要慌，更不要乱跑，要听从导游的指示，找安全地方躲避。

7. 千万不要在危险的崖边照相，以防发生意外。

8. 休息时不要坐在潮湿的地上和风口处，出汗时可稍松衣领，不要脱衣摘帽，以防伤风受寒。

9. 在登山时，还要时刻预防腰腿扭伤，因此，每次休息时，都要按摩腰腿部肌肉，防止肌肉僵硬。

10. 俗话说，上山容易下山难。下山不要走得太快，更不能奔跑，这样会使膝盖和腿部肌肉感受过重的张力，而导致膝关节受伤或肌肉拉伤。

随团旅游的注意事项

1. 游泳时，不要脱离群体，更不要游出工作人员划定的水域范围。

2. 游泳前做一些准备活动，如伸展四肢、活动关节等。同时用水浇浇头部及胸部，使身体适应水温，避免抽筋。

3. 过度疲劳和空腹时不能游泳，身体状况不佳，如感冒时，也不要下水，刚刚从事完一项运动，要等汗消后才能游泳，以免出现头晕或抽筋现象。

4. 游泳时要注意休息和防止受凉。露天游泳时，若天气情况有变，尤其是有暴风雨来临，要在工作人员和导游的指挥下赶快上岸躲避。

森林旅游的注意事项

1. 随团旅游时，要注意旅行社选择的森林公园是否具备接待能力，具有接待能力的森林公园才有较完善的救护设施。

2. 花草荣枯各有季节，要选择最适宜的时机进行森林旅游。

3. 进行森林旅游时，要听从导游指挥，不要离开集体做"独行侠"，以免发生意外。

4. 行走时要沿森林公园标示的游览道路行走，不要偏离主要道路。

5. 游览途中不要和伙伴打打闹闹，以免耽误过多时间，以致日落之前还未找到投宿旅馆。

6. 做好防止蚊虫叮咬和毒蛇、猛兽袭击的准备。

7. 注意着装穿戴，鞋子要跟脚防滑，衣服要贴身、不繁复、不裸露，以免枝条刮挂、蚊虫叮咬。

8. 小心雷电。如果在森林中遇到雷雨，不要躲在高大的树下，要躲到稠密的灌木带里，避雨时把身上的金属物放置一旁，不要带在身上。

参观野生动物的安全事项

1. 不要擅自行动，应该在导游的带领下集体参观。

2. 在野生动物生活区，只要远远观赏即可，不要近距离接触，以防被动物抓伤、咬伤等。

3. 和动物近距离接触，要在工作人员的看护下进行，不要逗弄动物，更不要用手喂食动物。

4. 如果是参观大型动物，一定要乘坐专用车辆，乘车时不要将头、手伸出窗外，更不要擅自下车。

岩洞旅游安全知识

1. 充分了解洞内情况

虽然旅行社已经准备了精美的洞内景点介绍，但在进洞前仍要充分了解洞内情况，以免出现意外。

2. 准备好光源

向旅客开放的岩洞内都设有灯光，但这些灯光大多是为烘托景观氛围而设，或明或暗，五彩斑斓，但并不能完全照射到每个死角。小朋友们自备一支小巧的手电筒，可以防止被洞内的暗石磕到或绊倒。

3. 穿戴要保障安全

到岩洞旅游时，最好穿用服装面料坚固、防水的棉布衣裤，以保护身体免遭锐利岩角或碎石的擦伤。戴上棉纱手套可以防止攀扶时手的擦伤、磕碰伤，鞋要柔软防滑。

4. 洞内行走要注意安全

岩洞景观千姿百态，路途崎岖，潮湿泥泞，因此，行走步幅要小，速度要慢，眼睛不仅要注意脚下，而且特别要小心头顶的岩石。要听从导游指挥，不要擅自离开队伍去"探险"。

5. 戴好口罩

岩洞内空气没有对流，比较污浊，游览时要在导游的指示下戴好口罩，观赏结束后立即出来换换空气，并做几次深呼吸运动。不要在洞中长时间逗留。

参观古迹的注意事项

1. 参观游览名胜古迹，应事先了解古迹的概况、作用及传说等，游览时才能做到更有兴趣。

2. 不要在古建筑物上乱涂乱画，这是非常不道德的行为。

3. 游览清幽之地，如孔庙等，不要大声喧哗。

4. 需要别人帮忙拍照，或请行人稍避一下时，说话要有礼貌。

5. 保护环境，人人有责，不要将垃圾随手丢弃，影响名胜古迹的环境卫生。

游乐场安全知识

1. 游乐设施显著位置处应该贴有有效期内的"安全检验合格"标志，否则应拒绝乘坐。

2. 仔细阅读入口处的"游客须知"，了解游乐规则，做到心中有数。

3. 入座舱后检查座位中的安全带或安全压杠、扶手是否齐全、牢固，使用时要请服务人员指导，不要自己摸索。

4. 不要携带火种和危险品进入游乐设施内，对回转、翻滚、高速的游乐设施，应先把易跌落的物品如硬币、手提包、手机、眼镜等放置好；上下车时应注意头上和脚下的物体。

5. 自行操作的滑行游乐设施，如水上滑梯等，应严格按操作要求规定的路线进行，中途不能停顿的，应严禁中途停顿。

6. 乘坐时，必须系好安全装置，运转中绝对不可以自行解开，在座椅上坐好后不要走动，不要把身体伸出座舱或站立，有扶手的应两手抓住扶手杆。运转中不允许向外散落、投掷物品。

7. 在游乐设施未完全停稳或工作人员没有通告以前，不许自行走出座舱。有门的游乐设施在运行中严禁乘客自行开门，不许故意摇动座舱。

漂流注意事项

1. 漂流前一定要将救生衣、安全帽、漂流鞋穿戴好，途中不得松开或解下，因为救生设施能保证落水后不溺水以及身体重要部位免受伤害。

2. 漂流过程中，要听从船工或护漂员的指挥，船过险滩时不要惊慌乱动，而应降低重心，坐好抓牢，同时身体任何部位都不要超出船身。

3. 若遇翻船，不会游泳的小朋友也不要大声哭闹，事先穿好的救生衣会让你漂浮在水面上，而且，护漂员会及时相救。

4. 遇到激流暗礁时要小心，以免被碰伤。

5. 当漂流船卡住时，不要急着站起，应稳住船身，找好落脚点，以防连人带艇被水冲下。

冰雪旅游注意事项

1. 备齐防寒衣物

北方冬季气温低，大抵在-30~0℃之间，有些地方甚至低于-30℃。外出旅游的中小学生，尤其是南方的中小学生，应准备防寒保暖的羽绒服、高领厚羊毛衣、羊毛裤、羽绒裤、手套、高筒雪地棉鞋等。

2. 注意防滑

北方冬季天寒地冻，雪花飘落也不会融化，被踩实后就变得非常光滑，走在上面一不小心就会滑倒，所以外出旅游的小朋友最好穿雪地防滑棉鞋或球鞋。

3. 防止掉进雪坑

茫茫林海雪原，神秘莫测，让不少中小学生跃跃欲试，想一探究竟。但如果没有当地导游的带领，千万不要贸然前行，更不能脱离团队，擅自行动。因为道路都已经被大雪覆盖，一步走错就会掉进雪坑。

掉进雪坑后应静静等待救援，挣扎只会掉得更深。

4. 给照相机"保暖"

外出旅游时，大家都喜欢带上相机，将美好的瞬间永远留存。但北方冬季天气寒冷，容易使相机"感冒"，导致电池易放电，快门无法按下，因此，参加冰雪旅游的中小学生应该事先学会怎样给相机"保暖"，并多准备一些电池。

在天气不是特别寒冷的户外环境中，照完相将相机及时放入外衣内，便可保证相机的正常使用。

5. 备用药品

北方冬季天气严寒、气候干燥，南方的小朋友很难适应，因此，出门旅游时，应准备一些治疗伤风感冒和清热败火的药剂。

6. 防雪盲

雪的反光能力很强，长时间处在广袤的银白雪域中，容易造成雪盲，应备好有色眼镜。

冰上安全知识

1. 检查冰层厚度

（1）一般说来，冰层的厚度要达到15厘米才比较坚固。在冰雪游乐场内，工作人员都会划出安全冰域，切记不要越出规定范围。

（2）流动水、水底有植物的水面、被污染的水面结成的冰都比较脆弱，尽量不要到这些地方玩耍。

2. 掉进冰窟窿如何自救

（1）如果不慎踏破薄冰，掉进冰窟窿，要大声呼救，同时不停地用双脚踩水、用双手划水，以保持身体的活力，以免冻僵。

（2）掉进冰窟窿后，小朋友不要慌，要冷静判断冰面情况，打碎较薄冰面，尽量向岸边移动，以寻找能够支持自己体重的冰面。遇到结实的冰面时，双手扶住冰面，双脚用力向后蹬，让身体渐浮水面，不断向前，慢慢地爬上冰面。

（3）爬上冰面以后，不要立即直立身体，应躺在冰面上向着岸边方向就地滚两圈，以减少身体对冰面的压力，防止冰面再次破裂。

（4）安全上岸后，在没有得到保护之前，要不断活动，以保持体温，增加生命的活力。

3. 怎样救助冰上落水者

（1）发现有人掉进冰窟窿时，不要立即冲上前去营救，以免踏碎薄冰，跟着落水。可以将较长的绳子、树枝的一端递给落水者，确保自己站在安全区域内，再用力将落水者拉出水面。

（2）如果水塘不大，或者冰面不宽，可以设法在两岸拉起一条绳子，让落水者抓住绳子自己回到岸上来。

（3）如果身边没有绳子，可以多人趴在冰面上组成一条"人链"，最前面的人把大家的腰带或裤子、衣服连成"绳子"递给落水者，切忌靠近落水者。大家互相配合，慢慢地把遇险者拉到冰面上，再一个一个地回到岸边。

滑雪安全知识

1. 挑选滑雪器材

滑雪器材主要由滑雪板、杖、靴、各种固定器、滑雪蜡、滑雪装、盔形帽、有色镜、防风镜等组成，中小学生可以集体向滑雪场租借。

（1）滑雪板

目前常见的滑雪板有四种：

①木质滑雪板价格便宜，但容易受潮变形，使用前要涂抹特制油脂，以免粘雪和雪水浸入。

②玻璃纤维滑雪板价格昂贵，适合任何雪质的雪地。

③铝合金滑雪板价格不菲，在轻而燥的深雪及冰面上回转轻便。

④混合材质滑雪板价格在滑雪者可以接受的范围内，实用性也不错，是目前最受欢迎的滑雪板。

（2）滑雪杖

滑雪杖简称雪杖，可以帮助滑行及维持身体的平衡。选择时以质轻、不易断折、平衡感好、适合自己身高为原则。一般由拦雪轮起算，最长不过肩，最短不低于肋下，可将手穿过皮手环，握杖挥动称为佳。

滑雪杖

（3）固定器

所有的滑雪板上都有将滑雪靴固定其上的装置，在滑雪者跌倒时固定器会迅速松脱，避免给滑雪者带来伤害。

（4）滑雪装

选择滑雪装时，应以保暖、防风雪、舒适合身、不妨碍行动及尽量减少风的阻力为原则。专业的滑雪装虽质量精良，但价格昂贵。因此一般只需购买实用的普通衣物即可。

（5）滑雪靴

选择保暖合脚及防水的滑雪靴即可，最好选择靴筒较低的短靴，以免影响足踝的曲转。

（6）有色眼镜

雪地上因阳光反射强烈，必须戴上有色眼镜来保护眼睛，镜架以塑胶制品较为安全，镜片颜色以黄色或茶色为佳。

2. 滑雪注意事项

（1）应仔细了解滑雪的高度、宽度、长度、坡度以及走向。中小学生滑雪最好选择有滑雪教练的初级雪道，以免发生意外。

（2）不建议中小学生乘坐滑雪索道，如果必须乘坐，一定要选择有工作人员看守的索道。

（3）有些中小学生掌握一定的滑雪技巧，想挑战高山雪道，这万万不可，更不可以滑出雪道划定范围，这些容易发生危险。

（4）在滑行中如果对前方情况不明，或感觉滑雪器材有异常时，应停下来检查，切勿冒险。

（5）在结伴滑行时，相互间一定要拉开距离，切不可为追赶同伴而急速滑降，那样很容易摔倒或与他人相撞，初学者很容易发生这种事故。

（6）在中途休息时要停在滑雪道的边上，不能停在陡坡下，并注意从上面滑下来的滑雪者。

（7）滑行中如果失控跌倒，应迅速降低重心，向后坐，不要随意挣扎，可抬起四肢，屈身，任其向下滑动。要避免头朝下，更要避免翻滚。

（8）很多中小学生都佩戴隐形眼镜，滑雪时一定要取下，以免跌倒后隐形眼镜掉落，找不回来。应尽量佩戴有边框的树脂镜片眼镜，它在受到撞击后不易碎裂。

（四）随团旅游遇险自救方法

旅馆火灾逃生"四字真言"

熟悉环境，记清方位，明确路线，迅速撤离；

通道不堵，出口不封，门不上锁，确保畅通；

听从指挥，不拥不挤，相互照应，有序撤离；

发生意外，呼唤他人，不拖时间，不贪财物；

自我防护，低姿匍匐，湿巾捂鼻，防止毒气；

直奔通道，顺序疏散，不入电梯，以防被关；

保持镇静，就地取材，自制绳索，安全逃生；

烟火封道，关紧门窗，湿布塞缝，防烟侵入；

火已烧身，切勿惊跑，就地打滚，压灭火苗；

无法自逃，向外招呼，待人救援，脱离困境。

谨防"病从口入"

1. 易被污染的食物与中毒症状

暑假是中小学生外出旅游的旺季，且中小学生喜欢食用各种零食，这就相应促进了旅游地区食品业的发展。但由于夏季气温高、湿度大，适合各种致病微生物繁殖，食物易腐败，再加之蝇虫叮爬污染或熟食制品、凉菜、冷食等食品加工或贮存不当，人食用后容易导致食物中毒。

一般来说，易导致食物中毒的食品以冷荤、凉菜、剩米饭和肉制品等为主，海鲜类食品、扁豆、新鲜腌制的咸菜也易出现这一问题。

食物中毒可出现多种症状，最常见的是剧烈呕吐、腹泻，同时伴有中上腹部疼痛，食物中毒者常会因上吐下泻而出现脱水症状，如口干、眼窝下陷、皮肤弹性消失、肢体冰凉、脉搏细弱、血压降低、甚至会导致休克。

2. 食物中毒后的急救措施

食物中毒发生后，千万不要恐慌，自乱阵脚，可以采取以下应急措施：

（1）饮水

立即饮用大量干净的水，对毒素进行稀释。

（2）催吐

用手指压迫咽喉，尽可能将胃里的食物吐出。

（3）处理

将引起中毒的饮食进行有效处理，避免更多的人受害。

（4）如果进行简单处理后，中毒症状仍未消失，要尽快就医。

旅游突发疾病救治小窍门

1. 头痛

过度紧张容易引起头痛。可以在旅游小憩的时候，用双手食指分别按压头两侧的太阳穴，即眉梢与外眼角中间向后一寸凹陷处。按压至胀痛后，再按顺时针方向旋转约一分钟，头痛便可减轻。

2. 心绞痛

中小学生一般很少发生心绞痛，但学习这种救治小窍门，可以帮助他人。旅游途中，如果有人突发心绞痛，且一时无法找到急救药物时，小朋友可以用拇指甲掐病人中指甲根部，让病人有明显痛感，也可以有节奏地一压一放，坚持 3~5 分钟，症状便可缓解。

3. 胃痛

胃白痛是旅游者常见的疾病，多由不合口的食物引起。发生胃痛时，可以用双手拇指揉按双腿的足三里穴，待有酸麻胀感后的 3~5 分钟，胃痛就可以明显减轻至消失。足三里穴在膝盖下三寸，胫骨外侧一横指处。

学会了这种方法，中小学生不仅不怕胃痛打扰快乐的游程，也可以在父母胃痛时尽一点孝心。

4. 晕厥

旅游途中，有人晕厥也是常有的事。病人常表现为面色苍白、恶心欲呕、出冷汗，甚至不省人事。此时，他人可捏压病人的虎口，大约 10 次，病人即可苏醒。

乘坐登山索道安全常识

1. 乘索道前，首先查看该索道是否悬挂有国家质检总局颁发的"客运索道安全检验合格"标志。

2. 认真阅读索道入口处的"乘客须知"。

3. 进入站台后，听从服务人员的指挥，按顺序上车。

4. 进入缆车后，坐稳扶住，不要擅自打开车门及安全护栏。中小学生活泼好动，此时也要收敛一下，以免出现意外事故。

5. 到站下车时，听从服务人员的疏导，陆续下车，离开站台。

6. 如遇索道偶然停车时不要着急，耐心等待，注意收听线路广播内容，千万不要自己打开车门或护栏。

7. 如遇索道故障，短时间内不能排除，小朋友们要稳定情绪，不要惊慌，等待工作人员前来营救，千万不可自行设法离开车箱。

8. 救护人员到达后，一定要服从救护人员的指挥，配合救护人员工作，并发扬尊老爱幼精神，让老人家和比自己小的孩子先下车。

9. 到达目的地后，在工作人员的引导下，应尽量避开索道行驶区，有秩序地向索道站转移。

高山反应的解决办法

由于山体海拔和个人体质的原因，很多中小学生登山时会产生头痛、恶心呕吐、心跳加快、水肿和全身无力等症状，这就是高山反应。登山时要采取相应的措施防止高山反应。

1. 登山的速度要慢，分阶段逐步上山，登一段休息一段，使心情平稳，呼吸自然和缓，避免出现缺氧状况。

2. 当登山途中发生高山反应时，中小学生不要逞强，应立即停止活动，卧下平静休息。如果症状较轻，可以在原地休息，对症治疗，几天后即可自愈。

3. 如果高山反应较重，出现头痛等症状，可以服用镇痛片，也可以用按摩或者针刺合谷、太阳、上星、百会等穴位，呕吐可以服灭吐灵，精神紧张可服镇静剂，胸闷可服氨茶碱。服用各种药物一定要遵医嘱，并在导游看护下服用。

毒蛇、毒虫的防治

森林里古木参天，湿润难见阳光，容易滋生毒蝎、马蜂、毒蜘蛛、蚊子等毒虫，还有喜欢隐藏在草丛、树洞、岩石空隙等处的毒蛇。所以，在进入森林之前，要做好充足的防御、急救准备。

1. 备好蛇药和内、外用解毒药物、三棱针等。若一时没有解毒药物，可以准备一些风油精、红花油、清凉油等。

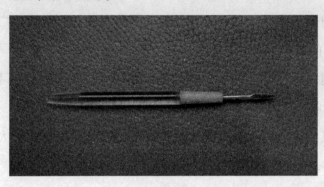

三棱针

2. 穿长袖上衣和长裤，并将裤脚绑扎在腿上，免得有蛇窜入。不要穿凉鞋等露皮肤的鞋子。

3. 行走时可用树枝"打草惊蛇"，不要将手插入树洞等毒蛇可能隐匿处。

4. 被蛇咬伤后，首先判断牙痕是单排还是双排，双排为毒蛇，要进行急救。

5. 确定是被毒蛇咬伤后，在救护人员尚未到达之前，不要奔跑哭泣，以免加速毒素吸收和扩散。应立即用绳把伤口上方扎紧，阻断淋巴和静脉回流，每隔15~30分钟，便放松1~2分钟，避免肢体坏死。绑扎止血带后，将伤口"十"字切开，不停挤压，挤出毒液。

6. 如果被毒虫叮咬，可用三棱针点刺伤口，反复挤毒液，直至见到鲜血，然后用肥皂水洗干净，再将备好的外用解毒药敷在创口处。如果没有外敷药物，可用清凉油、风油精或者红花油反复涂擦伤口。

7. 森林里可能有积雨成洼处，淌水而过时，最容易招惹蚂蟥。被蚂蟥叮住后，小朋友不要惊慌失措地用手去拉，可以用鞋底剧烈拍击它，让它自动下来。另外，蚂蟥很怕盐，如果身上带有食盐或盐水，撒在它身上，它便会立刻全身收缩掉下来。

8. 民间偏方
用葱叶、葱头或大蒜捣成泥，敷在患处。

用新鲜人乳滴涂在蜇伤部位。

仙人掌洗净去刺，捣泥，涂抹患处。

将蝎子或马蜂用白酒浸泡，一旦有人被蜇伤，将酒涂在患处，会有很好的疗效。

但这些偏方对毒性较大的毒蛇等动物的咬伤没有太大作用，急救后还应迅速送医院就医。

误食毒蘑菇怎么办

1. 毒蘑菇识别办法

一场雨过后，一朵一朵的小蘑菇就顶着伞帽儿，争先恐后地钻出了地面，诱惑着中小学生欣喜若狂地采摘、品尝。但有些蘑菇具有很强的毒性，采摘时一定要仔细分辨。

目前，虽然还没有简单可靠的辨别办法，但毒蘑菇一般具有以下几个共同的特点：

（1）菌盖色泽艳丽，或呈黏土色，表面触感黏腻。

（2）菌盖上有附生物，菌柄上有菌环菌托，但不同品种差异很大。

（3）大多生长在杂木林、腐物或粪肥上。

2. 常见的毒蘑菇

（1）白毒伞菌体白色，细长，孢子近球形。

（2）褐鳞小伞菌体小，菌盖表面有褐色小鳞片，有菌环，无菌托。

（3）鳞柄白毒伞菌体白色，菌盖中央略凸，菌柄上有鳞片。

（4）毒粉褶菌菌盖灰白色，无菌环，菌褶粉红色。

（5）包脚黑褶伞菌肉厚，菌柄基部膨大，有菌托。

（6）秋生盔孢伞菌盖宽，菌柄长，基部呈黑褐色。

（7）毒伞菌盖较厚，灰绿色，菌柄细长，有菌环。

3. 急救措施

误食毒蘑菇后，不会立刻出现中毒症状，经过 0.5~0.6 小时的潜伏期，才会出现恶心、呕吐、剧烈腹泻和腹痛等症状，有的患者伴随着多汗、流口水、流泪等表现。发现这些症状后，要及时采取如下急救措施。

（1）请导游立即拨打 120 急救电话，并保留毒蘑菇样品供救护人员参考。

（2）在等待医院救护时，让中毒的小伙伴大量饮用温开水或稀盐水，然后采取催吐等措施，以减少人体对毒素的吸收。

（3）中小学生体质弱，反复呕吐容易出现脱水现象，最好让中毒的小朋友饮用加入少量食盐和食用糖的"糖盐水"，补充体液的流失，防止休克。

（4）有些中毒的中小学生可能已经昏迷，此时不要强行向其口内灌水，以免发生窒息现象。

（5）大量流汗、呕吐、腹泻会导致中毒者体温下降，要及时加盖衣物、毛毯来保温。

头部受伤的处理办法

岩洞内怪石嶙峋，光线昏暗不明，而中小学生活泼好动，所以经常让自己的头部与石头、洞壁等"亲密接触"。

1. 有人撞到头部时，要尽快检查头部有无外伤，是否处于危险状态。

2. 不要随便移动头部受到撞击的伙伴，要让其侧卧，头向后仰，保证呼吸道畅通。如果出现呼吸停止现象，要进行人工呼吸，并在情况稍好转时立即将伤者转移到洞外，转移时要避免颠簸。

3. 如果头部出血，急救时要注意以下几点：

（1）首先不要转动伤者头颈部，帮助他缓缓躺下。

（2）用清洁纱布压迫伤口止血，包扎后即刻送医院。

（3）如果确定是皮肤表面伤，抬高病人头部便可止血。但由于头发遮盖使人看不清伤口大小，所以急救过程中不要随便用脏手触摸出血部位。

岩洞窒息的预防与急救

岩洞内空气流动缓慢，氧气含量低，二氧化碳含量高，甚至会产生有毒气体，容易引起窒息。

1. 症状表现

窒息一般表现为头晕、头痛、耳鸣、眼花、四肢软弱无力，相继有恶心、呕吐、心慌、气短、呼吸逐渐急促，变得快而浅等现象。随着缺氧情况的加重，病人意识逐渐模糊，全身皮肤、嘴唇、指甲处呈现明显的青紫，血压下降，瞳孔散大，陷入昏迷状态，最终因呼吸困难，缺氧窒息而死亡。

2. 急救处理

（1）立刻将出现窒息症状的学生移至洞外，安置在空气新鲜、通风良好的地方。

（2）解开病人的衣扣、束缚性内衣、腰带等，对呼吸困难者立即给予氧气吸入，或进行人工呼吸，必要时注射呼吸中枢兴奋剂。

（3）窒息状况严重的病人，心跳渐渐微弱，或不规则，或停跳，要立即施行胸外心脏按压，并注射肾上腺素等。

人多拥挤怎么办

1. 发觉拥挤的人群向自己行走的方向拥来，应马上避到一旁，千万不要奔跑，以免摔倒，更不要逆人流前进。

2. 若身不由己陷入人群，要稳住身形，随人潮移动。

3. 在拥挤的人群中，不要前倾身体，即使鞋子被踩掉，也不要贸然弯腰提鞋或系鞋带，以免发生踩踏事件。

4. 中小学生即使随人潮移动也容易摔倒，可以紧紧抓住某一牢固物体，如旗杆等，待人潮过去后再继续前进。

5. 如果发现有人摔倒，要马上停下脚步，同时大声呼救，告知后面的人不要向前靠近。

雪盲处理办法

在冰雪天地畅游时，如果小朋友忽然感到眼睛有异物感、刺痛、畏光、流泪，便可能是发生了雪盲，应及时请医生诊治。

发生雪盲后，可以按以下步骤进行治疗：

1. 两眼湿冷敷，局部滴 0.5% 地卡因止痛，用氟哌酸等抗生素眼药水预防感染。

2. 滴完眼药水后，用绷带覆盖眼部，并固定，就地休息。

3. 病情轻者在 1~8 小时内便可缓解恢复，重者要 1 天，甚至数天才能恢复。病情好转后，中小学生最好不要再到雪地上玩耍，并且要戴防紫外线的眼镜。

防治冻伤

1. 预防

（1）颈部、脸部最好用围巾围住，并扎紧袖口、裤脚，防止风雪吹入。在疲劳、饥饿时，切忌在雪地上坐卧，以免昏睡过去。

（2）及时活动面部肌肉，如做皱眉、挤眼、咧嘴等动作，经常用手揉搓面、耳、鼻等部位。

（3）在冰雪环境中，要特别注意保持鞋袜干燥，出汗多时应及时更换或烘干。

2. 简易治疗

旅游过程中，如果发现自己皮肤有发红、发白、发凉、发硬等现象，应用手或干燥的绒布轻轻摩擦皮肤，促进血液循环，减轻冻伤程度。

受伤的手可按在腋窝下加温，冻伤的脚可放在同伴的怀里或腋窝下加温。

如果冻伤情况严重，小朋友要立即请导游带你回旅馆，将冻伤处放在 43℃ 左右的水中浸泡复温。水温太低时效果不好，超过 49℃ 时易造成烫伤。

复温速度越快越好，最迟不应超过 20 分钟，以免引起冻伤晚期并发症。

另外，介绍一个治疗冻伤的小妙招：把用辣椒泡的酒涂擦在冻伤处，对轻度冻伤疗效很好。

五、海边度假安全常识

随着人们生活水平的提高，人们越来越注重精神上的追求和享受，很多人在工作之余便选择旅游来休闲度假。休闲度假是一种高级的精神享受，是在物质生活条件获得基本满足后出现的一种追享欲求。有一位社会学家说，旅游者的心理中有"求新、求知、求乐"这样三条。这是旅游者心理的共性。

旅游者不远千里而来，就是想领略异地的新风光、新生活，在异地获得平时不易得到的知识与平时不易得到的快乐。旅游也确实做到了这一点，通过旅游，人们增进了对各地了解，丰富了人文知识，给大家带来心灵的意志，会让自己的思维、心情发展到兴奋、快乐的极致。

在各种旅游活动中，海边度假越来越被人们所认可，沙滩、大海、阳光吸引着人们。但是海边也存在着危险，因此在这章里就给大家介绍海边度假的安全常识。

（一）海边度假的常识

海边度假随身携带的必需品

1. 防晒霜

海边阳光一般比较强烈，甚至比较"毒辣"，所以一定要用防晒用品保护自己的皮肤不受紫外线侵害。另外，涂抹防晒霜时一定要涂抹均匀，如果被汗水冲掉了，要及时补擦。

2. 墨镜

墨镜可以保护眼睛不受强烈日光侵害。选择墨镜时尽量选择重量轻、不怕摔的树脂运动镜，以便携带。

3. 游泳用具

去海边旅游度假，游泳是不可缺少的娱乐项目之一，所以泳衣、泳裤、泳帽、水镜、浴巾等游泳用具一定要带齐。

海边度假的帐篷

去海边游玩的人很喜欢在户外露营，帐篷变成为了露营中最重要的东西。露营者可依据露营目的、规模和活动内容，妥善选择所需的帐篷种类。

1. 帐篷构造

帐篷主体：帐篷的布幕、支柱及垫子。

支柱：又称为柱子，垂直竖立于地面。有笔直的一条或以两条、三条连接的各种形式。有些管状支柱的弯曲部，需要以铁丝连接起来。

边框：使用于弹头型帐篷或小屋型帐篷，以短杠状材料组合成支柱或栋梁。

栋：帐篷最顶上的部分。

屋顶：构成帐篷倾斜面的部分。

墙壁：帐篷侧面的墙壁部分。有些帐篷根本没有。

挡雨棚：将屋顶的一部分，向前方张开，以其他支柱支撑。

门：为帐篷的出入口。可在另一侧设窗。

地面垫：为帐篷中，铺于地面的垫子。若是湿气重的地方，还需要再铺一层竹席。

飞垫：在帐篷屋顶上，再另铺设的垫子，以遮蔽强烈的日光。即第二层屋顶。

主绳：又称柱绳。由支柱两端分出，作用为避免支柱倾斜，并以钉子固定。

角绳：由帐篷布幕的四角延伸出来，并以钉子固定。

腰绳：由帐篷布幕的屋顶底边延伸出来，并以钉子固定。

钉子：插入地面，以固定绳索和帐篷布幕的底边。有木制、金属制及合成树脂制的。

木槌或铁锤：将钉子打入地面时使用。以木头或金属制成活扣，附于主绳或角绳的零件。缆绳穿过其间的两个小孔，移动即可控制缆绳。

袋子：将布幕和支柱、钉子、木槌收好的布囊。

2. 帐篷的种类

（1）依帐篷的外形将住宿用的帐篷分为别墅式、椎式及屋式三类。

①别墅式系统帐篷

为目前欧美、日本最普遍的家庭休闲帐篷，舒适、美观、坚固，但价格昂贵，须有自家车辆，并适宜较宽阔的营地。

③椎式系统帐篷

其防风性强，轻便，但顶棚低、起居不便，只限 2~3 人使用，可分四角椎及多角锥形。

③屋式帐篷

层式帐篷其特色在于两端有直立的营柱、四角的辅助绳，以及斜面的帐顶。

（A）披式帐

由一块正方形或矩形的防水布加上几个吊带或鸽目（金属圆孔）制成，轻便、易带，可随各种地形、地物而架设，也可作为地布或天幕之用。

（B）翼式帐

前后两根直立式的营柱，左右两侧各为斜面式的帐顶，好像鸟类的两翼般垂下，没有营墙，以一至二人份为宜。架法是先固定四角，再撑起前后营柱即可。必要时可在两侧中央各加上一侧绳。

（C）探察帐

此帐比翼式帐来得高且帐线只及地布长度的一半，如此可增加帐篷内的空间，又可减轻重量，不必侧绳，不带营柱。

（2）按用途分

①夏季使用

属单层，通风良好，是一种雨棚加一层尼龙，它可以抵抗小雨，通常顶盖为通风的纱窗网，底层为尼龙布，有外帐，色彩淡，不会让内部过于日晒令人无法忍受。

②三季使用

非雪期使用的帐篷，大多数有能透气的尼龙内帐和防水外帐，帐门是双层，帐篷内部的湿气可以透出，帐门较大。此种帐篷适用于 3 天至一星期的活动，最好是森林。

③四季使用

此类帐篷的材质较硬，能支撑积雪与强风，双门式，易进出，适于恶劣气候，适用森林界限下的雪期暴风雪环境。

3. 帐篷的挑选

（1）看形状

帐篷从形状上讲，一般分为通道式和圆顶式两种。由于圆顶式帐篷使用较为方便，提供的使用空间比较合理，重量和抗风性也较为理想，因此是如今被采用最为广泛的一种帐篷。圆顶式帐篷的最大优点在于，其抗风性能十分突出。此外，如今还有一种传统 A 字形帐篷，其空间小，但结构简单。

（2）看重量

大多舒适耐用的帐篷，重量都较重。但在符合需求的情况下，自然是越轻越好。一般来说，三人用的四季帐篷会比双人用的三季帐篷重两倍。如果几个同伴共同使用一个帐篷，那么每个人分担的重量最好不要超过 1.5 千克，如果自己背负一个单人帐篷，很可能会超过这一标准。

（3）看支起方式

帐篷的支起方式一般有两种：必须使用地钉和可以不使用地钉的。前者的优点在于节省支竿的数量，重量较轻，而且抗风性能较好；后者的优点在于使用方便，而且可以整体移动而不必重新安装。

（4）看通风性能

一般通风性能较好的帐篷网眼纱帘较多。如果帐篷通风性能不是很好，在里面会感觉十分闷热。

（5）看防水透气性能

一个好的帐篷应当能够兼顾防水透气两方面的要求。这是因为，尽管帐篷防水性能的重要性毋庸讳言，但是如果一个帐篷仅仅防水性能很好，透气性能却很差，那么有可能使得呼出的水汽凝结在帐篷壁上，然后流下来濡湿睡袋。

帐篷一般分为单层和双层两种。对于单层帐篷来说，如果帐篷面料是防水不透气的，这种帐篷只能在气候条件很好的情况下使用，因为只有在这种条件下才能打开门窗通风；如果帐篷面料被标榜为既防水又透气，您也不要过于乐观，您仍需要有意地加强人工通风。对于双层帐篷，内层一般采用透气不防水的材料，而外层则采用防水材料制成，而且内外两层材料一般并不接触，这样就较好地兼顾了防水透气两方面的要求。

海边度假营地的选择

1. 避开涨潮位置

到达营地前先观察或询问当地人海水涨潮时将达到的位置，避免将帐篷支搭在潮水可能涉及的地方。在太阳下山的时候搭设帐篷，可避免晒蒸笼的感觉。

2. 平整和清理沙地

用沙子将地势低处简单铺平，尽可能使沙地保持水平和清除贝壳、石头、人造物品的碎片等。

3. 尽量靠近人群

虽然人多的地方比较吵闹，但是也要避免独处，尽可能离人群居住地近些，避免意外情况发生。

远离有滚石的山坡，以免物体滑落砸伤人。四周地势要平坦，还要矮于架设帐篷地带，以防雨天被淹。选择无草、无树或离草、树1.5米以外最佳。远离高台，防止夜间出行危险。

在选择好露营地后，要用硫磺（防蛇）或杀虫剂在露营地四周进行喷洒，防止有海虫类进入露营地伤害自己。

帐篷的使用

1. 帐篷的搭建

首先选择营地，把帐篷的内帐平铺在地上，但也有一些先把外帐支起来在钻到里面挂内帐的，把折叠的账杆取出来，一节节拉直，接成一根长杆，按照说明书穿进帐篷上面的账杆套里。常见的是十字穿法。

两根杆都穿好后，把每根杆的一头插进帐篷角上的小孔里，然后两个人同时拿住活动的两个头，往杆网里顶，让帐篷拱起来，一直到能把这边的头也插进小孔里，插进去后，帐篷的形状就成了。把账杆的交叉处用绳子拴一下，就可以一个手举着这个庞然大物先照张相了。然后选好门的方向，就可以把帐篷固定在地上了。用地钉，钩住四角的环插进土里，要让帐底伸展开，整个帐篷紧绷绷的。

把外帐打开，蒙在内账上，要注意内帐、外帐的门要朝一个方向，四个角挂在内帐的四个角上；也有的是把外帐的四个角也用地钉钉在内帐四角附近，看看外帐是否还有挂环可以钉地钉，要让外帐也紧绷绷的。

外账上还有一些绳子，是用来加固帐篷的，没有大风一般可以不拉。

2. 帐篷的拆除

收帐篷先拆外帐，把内帐的地钉拔掉后别急着拆账杆，要把门打开，把帐篷举起来抖抖，把里面的土倒掉。然后放在地上，把两根帐杆都摘下一个头，这就可以把帐篷铺平，再把帐杆从一头推出来，别拉，帐杆是插起来的，一拉就散了。最后把账杆折叠起来，内外帐收好放回袋子。

3. 使用帐篷的注意事项

帐篷的入口要背风，四角要用大石头压住。

为避免下雨时帐篷被淹，应在篷顶边线正下方挖一条排水沟。

帐篷内应保持空气流通，在帐篷内做饭要防止着火，晚间临睡前要检查是否熄灭了所有火苗，帐篷是否固定结实了。

帐篷内禁止吸烟、禁止明火。

各人物品例如鞋子、游泳用品等睡觉时都要放入帐篷内，以免被清晨海边的拾荒者拿走。

夜间出入帐篷时，要先用灯光进行检查，防止危险。

（二）海边度假的运动方式

游泳

游泳运动，男女老幼都比较喜欢，游泳可以磨炼人的意志、锻炼人的身体。去海边度假的人，了解一些游泳安全常识，是十分必要的。

1. 蛙泳

蛙泳是一种模仿青蛙游泳动作的游泳姿势，也是最古老的一种泳姿。蛙泳时，游泳者可以方便观察前方是否有障碍物，避免撞上障碍物。蛙泳是第一个作为比赛的泳式，而且自由泳及蝶泳也是从中发展出来的。

2. 仰泳

仰泳包括反蛙泳和爬式仰泳。

（1）反蛙泳

反蛙泳是最早出现的一种仰泳，动作近似蛙泳，而身体姿势相反。即人体仰卧水面，两臂从头后经体侧向后划水。最初几届奥运会上的仰泳比赛都是采用反蛙泳姿势。

（2）爬式仰泳

爬式仰泳的配合动作与自由泳相同。基本技术包括身体姿势、腿和臂的动作，以及呼吸与动作配合等方面。

3. 蝶泳

蝶泳技术是在蛙泳技术动作基础上演变而来的。当蛙泳技术发展到第二阶段时，也就是 1937—1952 年这一时期，在游泳比赛中，有些运动员采用两臂划水到大腿后提出水面，再从空中迁移的技术，从外形看，好像蝴蝶展翅飞舞，所以人们称它为"蝶泳"。

冲浪

1. 什么是冲浪

冲浪是冲浪者站立在冲浪板上，或利用腹板、跪板、充气的橡皮垫、划艇、皮艇等驾驭海浪的一项水上运动。不论采用哪种器材，运动员都要有很高的技巧和平衡能力，同时要善于在风浪中长距离游泳。

冲浪

冲浪运动以浪为动力，要在有风浪的海滨进行。海浪的高度要在 1 米左右，最低不少于 30 厘米。

2. 冲浪板

最初使用的冲浪板长 5 米左右，重 50~60 千克。现在用的冲浪板长 1.5~2.7 米、宽约 60 厘米、厚 7~10 厘米，板轻而平，前后两端稍窄小，后下方有一起稳定作用的尾鳍。为了增加摩擦力，在板面上还涂有一种蜡质的外膜。全部冲浪板的重量只有 11~26 千克。

3. 冲浪过程

冲浪时运动员先俯卧或跪在冲浪板上，用手划到有适宜海浪的地方做起点。当海浪推动冲浪板滑动时，运动员使冲浪板保持在浪峰的前面站起身体，两腿前后自然开立，两膝微屈，随波逐浪，快速滑行。

4. 冲浪注意事项

冲浪板由外海冲回岸边距离水深约 30 厘米时，立即下板，避免冲浪板直接冲击到石头上。冲浪板跟海浪在撞击的时候，千万不可用手去拉安全脚绳和冲浪板，以免手被拉伤。

冲浪最好的浪形以中间崩溃往两边斜面推进的海浪最好，最危险且最不好的浪是以一排涌起瞬间崩溃的海浪，此时请上岸休息。

在海中冲浪时如果看到水母出现，或是被水母咬到，要赶快上岸休息。

冲浪时如果碰到往外海外面拉出去的海流时，要以斜面方向跟着海流走，把握海浪，千万不要把安全脚绳丢掉用游泳的游回来，请趴在浪板上休息等待救援。

潜水

1. 潜水的种类

（1）潜水的普通种类

①由使用的潜水器的不同潜水种类分为：硬式潜水、软式潜水、半闭锁回路送气式、应需送气式、自给气式。

②由潜水方式不同潜水种类分为：非饱和潜水、饱和潜水。

③由呼吸气体种类不同潜水种类又分为：空气潜水、氮气和枣氧气混合气体（人工空气潜水）、氦气枣氧气混合气体（人工空气潜水）、氢气枣氧气混合气体（人工空气潜水）、其他混合气体。

（2）潜水的特殊种类

①高氧潜水

"高氧"潜水/"富氧"潜水等，不同的名称均译自于"ENRICHEDAIR"这个名词，它指的是以高于空气中氧气含量（>21%）的氧气与氮气所组成的混合气体，我们以"NITROX"或"氮氧混合气"称之，通常采用 22%～40%氧气，再混合氮气来做休闲潜水之用。

②自由潜水——不带气瓶潜入海洋

对许多人来说，"AIDA"（阿伊达）是威尔第一部歌剧，有一个肺活量惊人的女歌手的表演，而对另一些人来说，"AIDA"是一个自由潜水者的组织。何谓自由潜水？就是不携带气瓶而尽可能深地潜入海中，像鱼一样。

自由潜水中最纯粹的一种叫"恒定重量"潜水，指潜水者下潜与浮上来时保持自身所受重力不变，与之相对应的称为"无限制潜水"，潜水员下潜时借助重力装置，浮上来时借助浮力装置。当然，这两种潜水都需要有背着气瓶的向导。

③水肺潜水

为了能较长时间地在水下连续潜水，人们要携带填充了压缩空气的气瓶潜入水里，这种方式就是水肺潜水。

此时，潜水者吸的是气瓶内的空气。常有人误以为潜水者携带的这种气瓶为氧气瓶，其实这种认识不对。

水肺潜水可以让你随心所欲地在水中悠游，不过在有限的空气使用完毕之前就要浮出水面了。

2. 潜水器材

要潜水就会需要用到潜水装备，简单来说，潜水装备可以分为轻装备和重装备两类。轻装备指的是面镜、呼吸管和脚蹼——潜水三宝，你在浮潜时有这几件装备就可以了，而水肺潜水则还需要有重装备，指的是浮力调节装置（BC）、呼吸调节器、潜水仪表、气瓶等。潜水装备有无数的款式和颜色，你可以根据潜水的形式、目的、自己的喜好和身体特点来选择不同特性的装备。

（1）面镜——水底世界的窗口

欣赏水底世界的窗户。尝试在水中睁开眼睛，能看见的只是一片模糊的景象，这是因为水的密度比空气大，光线到了水中会有折射。而眼睛的焦距是根据空气中的光线来调节的，因此，面镜使你的眼前保留了空腔，让你有清晰的视线。面镜与游泳眼镜最大的不同在于前者不仅罩着眼睛还罩着鼻子，这是因为潜水时为了防止挤压，需要平衡鼻腔内的压力，所以游泳眼镜不能用于潜水。

一般的面镜由强化的安全玻璃镜片、贴合脸型的橡胶或硅胶群边及可固定位置的调整头带组成。强化的安全玻璃镜片可以防止破碎成有高度危险的细长玻璃碎片。群边的材质硅胶要强于橡胶，这是因为硅胶比橡胶耐用3~4倍，不容易使皮肤过敏，更为柔软和舒适。有些面镜设有排水阀，是个单向活门用来排除面镜内的积水。选择面镜的最重要的两点就是合适和舒适与否，其他器材也是如此。一个不合适的面镜可能会漏水还可能引起过敏，减少很多潜水的乐趣。

测试面镜合适与否，只要将面镜轻轻放在脸上，（不必带上头带）然后用鼻子吸气，合适的面镜会紧贴在脸上直到你呼气。还有一点需要注意的是，要确定你能轻易地在面镜外捏住鼻子。面镜的样式多种多样，有单片镜片、两片镜片和多片镜片很多种，通常只有两片镜片的款式配有可矫正视力的镜片。

在面镜的第一次使用前可用沾有牙膏的软布轻轻擦拭镜片的两面以去除保护油膜。面镜在每次使用后需要用清水充分清洗，放置在干燥通风的地方，不要受到阳光直射。如果你是在海水中使用了面镜，最好能用温水浸泡数分钟，以防有腐蚀性的盐垢产生。如果你无法在使用后马上清洗，最好把面镜放在水中，因为干掉的盐分很难彻底清除。

（2）呼吸管——轻松呼吸

水肺潜水员在水面休息或游动时使用，以节省气瓶中的空气。

你也许会想，既然水肺潜水有气瓶和调节器，为何呼吸管也是标准装备之一呢？因为首先，当你的水面休息或游泳时，你的脸在水中向下看或找东西时，你可以通过呼吸管呼吸以减少气瓶中空气的消耗。第二，当水面有风浪时，可以利用呼吸管的管口高度通常高于波浪高度而避免让水涌进嘴里。第三，如果你在远离船只或岸边的地方出水，而气瓶中的空气又所剩无几，呼吸管能使你较轻松地游回船上或岸上，你的脸可以自然地放在水中。而在浮潜时，呼吸管更是必需的装备，你可以不用抬头在水里呆上整整一天。

一般的呼吸管设计是一端开口，另一端是有咬嘴的弯管。呼吸管的上半部（管身）通常是半硬的塑料管，下半部的咬嘴多由硅胶制成。一个合适的呼吸管要有适当的曲度（适合你自己的脸型），内径2厘米左右，长度30~35厘米。合适的呼吸管除了舒适外还要呼吸容易。试用时，可以将咬嘴放在嘴唇与牙齿之间，将管身靠在左耳前，咬嘴应该合适舒服，不会擦伤嘴部或造成下巴疲劳，并且，含在嘴里是平直的。

（3）蛙鞋（脚蹼）——提供强大的前进动力使游动不费力

脚蹼宽大的面积能提供给你强大的动力，使你不必靠划动双手以产生动力，使得双手能解放出来从事其他工作。脚蹼主要分为无跟和套脚型两种。套脚型脚蹼一般用于温暖水域或浮潜。无跟脚蹼要与潜水靴一起使用。大而坚硬的脚蹼使用起来速度快，但容易疲劳和抽筋，小而柔软的脚蹼缺少推动的力量。

脚蹼有不同的材料、设计和特点。脚蹼的设计包括有：龙骨，用来增加脚蹼的硬度和平衡；排水孔，减低对脚蹼的阻力以增加效率；导流沟，让水平滑地滑过脚蹼，增加速度。选择脚蹼要根据你的体型、体力和潜水的环境，重要的是舒服和合适。

（4）浮力调整装置

在任何深度保持中性浮力。

（5）水肺气瓶

供水中呼吸之用。

（6）调节器

将水肺气瓶内的空气减低到可用的程度。

（7）综合仪表

将时间、深度、方向、温度及空气供应量综合在一起，起到一目了然的作用。

（8）潜水衣

保持身体温度，并防止碰伤及擦伤。

4. 潜水运动的意义

（1）强身健体

潜水时，由于水的压力、阻力、浮力和较低水温的作用，使人体的各部分器官都得到锻炼。经常下水进行锻炼能改善体温、调节能力，以适应外界气温变化的需

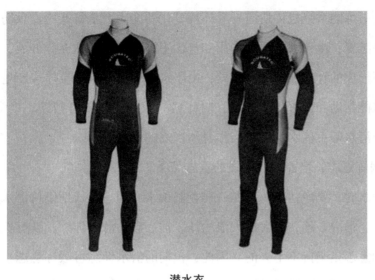

潜水衣

要。加之潜水时肌肉活动要消耗热量,人体必须尽快补充热量,从而促进了体内新陈代谢的加强。

潜水运动对于提高人的心肺功能有显著作用。人站在齐胸深的水中,感觉呼吸急促,比在陆上费力,是因为胸腔和腹腔受到水的压力,这就迫使呼吸肌必须用更大的力量来完成呼吸动作。经常锻炼,可增强呼吸系统的机能,扩大胸部活动幅度,增大肺的容量。

潜水时,由于水对皮肤的压力和按摩作用,肢体的血液易于回流心脏,加之心跳频率加快,心血输出量大大增加,长期从事游泳锻炼,心脏体积呈现明显的运动性增大,收缩更加有力,血管壁增厚,弹性加大,安静时心率徐缓。同时,还能刺激血液中运输氧气的血红蛋白量的增加,从而提高人体摄氧能力。

水的阻力比空气阻力大得多,在水中向前游进要花较大的力量。坚持潜水锻炼,还能提高肌肉力量、速度、耐力和关节灵活性,使身体得到协调全面发展,体形匀称,肌肉富有弹性。潜水时消耗热量大,能有效地消耗身体的脂肪,长时间潜水也是减肥的一种好方法。

(2) 防病治病

潜水训练能有效地增强体质,因而也是防病治病的手段。潜水时,由于冷水的刺激，长期锻炼能增强机体适应外界环境变化的能力，抵御寒冷，预防疾病，所以潜水者不易感冒；由于水的浮力作用和身体平卧水面，脊柱充分伸展，对防止长时间坐、立而形成的脊柱侧弯颇有益处；由于水流和波浪对全身体表产生特殊的按摩功效，潜水能帮助和促进功能恢复，对瘫痪病人的康复很有帮助。很多康复中心，都将游泳、潜水等一些水中运动当作身体恢复的重要手段。

（3）锻炼意志，培养勇敢顽强的意志品质

初学潜水时，要像初学游泳时一样克服怕水心理，要长期坚持潜水，就要克服怕苦、怕累、怕冷心理，在大风大浪的江、河、湖、海中训练，没有勇敢顽强的精神和坚强的意志是坚持不下去的。因此，长期的潜水训练可锻炼意志，培养勇敢顽强、吃苦耐劳、不怕困难的品质。

（4）休闲娱乐，促进身心健康

潜水可以不拘形式与内容，不受年龄、性别限制，不但能使肌肉得到放松，而且使紧张的神经得到松弛，心情舒畅，身心健康。

（5）为生产、国防服务

潜水在生产建设上有很高的实用价值，许多水上作业，如水利建设、防洪抢险、渔业等，都要掌握潜水技能才能克服水的障碍，更好地完成生产建设任务。

在国防建设上，潜水是军事训练项目之一。经常进行潜水训练，能锻炼意志，加强组织纪律性，培养勇敢顽强和吃苦耐劳的精神。广大军民掌握过硬的潜水本领有利于战时杀敌，保卫祖国。

在海边捡拾贝壳

1. 什么是贝壳

贝壳是软体动物的外套膜，具有一种特殊的腺细胞，其分泌物可形成保护身体柔软部分的钙化物。

贝壳的数量、形状和结构差异很大。

具有 1 个呈螺旋形壳的，如蜗牛、螺、鲍；

贝壳

具有 2 片瓣状壳的，如蚌、蚶；

1 块贝壳被包入体内的，如乌贼、枪乌贼。

2. 贝壳结构

贝壳的主要成分为 95% 的碳酸钙和少量的壳质素，一般可分为 3 层。

（1）内层

内层为珍珠层，也就是底层，由外套膜整个表面分泌的叶片状霰石叠成，具有美丽光泽，可随身体增长而加厚。

（2）中层

中层为棱柱层，即壳层。较厚，由外套膜边缘分泌的棱柱状的方解石构成。外层和中层可扩大贝壳的面积，但不增加厚度。

（3）外层

外层为黑褐色的角质层，即壳皮，薄而透明，有防止碳酸侵蚀的作用，由外套膜边缘分泌的壳质素构成。

3. 贝壳的价值

（1）装饰生活

海边拾回来的贝壳，光滑、圆润、亮闪闪。一个个小小的贝壳，稍稍加工一下，穿起来，吊在墙壁上，十分漂亮。也可把壳片穿起来，做成一道帘子，装饰在

窗前。

（2）用于商业

蛤蚌等有壳动物的外壳，具有珍珠般的虹彩光泽，因而被用于珠宝业，制作项链、服装珠纽扣等，甚至安装在首饰上，更多用于制作贝雕、拼贴画、镶嵌刀柄等。

沙滩排球

20 世纪初排球运动逐渐移到室外。由于它的运动量可大可小，参加人数可多可少，引起了男女老幼的喜爱。在海滨、游乐场、体育场到处都能见到排球。

沙滩排球最早出现在 20 年代美国的加利福尼亚州，其在美国的开展比竞技排球更为广泛，被视为美国排球的"国粹"。一到夏季，人们便涌向海滩，架起球网，在柔松的沙滩上，充足的阳光下，尽情地跳跃、滚翻、鱼跃。人们还把游泳、冲浪、打排球结合起来，享受着大自然赋予人类的乐趣。

后来这种海滩娱乐形式被越来越多崇尚户外运动的人所喜爱，并逐渐风靡美洲的巴西、阿根廷，大洋洲的澳大利亚、新西兰以及地中海沿岸国家。随着时间的推移，沙滩排球的观赏性越来越强，参与沙滩排球的人数呈几何数字增长。沙滩排球规则逐步建立，4 人制、3 人制、2 人制代替了 6 人制，绳子代替了划线，沙滩排球逐渐演变成一种竞技体育活动，并深得人们的喜爱。

1993 年在国际奥委会第 101 次代表会上，沙滩排球被确定为奥运会的正式比赛项目。

沙滩排球的基本规则、场地大小、排球大小、得失分和交换发球权等方面与室内排球运动基本一样。细洁柔软的场地，长宽各为 18 米和 9 米，但场内没有发球区和前后排的限制。这项运动更具休闲和娱乐性，你对种种规则大可置之不理，甚至可以自定规则，对于服装的要求也非常宽松，只要愿意，背心、短裤、遮阳帽、太阳镜随意穿戴，对自己身材有信心者，比基尼应该是最佳选择。对于大多数人而言，沙滩排球的魅力在于轻松随意和热闹有趣。

沙滩排球

沙滩排球是由两人组成的单一队伍，在铺沙场地上隔一球网进行的运动。而在特殊环境下，适用各种不同版本的规则，以期对大众展现这项运动的多样性。

本项运动的宗旨在于将球击过网，落在对方场地上得分，同时防止球在己方场地落地。

每一队各有三次机会将球击到对方场区（包括拦网在内）。

比赛是由发球开始进行：亦即由一方将球击到对方场地。而每一球地来回持续到该球落地，出界或其中一队无法正确将球击回对方场地为止。

（三）海边度假的注意事项

儿童和老年人游泳注意事项

1. 儿童游泳注意事项

孩子在游泳池、海边游泳时，常常会出现鼻子呛水、眼睛进沙子、耳朵进水、腿抽筋、肚子痛等情况。因此，让孩子学会应急处理的方法，了解游泳前后的注意事项，是十分必要的。

（1）鼻子呛水

鼻子进水有两种情况：一是一个鼻孔进水，二是两个鼻孔都进水。

一个鼻孔进水时，堵住没有进水的鼻孔用力往外出气；两个鼻孔都进水时，要张开两个鼻孔，用力往外出气。

（2）眼睛进沙子

眼睛进沙子切忌用手揉，而要立即用清水冲洗，并不停地眨眼，让沙子顺水流出。如果冲洗后还是感到眼睛疼痛，要及时去医院治疗。

（3）耳朵进水

①可以采用单脚跳的方法，使水顺耳道流出。

②也可用棉签吸出水分。

③可连续用手掌压迫耳屏或用手指牵拉耳郭。

④可反复地做张口动作，活动颞颌关节，使水向外从外耳道流出。

另外，游泳之前，要确保耳内清洁，以防引发中耳炎。

（4）腹痛

如果发生腹痛现象，千万不要慌张，等到腹痛缓解后及时上岸，设法暖和一下身体。如果感到不舒服，最好喝些热茶或热饮料。

（5）腿抽筋

游泳时可能腿部会突然抽筋，如果不及时处理，就可能发生危险。腿抽筋时可用手将抽筋的腿的脚趾向背侧弯曲，使痉挛松懈，然后慢慢游向岸边。

2. 老年人游泳注意事项

很多老年人选择游泳来健身和预防疾病，但老年人年岁较高，身体状况和应变能力都受到一定限制，所以游泳时需要注意的事项也就很多。

中老年人游泳时，一定要有人陪伴或保护，不要独自去游泳。采用游泳来治疗患有慢性病的中老年人，一定要遵照医生嘱咐。

游泳前，要在陆地上做几节操，使身体各部器官有所准备，特别是四肢和各关节要活动好，使身体感到有暖意。

身上有汗时，不要立即下水，应擦干后再下水游泳。上岸休息时，一定要先将水擦干，有风时披上毛巾或浴巾，不要在穿堂风口处停留，防止感冒。

游泳时一定要量力而行。初学游泳的中老年人，开始时不要在水中停留时间过长，一般以 15~20 分钟为宜，学会后再增加时间。

海边游泳前的准备

在海边游泳时，要涂抹防晒霜，以保护皮肤；下水前最好戴上眼镜，以防感染结膜炎等疾病；下水前还要使用耳塞，以免水进入耳朵内，引起中耳炎。

下水之前要做一些准备工作，例如模仿一些游泳动作，活动四肢，然后再入水游泳，这样可以避免着凉、抽筋。

海边游泳注意事项

1. 剧烈运动后不要游泳

剧烈运动后，体内热量消耗很大，一般会感觉很热，有些人喜欢剧烈运动后游泳解热，但这样会使心脏负担加重，容易引起感冒、咽喉炎等病症。

2. 饭前、饭后和酒后不要游泳

饭前空腹游泳会影响食欲和消化功能，也可能在游泳中发生头昏乏力等意外情况；饭后游泳也会影响消化功能，可能还会出现呕吐、腹痛、胃痉挛等症状；酒后也不能游泳，酒精能抑制肝脏正常生理功能，妨碍体内葡萄糖转化及储备，从而发生意外。

3. 没做准备活动不要游泳

通常情况下，游泳的水温要比体温低，因此，下水前必须做相应的准备活动，否则易使身体不适，发生意外。

4. 游泳时间不要过长

起初入水，会感觉水温很低，皮肤血管收缩，肤色呈苍白。在水中停留一定时间后，体表血流扩张，皮肤由苍白转呈浅红色，肤体由冷转暖。但停留过久，体温热散大于热发，皮肤会出现鸡皮疙瘩和寒战现象。游泳时间一般在 1.5~2 小时之间。

5. 游泳后不要暴晒

游泳后，有些人习惯在太阳下暴晒，长时间暴晒会产生晒斑，或引起急性皮炎，亦称日光灼伤。为防止晒斑的发生，上岸后最好用伞遮阳，或到有树荫的地方休息。

6. 游泳后不要马上进食

游泳后由于体力消耗，可能会感到疲劳饥饿，但不宜马上进食，应休息片刻再进食，否则会突然增加胃肠的负担，容易引起胃肠道疾病。

7. 游泳后要注意卫生

泳后，应立即用软质干巾擦去身上水垢，眼睛滴上氯霉素或硼酸眼药水，擤出鼻腔分泌物。之后，做一下简单的放松运动，避免肌群僵化和疲劳。

不适宜游泳的人

1. 患有皮肤病的人

患有各种类型的癣以及有过敏性皮肤病的人不适宜游泳。患有皮肤病的人游泳，不仅会诱发荨麻疹、接触皮炎等，还会加重病情。

2. 患有心脏病的人

如先天性心脏病、严重冠心病、风湿性瓣膜病、较严重心律失常等患者，要对游泳"敬而远之"。

3. 患有高血压的人

特别是顽固性的高血压，药物难于控制，游泳有诱发中风的潜在危险，应绝对避免。

4. 患有中耳炎的人

不论是慢性还是急性中耳炎，水进入发炎的中耳，就等于"雪上加霜"，使病情加重，甚至可使颅内感染。

5. 患有急性眼结膜炎的人

眼结膜炎病毒，在游泳池里传染速度和传染范围是相当快的。在该病流行季节即使是健康人，也应避免到游泳池内游泳。

不适宜游泳的情况

1. 一个人时

没有同伴，单身一个人去游泳，很容易出问题。学生游泳应该有家长或成年人陪同，否则，要禁止外出游泳。

2. 生病时

身体患病的人容易在游泳过程中精神疲倦、身体无力，极易发生危险。

3. 剧烈运动后

剧烈运动后，不能立即跳进水中游泳，尤其是在满身大汗，浑身发热的情况下，立即下水，容易引起抽筋、感冒或意外。

4. 恶劣天气时

如雷雨、刮风、天气突变等情况下，也不宜游泳。

划船注意事项

用桨撑岸把船顶离岸边后，注意重心保持稳定，不要左摇右晃，尽量避免做危险动作，以避免翻船。

划桨时手握桨杆，右手实握，左手虚握，把手臂伸直与眉齐高，在划行过程中始终保持这一高度，桨涡与水面成45度角。

开划时腰部转动带动手臂用力，桨向侧后方向成45度角划动。身体不要上下摆动，应当平行摆动，尽量保持重心平稳。水下有暗礁时不要强行通过，必须减速绕道，避免翻船。不要朝人游泳的方向加速划行，以免碰伤游泳的人。

回程靠岸时要减慢划行速度，离岸很近时，应尽量调整船身与岸平行，然后用桨撑住岸边，减轻冲力，以免船体冲撞到岸边造成不必要的损伤。

潜水的注意事项

经常参加潜水锻炼可以增强体质，但是如果不注意时机就会损害健康，甚至危及生命安全。下列几种情况是不宜立即下水的。

1. 饱食后不宜

饱食后消化器官的活动增强，此时若下水，血液将首先满足肌肉活动的需要，消化器官的供血必然不足，将降低消化器官的功能，影响食物的消化和吸收。此外，由于水的刺激，胃肠的蠕动受到限制，容易引起胃痉挛，出现腹痛或呕吐。因此，饱食后一般应休息 30 分钟以上再下水活动。

2. 饥饿时不宜

与此相反，空腹饥饿时也不宜下水。潜水时能量消耗大，如果肚中饥饿，体内血糖浓度下降，不能及时提供足够的能量以满足运动和维持正常体温的需要，会出现头昏、四肢无力等症状，严重时甚至会昏厥。因此，饥饿时不要下水。如果是长时间、长距离的游泳，在中途最好能补充一些营养成分高且容易消化吸收的饮料。

3. 剧烈运动或重体力劳动后不宜

剧烈运动或重体力劳动后，身体处于疲劳状态，肌肉的收缩和反应能力减弱，动作不易协调。此时若下水，会造成疲劳的积累，易引起呛水、肌肉痉挛，甚至发生溺水事故。此外，剧烈运动刚结束，人体新陈代谢尚未恢复正常，体温较高，出汗量大，身体处于最不稳定状态。此时若下水，身体突然受到冷水的刺激，体温急剧下降，抵抗力减弱，容易引起感冒。因此，在剧烈运动或重体力劳动后，必须经过充分的休息，待体力恢复正常后方能下水。

4. 饮酒后不宜

酒中所含的乙醇对人的神经系统有麻醉作用，会使人体的功能下降，身体的反应能力减弱，动作协调性变差。这时下水就无法清醒地处理可能发生的意外情况，很容易发生溺水事故。另外，饮酒后皮肤血管扩张，大大加快了体内热量的散发，容易引起伤风感冒而损害健康。因此，酒后千万不要马上下水。

5. **不能学潜水的人群**

学习潜水的要求是身体健康，没有以下禁忌证：曾经接受过中耳手术，或眼角膜手术；有肺部受伤病史，尤其是自发性气胸者；严重的肺部阻塞性疾病，如慢性肺气肿或严重哮喘病者；肺泡有先天性憩室或肺部水泡病者；有癫痫或抽筋病史者；经常性的晕倒而原因不明者；有心脏冠状动脉疾病，如心绞痛或曾有心肌梗塞病史者；有红血球病变，如镰刀型红血球贫血者；胰岛素依赖型糖尿病患者；长期酗酒或药物成瘾者；有精神疾病者。

有上述问题的人，不能承受太大的运动或心理上无法适度调试，容易发生危险，所以不适合潜水，但是你可以学习浮潜，在能见度好的地方，浮潜也能享受到大海给你带来的礼物。

（四）海边度假遇险自救

水中意外情况自救

1. 身陷漩涡

（1）容易出现漩涡的地方

①在河道突然变宽、变窄和骤然曲折处。

②水底有突起的岩石等阻碍物。

③有凹陷的深潭或河床高低不平处。

④山洪暴发、河水猛涨时，漩涡最多。

（2）身陷漩涡的自救

如果已接近漩涡，切勿踩水，应立刻平卧水面，沿着漩涡边，用爬泳快速地游过。因为漩涡边缘处吸引力较弱，不容易卷入面积较大的物体，所以身体必须平卧水面，切不可直立踩水或潜入水中。

2. 水草缠身

（1）容易出现水草的地方

靠近江、河、湖、泊的岸边或较浅的地方，一般常有杂草或淤泥，游泳者应尽量避免到这些地方去游泳。

（2）水草缠身自救法

①首先要镇静，自己无法摆脱时，应及时呼救。

②切不可踩水或手脚乱动，否则就会使肢体被缠得更难解脱，或在淤泥中越陷

越深。

③用仰泳方式顺原路慢慢退回。或平卧水面，使两腿分开，用手解脱。

④试着把水草踢开，或像脱袜那样把水草从手脚上捋下来。摆脱水草后，轻轻踢腿而游，并尽快离开水草丛生的地方。

5. 疲劳过度

（1）疲劳过度的后果

游泳疲劳过度，容易造成抽筋或因体力不支而溺水。

（2）疲劳过度的自救

①觉得寒冷或疲劳，应马上游回岸边。

②如果离岸甚远，或过度疲乏而不能立即回岸，就仰浮在水上以保留力气。

③有人救护时，要举起一只手，放松身体，不要紧抱着拯救者不放。

④如果没有人来，就继续浮在水上，等到体力恢复后再游回岸边。

4. 水中抽筋

（1）抽筋的主要部位

一般小腿和大腿抽筋的频率较高，但有时手指、脚趾及胃部等部位也会发生抽筋。

（2）抽筋的原因

①下水前没有做准备活动或准备活动不充分，身体各器官及肌肉组织没活动开。

②水凉刺激肌肉突然收缩。

③下水后突然做剧烈的蹬水和划水动作。

④游泳时间过长，体力消耗过多，游泳动作不协调等。

（3）抽筋的自救

游泳时发生抽筋，千万不要惊慌，一定要保持镇静，停止游动，仰面浮于水面上，并根据不同部位采取不同方法进行自救。

①小腿抽筋时，可使身体成仰卧姿势，用手握住抽筋腿的脚趾，用力向上拉，

使抽筋腿伸直，并用另一腿踩水，另一手划水，帮助身体上浮，这样连续多次即可恢复正常。

②上腹部肌肉抽筋，可掐中脘穴（在脐上四寸），配合掐足三里穴，还可仰卧水里，把双腿向腹壁弯收，再行伸直，重复几次。

③两手抽筋时，应迅速握紧拳头，再用力伸直，反复多次，直至复原。如单手抽筋，除做上述动作外，可按磨合谷穴、外关穴等。

（4）抽筋的预防

①游泳前一定要做好暖身运动，可模仿一些游泳动作，活动四肢。切忌没做任何准备，匆忙跳入水中。

②游泳前要把身体调整到最佳状态，饭前饥饿或饭后太饱及过度疲劳时游泳，都容易导致抽筋。

③游泳时如出现胸痛现象，可用力压胸口，等到稍好时再上岸。

④腹部疼痛时，应立即上岸，最好喝一些热的饮料或热汤，以保持身体温暖。

5. 溺水

游泳时也可能出现溺水现象，所以要特别注意。

（1）溺水原因和症状

溺水主要是气管内吸入大量水分阻碍呼吸，或因喉头强烈痉挛，引起呼吸道关闭。溺水者大多面部青紫、肿胀、双眼充血，口腔、鼻孔和气管充满血性泡沫，肢体冰冷，脉细弱，甚至抽搐或呼吸心跳停止。

（2）溺水的自救与救助

①溺水自救

当发生溺水时，不要慌张，除大声呼救外，可仰卧头部向后，使鼻部可露出水面呼吸。不要将手臂上举乱扑动，这样反而使身体下沉更快。

②急救溺水者

发现溺水者时，不要贸然去救人，匆忙救人可能被溺水者抓住带入水中，十分危险。救护者可迅速游到溺水者附近，观察清楚位置，从其后方出手救援。或投入木板、救生圈等让落水者攀扶上岸。

把溺水者救上岸后，在现场立即实施如下急救措施：

①立即清除溺水者口鼻内的污泥、杂物，保持其呼吸道通畅。

②迅速进行控水。把溺水者放在斜坡地上，使其头向低处俯卧，压其背部，将水控出。如无斜坡，救护者一腿跪地，另一腿屈膝，将患者腹部横置于屈膝的大腿上，头部下垂，按压其背部，将口、鼻、肺部及胃内积水倒出。

③对呼吸已停止的溺水者，应立即进行人工呼吸。将溺水者平放，保持其仰卧姿势，一手捏住溺水者的鼻孔，一手掰开溺水者的嘴，深吸一口气，迅速口对口吹气，反复进行，直到恢复呼吸。吹气的频率以每分钟 16~20 次为宜。

④如果溺水者呼吸心跳均已停止，应立即进行人工呼吸和胸外心脏按压。进行胸外心脏按压时，将手掌根部置于胸骨中段，缓缓下压，然后快速放松，频率在每分钟 80~100 次为宜。

（3）溺水的预防

游泳，是广大青少年喜爱的体育锻炼项目之一。然而，不做好准备、缺少安全防范意识，遇到意外时慌张、不能沉着自救，极易发生溺水伤亡事故。

①不要独自一人游泳，最好集体组织外出游泳，以便互相照顾。更不要到陌生水域去游泳。

②对自己的水性和身体健康状况要有自知之明，下水后不能逞能，不要贸然跳水和潜泳，更不能互相打闹，以免喝水和溺水，不要在急流和漩涡处游泳。身体素质较差者，游泳时间不宜过长。

③做好下水前的准备，先活动活动身体，如水温太低应先在浅水处用水淋洗身体，待适应水温后再下水游泳。

④游泳时如果突然觉得身体不舒服，如眩晕、恶心、心慌、气短等，要立即上岸休息或呼救。

海边防蚊叮

去海边游玩，防蚊叮是十分必要的，如果不做好准备工作，全身就会"伤痕累累"。

1. 蚊子种类

（1）伊蚊

伊蚊蚊体黑色间白斑，停留时，蚊体与墙面平行，常在清水小容器中产卵，卵黑色，分散沉在水底，孑孓和库蚊幼虫一样，均倒挂在水中。

（2）按蚊

按蚊蚊体灰色，翅上有黑白斑点，停留时腹部尾巴高高翘起，蚊体与坪面成一斜角，蚊卵分散产于不大流动的清水中，孑孓平行浮在水面。

（3）库蚊

库蚊蚊体棕黄色，两翼透明，停留时，蚊体与墙面平行，在污水中产卵，卵几十个集结成块，浮在水面，孑孓成角度斜倒挂在水中。

2. 蚊子习性

蚊子的发育过程分卵、幼虫、蛹和成蚊四个时期。前三个时期都生活在水中。

蚊子一生可活1个月左右，越冬蚊子可活两、三个月。一只雌蚊一生能产卵3~4次；每次产卵150~250粒，从卵孵化至成蚊，最快要7天，最长达26天，一般要12天左右，一只蚊子一年可传5~10代。

3. 避免蚊叮方法

为了避免被蚊子叮咬，最好穿着透气吸汗的棉质浅色衣服，一般蚊子对鲜艳的和深色衣服较敏感；因为蚊子喜食花蜜露，所以尽量少使用带花香的物品；多吃水果蔬菜，降低身体所排出的汗液酸性浓度；注意个人卫生，勤洗澡、勤换衣服。

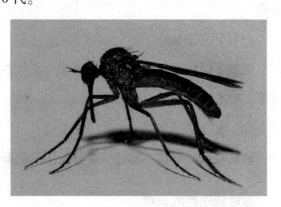

蚊子

4. 驱蚊法

（1）熏烟驱蚊

在房间内，用一些木屑，最好是有芳香味的木屑，放在铁罐里，在木屑上放几块烧红的炭，再放一些干的柑橘、橙或柚子皮在面上，燃烧后会散发出十分强烈的气味可驱蚊。

（2）橘红玻璃纸驱蚊

用透光性强的橘红玻璃纸套在 60 瓦的灯泡上，蚊子会四处逃散。

（3）花草驱蚊

可在随身携带夜来香、万寿菊、驱蚊草、薄荷等。

5. 蚊咬后的止痒

人被蚊子叮咬后，都会出现红肿、痒、痛等症状，这时切忌乱抓乱挠，否则容易造成细菌感染。

（1）用盐水、香皂水止痒

用盐水涂抹或冲泡痒处，可使肿块软化，还可以有效止痒。将香皂蘸水涂抹在红肿处，也可在数分钟内止痒。

（2）用花露水、风油精止痒

如果叮咬处很痒，可先用手指弹一弹，再涂上花露水、风油精等，这样也可止痒。

（3）用芦荟止痒

被蚊子叮咬后红肿奇痒时，可切一小片芦荟叶，洗干净后掰开，在红肿处涂擦几下，就能消肿止痒。

（4）用大蒜止痒

被蚊叮后，可扒一瓣蒜，掰开后用蒜的断面涂抹蚊叮处，可止痒消毒。

皮肤晒伤后的治疗

高温天气里，海边阳光强烈，容易晒伤。晒伤时，皮肤容易出现红肿、疼痛、水泡、脱皮，严重者甚至会出现发烧、头痛等情况。

1. 晒伤后的简单处理

如果皮肤轻微发红发烫，可用棉片蘸冰水敷或进行冷水浴，直到皮肤恢复本来的颜色和温度，然后用温和的、滋润性好、富含维生素 E、不含刺激性物质的洁面乳来做清洁，洗完后擦一些保湿水。

如果疼痛红肿，可先用冰水敷，还可以用天然芦荟胶轻轻涂在皮肤上，镇痛消炎。

如果起了疹子，说明皮肤已经晒过敏了，应该避免让皮肤再次受到强烈阳光的伤害。

如果起了水泡就是更严重的晒伤，不要使用任何产品，应该避免摩擦皮肤使水泡破裂，用冰水也要非常小心。要在医生诊断后再涂上消炎药膏，不可盲目用药。

2. 晒伤修复小窍门

晒伤后除涂一些修复化妆品外，也可用蔬菜水果汁或其他生活用品来修复皮肤。

（1）黄瓜汁

黄瓜汁水分丰富，包含的维生素 C 能增强皮肤的再生能力，既可补充皮肤失去的水分，又可治疗脱皮。皮肤晒伤后，可用黄瓜汁敷疼痛的皮肤 10 分钟左右，疼痛自然消减。敷后患处要用水冲洗干净。

（2）西瓜皮汁

西瓜皮汁具有清润的作用，皮肤晒伤后，可以用西瓜皮捣汁，掺入蜜糖做面膜，敷 15~30 分钟，之后用清水洗净脸庞。

（3）蜂蜜

蜂蜜含有丰富的维生素、葡萄糖等，能滋润美白皮肤，还有杀菌消毒的功效，使伤痛早愈合，皮肤恢复光泽。

（4）将芦荟内的汁液，涂在被晒伤的皮肤上，让汁液自然干透便可。芦荟不仅可以帮助受伤的皮肤更快康复，还能立即降热、清凉，防止脱皮。

（5）维生素 E 与润肤膏配合使用。将一粒维生素 E 胶丸切开，将里面的油状物质与一汤匙润肤膏混匀，涂在晒伤的皮肤上便可。

海产品食用注意事项

去海边度假，免不了要品尝各种海产品。海产品不但营养价值高，有些还有一定药用价值，但海产品的食用也有很多注意事项。

1. 海产品的营养价值

（1）含蛋白质

海产品富含蛋白质，鱼、虾、蟹等类海产品其蛋白质含量一般在 17%～20%之间，与淡水鱼相近。其蛋白质中氨基酸组成及含量适合人体需要，是膳食中蛋白质的良好来源。

（2）含不饱和脂肪酸

富含不饱和脂肪酸的海鱼特别是深海鱼如鲑鱼、雪鱼、沙丁鱼等，营养价值很高，可以防治血栓的形成和预防动脉粥样硬化、冠心病等。

海蟹

（3）含微量元素

贝类及海参、海蜇、鱿鱼、章鱼、墨鱼、乌贼等软体动物，富含人体必需的微量元素，尤其是人体容易缺乏的几种微量元素如铁、锌、硒等，其含量高于其他动物性食品数倍甚至是数十倍。

2. 海产品的药用价值

（1）带鱼

带鱼鳞和油有养肝、止血作用。主要用于治疗肝炎、疮疖、痈肿等症。

（2）海鳗

海鳗肉、骨、血、鳔均有杀虫作用。主要用于治疗痔疮、恶疮、白癜风等症。

（3）海龙

海龙全身都有补肾壮阳、散结消肿、舒筋活络、止血、催产等作用。主要用于治疗颈淋巴结核、难产等症。

(4) 海参

海参有海底人参之称。有补肾益精、壮阳疗痿、益气补阴、通肠润燥、消炎止血的作用。

(5) 海带

海带有阻止红细胞凝聚反应、防止血液粘度增大、有助于治疗甲状腺生成的作用。主要用于治疗高血压、心血管疾病、缺碘性甲状腺肿等症。

(6) 墨鱼

墨鱼具有滋肝肾、补血脉、理奇经、愈崩淋、利胎产的作用。主要用于治疗妇科多种疾病，如养血、通经、安胎、利产、止血、催产等。

(7) 鱼鳔

大多由黄鱼的鳔制成。有补肾益精、健脑强筋和止血的作用。主要用于治疗腰膝酸软、遗精滑精、吐血崩漏、外伤出血、健忘等症。

墨鱼

(8) 蛤蜊

蛤蜊具有滋阴、润燥、止咳、纳汗、助眠作用。主要用于治疗五脏阴虚消渴、干咳、失眠、目干等症。对淋巴结肿大、甲状腺肿大，也有疗效。将蛤蜊壳煅烧后研成粉末，名为蛤粉，与蛤蜊有同样的作用和疗效。

3. 正确食用海产品

据有关资料显示，在各种鲜活的海物体内，潜藏着多种多样的致病细菌和寄生虫。人若吃入含有这些致病性微生物以及病毒、寄生虫的生海鲜，有可能引起致命的感染及患有食源性寄生虫病。

(1) 购买活海鲜

为了减少吃海鲜引发的食物中毒，购买海鲜时，尽量选购活的。尤其是死蟹最好不要买来吃。

（2）海鲜生吃

海鲜生吃，要先冷冻，再浇点儿淡盐水，这样可有效杀死细菌。对肠道免疫功能差的人来说，生吃海鲜具有潜在的致命危害。

（3）海鲜熟吃

有甲壳的海鲜，在烹调前要用清水将其外壳刷洗干净。贝壳类海鲜烹煮前，在淡盐水中浸约 1 小时，让它自动吐出泥沙。但浸泡时间不宜过长。

（4）吃海鲜不要喝啤酒

吃海鲜喝啤酒易患痛风。海鲜食品富含嘌呤，可造成人体代谢紊乱，引起代谢性疾病，食用海鲜时饮用大量啤酒，会产生过多的尿酸，从而引发痛风。吃海鲜应配以干白葡萄酒，因为其中的果酸具有杀菌和去腥的作用。

（5）关节炎患者要少吃海鲜

海参、海龟、海带、海菜等含有较多的尿酸，被人体吸收后可在关节中形成尿酸结晶，使关节炎症状加重。

（6）海鲜不要与水果同吃

海鲜中的鱼、虾、藻类等都含有比较丰富的蛋白质和钙等营养物质。如果把它们与含有糅酸的水果，如葡萄、石榴、山楂、柿子等同食，不仅会降低蛋白质的营养价值，还会引起人体不适，出现呕吐、头晕、恶心和腹痛腹泻等症状。所以，海鲜大餐之后最好不要马上吃水果。海鲜与这些水果同吃，至少应间隔 2 小时。吃海鲜后，1 小时内也不要食用冷饮、西瓜等食品，且不要马上去游泳。

海边游玩常见伤病

1. 水母与海胆刺伤

在海泳及潜水活动中，要特别小心被海胆或水母刺到，二者都有毒性，会给人体带来危害。

水母

如果被水母蜇伤，会出现刺痛、瘙痒、红疹和水泡等现象，更严重的会有全身性反应，发生恶心、呕吐、发烧、畏寒、头痛和肌肉酸痛等症状。

被水母蜇到时应马上以海水、食用醋或稀释的冰醋酸冲洗，千万不要以清水或酒精来处理。

如果被海胆钙化的刺扎到皮肤，会引起剧痛、局部红肿，若未适当处理，可能在两三个月后产生肉芽肿，因此必须尽量小心地将刺拔除，并就医治疗。

所以，中小学生进行海浴或潜水时，最好远离水母群居的海域，台风或大风雨过后也不要到海边游泳，潜水时要穿上长袖长裤的潜水衣。

2. 移行性幼虫疹

无边无际的柔软沙滩，是中小学生的最爱，他们可以根据自己的想象建筑自己的城堡，也可以尽情地在沙滩上翻滚，无拘无束，自由自在。

但在尽情玩耍的同时，沙滩上常见的猫狗钩虫幼虫可能已经钻进了小朋友们的身体。猫狗钩虫幼虫会透过脚底、臀部及生殖器等部位进入人体，造成"移行性幼虫"疹，引起阵发性的刺、痒、痛。移行性幼虫进入皮肤后，会出现红色细长而弯曲的线状疹子，每天移动2厘米左右。

当发现自己身上有"红线"后，要及时就医，遵医嘱服药。

3. 眼病

（1）急性结膜炎

急性结膜炎是海浴常见疾病，多是由于水质不卫生引起的，标志性症状就是红眼睛，还会有流眼泪、眼屎多、眼睛充血、畏光、刺痛感等症状。

当感染急性角膜炎后，中小学生就不要下水游泳了，应立即找眼科医生做治疗，不要自行滴生理盐水或眼药水，以免病况加重。

（2）角膜炎

角膜炎通常是急性结膜炎的并发症，大多由戴隐形眼镜游泳引起。当眼镜配戴隐形眼镜时，角膜的上皮细胞会缺氧，最后死亡脱落，此时游泳，细胞便会侵入伤口，造成发炎。

角膜炎的症状有视力模糊、眼睛有异物感、流眼泪、刺痛，严重的，视力会受到影响而无法恢复。

（3）不适宜游泳的三种状况

①眼睛本身已有发炎现象，如角膜炎、结膜炎。

②刚动完眼睛手术的最好在开完刀后一个月再游泳。

③戴隐形眼镜时，如果眼睛有不舒服的症状，可能角膜已有伤口，最好不要游泳。

（4）预防

①不要戴隐形眼镜游泳，更不要在没戴蛙镜的情况下在水中张开眼睛，游泳一定要戴蛙镜。

②选择卫生较好的海域。急性结膜炎流行时，最好不要去游泳。

③游完泳后，不要乱点眼药水，更不要使用公用毛巾，以免受到细菌的感染。

第三章　旅游健康常识

一、旅游前的健康储备

（一）制定完美旅游计划

制定一个完美的旅游计划对于出行的您是非常必要的，这既能提高您的旅游质量，又能增加您的旅游兴趣，使您的旅游更加顺畅。

（1）出游计划第一步，季节决定旅游目的地

一般来讲，一年四季每个季节都有它的特色，您完全不必拘泥于特定的某个季节出行。只不过每个景点都有它最适宜游览的季节。所以，只要您决定出游，无论什么季节，都不用担心，只需要找到适合这个季节出游的地方就可以了。

（2）出游计划第二步，了解旅游目的地

旅游是一项寻觅美、欣赏美、享受美的活动，满足了人们净化情感、陶冶情操的需要。所以出游前，一定要对旅游目的地有一定的了解和认识。了解旅游目的地，具体可从以下几点入手：

★到图书馆、书店或上网查阅相关书籍或资料。这无疑是最方便、最准确地做法，对所需景点介绍不妨打印或复印出来，随身携带，一边游览一边了解。

★★到旅行社咨询。大部分旅行社都开设有旅游咨询服务业务，它向客人提供各种与旅游有关的信息和建议。包括交通、住宿、餐饮设施、旅游景点，以及各种旅游产品的价格等。

★★★通过身边的亲朋好友了解情况。向有过在旅游目的地的亲身经历的亲朋了解信息，无疑更准确、更客观。而且，他们亲身经历的小建议及发生的故事，也会让您有许多额外的收获。

（3）出游计划第三步，设计旅游路线

旅游路线是旅游过程中的主线，如制定得适当，既省时，又能游览更多的地方。

★避免走重复路线。可以取出地图，将几个旅游景点以线连接，最好不要画成来去一条路的直线型，为了增加新鲜感，可将各景点路线设计成弧线或其他图案，这样，来回各有新路。

★★尽可能地一线多点，尽量选择景点多的旅游路线，这样可以一次旅游，多种收获。

（4）出游计划第四步，选择适合您的出游方式

时下，旅游方式多种多样，自助旅行、轻松随团旅行、自在自驾车旅行、骑自行车旅游、徒步背包旅游、野营、探险考察旅行等，可根据自己的喜好进行选择。

心动不如行动，赶快制定适合您的出行计划吧！

（二）调整最佳身心状态

出门旅游，没有充沛的体力和健康的心态，会让您在优美的景致前望而却步，给旅游留下遗憾。因此，当您充满期待地为自己即将开始的旅行做各种准备的时候，千万不要忘记在旅游前将自己的身心调整到最佳状态，只有这样，才会使您的旅途轻松而惬意。

（1）增强体质，保持充沛的体力

旅游前几周，可根据自己的体质适当做一些健身锻炼，运动强度不宜过大，以

第二日不感到疲劳不适为宜，如慢跑、骑自行车、游泳、做健身操等。

目的在于增强体质，为自己的体力和耐力"充足电"，为旅游所需要的充沛体力打好基础。

（2）进行自我心理调适

旅游带给您的不仅是生活环境的变换，还带来了生活节律的改变。为使您在旅游时心理状态能马上到位，充分体会到旅游带来的愉悦，在旅游前进行自我心理调适是非常必要的。您可多查阅与旅游目的地相关的信息，提前了解当地的风土人情、饮食文化、文化内涵，使自己提前做到心中有数。为使您能带着轻松的心情上路，摆脱日常工作、生活的压力，旅游前您要将平日繁琐的日常生活和紧张的工作学习做好妥善安排，使自己从重重压力中解脱出来，这样您就可以带着轻松愉悦的心情开始期待的旅行了。

（三）选择合适的旅游方式

目前，旅行的方式多种多样，选择的余地很大，时尚的您出发之前不妨先做个比较。

（1）自助旅行

吃、住、行、游、购、娱，所有事情全由游客自己搞定，特别是旅游旺季，购买机票、车票以及在旅游热点地区解决住宿问题时都可能会遇到麻烦，但其较大的自由空间仍吸引了不少时尚族加入。为使您方便出行，告诉您一些小窍门：

小窍门

★时间与地点的交叉选择，即旅游热点季节，选择"冷点"地区，"冷点"季节选择热点地区。

★★提前订房订票，算好旅途时间，提前委托朋友或旅行社订房订票，做好各环节的衔接。

　　★★★结伴同行，以情侣或家人、朋友相约一起旅行，2人也可成行，4~5人最佳，十余人也可，好处是旅途不寂寞，互相有照应，费用也可节省很多。记住，结伴同行一定要推举一位精明能干的领头人，负责统一解决大家的吃、住、行等问题，千万不能各行其是，否则会一团糟。主要景点选择让导游做介绍，以便深入了解其文化内涵。自助旅游虽然有一点麻烦，但吃、住、行全凭自己做主，自由自在，特别是在一些风光迷人或文化底蕴深厚的地方，可以有足够时间去体会和流连。自助旅游适合于旅行时间较为充足、经济方便、身体健康的时尚一族。

　　（2）随团旅游

　　随团旅游已被大多数游客所选择和接受，因此每到节假日便是旅行社最繁忙的时候。随团旅行最大的好处是省钱省心，旅途中的吃、住、行几乎不用自己操心，您只需要养好精神、保持体力一路欢畅游玩即可。随团旅游在费用方面一般比自助旅游要节省很多，因其在机票、酒店、用车及就餐、门票等方面均属旅行社的集体团购，费用可压至最低。另外，旅行社设计的游览行程一般较为科学合理，选择景点也以最具有代表性部分或精华部分为基础，适当增减次要景点，基本上能满足大多数游客的要求。游客的主要问题在于选择最佳旅游线路。

　　（3）自驾车旅行

　　自驾车旅行虽然只是少数人的选择，但具备条件的人，自己驾车出外旅游，更加开心和逍遥自在，并且极富挑战性。自驾车旅行分自备车和到旅行社租车两种形式，一般是游客先到旅行社咨询情况，问清路线、里程、时间安排及价格之后，自己开车去旅行。自驾车旅行不适合长时间、长距离的旅行，因为长途跋涉会使驾驶者过于疲劳增加不安全因素，也容易迷路。自驾车旅行最好有多位持驾照的朋友同行，便于途中交替开车，减少旅途隐患，增加旅途乐趣。

　　其他旅行方式还有骑自行车旅游、徒走背包旅游、野营、探险考察旅行等等。还等待什么，选择最适合您的，开始您开心的旅程吧！

（四）旅游中适宜的健康疗法

旅游是人们通过前往异地观赏自然景观、人文景观，以获得精神愉悦、身体健康的一种集休闲、消费为一体的社会活动。它既可以使人领略自然风光、陶冶情操，又可以使人体会不同的自然环境，增进知识，是一项健康、高雅且富有情趣的活动。旅游的方式很多，诸如：徒步旅行、野餐宿营、登山滑雪、放舟漂流等等；旅游的种类也不少，比如：观光旅游、仿古旅游、游船旅游、康复旅游、乡村旅游、工矿旅游、生态旅游等等。旅游活动的作用是可以调节生活节律、丰富阅历、进行社会交往、满足身心健康等。

根据不同需要选择适合自己的健康疗法：

温泉疗法：温泉热水可使人体毛细血管扩张，促进血液循环，因而温泉疗法对皮肤病、肌肉关节病、消化系统疾病、循环系统疾病等有较好的疗效。

海滨疗法：海滨的海洋气候对进行日光浴锻炼尤为合适。海滨疗法适用于血液病、糖尿病、心脏病、神经精神病、呼吸系统疾病、皮肤病等。

森林疗法：森林树木的光合作用使白天周围大气富含氧气及负离子，适用于某些神经系统疾病者疗养。

高山疗法：海拔 1500 米以上的高山，具有日平均气温低、太阳辐射强及大气中浮尘和污染物少的特点，较适合于糖尿病、哮喘、结核等患者疗养。

（五）旅游的养生作用

利用旅游活动与大自然亲密接触，放松身心，调整心态，强身健体，可称之为旅游养生。

（1）什么是动游

动游是以增强体魄、提高健康水平、促进疾病康复、延年益寿为目的的旅游方式。动游有阳刚之美，对机体能量的消耗较大，如登山涉水、漂洋过海、探险览胜、骑自行车旅游等。

（2）动游的养生作用

动游使人们方便地获取"空气维生素",它可以改善人们的心肺功能、降低血压、促进新陈代谢、减少感冒的发病率。动游实际上是一次空气浴和日光浴,它能促进人体维生素 D 的形成,增强机体免疫功能,提高人体的抵杭力,因为动游是一种消耗体力的旅游方式,所以它也是健美减肥的有效方法。动游不仅对健康人大有益处,对许多患有呼吸道病、心血管病、关节炎等慢性病患者也可起到一定的积极治疗作用。

（3）什么是静游

静游具有阴柔之美,对机体能量的消耗较小,比如欣赏园林风光和小桥流水、泛舟湖泊、温泉浴等。

（4）静游的养生作用

静游是使大脑放松、缓解心理压力的良好方法之一,通过静游可以使大脑从高度紧张的状态中解脱出来。人们在旅游中更多注意的是大自然的美,优美的风景、宜人的空气,对大脑是一种良好的刺激,有利于放松身心、解除疲劳。如想对皮肤病、关节病、消化系统病、循环系统病等有较好的疗效,可选择温泉浴,温泉热温可使人体毛细血管扩张,促进血液循环,水的机械浮力和静水压力作用具有按摩、收敛、消肿、止痛的功效,不妨试一下。

（六）旅游中的理想着装

载着欢畅的心情,身着休闲时尚的服装,全身心地投入大自然的怀抱,是多么惬意的事啊!出门旅行最主要的行李组成部分要算服装了,出行的理想着装您应根据不同季节、不同地点、不同气候和个人的喜好来加以选择。

（1）衣

在着装上要轻便、大方、舒适、时尚。带的衣服以实用为原则,容易起皱,比较娇贵的衣服最好别带,因为旅途中没法打理它们。衣服不宜过于宽大或窄小,以免影响行走。贴身的衣服,应该选择柔软吸汗的纯棉制品。为了在拍照时留下绚丽多彩的回忆,可选择颜色鲜艳、休闲时尚的服装。夏季旅游,由于早晚温差较大,除穿上随身换洗的衣服外，最好再带件夹衣或绒衣。冬季旅游，必须带上毛衣、棉衣、风雪帽、棉手套等。春、秋两季，外罩一件纯棉或纯毛宽松外套或防风衣就可以了。服装的颜色必须注意，夏天不宜穿深色衣服。在海滨游玩时准备几套衣服，包括泳装、沙滩装和来回路上的衣服，泳装可以按照个人的喜好来挑选，可以带一条颜色鲜艳、图案漂亮的大浴巾，在沙滩休息时披上，非常舒适醒目。

（2）裤

裤子的耐磨程度至关重要，一般出游时，牛仔裤是不错的选择，但要注意不要穿很紧立裆很短的牛仔裤，那会使您的行动不便，坐卧也很痛苦。宽松式的牛仔裤和棉制的休闲裤都会带给您舒适和潇洒。

（3）鞋

旅游中要穿轻便、透气、防滑的鞋子。走路以布鞋为最佳，爬山以橡胶底鞋为最佳，忌穿新皮鞋、硬底鞋、高跟鞋。一般外出旅行，人们还是应多选择穿旅游鞋、运动鞋，行动起来比较方便，穿起来也很舒适，并且便于长时间行走。选有部分网布和气眼的运动鞋。网布和气眼都有利于透气和排汗，可以解决在户外活动中，行走时间长了容易出汗的后顾之忧。穿运动鞋最好跟棉袜搭配，因为棉袜吸汗透气，穿起来也很舒服。

（4）帽子

去寒冷的地方一定要戴帽子，因为人体50%以上的热量是从头部和颈部散发的。寒冷和风大的地方最好用带护耳的帽子，把顶部的绳松开拉下来就可以当围脖用。夏季出外旅游，戴一顶太阳帽也是少不了的。太阳帽的选择应注重实用，为了有效防止紫外线，不让皮肤直接受阳光暴晒，应选择一顶宽边太阳帽。

（七）旅游时应准备的日常用品

外出旅游应准备的物品要认真选择，如何使携带的物品不遗漏，又不失简洁，即将出行的您请看如下建议：

（1）根据旅行目的选择旅行箱包

如果是定点有目的的旅游不妨准备稍大型皮箱。但若是不断换机、换乘火车或巴士等周游自助式旅行，选用大皮箱肯定是不明智的，宜选择肩带型背袋等。

（2）整理行李的方法

在空隙处塞入卷成筒状的毛巾，瓶装化妆品等易碎物，用 T 恤或毛巾包裹。较大物品先装，重物置于下方，以便于搬运。为了不使衣物褶皱，如没有棉纸，可在每一层衣物之间平铺一个塑料袋。放牛仔裤、裙子和针织衣物，每两层衣物之间放一个塑料袋。放衬衫时，纽扣朝上，衬衫折叠处位于腰线以下，以确保无皱痕，然后再放上个塑料袋。将汗衫、内衣和袜子放在最上端，以使下面那些衣物定位。至于鞋子之类的东西可以放在空隙处。

（3）随身携带的衣物、化妆品

携带配合旅行地点的服装。出行前，要清楚地了解旅行地的气候情况，根据气温，选择不必太多但富于变化，可以互相搭配的衣服。衣服最好选择容易干的，因为行程很紧凑，途中洗衣甚为不便。鞋子最好多带一双，有时根据旅行地点的变化，也可以带双运动鞋。请备一双拖鞋，可在飞机内或房间内穿用。女士必须携带的化妆品包括乳液、面霜、口红，另外防晒用品、护发素、唇油、简装香水也是必带之物。

不过最好不要带发胶，这属于飞机安检禁带的物品。携带化妆品请千万注意不要携带自己没有使用过的，因您不清楚它是否适合您，一旦出现过敏反应就会影响旅游的效果。

（4）携带药品和生理用品

如避免乘车、飞机、轮船时产生呕吐、眩晕的晕车药、镇静剂，一些没有副作用的伤风感冒药，预防肠胃不适的肠胃药，预防小的意外创伤、虫咬、眼疾的创可贴、万金油、眼药水。如旅行期间例假将至，可携带平日常用品牌的卫生巾。

（5）随身携带便利用品

便利用品有塑料袋、别针、手电筒、胶带、闹钟、雨衣、大手巾、小型计算器、指甲刀、开罐器，小型电热杯、小型衣架、针线包、吹风机、纸笔、备用眼镜等。外出旅游时我们喜欢带上随身听、数码相机、数码摄像机等电子产品，这就往往需要再带上很多充电器，不太方便。现在，您只要带上一个通用充电器就可以了，它可以给数码相机、数码摄像机充电，换上另一个插槽，就可以给 5 号、7 号充电电池充电，充电速度比普通的充电器还快。配备这样的"武器"花费 300 元不到，行囊却轻了许多。

现在，您可以收拾您的行装，轻松上路了！

（八）蜜月旅行的健康周密计划

新婚宴尔外出旅游，已成为新婚夫妇最时尚的一种形式，它既可增加蜜月乐趣，开阔视野，又可使伉俪情意更浓，给婚姻旅途留下美好的回忆与思念。但常常因为小夫妻缺乏有关的卫生保健常识，使得蜜月旅游之中或之后染病或发生意外。不仅使蜜月旅游无法尽兴，而且还可能会造成终生遗憾。为了使新婚旅游甜蜜、顺畅，新婚夫妇身心健康，蜜月旅游应特别注意以下几点：

（1）选择的景点要清新宜人

蜜月旅游应以轻松愉快，浪漫为主，宜选择风景优美、清静、环境宜人的旅游地点，如江南水乡，桂林山水，海滨踏浪等等。那些想趁机多走多看，忙得早出晚归，跋山涉水，甚至露宿野外的旅游方式，都不适合于蜜月旅游。

（2）行装宜简单实用

蜜月旅游的行装应轻便从简，以便于乘车和投宿。除必要的换洗衣服、洗漱用具、简单少量的防晕车船、治感冒、治腹泻的药品外，不必带过多的衣物、食品等，以免换乘车和住宿时携带不便而劳累过度，以及唯恐保管不善丢失而操心劳神。

（3）穿戴应舒适美观

首先，需选择一双合适的鞋，以减轻足部疲劳。切记，不宜穿硬底且弹性差的鞋，不要穿高跟鞋。其次，外衣以休闲装为宜，伸缩性强，适合大幅度活动。内衣、内裤最好是收缩性强的纯棉织品。再次，小两口外装搭配适宜，色彩明快、鲜亮，以便留下优美的倩影。

（4）住宿宜卫生清静

蜜月旅游，心情愉悦，性欲要求较为强烈，再加上旅途疲劳，饮食习惯的改变等因素，易造成抵抗力降低，故应选择环境干净安全、静心幽静、舒适的宾馆住宿。

建议新婚夫妇不应投宿亲友家，因客观环境的限制，易影响性生活的质量，甚至影响以后的夫妻性生活；以致造成不同程度的心理障碍。

（5）性生活讲究性卫生

蜜月性生活对新婚宴尔的小两口可谓甘美甜蜜，令人心醉神怡。但性生活频繁、不洁性交对外生殖器的摩擦损伤使细菌易进入尿道或膀胱，加之旅途劳累引致抵抗力下降，易引起尿道和膀胱发炎。表现为同房后女性发生尿频、尿急、尿痛、腰酸、小腹部酸痛等不适。因此讲究性卫生，必备清洁纸巾或消毒湿巾，注意性交前双方用流水清洗生殖器，可使蜜月性生活温馨而不存遗憾。

（6）旅游期间应坚持避孕

出门在外，环境不同，生活节律有所改变，饮食起居等与在家时有所不同，这些都可能影响内分泌功能；再加上兴奋、疲劳、喝酒、抽烟、性生活较频繁等，均会影响精子、卵子的生成而使其质量不高，一旦受孕则对胎儿的健康发育会弊多利少，甚至造成胎儿畸形。因此从优生优育的角度来讲，蜜月房事应坚持避孕。其措施可选用避孕套或口服避孕药。

（九）哪些人不宜外出长途旅游

旅游是陶冶情操、净化心灵、修身养性、健身爽心的绝好方法，所以有条件的朋友都愿意在适宜的时间去外出旅游，但外出长途旅游不是人人都适宜的一项活动。要根据自己的健康状况量力而行。下列人员不宜外出长途旅游：

（1）老年人

常言道："七十不留宿，八十不留饭"，意思是说，70岁以上的人，很可能在睡眠中就会发生突发性疾病，如脑出血、脑血栓形成、猝死等；而 80 岁以上的老人，则更可能随时发生突发性事件。所以，高龄老人不宜外出长途旅游。要知道，七八十岁的老人虽然看似健康，但身体各器官功能已严重衰老，尤其是心脑血管常伴有严重的动脉粥样硬化性病变，他们有随时发生血管栓塞或血管破裂的可能性。

（2）未成年人

学龄前儿童，身体发育尚未完成，机体免疫力和抵抗能力差，自我保护意识差，自身反应及能力不足，所以，在长途旅游中，易发生各种疾病和伤害性事件。青少年的自我保护和逃生能力也不及成人，因此，带领儿童外出旅游或组织未成年人长途旅游要十分慎重。

（3）孕妇

孕妇，尤其是临近预产期的孕妇，很容易在过度疲劳或摔倒后发生流产或早产，所以，孕妇不宜长途旅游。

（4）脑血管病人

患过脑出血或脑血栓而留下偏瘫后遗症的病人，肯定不宜外出长途旅游，还有一种脑血管病人叫作"TIA"，是指这种病人常常出现短暂性脑缺血发作，病人在发作时，可表现为短暂的头晕、黑矇，甚至突然意识丧失而摔倒，轻则皮肤擦伤，重则摔成骨折或脑血管破裂，所以，脑血管病患者不宜外出长途旅游。

（5）心血管病人

有些心血管病人有随时发生猝死的可能，还有的病人会出现心功能不全，所以，有可能发生心功能不全或猝死的病人不宜外出长途旅游，这些病人包括：

严重心律失常：包括病窦综合征，高度房室传导阻滞，快速性心房纤颤活动过速，频发室性期前收缩和室性心动过速。

不稳定性心绞痛：频繁发作的和发作持续时间较长的心绞痛病人，很可能于近期内进展为急性心肌梗死，因此，不稳定性心绞痛病人不宜外出长途旅游。

心功能不全：冠心病、心肌病、心肌炎、高血压性心脏病、风湿性心脏病、先天性心脏病患者，若有心功能不全的症状，哪怕是很轻微的心衰症状，不宜外出长途旅游。因为长途旅游的劳累，可能使心功能不全加重。

动脉瘤和主动脉夹层：这些病人有急性动脉瘤破裂或夹层进展的可能，尤其是腹主动脉的直径大于 5 厘米，胸主动脉的直径大于 5.5 厘米的病人，有随时发生主动脉瘤破裂的可能。因此，这些病人不宜外出长途旅游。

（6）肺功能障碍

肺功能障碍的常见原因有慢性支气管炎、肺部纤维化、肺动脉高压等，病人可能出现低氧血症和高碳酸血症，主要表现为劳累后感到气不够用，这些病人不宜外出长途旅游，尤其是不宜到海拔 3000 米以上的高山去观光，以防发生意外。

（7）其他不宜外出旅游的人

凡人体各器官功能障碍，引起人体不适、乏力、精神不振等，应暂缓外出长途旅游，以防发生不测。

（十）旅游行前必备的小药箱

旅游并非盲目的行动，而是有一定的目的、计划和安排的。俗话说"不怕一万，就怕万一"。旅游是一个时段的活动，在不断变换的自然环境和生活环境中，很多情况难以预料。在此过程中，可能发生某些紧急情况，如果事先携带一些简单的药品，对于处理和治疗旅游过程中的小伤、小病是十分便利的，关键时刻很可能化险为夷。但因受重量的限制，又不可能面面俱到，所以应急用药要根据旅游环境和季节要求、当地流行病特点、个人身体状况来选择具有不同药理作用的药物品种，而且力求简单、轻便、多用。

（1）抗生素类药物

罗红霉素：主要用于呼吸道感染及泌尿道感染。

头孢菌素：用于治疗各种炎症，对青霉素过敏者禁用。

氟哌酸：用于治疗呼吸道、泌尿道、消化道疾病、妇科疾病、皮肤病、五官及软组织等部位的感染。

甲硝唑：治疗牙周炎。有胃肠道反应。

（2）抗病毒药物

如板蓝根冲剂，具有清热、解毒和抗病毒的作用，主要用于治疗感冒和咽炎。

（3）呼吸系统常用药物

如复方新诺明、复方甘草片、速效伤风感冒胶囊、止咳糖浆、咳必清等。

（4）消化系统常用物

防治消化不良常用药物：食母生、乳酶生、保和丸、山楂丸等、吗丁啉适用于慢性胃炎引起的消化不良、恶心、呕吐、胃烧灼感等。

防治腹泻和细菌感染的药物：黄连素片、保济丸、藿香正气软胶囊、整肠丸等中成药类。防治细菌感染的有广谱抗菌药如复方新诺明，可用于旅游途中身体各系统细菌感染，腹泻严重时与黄连素片同时使用。

抗过敏药：息斯敏、扑尔敏等。

防晕车晕船药：乘晕宁、安定、晕动片等。

败火药：牛黄解毒丸、黄连上清丸（片）。清热解毒、抗菌消炎，用于治疗咽炎、牙龈炎，还有通便作用。

镇静催眠、解热镇痛药：安定、利眠宁、扑热息痛、消炎痛、阿司匹林泡腾片等。

防暑、防冻、防外伤等其他专用药：夏日预暑：仁丹、清凉油、十滴水、风油精等；冬季：防冻膏；防外伤药、蛇伤药等。

其他必备物品：带上创可贴、眼药水、活络油、伤湿止痛膏、75%酒精等。

二、健康旅游小宝典

（一）怎样保持最佳旅游热情和达到最佳旅游效果

如果要求一个人在各项旅游活动中始终保持充沛的体力、饱满的精神，那将是不现实的。可是，愉快而成功的旅程，无疑是大家所共同追求的目标。怎样才能保持最佳旅游热情，达到最好的效果呢？

（1）放下包袱，拥有一份好心情

外出旅游是公认的缓解疲劳和消除精神压力的最佳途径之一。只有真正从心理上摆脱日常生活中世俗的、伦理的、社会的各种问题，才能做到超然物外、潇洒自如。"既来之，则安之"嘛，又何必放不下呢。再者，尽管以后外出的机会可能很多，但毕竟故地重游的可能性要少一些吧，所以一定要掌握好时机，只要有了好的心态，就会自然而然地置身于大自然的美好境界里，使自己得到真正意义上美的享受。

（2）开动脑筋，保持一份好奇心

游兴是旅游成功的基本条件，是对旅程活动安排的兴趣。不时产生并保持较高的游兴，就成为成功旅行的关键。在旅游过程中，要深入其中、善于发现、认真观察、仔细观赏；而不是经验主义、曾经沧海、老气横秋、心不在焉。风景如画的环境、美不胜收的景色，清新洁净的空气，想必会使您将自然美景尽收眼底，心胸会豁然开朗。

（3）精心打点，获得一次好旅程

旅程中最佳的热情和最好的效果是需要精心打点的，比如：充足的睡眠、足够的营养、合适的行装、精心的计划等等。最低程度上，您还拥有一颗充满活力的、年轻的心，难道这还不足以令人艳羡的吗？

（二）旅游过程中的心理变化与心理调适

旅游是人们摆脱世俗环境、回归大自然、表现并挑战自我的活动，同时它又是一种心理调适行为。旅游过程中到底会发生哪些心理变化呢？又应该如何进行调适呢？

（1）不同阶段有着不同的心理变化

追求新奇、需要安全的初期心理：初到某地，激动兴奋的心情占主导地位，好像鸟儿飞出了牢笼，迫切希望自由自在地享受无拘无束的轻松生活，存在着追求新、异、奇等心理；另外，还有可能存在茫然及不安全感，主要因为对新的环境不熟悉，产生所谓的"人生地不熟"的感觉。

彻底放松、要求全面的心理过程：随着时间的延长以及对环境的适应，初期的兴奋、戒备心理有所消除，取而代之的是轻松愉快、悠闲放松的情绪，此时容易出现个性解放、自行其是、漫不经心等表现；另外，还有求全心理，对旅游活动要求理想化，有浮躁情绪，稍不如意，反应强烈。

以我为主、情绪起伏的结束前心理：旅游活动后期，即将踏上归程，自是另外一番心情。处理事情时，喜欢以我为主，还会有不同程度上的不满足感，对某事有不尽如人意的遗憾心理，急于归家的焦虑心理……。如此种种，不一而足。

（2）不同的心理变化有相应的调适要求

满怀期望地初到一个新的地方，有些激动、兴奋的情绪属于正常现象，无可厚非；但凡事总要有个度，要适当克制自己，将注意力及时转移到活动安排上。要知道，情绪也有透支的可能。要想拥有一次成功的旅游活动，需要良好的心态、周全的计划、充分的准备来支持。要有求同存异、宽容豁达的思想境界，凡事不要理想化，不能求全责备。少许的缺憾不也是一种美吗？

（三）旅游中的住宿与健康

人的一生中有三分之一的时间是用于睡眠的，换言之，这些时间大多应该是在床上度过的。在旅游过程中，只有得到充分的休息，保证充足的睡眠，才能解除旅途疲劳，尽快使精力、体力得到恢复，便于以良好的状态投入到第二天的活动中去。可是，出门在外，休息与睡眠条件无法和家中相比，但基本的健康和安全还是应该注意的，不要因为不拘小节而造成麻烦。

（1）讲究卫生，预防传染病

在旅店、宾馆住宿时，要检查床单、被套、枕巾等被服是否已经更换过、是否经过洗涤；牙具等一次性清洁物品是否密封、未被使用过；盥洗室内的浴具、便器是否清洁并经过消毒；上床睡觉时，要穿着长装的内衣、内裤；不要使用公用拖鞋。

（2）防火防盗，防患于未然

要有安全意识，来到住处，要查看防火安全通道的方位以及是否通畅；不在房间内使用容易引发火灾的电器；不在床上抽烟，抽烟完毕要将烟头灭掉，以免种下火灾隐患。贵重物品和钱钞最好在服务台办理保管手续存放或存放到保险箱内；否则要贴身放置、妥善保管，切不可随便放在行李箱里；出入房间要随手关门，注意防盗；不和陌生人随便交朋友，更不能把陌生人带入自己房间；不要喝陌生人送的食品和饮料，以免误用含有麻醉药物的食物导致身体受到伤害或发生其他不测。

（3）防范在先，将受益匪浅

进入房间首先应开窗通风、换气，以保持房间内空气洁净、清新；使用空调时，温度要适中，不可过高或过低，应保持在正常气温的4℃左右，以免因贪凉、图热使温差过大，导致空调病的发生，影响旅程。另外，要注意察看房间、浴室中有无隐藏的摄像装置，以免被偷窥；睡觉时关好门、窗；离开房间前，仔细检查所带物品是否齐全，有无遗漏等。

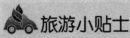 **旅游小贴士**

房间失火时怎样从火中逃生

火灾发生后，应迅速逃离现场，不要因贪恋财物而耽搁时间。若火势不大，可裹上湿的被子或毛毯，口捂湿毛巾开门速跑。如用手摸门板，发现门发烫或有烟从门缝往里窜，说明火势较大，应另找出路。如逃离路线是一片火海，请沿墙根爬行。一旦衣服着火，赶快停下来就地打滚。如所处位置在二楼，窗外地面平坦无尖凸之物，在全无逃路之时，可以裹着被子往楼下跳，三楼以上不能跳，以免造成伤残。

（四）蜜月旅行时的性生活指导

新婚宴尔，年轻夫妻共携出游，观奇山、踏异水，享受蜜月的快乐，既开阔了视野，又增加了感情，给婚姻生活留下了美好的回忆和永久的怀念。蜜月旅游作为最时尚、最浪漫的休闲方式之一，越加越多地得到年轻人的青睐。但有时常常会因为缺乏相关的性生活知识，使旅游生活发生问题，留下些许遗憾。如何去做才能使蜜月生活过得甜蜜、顺畅而融洽呢？蜜月旅游时在性生活方面应该注意以下几点：

（1）周密的计划，使蜜月生活充满期待

新婚伊始，情投意合，心情愉悦，性欲较为强烈。如果月经在这个节骨眼来潮无疑会使蜜月生活扫兴。所以，要提前计划，使蜜月旅游避开月经期。而且，蜜月最好安排在婚礼第三天后，旅游时间以 3~7 天为宜，不宜过长。

（2）节制性生活，注意质和量

旅游度蜜月，开心又浪漫，性生活自然比较频繁。但在异地他乡，环境变化，一味放纵，易生弊端。再者，体力过度消耗，影响出游，影响身体。

（3）注意性生活卫生，预防蜜月病

性生活前清洗外阴和双手，如果不注意性器官卫生或在月经期性交，就极易染上尿道炎、膀胱炎、子宫内膜炎、肾盂肾炎等蜜月病，平时也应注意勤洗勤换内裤。

（4）坚持避孕

从优生的角度讲，新婚蜜月里不宜受孕，因为新婚性生活频繁，精子质量不高，对胚胎健康孕育不利。专家指出，刚结婚就怀孕的女性，比结婚一年后再受孕的妇女易患妊娠高血压。

（五）夏季旅游备忘录

盛夏将至，给人们带来了许多外出旅游的机会，在您尽情享受大自然美好景致的同时，请别忘记预防夏季旅游中暑。

（1）夏季旅游的着装

穿着上首先要"舒服",比如说鞋最好不要穿过硬的皮鞋,可选择通气性好的凉鞋或舒适的沙滩鞋。衣服以宽松、休闲装为佳。夏季选择穿浅色衣服,不宜穿深色的衣服,因为浅色衣服吸热慢、散热快,穿着凉爽,不易中暑。外出时最好使用防晒伞或戴一顶遮阳帽,因为夏天阳光强烈,紫外线的长波对人的皮肤伤害很大,长时间阳光直晒会让人感到头晕,皮肤会晒脱皮,严重者会引起各种皮炎。编织草帽的原料多为空心,不仅隔热,对阳光还有遮晒作用。

(2)夏季旅游的饮食

夏天气温高,食物易变质,细菌传播繁殖较快,因此要注意饮食卫生。夏季水分消耗大,所以多食汤类及清淡食品为佳。要多吃新鲜蔬菜、水果,可适当配些瘦肉,尽量少食油炸、油腻食品,以防引起消化不良。许多人在爬山时看到泉水觉得清凉,又加上干渴,于是不管水的卫生情况,先痛快饮一顿再说,其实这是不好的习惯。因为有些泉水有害矿物质超标,有的地方泉水污染很严重,饮用后对健康不利。

(3)夏季旅游的住宿

应选择通风透光的旅店,有条件的选择星级宾馆,睡觉前最好洗个热水澡、泡泡脚,如果走路过多还应搓搓脚心和按摩一下小腿以加强血液循环。睡觉时最好不要整夜开着空调,以免受凉,否则第二天会浑身无力。

(4)夏季旅游勿忘午休

夏季夜短日长,天气炎热,睡眠时间较少。为此,千万不可贪玩到深夜。夏季的早晨空气新鲜,气候较凉爽。因此,夏季外出旅游时,出发时间应该早些,到了中午就休息,以补充体力,到下午三四点钟以后再进行旅游活动。

(5)夏季旅游多喝盐开水

夏季高温,出汗过多,体内盐分减少,体内的渗透压就会失去平衡,从而出现中暑,而多喝些开水或盐开水,可以补充体内失掉的盐分,从而防暑。

(6)夏季旅游游泳须知

夏日外出旅游都少不了游泳这一项目,游泳前要选择水质,有的水质不干净,不仅对皮肤损伤严重，还会诱发一些疾病。阳光强烈时最好不要露天游泳，选择防晒品采用防水的较好。

（7）夏季旅游必带防暑药物

在夏季旅游中，又闷又热的天气最易中暑。因此，夏季外出旅游时应带些防暑药物。如仁丹、清凉油，万金油，风油精，十滴水等。一旦发生中暑，应将患者抬到阴凉通风处躺下休息，然后给患者解开衣扣，用冷毛巾敷在患者的头部和颈部，并让患者服些仁丹或十滴水。如果患者昏倒，可用手指掐压患者的人中穴，当患者好转时再送往附近的医院治疗。

（六）夏季不宜野外露宿

应该承认，不同季节的旅游自有它的独到之处。夏季，百花绽放，桃红柳绿，树木枝繁叶茂，水源丰沛，空气清新宜人，不失为旅游的上佳时节。夏季旅游，其目的地多选择阴凉的山区、微风拂面的湖滨以及可以游泳的海滨度假区，既可以休闲避暑，又可以修身养性。而且因为气温较高，所以，经常会有人选择野外露宿，实际上是十分不可取的。

（1）传染疾病的可能性较大

虫媒性疾病：夏季天气炎热，潮湿多雨，蚊虫孳生。最容易发生由蚊、蝇等传播的虫媒性疾病，如：疟疾、黄热病、登革热和登革出血热、乙型脑炎、丝虫病、莱姆病等。

皮肤病：人体被蚊、蚤、螨、臭虫、蜘蛛等叮咬、接触后，可引起皮肤瘙痒不适或引起皮肤疹。

动物源性疾病：除了狂犬病、鼠疫外，如果不慎被蛇、蝎、蜈蚣咬伤，可能导致中毒，甚至造成严重后果。

猛兽伤害：在山区、林区露宿时，可能遭受狼、饿犬等野兽的侵袭。

（2）遭遇自然灾害的可能性较多

恶劣气候：夏季天气变化无常，瞬时可能乌云四起、狂风大作、大雨滂沱。夏季又是雷电发生较多的季节，容易遭受雷击。

自然灾害：如果突下暴雨，可能导致山洪暴发、山体滑坡、泥石流等自然灾害发生。

（3）身体上其他的不利影响

暑期气温较高，地面聚集下沉的冷空气较多，潮气重，易使关节受凉导致关节炎，不利于身体健康。

总之，夏季外出旅游，尽量不要在野外露宿，特别是林区和山区，应注意自我保护，穿长袖衣裤，如果发现有蚊虫叮咬或有皮肤红斑，应注意观察，千万不能麻痹大意。另外，大部分虫媒病传播是有季节的，应避免虫媒病流行季节到流行地区旅行，可以减少患病的机会。只有这样，才能达到健康旅游的目的。

（七）冬季旅行怎样保护皮肤

旅游是一件令人向往的事情，饱览名山大川，留得美景佳人追忆，真是人生一大快事。冬季，皮肤会因空气中缺乏水分而失去弹性，原本柔润的皮肤会因此变得不再光滑、细腻，就像摘下的桃子放置过久而失去水分一样，显得不再新鲜和水灵；同时由于旅途劳累，人体生物钟调整失常，使内分泌系统发生紊乱，更会使您的皮肤雪上加霜。此时，皮肤会出现油腻与暗疮、干燥与皮屑，甚至会出现色素沉着等情况，影响自信，使本来活力四射的您失去了许多光彩，使旅游生活失去了情趣。如果想让自己的皮肤不受伤害，始终保持诱人的光泽，并且不使旅游留下遗憾，爱美人士，只要注意以下几个方面，相信一定会使人始终保持清新、靓丽的肌肤，令您皮肤好、心情好，做一个阳光灿烂的旅途美人。

（1）皮肤有保暖的要求

寒冷会使皮肤受到极大的损伤，因此，保暖是保护皮肤第一要事。特别是在北方的冬季，当气温达到零下20~30℃时，要穿着或带着足够保暖的衣服，如：连帽的羽绒衣、高领羊毛衫、厚羊毛裤、羽绒裤、手套、棉袜、高筒棉皮靴等，做到有备无患。同时，还应准备3个口罩，那可是面部皮肤的小棉袄，寒冷的冬日里，戴上它，颜面会因此更显妖娆。那种为了身段苗条而全身瑟瑟发抖，是冬季旅游的大忌。再者，寒冷会使相片中的您看上去鼻青眼肿，花容失色，留下永久的遗憾。

（2）正确判断自己的肤质

根据肤质的类型进行适当的皮肤保护是问题的关键所在，冬季旅游也不例外。

肤质鉴别

正常人的皮肤共分 3 类：干性、中性、油性。肤质判断非常简单：油性皮肤毛孔粗大、面部油腻、无或少有皱褶；干性皮肤毛孔细小、皮肤干燥、有时有皮屑，皱纹多；中性皮肤介于两者之间，是一种比较理想的皮肤类型。选择好适合于自己的化妆品，是冬季旅游保护好皮肤的关键步骤，否则，就会起到相反的效果，严重影响您的容颜。

（3）根据皮肤的特性，做好相应的皮肤护理

★对于油性皮肤而言，进入冬季，皮肤同样也会干燥、起皮。此时，首先要做的是给皮肤补充足够的水分，不妨使用去油紧肤水，这样既可以收缩毛孔，又可以给皮肤补充水分，还有抑制油脂分泌、消炎等作用；保湿后，配以水包油性质的滋养乳液，给皮肤补充营养，使之滋润。

★★中性皮肤在清洁后，先用无油保湿液爽肤，然后配上含橄榄油成分的滋养紧肤乳，在皮肤表面形成透氧性保护膜，这层膜能不让水分蒸发，既润肤又抗污染。中性皮肤虽然是较理想的肤质，但同样也要加强护理，出门前的防晒品必不可少。

★★★干性皮肤要格外小心呵护，宜用保湿液补充水分。因为干性皮肤的酸碱度易被破坏，保湿液可以起到修护皮肤 pH 值的作用，使皮肤达到平衡。同时配以油包水性质的紧肤霜，给皮肤补充营养，使之滋润少干燥。防晒霜同样也不可省略。此外，对于干性皮肤者，由于皱眉、说话等脸上肌肉的运动，极易在秋季皮肤干涩时生假性皱纹，所以，一定要多喝水，多吃蔬菜水果，少吃辛辣食物。

（八）骑自行车旅游的注意事项

拥有一辆自行车十分容易，越来越多的人选择了骑自行车远游。骑自行车远

游，不仅要有强壮的体魄，还要具备一些相关的基本常识。

（1）自行车的选择

由于自行车是旅游中的主要交通工具，所以旅游的成败与自行车性能的好坏，有着密切的关系。自行车旅游可分成普通自行车旅游和特殊自行车旅游。前者选用一般的加重型或标定型自行车，后者可选用特制的赛车、山地车等。出发前，对自行车各部的机件应做全面彻底的检查，检查其是否灵敏可靠，性能良好。出发时，要携带最常用的修理工具，如扳手、钳子、气筒和各种易损坏的备用零件，如滚珠、车条、内胎、气门芯、闸皮等，以备发生故障时及时修理。在装配上，如有不合适的地方，应重新调整装配，使其保持在最灵活的状态。

（2）道路的选择

自行车旅游，对道路的要求也比较高。旅游时应选择平坦、易于通行的道路，除迫不得已，应尽量避免去坡道、土道，这对人对车都会有损害。因此，只有在土路很明显需抄近，或非去不可的情况下，才能走土路。一般情况下，宁可多走几里，也要避开土路。俗话说："宁走十里坦，不走一里坎"，对于自行车旅游来讲也是有道理的。

（3）骑车技术

自行车旅游特别是长途旅游，掌握好自行车调整技术非常重要，目的是为了节省体力，保证安全。自行车车座的调整，是自行车调整技术的一个重要方面。自行车车座应调整到什么高度为最佳呢？一般来说，以车座较低并有 5～10 度的后倾最便于长途旅游。因为低车座好处很多：一是低车座蹬车灵活；二是低车座人的位置相对降低，可减少空气阻力；三是低车座，微后倾，可使身体挺直，臀部受力均匀，减少疲劳感，同时又可减轻双臂的负担，保护手腕；四是低车座于有利于安全，在遇到紧急情况时，双腿伸直便可着地，这样可避免造成危险。因此，旅游时对车座的调整，应以低车座为最佳，这对保持体力、速度、耐力都有很大的好处。

（4）骑车速度

自行车旅游选择适当的速度也是非常重要的。一般来讲，普通自行车，在体力正常、道路平坦等条件下的长途旅游，速度应保持在每小时 15 公里左右，体力好的可加快到每小时 20 公里。自行车旅游贵在保持速度，选择适当的速度，切忌忽快忽慢，有劲拼命骑，没劲步步停的现象。途中休息也可保持每 2~3 小时一次，不要想停就停，应坚持到规定时间或预定地点再休息。在特殊的道路条件下行车，适当地掌握行车速度更为重要。

（5）骑车装备

骑自行车旅游对服装尤其是裤子要求比较严，以宽大为佳。夏天穿背心、裤衩，阻力小，通风性又好。太阳帽和墨镜、雨具、卧具、常用药、照明器材、交通、地形图等都是必备之物。现在有种专业的自行车包，用起来很方便。

（九）自驾车旅游的注意要点

自驾车旅游者不同于背包客，携带的行李重量较大，没经验的游客通常会很茫然，忘带一些物品也是常事。在这提示您几点注意事项：

（1）事先做好计划

出行前列一备物清单，反复检查以免漏项。了解路途状况，制定一份详细的"路书"，即自驾车行走路线和行程安排。

（2）行前给爱车做全身"体检"

无论是在什么条件下行车，良好的车况是安全行车的必要前提和基础。旅游出发前应对车辆进行全面检查，灯光、信号、喇叭、后视镜等要齐全有效；检查蓄电池充放电是否正常；重点检查车辆的制动系统及轮胎状态。此外，出游还要带齐千斤顶、轮胎扳手、灭火器、拖车绳。

特别提醒新车车主，出发前做一次换胎练习，以免到时抓瞎。

（3）道路选择

建议多走国道，顺路可遇到一些景致有特色的乡镇，以便了解当地的风土人情。尽量避免长时间走山路，进入人群集中的市区、集市、村镇时由于路况复杂，一定要减速慢行。

（4）驾驶防疲劳

长途驾车是一种紧张繁重的工作，极容易疲劳。为保证安全驾驶，一般连续行车2小时左右就应该休息，合理地安排路线和作息时间非常重要，尽量不走夜路、不开夜车。

（5）控制行车速度

越是平顺的大道，越可能发生意想不到的事故。有句话说得好"十次事故九次快"，旅游不是赶路，速度快永远是大忌。自驾车旅游最高车速要比平时出行的车速慢20~30公里，这样也便于家人观赏风景。

（6）注意加油

始终保持三分之一油箱的油量较为稳妥，因南方部分高速路休息区只有餐厅，没有加油站。

（7）雾天行车

起雾时尽量在普通公路上低速行驶，待浓雾散去后再上高速公路行驶。如在高速公路行驶时浓雾突然来临，应该立即将车驶向最近的服务区或停车场暂避，或把车驶向路边或紧急停车带停下，开启车宽灯、尾灯、后防雾灯、危险警示灯。行车要点是缓慢起步，切忌突然加速、制动或猛打方向盘。制动时不要一脚踩死，如果情况不是很急，最好利用挡位制动。

🚗 旅游小贴士

遭遇打雷

很多车主在遇到电闪雷鸣时，往往十分害怕，慌慌张张地下车找地方避雨，其实这种做法是不安全的。不下车还罢，下车躲闪却增加了危险的系数。因为车窗全部关紧后，就算闪电击中汽车，电流会经车身表面传到地面，在汽车内部丝毫感受不到，反而安全多了。

（十）乘火车旅游应注意什么

火车是远程旅游的主要交通工具，火车行驶平稳，安全系数较大，坐卧方便，时间稳定，便于旅游者合理安排日程。尤其火车时刻表更改后，火车行驶时间基本上均在晚间，这样既可节省时间又可节省住宿费，在途中得到休息。出游前，了解一些乘火车常识，可以使旅途舒适、愉快。

（1）确保财务安全

不要携带违禁品上车，尤其不要携带易燃、易爆、剧毒及其他危险品上车。行李摆放要集中，件数不可过多。上车后，可将零星物品集中在一个旅行包内，集中摆放在一起，用链条锁锁在行李架上，不要轻易托人看管。上、下车，进、出站，要特别防范犯罪分子浑水摸鱼，要留神看好自己的行李和钱包。外衣口袋一般只放少许的零钱，主要钱票应放在内衣、内裤口袋。钞票和车票要分开放置，不要轻易露出钱、票，以免被抢或被盗。

（2）确保人身安全

火车是不法分子作案的主要场所，不要与不相识的人交友。乘客来自四面八方，轻易交友，尤其是不相识的"老乡"，最易被骗、被盗。在车上，也不要随便吃别人的"食品"，"防人之心不可无"，自有其深刻的道理。如发生火灾或别的事故，不要惊慌，要听从客运人员的指挥，不要盲目乱窜或跳车。火车启动、停止时要坐稳，不要走动。发生列车急刹车或碰撞时，要双手紧抱头，迅速下蹲。

（3）谨防烫伤

火车上容易发生两种烫伤：

一是用茶缸去打开水，在列车运行时，端着开水在人行道上行走，会因突然停车或被别人碰挤，烫伤自己或别人。

二是将盛满开水的茶缸放在茶桌上，在遇到紧急停车时，茶缸晃倒或掉下茶桌，烫伤坐在旁边的旅客。因此，要有针对性地加以防范，谨防烫伤。

（4）预防中暑

夏天坐火车，特别在列车满员或超员的情况下，很容易中暑。因此，衣服要穿得宽松些，以利于汗液的排泄和蒸发；多喝些开水或茶水，如果能喝点淡盐水或清凉饮料，效果更好；适当带些仁丹、清凉油等解暑药物，需要时使用很有益处。

注意饮食卫生

在火车上吃饭，不可吃得过饱，饭菜不要吃得太油腻，应吃容易消化的食物。最好不买沿线停靠站的零散盒饭吃，因其卫生很难保证。

(6) 乘坐卧铺要选择好方向

夏天睡卧铺，尤其应该头朝人行道的一端。因为人行道的空气比较流通，气温较低，有利于睡眠，也可避免一排排的脚丫子暴露在人行道旁边，显得不文明礼貌。夜间行车，睡下铺的旅客要适当盖些卧具，不能把头靠车窗一端睡，以防受凉。在卧铺车厢里，最好根据气候变化调节睡觉方向，有空调的卧铺车厢，则要头朝外，而不要朝向窗户。

（十一）乘船旅游应注意什么

乘船旅游虽比飞机、火车要慢些，但经济、舒适，有不少游客喜欢上了乘船水上旅游。这种旅游方式使人远离喧嚣的城市和污染的环境，观赏碧海蓝天，呼吸水上清新空气，精神可以得到完全的放松，对健康大有益处。

(1) 乘船须知

选择设备先进、有良好声誉的游船是您明智的决定。这样不仅安全系数高，还可以得到各方面良好的服务。客船一般在启程前 40 分钟检票。旅客应提前到码头候船，特别是在中途站候船，更要注意。因为船舶在航行时受到风向、水流的影响，到港时间没有把握。上船时，一定要等船安全靠稳，待工作人员安置好上下船的跳板后再上船。上船后，旅客可根据指示牌寻找票面上规定的等级舱位。船舶托运行李的计算办法按品种不同而定。所以在托运时，行李、包裹最好不要将不同性质的物品混合包装，以免增加托运费用。托运的行李中不得夹带违禁物品以及有价证券、贵重物品等。

（2）晕船时是什么样的感觉

乘船时在那股令人作呕的感觉来临时您肯定能判断得出是晕船了。晕船是发生在船上的运动病，晕船的征兆是恶心、晕眩、头昏眼花及呕吐。每年无数的人备受其苦，女性比男性敏感得多，在临近月经来潮和妊娠期更为敏感。晕船的诱发因素为疲劳、饮酒、服药、情绪激动和失眠等。

（3）晕船怎么办

避免晕船的最佳位置是靠近甲板中央并远离晃动最显著的船首，看着移动的物体、波浪或在船上阅读都会使晕船加重。晕船时让头部保持固定位置，减缓移动，如果可能最好平躺休息。也可打开窗户或到甲板上呼吸新鲜空气，眺望地平线，欣赏远处的风景或闭上眼睛休息，这样都可以减轻晕船症状。

（4）乘船旅游遇险时的心态调整

遇险时首先要调整情绪，必须要保持冷静，千万不可惊慌失措，要沉着应对。每艘船上都有一名船长，船长是船的总指挥，客船遇险后，要听从船长的指挥，安

救生衣的穿戴

全撤离。在船的主要过道或大厅人流相对集中的地方，都标有安全出口示意图。上船后对这些标识要注意识别其方向，遇到非常事态时迅速撤离，赢得时间进行自救。

（5）学会使用船上救生用具

客船上都配有救生衣和救生圈，其数量是按船的等级比例配备，救生衣平时放

在座位附近，游客上船后要熟悉救生衣和救生圈的放置位置，没有经验的游客还要看清救生衣的系带图示，绳带必须扎紧系牢，以免在海浪中救生衣被冲走。在穿救生衣时还要看清它的前面和后面，区别救生衣前后的方法很简单，衣前部分的填充物泡沫较衣后部分的要大得多。因为这种设计是科学的，如果救生衣穿戴正确，在海浪中即使您昏迷过去，救生衣仍能保持使您的面部朝上并呈一定的角度，而不会让您口鼻呛水。标准的救生衣都配有救生哨，吹起急促的口哨时表示您需要紧急救助。

（十二）乘飞机旅游应注意什么

乘飞机旅游方便、快捷、舒适。乘飞机不同于乘火车、汽车。为此，多了解一些乘飞机的保健知识是很有必要的。

（1）忌空腹乘机

食物进入胃中之后，经过胃的初步消化，食糜逐渐进入小肠进一步被消化、吸收，以供给机体营养。如果饭后间隔的时间过长不能及时进食，饥肠辘辘，则容易出现低血糖症状，如疲乏无力、面色苍白、出汗、心悸、头晕、头痛，甚至出现意识障碍等，从而降低了机体的耐受力和抵抗力。

（2）忌饱腹乘机

如果乘机前吃得过饱，高空中食物在体内产生大量的气体，一方面会加重心脏和血液循环的负担，另一方面还可引起恶心、呕吐和其他晕机等"飞行病"。飞机在起飞、降落及高速飞行时常有剧烈的振动，人体处于相对运动中，血液受重力的影响，进入胃肠道器官的血液明显减少，难以满足正常消化吸收的需要，加上高空缺氧等因素的影响，可引起消化液分泌减少，胃肠蠕动减慢，食物在消化道停留过久。

（3）忌饮酒、多饮水

喝酒似乎对某些人可起到催眠的作用，但如果未起到催眠作用，下飞机后往往让人产生更强烈的恶心和疲惫感。多喝水有助于维持机体平衡。

（4）忌食含纤维较多和易产生气体的食物

当人乘飞机到高空以后，由于气压下降，体内的气体就会膨胀。易产生气体的食物，在高空低气压的机械作用下，可造成腹痛、腹胀，甚至呕吐。由于重力关系，饱餐后乘机，胃的负荷成倍增加，易使胃的功能紊乱。所以上机之前，一般不要喝汽水及吃薯类、黑面包、豆制品、生菜、黄瓜、胡萝卜及花生等。

（5）忌食高蛋白、高脂肪食物

如果在上机前 1.5~2 小时内进食油腻的高脂肪和高蛋白食物，即使食入量不多，也会因其在胃内较难排空而使胃膨胀。另外，人在空中，胃液分泌减少、胃肠蠕动减弱，高脂肪和高蛋白食物就更难消化，不仅使人在飞行时腹胀不适，而且在下飞机后还可出现消化不良的各种反应。

 旅游小贴士

消除时差小窍门

★在飞机上尽量放松，有可能的话，多睡觉，可以喝一些安神的中草药饮料以帮助睡眠。

★★到达目的地后马上洗个淋浴。如果是在早上或者中午到达，就到酒店附近走走逛逛，感到疲劳的话再回到酒店小睡几个小时。

★★★尽量在当地相应的时间内吃饭、睡觉，也就是在凌晨 4 点前一定要回酒店睡觉以倒回时差。您越快恢复正常的睡眠状态您的身体就越容易适应目的地的气候。

（十三）乘坐飞机长途旅行的健康指导

远途旅行常常需要乘坐飞机。与其他的交通工具相比，乘坐飞机可以大大缩短行程，而且遭遇意外的情况较少。乘坐飞机长途旅行到底应该注意哪些事项呢……

正确防治乘坐飞机带来的不适

1. 防晕机

当飞机在起飞、降落、上升、下降、转弯、颠簸等飞行姿势变化时，会给人体带来一定的不适，所谓"晕机"。晕机的症状因人而异，轻则头晕、恶心，重则呕吐、出冷汗，甚至昏倒。多见于体质虚弱者，以女性为多。可能与睡眠不足、饮食不当如饥饿或饱餐、精神紧张、过度疲劳、不适应周围环境、通风不良使空气污浊或因感受某种不良气味的刺激等有关。预防的方法主要是避免诱因，要保证足够的睡眠和充分休息；饮食宜清淡，应避免油腻食物，不可过饥、过饱；要保持良好的精神状态。有晕机先兆时，可在口中含服话梅、陈皮等；必要时在出行前半小时服用一些防治晕动病的药物如：如氯苯甲嗪（敏可静）、茶苯海明（乘晕宁）、苯海拉明、安定等。

2. 防航空性中耳炎

航空性中耳炎是乘飞机时最常发生的疾病。飞机在离开地面升空或下降着陆时，造成耳内气压平衡变化，会产生耳内钻痛、耳闷、耳鸣、听力下降等不适，甚者会出现耳内鼓膜充血、严重时可造成鼓膜穿孔。预防的有效措施是尽量地张大嘴巴并不停地做吞咽动作，也可以通过咀嚼口香糖来解决。应该注意的是，感冒、鼻塞严重者禁止搭乘飞机，以免加重病情，造成不良后果。

3. 防乘机疲劳症

长时间乘坐飞机时，因活动受限，久坐后容易出现颈部、腰背部、腿部等处的酸痛和水肿，要适当做一些肢体运动，可以解除旅途疲劳，并可以预防下肢静脉栓塞形成。

乘坐飞机的饮食要求和注意事项

乘坐飞机时要适当节制饮食，不宜过饱，若吃得过饱，会因为在高空条件下，食物在体内产生大量气体，可能出现恶心、呕吐、腹胀等不适；但不要空腹上飞机，最好是在上机前一小时左右，少吃一些面包、米饭、水果、酸奶等易消化的食物，吃至五六成饱，不要因为害怕晕机呕吐而不吃不喝；不要进食多纤维、容易发酵、产气多的食物，如：芹菜、韭菜、豆类、花生及碳酸饮料等，否则会有胸闷腹胀的感觉。

文明乘机的基本要求

乘坐飞机时要主动配合安全检查要求，听从乘务人员的安排；和别的乘客打交道时，要文明礼貌，宽容谦让；禁止大声喧哗，更不能发生争吵；对乘务人员提供的服务，要有礼貌的表示谢意。

（十四）时尚旅游娱乐项目的友情提示

蹦极

蹦极——因其富有冒险性和挑战性，越来越成为时下年轻人所热衷的时尚运动。在您的旅途中，如果有机会去亲身经历一下，肯定会让您的旅途增色不少。在蹦极前了解一些安全知识，会让您的蹦极玩得既刺激又安全。

1. 蹦极对身体素质要求较高，凡是有心、脑病史的人不能参加。

2. 凡是深度近视者要慎重，因为硬式蹦极跳下时头朝下，人身体以每秒 9.8 米的加速度下坠，很容易脑部充血而造成视网膜脱落。

3. 跳下前应充分活动身体各部位，以防扭伤或拉伤。

4. 着装要尽量简练、合身，不要穿易飞散或兜风的衣物，否则就会有暴露身体部位的可能。

5. 跳出后要注意控制身体，不要让脖子或胳膊被弹索卷绕。

6. 最后一条规则就是没有规则，发挥您的想象，尽情地把身心溶入，用心去体会那短暂而又刺激的感受吧！Good Luck！

滑雪

1. 滑雪时水分的丧失以及寒风的吹袭会损伤您的肌肤。因此，即使在晴朗的天气，您也应每 2 小时使用一次防晒霜，还要戴上滑雪护目镜，同时保护您的眼睛和面部肌肤。

2. 滑雪前应仔细了解滑雪坡的高度、宽度、长度以及走向。由于高山滑雪是一项处于高速运动中的体育项目，看来很远的地方一眨眼就到了眼前，滑雪者不事先了解滑雪道的状况，滑行中一旦出现意外情况，根本就来不及做出反应，这一点对初学者尤其重要。

3. 了解滑雪索道的开放时间，在无工作人员看守时切勿乘坐，因为此时极有可能是工作人员乘坐的下班索道，在工作人员到达下车站后，索道即停止运行，如果您在空中被吊上一夜，发生冻伤事故的概率是非常高的。

4. 要根据自己的水平选择适合的滑雪道，切不可过高估计自己的水平而贸然行事，要循序渐进，最好能请一名滑雪教练。

滑雪

5. 在滑行中如果对前方情况不明，或感觉滑雪器材有异常时，应停下来检查，切勿冒险。

6. 在结伴滑行时，相互间一定要拉开距离，切不可为追赶同伴而急速滑降，那样很容易摔倒或与他人相撞，初学者很容易发生这种事故。

7. 在中途休息时要停在滑雪道的边上，不能停在陡坡下，并注意从上面滑下来的滑雪者。

8. 滑行中如果失控跌倒，应迅速降低重心，向后坐，不要随意挣扎，可抬起四肢，屈身，任其向下滑动。要避免头朝下，更要绝对避免翻滚。

9. 视力不好的滑雪者，不要戴隐形眼镜滑雪，如果跌倒后隐形眼镜掉落，找回来的可能性几乎不存在。尽量佩戴有边框的、由树脂镜片制造的眼镜，它在受到撞击后不易碎裂。

漂流

漂流旅游是目前一种新兴的旅游项目，具有"惊、奇、险"的特点，旅游者感受大自然的"惊、奇"依"险"而有，而"险"应以安全为基础，如何"化险为夷"，不妨掌握一些漂流的安全知识。

竹筏漂流安全知识

1. 上筏前，服从调度安排，有秩序的上筏。

2. 上筏后检查乘筏的救生衣是否齐全并仔细阅读"乘筏须知"，以掌握乘筏安全知识和救援电话，贵重物品勿带上筏。

橡皮艇漂流

3. 竹筏起航后，必须穿着救生衣，听从筏工的安全提示，不在行进的筏上走动拍照，特别是筏下险滩、急流、转弯处，更要保持身体平衡，拉好筏上的安全绳。

4. 航行途中，如遇大风、雷雨等恶劣天气时，应听从筏工的指挥，让筏航行到安全的地方避险。

橡皮艇漂流注意事项

1. 上艇前，详细了解乘艇的安全知识，特别是皮艇性能、载客定额，沿途适航情况，不携带与漂流无关的物品。

2. 上艇后，必须穿着合格的救生衣、戴好疏透式头盔，服从护漂员的指挥，不随意戏水寻求刺激。

3. 患有严重疾病的患者，孕妇和残疾人，65 岁以上的老人和未满 16 周岁的少年不宜乘橡皮艇漂流。

4. 落水时，吹响救生衣上的口哨，以提示附近安全护漂员前来救助。

潜水

潜水时水温一般都会低于体温，下水之前先作淋浴，能使身体适应水温以预防感冒。如果睡眠不足，身体过于疲劳，或情绪激动，都不适宜潜水。为了减少潜水时的一些麻烦，提前教您几招。

潜水

1. 抽筋

如果心理紧张、水太凉或待在水里时间太长，都可能抽筋。下水前的准备活动应当充分，在水里时间别太长。一旦出现抽筋，千万不要慌乱。比方脚趾抽筋，那就马上将腿屈起，用力将足趾拉开、扳直。小腿抽筋，先吸足一口气，仰卧在水面，用手扳住足趾，并使小腿用力向前伸蹬，让收缩的肌肉伸展和松弛。手指抽筋时，手握成拳头，然后用力张开，如此反复、即可解脱。

2. 恶心 呕吐

鼻子呛进脏水就会这样。赶快上岸，如果有仁丹，也可以含上一粒。为预防肠炎，还可吃几瓣生蒜。

3. 皮肤发痒 出疹

主要因皮肤过敏所致。立即上岸，服一片息斯敏或扑尔敏，很快就会好转。

4. 头痛

原因可能是慢性鼻炎、呛水或身体寒冷、暂时性脑血管痉挛而引起的供血不足。这时应迅速上岸，用大拇指在头顶百会、颞侧太阳穴按揉，然后用热毛巾敷头，再喝一杯热开水，即可好转。

5. 耳痛 耳鸣

可能是耳朵里灌水或鼻子呛水，排水方法有：将头歪向耳朵进水的一侧，用力拉住耳垂，用同侧腿进行单足跳手心对准耳道，用手把耳朵堵严压紧，左耳进水就把头歪向左边，然后迅速将手拿开，水即会被吸出；将消毒棉签送入耳道内把水吸出。

6. 头昏脑涨主要原因是潜水时间过长，血液聚集于下肢，脑缺血，机体能量消耗较大，身体过度疲劳。应立即上岸休息，全身保温，并适当喝些淡糖盐水。

7. 眼睛痒痛

可能是由于水不洁净所致。上岸后应马上用清洁的淡盐水冲洗眼睛，然后用氯霉素或红霉素眼药水点眼，临睡前最好再做一下热敷。

（十五）少数民族的饮食风俗

中华民族历史悠久，民俗多姿多彩。无论哪个民族，都有各具特色的饮食习俗，了解少数民族的饮食风俗，可以帮您入乡随俗，但因为我国民族众多，在这里只能列举一少部分，仅供参考。

（1）蒙古族

蒙古族主要聚居于内蒙古自治区，新疆、辽宁、青海、吉林、甘肃、黑龙江、云南等地亦有分布。牧民多以牛、羊、奶食为主；农民以粮食为主，辅以肉食、奶食和蔬菜等。食物以蒸、烤、煮、烧、炸、汆等方法烹制，味以咸鲜、糖醋、胡椒、奶香、蒜泥、葱香、麻辣等为主。通常是席地而食，合餐为基本进餐形式。进餐时用刀、"手抓"。进餐时讲究礼仪，以长者、宾客为上。待客的最高礼遇是全羊宴和马奶酒。

（2）藏族

藏族主要聚居于西藏自治区，甘肃、四川、青海、云南等地亦有分布。主食为糌粑，喜饮酥油茶、青稞酒。牧民以牛、羊肉为主食，僧尼可食肉。忌狗肉、驴肉。有些地方不吃鱼。忌捕杀野生动物。一般日食三餐，合餐为基本进餐形式。餐具以刀、木碗为主，不用筷子，食糌粑、肉类习惯用手抓。一般不用别人的碗，也不用自己的碗在别人的缸中舀水。饭前沾酒或茶在桌上点三滴，以示敬佛。宴席饮酒时，主人先饮，客人后饮；饮茶时，主人捧至客人面前才可接过。吃饭时讲究不满口、不出声、不越盘。

（3）朝鲜族

朝鲜族主要聚居于东北三省，以吉林为多。主食以稻米为主；肉食有猪肉、牛肉、鸡、鱼等，喜食狗肉。泡菜久负盛名，擅长火锅菜的制作，饮烧酒、喝花茶。调味以麻、辣、香为特点。传统上有一日四餐的习惯，进餐时注重礼仪，讲究餐具和食物摆放的规范。朝鲜族有敬老习惯，在家进餐时，在长辈面前不饮酒，饭后不吸烟，通常要为老人单摆一桌饭菜。逢年过节菜肴和糕饼都要加以点缀。

朝鲜族生活方式

（4）回族

回族人口分布较广，以宁夏、甘肃、新疆、青海等地为多。回族信奉伊斯兰教，遵守《古兰经》所约定的饮食禁忌，以食牛、羊肉为主，忌食猪、马、骡、狗的肉，忌食一切非经屠宰而死的动物，并忌食一切动物的血，忌饮酒，不吸烟，节日喜炸各种油香饼吃。主食以米、面、玉米、青稞、马铃薯等为主，肉食除牛肉、羊肉外，还有骆驼肉、鸡肉、鸭肉、鱼、海鲜等，并辅以时鲜瓜果、蔬菜及其他副食品，特别讲究清洁卫生。

（5）壮族

壮族大部分居住在广西境内，其余分布于云南、贵州、湖南、广东等地。主食大米，玉米、薯类次之，善于制作糯米食品，五色糯米饭、米花糖、烤方（大粽子）是节日佳点。喜爱猎食、烹调野味、昆虫；擅长烤、炸、炖、腌、卤等制作方法，口味辣麻偏酸，喜食酥香菜品。大多喜爱饮酒，甚至每日离不开酒。壮族人十分好客，在寨子里，一家的客人就是全寨的客人，一顿饭有时要吃五六家。招待客人必有酒，宴席上男女分开坐，不分辈分和座次，无论长幼，入席即有一座，有菜一份。

（6）苗族

壮族歌舞

　　苗族人口较多，分布亦广，贵州、云南、湖南、四川、湖北、广西以及海南均有苗族居住。在饮食方面，以大米为主，杂以小麦、燕麦、荞麦、玉米、小米等，家养畜、禽是主要的肉食来源。一般都喜爱喝酒，嗜食辣椒和各类酸菜。有早、午喝"打油茶"的习惯。贵客临门先饮牛角酒。饮酒时，以咂酒最有特色。饮酒者围

苗寨风光

住酒瓮，长者先饮，然后自左至右依次轮流饮用，边饮边兑水，直到无味。婚丧嫁娶时，酸肉、酸鱼和酒缺一不可。苗族过年最隆重，猪、牛、羊、糯米酒、糯米粑必不可少。

（7）傣族

主要分布于云南。以稻米为主食，肉食有猪、牛、鸡、鸭，喜食狗肉。水产较丰富；蔬菜品种较多，有萝卜、白菜、笋、瓜类、豆类。善制酸菜，青苔入食为一大特色，常以昆虫入馔。嗜饮家酿甜米酒，喝大叶茶，嚼槟榔。傣族最有特色的莫过于泼水节，泼水节时除摆宴席外，粑丝和麻脆也是必不可少的。逢年过节时常吃的食物是腌蛋、猪肉干巴和狗肉汤锅。

（8）纳西族

纳西族聚居于云南、四川和西藏交界地区。以稻米、小麦、玉米青稞等为主

纳西族人的热情

食，肉类以猪为主，大多制成腌肉，不食马肉，一般不吃狗肉，禽类有鸡、鸭，蔬菜供应充足。好酒，喜饮酥油茶。进餐时围桌而坐，肉食一般由父亲来分，媳妇负责添菜加饭。有贵客登门时，要用6样或8样菜招待。

（十六）教您怎样解除旅行疲劳

外出旅游，在某种程度上可以说是一种兼有体力加脑力的活动。当一个人长途跋涉或较长时间地乘坐某种交通工具时，身体上的肌肉长时间不运动，就会产生一

定的张力，使人感到浑身酸痛、麻木不适、身体僵硬以及疲乏无力等感觉。

（1）解除疲劳的好办法

休息和睡眠：毋庸置疑，此为解除疲劳、最正确、最有效的方式了。

快速走路法：快速走路持续15~20分钟，可以促进全身肌肉运动，帮助大脑活动，使身心得到松弛，达到消除疲劳的目的。

旅途操：按照以下方法做一套旅途操，可起到健身作用。

颈部伸展：取坐姿，双手抱头，两肘夹紧，稍用力下压使颈部前屈，然后再用力后仰，做8次，间隔1~2秒。

肩部伸展：取坐姿，十指交叉上举，掌心朝上，由慢到快用力后振10次。

体侧伸展，取坐姿，一手叉腰，另一手臂伸直上举，上体稍侧屈，手臂用力向侧上方伸展5次；换另一侧做同样动作，每次间隔1~2秒。

腰腹伸展：取坐姿，双手抱头，体前屈，接着上体后仰，肘关节伸展，身体尽量伸直，保持3~4秒，慢速做5次。

腿部伸展：取坐姿，双腿屈膝置于胸前，然后双腿同时伸直，脚尖伸直，做10次，每次间隔1~2秒。

（2）相关因素的重要性

旅游时体力消耗较大，住宿环境要安静、安全、清洁、舒适，为尽快恢复体力提供良好的物质基础。

要尽快适应环境，尽量缩小旅游生活与平时生活时间的差距，避免破坏原有的饮食、起居的节律；旅游应量力而行，避免疲劳过度。

（十七）被困在电梯里怎么办

在现代城市里，我们随处都可以见到高楼大厦，在高楼里活动的人们都只能依靠电梯上上下下，电梯成了人们不可缺少的运输工具。旅行在外进出宾馆也不例外，然而您是否想到，这些每天给人们提供方便的钢铁机器有时也会把人带入一个不方便的境地。当电梯在运行中突然发生故障时，我们又该怎么办呢？

（1）被困电梯里怎么办

乘客被困之后，首先要保持镇静，千万别惊慌，同时立刻按下电梯内部的紧急呼叫按钮，这个按钮一般会跟值班室或者是监视中心连接，您要做的就是等待救援。

（2）报警无效时怎么办

在呼救无援的情况下，可拍门呼救。用鞋子拍门更响一点，主要就是把这种求救的信号传递给外界。另外，如果暂时没有人经过，被困乘客最好保持体力，间歇性地拍门，尤其是听到外面有了响动时再拍，以便引起路人的注意。在救援者尚未到来期间，被困者不要不停地呼救，要保持体力，冷静观察动静，耐心等待救援。

（3）撬门？趴窗？不如等待

电梯在出现故障时，门的回路方面会发生失灵的情况，这时，电梯可能会异常启动，如果强行扒门就很危险，也就是剪切，这种剪切很容易造成人身伤害。由于同样原因，被困者也禁止自己从天窗爬出。但是在电梯轿厢门暂时无法打开的情况下，由专业救援人员协助，断电停机后，被困人员可以从天窗逃出。

（4）坠落？窒息？无须惊恐

不少乘客害怕，发生故障的电梯可能会坠落，其实这样的担心是不必要的。电梯从设计方面是相当安全的，它的悬挂系统一般是三根或三根以上的钢丝绳，那么其安全系数相当于 12 倍，比如这个轿箱可以乘 10 个人时，它从设计方面乘 120 个人都没有问题。电梯还有一套防坠落系统，包括限速器，安全钳，以及底部的缓冲器。一旦发现电梯超速下降，限速器首先会让电梯驱动主机停止运转。如果主机仍然没有停止，限速器就会提升安全钳使之夹紧道轨，强制电梯轿厢停滞在轨道上，另外在一定速度内如果直接撞击到缓冲器上，轿厢也会停下来。轿厢不管通过哪种方式停下来，都不会对人造成很大的冲击。

在狭窄闷热的电梯里，许多乘客还担心受困后会窒息而死，而被困电梯到底会不会闷死人呢？新的电梯国家标准有严格的规定，要达到通风的效率，才能够投放市场。另外，电梯有很多活动的部件，比如说一些连接的位置，如轿壁和轿顶和连

旅游健康常识

接键，它们之间都有缝隙，这些缝隙一般来讲足够满足人的呼吸需求。

 旅游小贴士

乘坐电梯时的注意事项

★乘客在乘梯时应该看清电梯轿厢是否在本层，不可盲目跨入，防止层门开着而轿厢不在本层以至造成跌入井道的事故。

★★乘客不要用身体去阻止电梯关门，或背靠安全触板。

★★★儿童乘坐电梯一定要有成人陪同。

★★★★发生火灾和地震时，切勿乘坐电梯。

（十八）旅途中怎样避雷电

夏日在野外旅游时，常遇到突发的恶劣天气，特别是登高山，时而烈日当空，万里无云，时而乌云压顶，电闪雷鸣，暴雨瓢泼而下。此时，雷电对人的威胁比较大，如果没有一定的防雷电知识，就会有被击伤的危险。因此，夏季在野外旅行，不能不注意躲避雷电。万一碰上了雷雨大作的天气，怎么办呢？

1. 可根据风向和云的飘向及其速度做出准确判断，雷电能否袭击到自己所处的位置。如雷雨将至，应立即停止一切活动，迅速寻求就近的避雷场所，如山洞、成片的房屋等处。不能在大树下、电线杆附近躲避，也不要行走或站立在空旷的田野里，若正在水中游泳要迅速上岸，擦干身体，寻求避雷处。

2. 如处在山顶，要迅速脱离最高点，切忌继续登往高处观赏雨景。如果附近有大岩石，可暂避在岩石下，但不可躲在它的正下方，因在山洞口、大石下或悬岩下这些地方会成为火花空隙，电流从中通过时产生电弧可以伤人。但深邃的山洞很安全，应尽量找干燥的洞穴躲避。

3. 若在空旷处，来不及找到合适的避雷场所，应迅速就地趴下，力争将干燥绝缘物垫在身下，雨衣、塑料布均可。如条件不允许也可蹲下来，两肢并拢，两手抱膝，头伏于膝，尽可能降低身高和减少与地面接触的面积，足下垫以绝缘物（如塑料布、橡胶物品等）。人较多时宜分散，不宜挤在一起。

4. 雷雨天气时，不要撑金属柄的雨伞，亦应摘下金属架眼镜、手表、腰带等，若骑车旅游要尽快离开自行车，如正在驾车，应留在车内。车壳是金属的，因屏蔽作用，就算闪电击中汽车，也不会伤人，因此，车厢是躲避雷击的理想地方。

5. 远离铁栏及其他金属物体。并非直接的电击才足以致命。闪电击中导电体后，电能是在瞬间释放出来的，向两旁射出的电弧远达好几米。此外，炽热的电光使四周空气急剧膨胀，产生冲击波。这些冲击波发出的声音，就是雷声。若在近处听到，强大的声波可能震伤肺部，严重时可把人震死。

6. 正确的判别易招雷击的物体或地形。树下（特别是独立树或高大的古树）、树林的边缘、帐篷、草堆、山顶、铁路、开阔的水面（包括江、河、湖、海及游泳池），无避雷设施的划艇或小船等，都是雷击最多的物体和地形，外出旅游，遇雷雨时应尽量避开这些物体和地形。山洞口、大石下、悬崖下、铁栏杆、独立的小屋等虽不是直接的雷击点，但都是雷击其附近时容易间接伤人的地方，故也应避开。

三、旅游中的饮食与保健

（一）旅游中的科学饮食

抛却烦恼，躲开喧闹，满怀憧憬，踏上旅程。旅游可以愉悦心志、陶冶情操。旅游是美丽、浪漫的，同时，旅游又是费心、劳力的。旅游归来，如果被问到"怎么瘦了"之类的话语，称一下体重，往往也会发现有所降低，这就说明在旅游期间，可能因为某些原因造成了营养不足，导致了一定程度上的消瘦。如果在旅游中能够合理地补充营养，做到科学饮食，不仅可以获得足够的体力和精力，去尽情地领略大自然的风光，享受旅游带来的快乐，而且也不会影响到身体的健康，使身心愉悦，达到旅游的目的。那么在旅游中到底应该采取什么样的饮食才算科学呢？主要应注意以下几点：

（1）饮食卫生最关键，把住"病从口入"关

就餐前，应注意观察就餐环境是否清洁，餐饮服务人员是否具有良好的卫生习惯，餐具是否干净。就餐地点最好选择洁净的饭馆，不要选择露天小摊位或快餐车上的食品要避免食用未经烹煮和不新鲜的食物，禁止暴饮暴食，以免造成消化道功能紊乱，或感染上胃、肠道疾病。只有把好"病从口入"关，才能使旅游生活过得顺心、舒心、惬意。

（2）合理饮食，均衡营养

旅游中的饮食应该做到清淡、易于消化，食品要新鲜、多样化，在讲究色、香、味、美的同时，要荤素搭配，均衡营养。注意加强对蛋白质和热量的补充，因普通饮食中所含的蛋白质和热量不足以达到旅游时疲劳的身体所需要的标准，因此要尽量多进食一些富有蛋白质和热量的食物，如：各种动物的瘦肉、鱼类、蛋类、乳类和面食等。如果需要的话，可以在正餐之间适当吃一些饼干、糕点、煮鸡蛋、牛奶、面包等方便食品，以随时补充能量上的需要。适量补充维生素，因人体所需要的维生素大多含在水果和蔬菜中，所以外出旅游时要尽量多食用一些水果和蔬菜，如大枣、葡萄、苹果、菠萝、柑橘、梨、猕猴桃、胡萝卜、茄子、山药、绿色蔬菜等，其中所富含的维生素 C 和维生素 B 及微量元素等，可以达到旅游时人体所需的维生素需要量。

（3）特定情况饮食注意事项

乘坐飞机时要适当节制饮食，不要空腹、不宜过饱、不要进食容易产气、发酵的食物，如：豆类、花生及碳酸饮料等，以免引起腹胀及排气，既不舒服又影响他人，损人不利己。到达某地，品尝地方特色小吃时，面对美味佳肴，也应适可而止，以免因"水土不服"感染疾病。

（二）旅行饮水有讲究

水和阳光、空气一样，是自然界中生命存在的物质基础。水是人体组织中不可

缺少的成分，它具有帮助血液流动、调节体温、促进营养物质的消化吸收等多种功能。水也是一种非常重要的营养素。

（1）饮水的量要适当

为了有效地维持机体的生理功能，一般成人每天需要补充水分的量为 2000~3000 毫升。旅游时因活动量较大，出汗较多，容易造成机体缺水，故应及时补充水分。但喝水过多，又会加重胃肠道的负担，所以旅游时喝水要适量。最好是多次、少量饮用，以每次不超过 300 毫升、每小时不超过 1000 毫升为宜。

（2）饮水各类的选择要多样化

因为旅游时观光、游览、长途跋涉或运动等安排，经常需要较大的活动量，出汗较多。而当人出汗时，人体内的一些盐分及钾、镁、钙、铁等物质会随着汗液排出体外，造成一定程度上的血液浓缩，严重时甚至会造成水、电解质紊乱，出现口渴、乏力、腹胀等不适，影响到身体的健康。饮水种类的选择要多样化，可以喝矿泉水或普通茶水，也可以将 1 克盐加入 500 毫升水中构成淡盐水来喝，可有效地补充机体对盐分的需要，同时可预防水、电解质紊乱。此外，如选择富有营养的饮料类，像：杏仁露、椰子汁、浓缩橙汁等，既可以有较好的口感，又可以及时补充营养物质，如果每天能加喝 1 杯牛奶或咖啡，则更为理想。

在参加长时间的运动或在较大的运动量之后可适当地喝一些糖水，可以补充体内热能的消耗，获得充沛的体力和能量。

（3）饮水卫生要重视

饮水卫生和饮食卫生同等重要。要喝煮沸过的开水或消毒净化过的自来水；不要喝泉水、塘水、湖水、井水和河水等。如果一时找不到合适的水可以喝时，可以采用瓜果替代。夏日旅游时体温较高，血液循环较快，胃肠道相对缺血，所以不要为了图一时痛快，喝 5℃ 以下的冰水或冰的饮料，以免加重消化道负担。可以考虑喝 10℃ 左右的凉开水，能够达到降温、解渴的目的。

（4）饮水时应注意的问题与禁忌

旅游途中饮茶不宜过多、过浓，尤其是晚餐以后，最好也不要喝咖啡，以免因兴奋过度及夜间多尿而影响睡眠质量。另外，特别应该注意的是，出门在外，购买饮料时要注意检查瓶盖是否密封，观察是否被人打开过，不可喝已经启封的饮品；更不要随意饮用不认识的人提供的水或饮料，以免因误服含有麻醉药物的饮料，造成不必要的经济损失和人身伤害。

（三）水果、蔬菜的合理选择

水果、蔬菜是个宝，每天不能少，而且人人也离不了。日常生活中是这样，旅游更是如此。水果和蔬菜之所以如此受欢迎，是因为它们富含大量的水溶性维生素、微量元素、纤维素、无机盐和果胶等营养素，而这些营养素又是人体不能合成或合成很少的，并且在动物性食物中所缺乏的。此外，水果酸甜可口、色泽艳丽，诱人食欲，可以促进消化，在旅游中合理补充，不仅可以满足机体的需要，而且又能享受美味，聪明如你，何乐而不为呢？

（1）水果、蔬菜所含的营养成分不同，选择要有所侧重

富含维生素 A 和胡萝卜素的水果和蔬菜主要有：杏、柿子、胡萝卜、红（黄）

荔枝

芯甜薯、南瓜、青椒、菠菜、油菜、金针菜等；富含 B 族维生素的水果和蔬菜有：枇杷、枸杞、豆芽、豆苗、新鲜绿叶蔬菜等；富含维生素 C 的水果和蔬菜有：草

莓、柑橘、香蕉、猕猴桃、山楂、菜花、番茄、包心菜、大白菜、萝卜、藕、苦瓜等，可以根据个人需要，有所侧重地选择食用。

（2）水果虽好，也要合理使用，并非多多益善

荔枝味道甜美，维生素 C 含量较高，还含有降低血糖的成分，连续大量食用会出现低血糖反应，如：心慌、出汗、饥饿感等不适；龙眼、榴莲热性大，吃多了容易"上火"，像：鼻出血、口舌生疮等；南方生长的水果，色美、味甜、糖分高，爱美的你如果正在实施减肥计划，可要"计划"着点吃，以免得不偿失，因为吃上去容易，减下来难嘛。

（3）吃水果不注意细节，容易吃亏

未成熟的水果尽量不要吃。一方面酸、涩，口感不好，另一方面营养成分未完全转化好，即所谓的"没有全味"，食后容易导致人体不适。吃瓜果前一定要洗净、去皮，以免因为农药或病菌、寄生虫对水果造成的污染，在食入后导致农药中毒或引发胃肠道疾病。

另外，因旅行中蔬菜的供用无法和水果相比，可以选择的余地较小，大概只能入乡随俗，或者可以建议餐饮服务人员适当提供所需要的蔬菜类饮食，也许并不是没有可能的。

（四）醋、姜、蒜在旅途中的妙用

旅游是一个时段的活动，时日不定，难以预测的自然环境及新的生活环境，往往会给旅游生活带来许多不便。外出旅游时，适当地准备点醋、姜、蒜，相信它会给您的旅途生活带来很多益处，减少好多麻烦。

醋的妙用

醋，性味酸、苦、温、无毒，可以内服，可以外用；但只看它所具有的开胃、养肝、强筋、暖骨、醒酒、消食、下气、解毒等功能，似乎是专为外出旅游存在的。所以说，醋是旅游生活中必不可少的物品。醋的作用主要有以下几个方面：

1. 消除疲劳作用：旅游时因走路较多，腿脚会有酸、痛、胀、麻木等不适感，

特别是患有脚癣、脚汗过多及脚臭的人，更是如此。如果每晚睡觉前，洗脚时在水中放点醋，可以消除疲劳，使人睡得舒服；如果洗澡时在水中适当加一些醋，洗浴之后会感到全身舒畅。

2. 遭遇蚊虫叮咬时，在叮咬处擦点醋，可以起到止痒、止痛的作用。

3. 如有晕车、晕船的毛病，在出发前饮 1 小杯加醋的温开水，可以明显减轻症状。

4. 当外出住宿因环境改变而失眠时，可在睡前饮 1 杯加醋的汽水，即能安然入睡。

5. 因饮食不洁或其他原因发生胃肠炎时，沏一杯热盐水，然后加点醋，饮后便可止吐；如果发生了腹泻，可以沏 1 杯浓茶，在茶水中加一点醋喝下，一日 3 杯即可止泻。

6. 治疗鱼刺鲠喉：吃鱼时若不慎被鱼刺鲠喉，饮醋数口，徐徐咽下，可使鱼刺变软，便于咽下或取出。

姜的妙用

姜，性味辛、温，具有发表、散汗、健胃、止吐、解毒的功效。姜还是常用的食疗佳品。

1. 治疗伤风感冒：把生姜切成丝，加入红糖煎汤，趁热服用，然后盖上被子发汗，能很快痊愈。

2. 因为食入生、冷等寒性食物导致胃寒、胃痛不适时，将生姜洗净切片，用醋浸泡 24 小时后，取适量姜片加入沸红糖水当茶饮，可以缓解症状，因为生姜能使胃液分泌增加，加强肠蠕动的张力和节律。

3. 为避免乘车、乘船、乘飞机时发生头晕、目眩、恶心、呕吐等不适，可在出发前嚼几片生姜服下，而后再含一块水果糖，或取鲜姜一片，贴在手掌内侧距离腕横纹 3 厘米处的内关穴上或贴在神阙穴（肚脐眼）上，可有效预防以上症状的发生。

4. 防治冻疮：对容易发生冻疮的皮肤，若用生姜汁反复涂擦，就能增加局部抗寒能力，还能起到活血化瘀的作用，避免冻疮的产生。

5. 治关节疼痛：口服适量生姜或用生姜汁擦疼痛的关节处，能使关节活动得到改善，疼痛明显减轻，肿胀与僵硬症状减少，且无任何副作用。

6. 治牙痛：牙痛时，取生姜 1 片，咬在痛处即可缓解，如有必要，可重复使用。

蒜的妙用

蒜，性味辛、温，具有杀菌、解毒、消积、行滞、健胃的功效。蒜也是人们常食的佐餐蔬菜。

1. 缓解晕车晕船：出发前，切一片大蒜贴于肚脐上，用胶布或伤湿止痛膏固定，可减轻症状。

2. 饮食不洁所致上吐下泻，可以用温开水将蒜泥、蜂蜜搅匀服，可收到一定的效果。

3. 对流鼻血、咯血、吐血者，将蒜泥敷于脚底心处的涌泉穴上，可达到止血目的。

4. 因天热导致中暑，先将大蒜捣成汁，然后用冷开水稀释滴鼻，可起到醒脑、益神的功效。

🏍 **旅游小贴士**

醋、姜、蒜食用小常识

醋虽好，也不宜过多食用，否则会伤及脾胃、损坏牙齿、不利于筋骨；有出血、眼睛发红者应禁忌食姜；眼、口、齿、喉、舌"上火"时应禁止食蒜。

（五）巧食方便面

方便面作为最经典的方便食品之一，似乎已经成为人们生活中不可或缺的食品。尤其对于忙碌的现代人来说，吃方便面似乎成了一件免不了的事情。在旅游族们的生活中更是如此，它几乎成了必备食品。确实如此，方便面很方便，用开水一冲，泡几分钟就可以食用；在食品工业的进步下，调味料的品种繁多，似乎越来越好吃；另外还有经济、卫生、方便携带等等。方便面有如此诸多的好处，它是否就是最理想的食品呢？答案是否定的。

（1）方便面虽方便，不宜经常食用

方便面是由面粉制成的食品，制作过程经过高温油炸，脂肪含量高，其他营养素如蛋白质、无机盐等含量极低，完全不含水溶性维生素，不合乎健康原则和要求，经常食用会造成营养不良；此外，方便面中加入了多种食品添加剂、调味剂等，经常食用对人体不利。因此，方便面最好只用于饥饿时救急，一天至多吃一次，可不能天天吃。

（2）适当加工，用其所长

既然方便面有利有弊，如果动动脑筋，稍加处理，就可以取其所长，避其所短了。建议您在冲泡方便面后，食用前把汤倒掉，再对上开水或别的汤；不要把调味品全部放入，或者只要一半；有条件时可以添加些许较为健康的小食品，如：牛肉干、肉松、鱼片、熟鸡蛋、红肠之类，不但使风味更佳，而且还可以吃得安心。经常食用方便面的人，平时应注意加强对各种营养的补充，如：鸡蛋、新鲜瓜果（苹果、梨、番茄、黄瓜等）、巧克力、牛奶、牛肉干等。只有这样才能不断达到人体对营养素的摄取要求。所以说，只要合理搭配，就可以使方便面"物尽其用"。那么，旅游生活才能吃得更加美味、营养和健康，难道这不正是我们所追求的效果吗！

（六）品尝海鲜的安全招数

蔚蓝色的大海，烟波浩渺、喧腾不息，海上的景色是迷人的，海边休闲、度假更是令人向往、引人入胜的。品尝海鲜更是不可多得的美的享受，因为海产品营养丰富、味道鲜美，受到消费者的普遍喜爱，更是餐桌上的美味佳肴。外出旅游时，品尝海味也要讲科学，切忌不正确食用或食用过量而引发疾病。

吃海鲜可能导致人体过敏

容易引起过敏的海鲜主要有：虾、蟹、牡蛎、扇贝、鳕鱼等。最常见的是皮肤过敏反应，主要表现为红斑、痒疹；其次是胃肠道过敏反应，可能出现恶心、呕吐、腹痛、腹泻等不适。一般发生于食用海鲜后1~2小时之内。特殊体质可能出现血管性水肿、过敏性哮喘等严重反应。因为海鲜内富含高蛋白，所以容易对蛋白质过敏的人请不要贪食。

吃海鲜可能导致中毒反应

吃海鲜常会发生食物中毒，主要原因可能是因为生食了被一种称作嗜盐菌的细菌污染的小白虾、咸鱼或虾酱等。中毒潜伏期一般为10小时左右，主要表现为急性胃肠炎症状，重者可出现血水便、脓血便，吐泻严重者可因失水过多而虚脱、休克。另一种是感染性腹泻病，包括肠炎、痢疾、伤寒、霍乱及寄生虫病。进食生鱼片、冰虾、甲鱼血、螺蛳、生蟹等均可引起，潜伏期为几小时至5天，特点是突发水样腹泻，无腹痛和发热。如为细菌性痢疾，可出现高烧、腹痛、肛门下坠感，有粘液脓血便。还有一种是鱼、贝类中毒，如河豚鱼中毒，主要以神经系统症状为主，可以致死；青皮红肉鱼类（鲭鱼、鲐鱼、秋刀鱼、金枪鱼、沙丁鱼等）如保存不当，被细菌污染后，食入10分钟到3小时，就会出现中毒症状，如头晕、头痛、面红、胸闷、气短、口干、心跳快、血压下降，也有人出现荨麻疹、眼红、恶心、呕吐及腹泻等。一旦误食变质海鲜，出现中毒症状，要立即去驻地医院救治，不要耽搁，以免延误病情。

食用海鲜的安全招数

1. 尽量在驻地宾馆、招待所或度假村用餐，不要在海滩和农贸集市上购食烧烤海产品；如必须在海边餐馆进餐，应叮嘱餐饮服务人员不要提供凉拌菜和海鲜。

2. 如果有海鲜餐，一定要注意海鲜是否干净、新鲜，是否彻底加热、蒸熟、煮透。如果有异味，怀疑变质或发现半生，应立即停止食用；最好就着加有姜末的食醋或生蒜吃，能起到一定的杀菌作用；可以喝一点白酒或米醋；吃海鲜后2小时内最好不要食用西瓜等凉性水果及冰棒等冷冻食品；尽量不喝饮料，以免冲淡胃酸，破坏杀菌屏障。

3. 吃海鲜的量要掌握好，不能暴饮暴食；有胃病、溃疡病、胃切除者或血型为O型的人尽量不要食海鲜，因为此类人群比较容易感染霍乱；甲状腺功能亢进者不宜吃海鲜，以防过多的碘摄入后，诱发或加重疾病；痛风患者食用海鲜时禁止饮用啤酒，否则会因尿酸产生过多而引起痛风发作。另外，鱼的肝脏、脑、鱼子应尽量少吃或不吃，以免食入过多胆固醇或引发中毒。

4. 外出旅游时，要自备黄连素、氟哌酸、思密达、口服补液盐等药物。白天多饮开水，夜间保证睡眠，以防止机体抵抗力下降，疾病乘虚而入。

（七）野生食物应有选择

当前，随着社会、经济的迅速发展，人们生活的水平不断提高，食物的品种、花样繁多，生活中可以选择的余地非常大，可以说是想吃就吃。出于诸如猎奇、害怕污染、崇尚健康等种种原因的考虑，人们似乎更加偏爱于所谓的绿色食品，一时间食用野味似乎成了饮食时尚。

（1）食用野味有益处

不可否认，作为食物，野生动、植物与人工养殖、种植的产品在营养素的含量和分布上的确有许多不同之处。举例说明，野生动物体内维生素的贮存量，特别是维生素A、维生素B族等均高于家养的动物，而且食用时带有一种特殊的香味，口感好；又因为野生动、植物是在自然界里自由生长，没有农药的污染，或人工添加剂及其他人工成分的掺入。因此，相对来说比较吸引人。

（2）食用野味要慎重

首先，要明确很多野生动物属于国家保护物种，植物也是如此。擅自捕捉、宰杀、食用将触犯国家法律、法规；其次，有些野生动、植物含有一定成分的毒性物质，不慎食入会引起中毒。在野外旅游活动中，经常可以看到不少色泽鲜艳的野果，但要抵得住诱惑，不要随意摘吃，以免食入后引起中毒或危及生命。诸如蘑菇、河豚鱼导致的中毒、死亡事件不在少数。

（3）野味也疯狂

很多野生动物是细菌、病毒、寄生虫的宿主和载体。除了不能生食外，还应避免采用烤、涮等方法烹制的野生动、植物，以免因为未煮熟、未烧透，为感染疾病种下隐患、埋下祸根，那将追悔莫及。如：禽流感、石蟹导致的肺吸虫病等恐怕均与饮食缺乏科学性有关，难道 SARS 带给我们的教训还不足够惨痛和值得引起重视吗？

（八）长江三峡旅游时的饮食禁忌

长江三峡风景区位于四川省的东端与湖北省的交界处，以其险峻的地形、磅礴的气势、旖旎的风光以及众多的名胜古迹闻名遐迩，吸引着大批的游客来此观光、旅游，乐此不疲。三峡（瞿塘峡、巫峡、西陵峡）峡区内风景如画，恍若世外仙境，令人流连忘返。但是来此旅游，在饮食上应该有所禁忌，以免因饮食不当而感染疾病。

（1）食蟹方式与肺吸虫病的相关性

三峡库区及移民区山峦起伏，溪涧纵横，其间生活着无数的石蟹，当地居民喜欢用白酒浸泡成"醉蟹"食用，或者不做任何加工直接生吃。而此地区流行一种称为"肺吸虫病"的传染病，很可能与这种食用石蟹的习惯有关。

（2）肺吸虫病的传染途径

传染肺吸虫病的途径是：肺吸虫的虫卵从病人或病畜的体内排至溪水中孵化成毛蚴，毛蚴钻进入一种川卷螺的体内发育成尾蚴，尾蚴再侵入石蟹体内，演变成对人、畜均具有感染力的囊蚴。当人生吃或吃了半生的带有囊蚴的石蟹，就会受到感染而罹患肺吸虫病。据调查，有 99% 的该病患者在发病前食用过生的石蟹或"醉蟹"。

（3）肺吸虫病的防治要点

凡到过三峡地区，而且有吃生的石蟹或"醉蟹"的经历者，如果出现咳嗽、胸痛、气短、皮下包块时，应考虑是否感染此病，要及时到医院做相应检查，以免延误诊治。避免感染此病的唯一办法是不吃生的石蟹或"醉蟹"，不喝生的溪水，通过切断传播途径来保护自己免受侵扰。

（九）有人醉酒了怎么办

醉酒即酒精中毒。不少人平时就很嗜酒，旅行中心情愉快时就大量饮酒，不知节制，往往就会造成酒精中毒，引起中枢神经系统的兴奋及抑制。早期多处于兴奋状态，面部潮红或苍白，眼部充血，脉搏增快，情绪激动，语言含混失控，进而动作笨拙，步态不稳，伴有恶心呕吐。重者进入昏迷状态，面色苍白、脉搏加快、呼吸缓慢、血压下降，严重者甚至可以导致死亡。

旅途中如果有人醉酒了，在分清醉酒的轻重程度之后，您可采取以下方法处理：

1. 轻者不需要特殊处理，可将其扶上床休息，但因其皮肤扩张，容易散热，故须保暖，以防着凉。给予淡醋水饮用，或吃些梨及瓜类的新鲜多汁水果，即可逐渐恢复正常。

2. 对过于兴奋者，可多喝一些浓茶。因茶叶中含有单宁酸，能分解酒精，减轻酒精中毒的程度。如果喝酒过量已醉者，应及早用手指或筷子刺激咽喉、舌根，促使其将胃内食物及酒吐出，减少体内对酒精的吸收，必要时洗胃。然后让其静卧，并要注意保暖。

3. 醉酒者如有呕吐，应屈身侧睡，如平躺应将头偏向一侧，并应及时清除其口腔内的呕吐物，以防窒息。如果呕吐不止时，可用热毛巾滴数滴花露水，敷在醉酒者的脸上，能醒酒止吐。对行走不稳者，应搀扶以防止跌伤。

4. 当醉酒者不省人事时，可取两条毛巾，浸上冷水，分别敷在后脑和胸口上，并间断协助其喝入冷开水，可使醉酒者逐渐醒过来；当醉酒者出现抽搐时，应在口内塞入干净的毛巾，防止咬破舌头；如发现醉酒者面色苍白、大汗不止、心律不齐、呼吸异常以及昏迷不醒时，应及时请医生出诊或送医院进行急诊抢救，千万不能延误时间。

5. 如缺乏医疗条件，可试用下面的解酒方法，供您参考选用：

取生绿豆（或赤豆、黑豆）50~100克，加水适量后煮烂，连豆带汤一并喝下。

取绿豆、赤豆、黑豆各30克、甘草15克，加水适量煮烂，连豆带汤一并喝下。

取白萝卜1~2个，洗净后捣烂成泥状，用纱布包好，挤出汁液服下。

取食醋30克、红糖15克、生姜3片，加水适量后煎服。

取甘蔗汁适量，饮服数次。

取葛花20克，用开水泡服。

取柑皮适量，焙干后研成细末，加食盐少许，用开水冲服。

此外，清炖冬瓜汤、糖醋白菜心或糖醋萝卜丝以及牛奶、鸡蛋清等也有解酒作用。

（十）教您预防旅行"上火"

外出旅游时，因为受到时间、环境、条件等因素的限制，或许会产生这样、那样不尽如人意的感觉，此时，人容易变得脾气暴躁，在身体上也相应地出现一些不正常的反应，即所谓的"上火"了。那么，"上火"到底是怎么一回事呢？出门在外，到底应该如何去做才能不引起"上火"呢？

"上火"的表现与由来

"上火"是由于人体各器官功能不协调造成的，主要表现为：全身燥热、心绪不宁、牙龈肿痛、口舌生疮、胃口难开、小便发黄、大便秘结等。究其原因可能与以下因素有关：受日程安排和时间的限制，使精神始终处于紧张状态；乘坐交通工具颠簸造成的疲惫不适，忙于活动安排导致体能消耗、体力不支；生活环境和生活规律性的改变，打破了以往的饮食、睡眠、排便习惯等等。当机体总是处在一个紧张和变化的应激状态时，人体内环境的平衡和稳定就会受到破坏，最后可能导致了上述问题的发生和出现。

预防"上火"的招数

1. 做好充分的准备：出门旅游前，对旅行的路线、乘坐车船的时间、携带的物品要有充分的准备，对可能发生的事情要有充分的估计，遇事要稳定情绪，保持心境平和，从容处之。

2. 生活要有规律：尽量做到科学饮食，充足睡眠，注意劳逸结合，以免因过度疲劳，导致机体抵抗力下降；外出时，及时了解异地温度变化特点，注意收听、收看天气预报，并根据具体情况随时增减衣物，防止感冒、着凉或感染其他疾病。

3. 多吃"清火"食物：多饮水，多吃蔬菜和水果。新鲜的绿叶蔬菜、水果和绿茶等都有良好的"清火"功能。还可以通过服用一些清凉冲剂，如夏桑菊冲剂、金菊冲剂等，以达到败火的目的。

（十一）旅游途中睡前洗脚好处多

在日常生活中，当人们忙了、累了一天，晚上临睡前用热水洗洗脚，似乎成了习惯；旅游过程中因登山涉水，长途跋涉，脚部是最辛苦的，因此，洗脚便成了睡前准备工作中必不可少的工序。睡前洗脚真的有那么重要吗？怎样洗脚才能使身体最大受益呢？

（1）睡前洗脚的好处种种

民间谚语云："春天洗脚，升阳固脱；夏天洗脚，湿邪乃除；秋天洗脚，肺脏润育；冬天洗脚，丹田温和"。因为睡前用温水洗脚，可以去除污渍、除却异味，起到清洁皮肤的作用；通过温水的作用，加之脚步的摩擦，并配合手法按摩，能够促进血液循环，消除下肢沉重感，解除疲劳；又因为洗脚的动作刺激脚部神经末梢反射区，使大脑处于松弛状态，起到镇静、催眠的作用；对神经衰弱者有一定的治疗作用；冬季，睡前洗脚，还能预防冻疮。据说，每晚用热盐水泡脚，还可以治疗各种顽固性鼻炎呢。

（2）洗脚也要讲究科学

开始洗脚时水不宜过多，浸过足趾即可，水温宜在 40~45℃ 之间。浸泡几分钟后，再加水至踝关节以上，水温以人体能承受为宜。并将两脚互相搓动，以促进水的流动，洗脚的同时要用双手按揉脚趾和足心处 2~3 分钟，每次洗脚 30 分钟左右。当感到身上微热时，即可擦干。为了提高热水泡脚的保健效果，还可将食盐加入到浴水中，制成盐水浴，发挥解毒、润燥、凉血、镇痛、止痒、清热、渗湿等治疗作用，可用来治疗头痛、眼睛发红、上火等病症。

（十二）安全游泳小常识

在酷热难耐的夏日里，游泳是人们向往的运动，它既能增强体质，又能使人享受到在水中的乐趣。相对于在泳池里，在大海中的游泳就应该特别注意安全。别看风平浪静的时候，海面波光粼粼，沙滩金光灿灿、软绵绵的沙滩，大海显得那么温柔可人；而涨潮的时候，往往潮声如雷，惊涛拍岸，大海又是桀骜不驯的。所以说，在海里游泳时更应该加强安全防范，唯其如此，才能保证游得畅快、玩得惬意。

（1）让心灵的窗户永远明亮

俗话说，眼睛是心灵的窗户。不管是在何处游泳，均有可能出现眼睛发红、发涩，有较多的分泌物，可能是结膜发炎的缘故。由于泳池里的水消毒剂——漂白粉的刺激引起，常常是在出水以后眼睛有轻微发红，数十分钟至数小时以后，就会自行消失了，一般对眼睛没有什么大的损害，无须治疗。相反，如果是由细菌、病毒感染引起的结膜炎，常常表现为刚出水时症状很轻或不明显，过 1~2 天以后眼睛发红，分泌物逐渐增多，这种情况应该及时治疗，可以适当地用一些含有抗生素或抗病毒作用的眼药水点眼。

要预防结膜炎，应选择水质好、污染少的游泳场所游泳。患有高度近视眼者不能头朝下跳水，以免引发视网膜脱离。游泳以后，及时用干净水洗脸、洗澡。潜水时，尽量把眼睛闭上，有条件者应戴防护眼镜。

（2）让身体的屏障不受损伤

皮肤是人体的天然屏障。游泳时皮肤容易受的损伤有晒伤、皮肤疹和外伤等。防止晒伤的关键是：要在身体暴露的部位正确涂抹防晒霜，尽量避免强烈的阳光直接照射皮肤。在海水中游泳可能会发生皮肤红疹、痒疹，原因可能是由于对某些水生物过敏所致，避免的最好方法是在游泳后立即用洁净的淡水沐浴，彻底清洁皮肤，用干净的毛巾擦干身体。另外，要提防水母及其他生物，以免被蜇伤或被咬伤。

（3）规则长伴，安全有保障

游泳比较常见的意外还有脊髓损伤、急性扭伤、擦伤和腿抽筋等。下水之前要做好热身运动，游泳前不要喝酒，不要在水中追逐打闹或在不明水域逗留，更不要一时逞能做各种危险的动作，以免造成严重损伤，导致终生遗憾。

（十三）旅游中的眼睛保护

沐浴着温暖的阳光，呼吸着新鲜的空气，迈着轻快的步伐，踏上碧绿的草地。远离城市的喧嚣，将自己置身于如诗如画的大自然中，巧笑倩兮，美目盼兮，做一个令人艳羡的旅游族，实现放飞自己的梦想。登高、望远、领略、浏览，旅途中的眼睛是那么的重要，同时，也是最容易发生疲劳的部位。旅游中应如何保护眼睛呢？

（1）预防传染结膜炎（红眼病）

旅游时常常需要参加游泳、泡温泉、水上摩托、冲浪运动等水中项目，最常引起的眼病就是结膜炎。眼睛有局部酸涩感、红肿、流泪等，大多是由于泳池内消毒水的刺激或不洁溪水、海水等的刺激而引起，数小时后可恢复，对视力不会有太大影响；如果是在陆地上的公共场所，则容易被传染上流行性结膜炎，初起症状多为：眼睛发痒、充血、疼痛、红肿、怕光、流泪、分泌物多；严重时，眼睑水肿、结膜水肿、结膜下出血、视力下降等，可能因为手、眼接触了被细菌、病毒污染的公用毛巾或其他公共设施造成。一旦染上结膜炎，要用 0.25% 氯霉素眼药水滴眼，每次 2~3 滴，每 2 小时滴一次，一天就可以控制病情的发展，2~3 天就能痊愈。

预防措施主要应做到：在公共场所不触摸他人用过的东西，养成不用不洁的手及其他物品接触眼睛的习惯。洗脸时用双手捧水泼洗，然后用纸巾擦干脸上的水即可。若眼睛发痒或眼内有异物，不要直接用手揉搓，最好用消毒棉签或纸巾蘸取。注意晾挂毛巾时不要与他人的毛巾挨在一起。

（2）预防雪盲

冰山滑雪运动不仅富于趣味而且充满刺激，经常是勇敢者的最爱。由于雪地上阳光反射很强烈，如果长时间看着被太阳照射着的雪地，眼结膜和角膜就会受到刺激，出现充血、流泪、睁不开眼睛等情况，即所谓的雪盲。再加上滑行中寒风对眼睛的刺激很大，所以需要用好的滑雪镜来保护眼睛。一旦发现有发生雪盲的可能时，要尽量避免光线对眼睛地再刺激，数天后便可以自愈；但是，如果视网膜受到破坏，将会导致失明。所以，避免发生雪盲的关键是预防。临行前要精心准备一副质量较好的滑雪镜，既能防止冷风对眼睛的吹拂和紫外线的灼伤、镜面不起雾气、形状和材质在跌倒时眼镜又不会对眼及脸部造成伤害。

（3）保证眼睛安全，预防意外发生

眼睛是人体最重要的器官，要随时保证眼睛的安全。眼睛高度近视者不能头朝下跳水，以免引发视网膜脱离。潜水时，尽量把眼睛闭上，有条件者应戴防护眼镜。在旅途中，经常泡一杯菊花茶喝对解除眼睛疲劳、防止视力模糊有很好的疗效，冬天热饮，夏天冰饮。如果患有眼病，在饮食上要忌食大蒜、辣椒等辛辣刺激性食物。

（十四）教您防御紫外线照射的小招数

炎炎夏日之际，准备外出度假的旅游族们，想必早已跃跃欲试，精心装备起来，以便能在享受阳光洒下的热情的同时，也可保有健康的肌肤，达到休闲美丽两不误的效果。那么，到底如何去做，才能在最大程度上防御紫外线的照射呢？

防御紫外线照射的小招数

1. 全副武装：防御紫外线的最好办法是防止长时间的曝晒。要有随时随地防晒的观念。外出时，最好穿着浅色的棉、麻质地服装，因为黑色、聚酯类的服装比较容易吸收紫外线。遮阳伞和宽边帽可以帮您遮挡照射到面部的日光。正确使用防晒品，不要用含光感物质较多的化妆品。

2. 眼镜要求：浅色的镜片更好些，因深色的镜片会使眼睛的瞳孔放大，反而有利于光线通过。不过，黑色眼睛的东方人，其实不用特别在意眼睛防晒的问题，除非你要去滑雪、登山或去低纬度地区。在雪山上需要戴墨镜或风镜。

3. 保持清洁：洗脸时尽量不用热水、碱性肥皂和粗糙的毛巾。每天做面部美容操。其方法为：五指并拢，双掌摩擦微热后，轻轻按摩额、颧处肌肤以及鼻、耳部，持续 3~5 分钟，以促进面部血液循环，使面部皮肤光洁。

4. 饮食要求：多进食含维生素 A 的食物及新鲜的蔬菜和水果，以维持皮肤的正常功能；对一些可诱导春季性皮炎的光感性物质如油菜、菠菜、莴苣、无花果等，应尽量少吃或不吃。

5. 不容忽视的生活小细节：尽量不要在中午时间出门；必须外出时，要做好防护，薄云天气也要注意；去往山上或海边时，要更加小心，尽量避免被太阳直接晒到。晾晒衣物时，要背对太阳。对阳光照射比较敏感的人，要预防日光性皮炎的发生。

6. 经常参加户外锻炼，不仅可以增强体质，而且能够增强皮肤对紫外线的耐受能力。可采取循序渐进的方法，如选择早、晚阳光不太强的时候，开始时间不要太长，以后逐渐延长时间

选择正确的防晒品

防晒最直接的认知，就是不要曝晒在阳光下，但这几乎是不可能的事，除非整日不出门；就是要出门，还得避开阳光照射最强烈的上午 10 时至下午 3 时之间这

个时段。外出时，要随身携带具有防紫外线功能的伞具、宽沿帽子、太阳眼镜、穿着长袖衬衫等，尽量避免让皮肤直接接触阳光；如果是在岛屿、海滨度假的话，又会觉得束手束脚，不够自在快活。于是，涂抹防晒品就是上佳的选择了。不过，别以为擦上防晒品就能一劳永逸，曝晒在烈阳中的时间越多，补充防晒品的次数也应随之增加。既然了解到在烈日下可能引起的晒伤，就应尽早开始做好防晒的准备工作。

除了应该具有"无关季节，随时防晒"的概念外，选择防晒品也是一门大学问。防晒品的防晒系数（SPF）与皮肤所能承受的阳光有很大的关系，防晒系数越高，抵御阳光的能力相对提升，促使皮肤可以很快地散热。

值得注意的是，防晒系数到达某个程度后，防晒的功能就会停滞，因此，选择防晒品所含的系数不需过高，否则，徒增浪费。

滴水不露的防晒措施

到底要采取什么样的防晒措施才能做到滴水不露呢？首先，必须谨记，季节是影响阳光强弱的最大因素，故在不同地区的国家旅游，所使用的防晒品之防晒系数也不尽相同。原则上，像纯粹度假的岛屿型国家或热带性国家，阳光的杀伤力是最强的，建议您使用防晒系数 30 以上的防晒品，不仅擦在肌肤上的分量要足够，而且补充的次数要频繁。因每个人的出油量与流汗量都不同，当肌肤有发热的现象，就表示防晒品的功能已降低了，只要用化妆纸将油或汗擦干，再补上适量的防晒品即可。从事水上活动的人，就得选择耐水、耐汗的防晒品，以保持效果的持久性。千万别太大意，有些阳光的强度虽然不强，但对肌肤仍具有一定的伤害。如果是在欧洲地区，不妨使用防晒系数 20 左右的防晒品，涂在常暴露阳光下的肌肤上，如脸部、脖子及手臂；有化妆需求的女性，也可选择本身即有防晒功能的化妆品。到南半球的新西兰、澳洲等国家滑雪或赏雪者，虽然冬季的阳光看似温煦，虽不致造成晒伤，却会使肌肤晒黑，应选用防晒系数 15~20 的防晒品。

（十五）强光照射后的皮肤护理

在现实生活中，如果某个人的皮肤"面若桃花""脸似凝脂""吹弹得破"……想必是令人艳羡不已的。但这种皮肤除了天生丽质外，恐怕与后天的保养也是有很大关系的。外出旅行时，相对较多的户外活动，使皮肤经常地被暴露在自然环境中，遭受到风吹、日晒等各种刺激，变得不再细腻、滋润。那么，遭受强光照射后的皮肤应如何护理呢？

判断您的皮肤是否属于容易受伤型

东方人的皮肤，大概可以分为三种情况：

肤色较白：一旦被晒，很快就会变红，甚至起水泡，虽不易晒黑，但容易晒脱皮，是最易受紫外线伤害的皮肤类型。

肤色适中：皮肤被紫外线照射后，会略微变红，也略变黑，受紫外线伤害的程度为中等。

皮肤黝黑：经紫外线照射后，既不变红，也不变黑，不容易受到紫外线的伤害。

不同季节紫外线照射特点

1. 春季：阳光中紫外线含量最高，人对紫外线的敏感性也最高，尤其是处于青春期的女性。皮肤变得干燥、粗糙，脸上长疙瘩或出现苔藓样变化。这种春季性皮炎与中波紫外线的照射有关。

2. 夏季：每年4~9月份是紫外线照射最强的季节，上午10时至下午2时是紫外线照射最强烈的时段，尤其是正午时间，是紫外线照射的高峰。皮肤不慎被灼伤后，很可能出现发红、脱皮、起斑等现象。

3. 秋季：晴朗天气的紫外线强度一般比较大；略有微云时也并非如想象中的无所谓，因这种情况与天气晴朗时的紫外线量相差不大。

4. 冬季：如果是在雪山上活动，就需要注意防晒。因为紫外线会在雪地上产生反射而变强；海拔每增高 1000 米，紫外线量就会增加 6%～10%。

照射后的补救措施依然有效

如果事前的准备工作仍不能让你幸免于晒伤，那么，事后的补救就显得格外重要了。通常，长时间曝晒在阳光下会使肌肤产生灼热感，所以，必须马上为该处肌肤降温，或使用日晒后的护理保养品以镇定肌肤，大量补充水分，或拍打收敛性化妆水，甚至直接以冰块按压肌肤。处理完毕后，肌肤可能会感觉干涩，再辅用滋润度高的保湿产品；遇有脱皮的情况，别担心，这是正常的自然反应，过一段时间就会恢复。若是急欲改善肤质者，请选择具角质层及加速代谢的保养产品，以减轻肌肤疼痛。功能性高的保养品，绝对是最佳的选择，更何况还是去度假。

要小心侍候您娇贵的皮肤

如果日晒时间过长，在脸部、颈部、手臂和下肢暴露部位的皮肤就会出现边界清楚的水肿性红斑或水疱，局部有烧灼感和刺痛感，应考虑已发生晒斑，症状轻的可置之不理，但要避免再次受晒而加重。症状重的可用西瓜皮擦患处，有消肿、消炎、止痛的功效。必要时可接受医生的指导，使用药物治疗，最好不要自作主张地用药，以免弄巧成拙而后悔莫及。

如果头面部日晒时间过长，则会出现头痛、恶心、呕吐、眼睑肿胀不适，眼结膜充血，甚至可由大汗淋漓到出汗减少、虚脱而中暑，所以一定要加强防护，以免造成严重后果。

（十六）旅游中应怎样预防感冒

外出旅游时如果传染上感冒，那可是很煞风景的事。教您几个远离感冒的妙招，使您的旅途不留遗憾。

（1）离打喷嚏、咳嗽者远一点儿

感冒流行时，患感冒的人咳嗽或打喷嚏时，唾沫星子能喷出好远，其中有大量的细菌和病毒。旅途中应注意回避感冒者，或尽量与感冒者保持一米以上距离，这一距离较为安全，因为大多数散布于空气的流感病菌能够传播的距离约一米。

（2）经常洗手

许多人都是通过直接的身体接触染上感冒的。例如：一个感冒患者用手擦了擦鼻子或嘴巴，然后用手接触了某一件物体，这件物体就沾染上了感冒病菌，当另一位健康者用手接触这一物体后，又用手擦鼻子或嘴巴，就有传染上感冒的可能。所以，感冒流行时，要经常洗手，注意不要用不清洁的手揉鼻子和眼睛。

（3）室内保持通风和适宜的湿度

不流通的空气使感冒细菌或病毒无法随空气流动排到室外。如果室内有暖气、火炉之类的取暖设备，空气干燥会使人的鼻粘膜干燥，可使病菌在此大量积聚，使人易患感冒，所以要保持室内空气流通和适宜的湿度。

（4）饮食要求

如果您别无选择地要呆在拥挤的车厢或湿度很低的环境中，如飞机座舱或通风透气极差的空调车中，那么一定要多饮水或饮料、多排尿以带走体内有害微生物，以预防感冒，确保健康。鸡汤和维生素 C 是预防感冒不错的选择，鸡汤中含丰富的蛋白质，维生素和矿物质，可以补充营养，对感冒预防有好处；维生素 C 能提高人体的免疫功能，可更好地对抗感冒。

（5）注意个人卫生

每天用清水洗眼、洗鼻腔两次以上，保持眼、鼻的卫生。因为，病菌大多都是通过孔窍进入人体的。有嗓子痛的症状时，用热盐水漱口和嗓子，可以杀灭喉咙处的病菌，缓解嗓子疼痛。

（6）保证充足睡眠

保证良好的夜间睡眠可以消除疲劳、补充消耗、恢复体能、保持精力旺盛，提高免疫细胞功效，可有效地预防感冒。

（7）佩戴香袋预防感冒

香袋，是一种精工绣制的锦袋，袋中装有具有挥发性芳香的中草药。别小看了这些"香花小包"，它不仅能给生活增添诗意，在外出旅行中佩戴香袋，还对感冒等传染病将有一定的预防作用。

贴身的健康小香袋，其制作方法很简单，在中药店可购买山柰 500 克、雄黄 60 克、冰片 60 克、樟脑 60 克，将上述 4 味共研成细末混匀，每取 3 克装入 1 个小布袋中，3~5 天更换 1 次即可。

（十七）外出旅游中怎样预防病毒性肝炎

病毒性肝炎属于传染性疾病，是由于各种肝炎病毒经过各种方式和途径侵入人体损伤肝脏组织和细胞，从而产生如：发热、寒战、头痛、体虚、乏力、食欲不振、肝区痛、面色黄、尿液呈浓茶色等表现。病毒性肝炎的分型不同，传播途径也不同，肝炎主要分为：甲、乙、丙、丁、戊型。外出旅游最主要是预防甲型肝炎（甲肝）、乙型肝炎（乙肝）和戊型肝炎（戊肝）。一旦患上肝炎将很麻烦，应该怎样进行预防呢？

甲、戊两型肝炎的预防措施

甲、戊两型肝炎经由消化道传染，即人们常说的"病从口入"。接触这两种肝炎病人污染的物品、食品或水源，就有可能受到传染。

传播或流行的方式主要有下述 3 型：

水源型：粪便污染水源，尤其是饮用水被污染；

食物型：指吃了某种被病毒污染的食物后发病；

接触型：日常生活中接触了肝炎病人用过的物品即有染病的可能性。人与人之间的接触传染，包括了粪——口和口——口两个途径。明确了这些问题，就应该对预防的方法有所掌握。

乙、丙、丁型肝炎的预防措施

此三型是经肠道外的途径传染的，以血液途径为主，如：输入含病毒的血液、血制品或使用了其他被肝炎病毒污染的注射用品；修面、文身、洗牙或针灸时，在不知情时接触了被污染的仪器、设备；另外，由于病毒还存在于病人的精液、阴道分泌液、唾液、泪液、乳汁等，可能通过性交或其他密切接触方式，使这些含病毒的体液，经齿龈或其他伤口入血而相互染病。

病毒性肝炎的预防应抓住以下几个环节

1. 控制传染源：各种急慢性肝炎病人是最重要的传染源，那些体内携带病毒但无临床症状的所谓"隐性病毒感染者"是最危险的传染源。若由此类人员从事饮食和烹饪工作，其危险性可想而知。但旅游时又无法通过外表看出某人患有肝炎，只有选择卫生条件好的旅馆等处所住宿就餐，而且要特别注意饮食卫生。

2. 切断传播途径：就餐时最好实行分餐制；不轻易使用别人的东西，尤其是生活用品和食物；相信旅游途中一般不会做一些医疗上的服务，如果真的需要，建议去正规的医疗单位，以免通过医源性途径而发生感染。

3. 保护易感人群：要提高自我保护意识。除了要特别注意个人卫生外，受创伤后要适当地采取预防措施，如注射含抗体的高价免疫球蛋白，服用有抗病毒作用的中药制剂等。

4. 预防肝炎传播和流行：要提高防病意识，养成良好的卫生习惯，诸如"饭前、便后洗手""摸钱后洗手"等简单的道理，时常提醒一下也并不是没有必要的。加强对肝炎知识的宣传和教育，使全民都了解肝炎的危害及预防之道，同样十分重要。

一旦患上病毒性肝炎时，要注意多休息、多喝水、尽量吃清淡食物、少食高脂肪饮食，必须戒酒，并做好消毒隔离。必要时应及时终止旅游，抓紧时间治疗，以免贻误病情。

（十八）旅途中如何防治痔疮复发

旅游度假本来是一件非常愉快的事，若在此期间患病，则大煞风景，令人扫兴。如果患有痔疮的人，疾病发作势必非常痛苦，会影响到旅游质量，严重时甚至不得不中止旅行。平时有痔疮的人，要想愉快地度过假期，保证痔疮不发作是非常重要的环节。

预防痔疮发作和出血，关键在于加强锻炼，尤其是会阴和肛门部的锻炼。要增强体质，养成良好的饮食和大便习惯，避免久坐，久立或长时间步行。同时应注意以下几个方面的问题：

（1）饮食宜清淡、多纤维

尽量少吃或不吃辛辣刺激性食物，如葱、蒜、辣椒以及酒类。因为这些食品可扩张痔静脉血管，加重瘀血和曲张。要多吃含纤维素较多的食物如：蔬菜、水果，多饮水等。

（2）保持大便通畅

在任何时候，大便的通畅和良好的排便习惯，对于防治痔疮都是十分重要的。无论腹泻或便秘均会加重痔疮，故要养成每日定时大便的习惯，蹲而不宜过长，更不要边蹲厕所边看书报。必要时可服些缓泻药，如果导片、宿便通、番泻叶泡茶等。

（3）热水坐浴

痔疮发作感觉不适时，可在睡前用 1~1000 的高锰酸钾溶液坐浴 15~30 分钟，以加速局部血液循环，减轻痔静脉充血，起到消肿、止痛的作用。

四、偶发意外的救护

（一）旅行中眼睛、耳朵内进入异物怎么办

旅行中，灰尘、细砂等异物飞入眼内，蚊子、小虫等进入外耳道，这都是常常发生的事。对眼睛、耳内所进的异物如果处理不当、不及时，会带来很多的麻烦。因此，应认真对待，根据情况，采取不同的处理方法：

眼内异物

当异物进入眼内时，千万不要用手揉擦眼睛，以免异物擦伤眼球或陷进眼组织，造成暂时的视力障碍或失明。

1. 应轻轻将上眼皮向前拉，使眼皮和眼球之间有一些空隙，让泪水向下冲刷，几秒钟后就能将异物排出。

2. 如果异物在眼球或眼睑内，可以让游客眼睛向下看，同时将上眼皮翻起，向眼睛内滴入眼药水，也会使异物随眼药水流出来。

3. 如果异物在眼球或眼睑下边，用手扒开眼睑就能发现异物，可以方便取出。如果找不到异物，而异物感却很强，则可能是异物嵌入在角膜上，这时就应该去医院请医生处理，切忌自作主张，以免造成更大的伤害和将病菌带入而引起感染。

耳内异物

成人耳内异物一般是蚊子、跳蚤、蚂蚁等活体，或挖耳时不慎留下的火柴头、棉花球或淋雨、游泳进入的生水。不论是哪一种异物，首先应记住：千万不要乱戳乱捅，以免造成耳膜损伤。对异物的处理方法：

1. 活的异物进耳后，会在耳内爬动，形成大的噪音，引起耳鸣、耳痛和头痛。对这类异物，可向耳内滴几滴甘油、食用油、酒精或白酒，使其淹毙或麻醉后再设法取出。或利用生物的趋光性特点，打开手电筒照耳朵将其诱出。

2. 对于耳内进水，可用干毛巾、干手帕、干布条等纤维织品拧成细长条送入耳内，然后拧转未送入的那一端，将水吸出。生水虽不是有形的异物，但能使耳道表皮软化，给细菌造成繁殖入侵的机会，如再加上温度高，则很容易造成外耳道感染。

3. 对于其他异物，一定要用小镊子（小钳子）夹出，或请医生取出。千万不要采取挖耳屎的办法。

（二）旅行中外伤出血时怎样止血

旅行中有时会出现意想不到的摔伤、碰伤等外伤，一般都会引起出血。当失血量达到20%时，就会有明显的临床症状，如血压下降、休克等。失血量达到30%以上时，就有生命危险了。因此，及时止血是非常重要的。

在止血之前，首先要识别是动脉出血，还是静脉出血。动脉出血的特征是血液由血管靠近心脏那一端喷射而出，血色鲜红，喷射的压力随着心脏的跳动一强一弱。静脉出血的特征是血由静脉慢慢溢出，血色暗紫，常由伤口的远端连续流出。另外，还有毛细血管出血，血液呈红色，找不到出血点，血液由创口渗出。经过识别后，可断定是静脉出血。

静脉出血，则应采取下列止血法：

1. 四肢静脉出血或毛细血管出血时，如果出血不多，可将受伤的肢体抬高，停留十几分钟，在血流停止后再进行包扎。

2. 包扎时，可用纱布绷带加压包扎，即可止血。

3. 加压包扎止血法

在伤口处放厚敷料或清洁毛巾，再用绷带或手帕加压，紧紧包扎。但要注意用力适度，以不见大量血液涌出为原则，以免包扎过紧影响肢体血液循环。

此种方法适用于较小的创伤，四肢和头部最常应用，也是急救中最多用的止血方法。

如断定是动脉出血，则应采取下列止血法

1. 动脉出血，血流过猛，就要用止血带来止血。如果没有现成的止血带，可用胶皮管、手帕、毛巾或细绳等来代替。

2. 止血带要捆在伤处的上方。在止血带下面，要放些纱布、棉花等软物，以免损伤身体其他组织。

3. 止血带捆的时间，要根据止血情况，最多不要超过一个半小时，否则止血带下面的组织就会坏死。在上止血带后，应每半个小时左右放松一次，每次松 3～5

分钟，以使结扎处的下部肢体恢复血液循环。

4. 松解时要缓慢，不能突然放松。如果伤口又出血了，再重新把止血带拉紧。但第二次捆扎的时间最多不要超过 40 分钟。

5. 指压动脉止血法

沿出血部位的近心端（如：肢体的上段等），用手指或手掌用力压向有骨骼的后方，断绝血液来源，达到临时止血的目的。此法最常用于动脉喷射样的大出血。

常用的指压点：

1. 头顶出血的指压点选在耳屏前的颞动脉。

2. 面部出血的指压点选在下颌角前下凹内的颌外动脉。

以上部位出血指压一侧不能完全止血时，还可以同时压两侧。

3. 颈部出血：可压颈根部气管外侧的颈动脉，但应注意不能两侧同时按压。

4. 上肢出血：压上臂内侧中部的肱动脉。

5. 手部出血：按压手腕内外两侧的桡、尺二动脉。

6. 下肢出血：压腹股沟中点的股动脉。

7. 脚部出血：按踝外下的胫后动脉或足背部血管。

动脉出血的急救是暂时止血，但不能解决根本问题。所以在捆上止血带或指压止血的同时还应立即把受伤者送到医院去。

（三）旅行中怎样治疗脚扭伤

踝关节是全身负重最大的关节，在旅行活动及日常生活中最易发生扭伤。俗话说"走路爬坡，当心扭伤脚脖"就是提醒人们注意不要扭伤了踝关节。脚踝扭伤，轻者只是局部轻微疼痛，重者可出现整个足面瘀青、肿胀，甚至寸步难行。这主要是由于关节异常扭转后，关节囊、韧带和关节附近的其他结构都发生损伤、韧带纤维部分破裂，同时伴有出血而造成的。

发生脚扭伤后，应尽快进行处理。旅行中可采用以下的办法：

（1）休息

不要让伤者走路，也不要让其用扭伤踝关节的那只脚站着，应松开伤者的鞋带，需要时可脱鞋。严重踝关节损伤可有组织撕破，甚至骨折。可用夹板固定，使扭伤的关节得到完全休息。嘱伤者不要随便移动，以免加重损伤。可考虑暂时使用腋下拐杖，以避免走路时足部不当受力，影响复原或再次扭伤。

（2）冷敷

在关节扭伤部位用冰块或冷毛巾敷盖，或将患处浸于冷水内15~30分钟，有利于消除疼痛、肿胀和肌肉痉挛。但切记不要施予不当的推拿和按摩。

（3）压迫

在长距离转运时，应在患处加压弹性绷带，这可防止内出血，但包扎时要注意不要太紧，以免影响被扎部位肢体的血液循环。

（4）抬高

将患肢抬高。肢体下垫一个枕头，使患处与心脏水平相同，这会减少伤处的血液循环，起到控制内出血的作用。

以上救护的措施，应在伤者转运的30分钟内进行。这些现场急救措施将明显减轻伤者的伤痛，并对稳定伤情、积极治疗和良好的预后均十分重要。

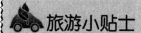 旅游小贴士

旅途中如何预防脚扭伤

在崎岖不平的道路上行走或上下山时，要集中注意力，看清道路，稳步前进。不能边走边观赏景物，或嬉戏耍闹，此时若要观赏可稍停片刻。若遇有雨、雪天气路滑泥泞或天黑时尤应小心，年长者在不平坦的道路上行走更应小心翼翼，最好有人搀扶行走。

（四）旅行中不慎被铁钉等尖利物扎进脚里怎么办

由于旅行中多穿旅游鞋或其他胶底轻便鞋，一旦踩在铁钉或竹根签等锐利物上，就很容易穿透鞋底刺入脚底皮肤。这种脚底扎伤在旅行中经常发生，且多为小

小的皮肉轻伤。正因为是小伤，往往不为人们所重视。但这种小伤里却隐藏着大患——破伤风。破伤风是一种死亡率很高（70%~80%）的创伤继发病。

为什么铁钉轻轻一扎，就有可能发生如此严重的病呢？

这是由于此病的病原体——破伤风杆菌（厌氧性芽胞杆菌）在自然界里分布很广，灰尘、土壤及人和动物的粪便里均有存在，越是脏的地方越多，它不能侵入正常皮肤粘膜，只能在肌体有创伤时通过创口侵入体内，并在缺氧的环境下生长繁殖、产生毒素、使人发病，且创伤越深越小越脏，就越适宜破伤风杆菌的生长繁殖，发生破伤风的机会也就越大。

破伤风有什么症状呢？

破伤风通常有7~14天的潜伏期，但也有的短则24小时或长达几个月或数年。发病初期主要是乏力、头晕、头痛、咀嚼无力、张口不便、局部疼痛、烦躁不安，病情进一步加重后出现肌肉持续性收缩，表现为：牙关紧闭、苦笑面容、颈项强直、四肢发硬，甚至角弓反张（患者的头后仰，腰部前凸呈弓状）。而且，患者对任何轻微刺激（如声、光、触摸等）都会诱发全身性抽搐，抽搐时患者往往满头大汗、口唇青紫、呼吸急促甚至呼吸停止。严重者可在发病后一周左右死亡。

由此可见，旅行中如脚不慎被铁钉等尖利物扎伤，一定要认真对待，应做好下述应急处理：

1. 足部被铁钉等刺进后，首先应立即把钉子完全拔除，拔除钉子后，应尽力从伤口往外挤出一些血液，因为钉子常扎得很深，容易感染。

2. 去除伤口上的污泥、铁锈等物，用纱布简单包扎后，速去医院进一步诊治。

3. 踩到细铁钉或铁针，如铁钉或铁针是断钉、断针，切勿丢弃，可将相同的钉、针一起带到医院，以供医生判断伤口深度做参考。

4. 扎进钉子，尤其是锈钉子、带泥土的钉子，最易患破伤风，须速去医院注射破伤风抗毒素。

（五）有人肩关节脱位了怎么办

关节受外力后脱出原来的位置之外，这就是关节脱位。其中，尤以肩关节脱位最常见，约占全身关节脱位的50%，这与肩关节的解剖和生理特点有关，如肱骨头大，关节盂浅而小，关节囊松弛，其前下方组织薄弱，关节活动范围大，遭受外力的机会多等。肩关节脱位多发生在青壮年、男性较多。

旅途中肩关节脱位最常见的类型是前脱位，多见于不慎跌倒时上肢处在外展、外旋或后伸时，手掌或肘部着地，外力向上传导使肱骨头冲破关节囊的下方而造成的。其主要表现为肩部疼痛、关节活动受限，早期可无明显肿胀。肩部轻度外展，有弹性固定，形成典型的"方形肩"。

肩关节脱位后如何法治呢

1. 牵引推拿法

这种办法需三个人配合操作。患者坐住，一助手双手抱住患侧腋下，另一助手握住病人手腕部，将患肢外展30～40度，两助手做对拉牵引，并缓缓外旋患肢，操作者双手握住肩部，并将肱骨头向关节盂推动即可复位。

2. 足蹬法

患者仰卧，术者位于患侧，双手握住患肢腕部，足跟置于患侧腋窝，两手用稳定持续的力量牵引，牵引中足跟向外推挤肱骨头，同时旋转，内收上臂即可复位。复位时可听到响声。

复位后，用三角巾托起前臂，并以绷带将上臂固定在胸壁上，约3周时间。

但应注意，复位时不可粗暴，如条件允许，应速到医院由专业人员来操作，万不可自行草率行事，以免延误病情。

（六）旅行中骨折怎么办

旅途中的意外事故有可能引起骨折。尤其是老年人，其骨骼已经出现因年龄而形成的"骨质疏松症"，所以更容易产生骨折。骨折分闭合性骨折和开放性骨折两种。所谓闭合性骨折，是指没有伤口的骨折；所谓开放性骨折，是指皮肤上有伤口、有肌肉断裂甚至断骨暴露于伤口外的骨折。

骨折后最常见的症状是剧烈疼痛和肿胀，不能触摸，肢体也不能如常动作。有时，由于剧烈疼痛或出血过多，还会引起休克。那么在旅途中发生骨折该如何处理呢？

1. 若伤员休克，应立即让其平卧，骨折处要保暖防凉，并给伤员服用止痛及镇静药物。

2. 开放性的骨折首先要止血。若出血较少，用干净的布扎住伤口即可；若出血量大，必须在上臂或大腿上方用带子扎紧，每20分钟解开带子放松2分钟，直至血止住。若骨折是在非四肢的部位，要用手掌压住血管的上部（靠近心脏部位），阻住血的来源，直至血止住。

3. 脊椎骨折时，要防止因搬动不慎而损伤脊椎引起瘫痪。搬运伤员时，不能让骨折处有丝毫移动，应由三人同时搬运，一人夹住伤者的两腋下，使其上身不动，一人托住腰部和腹部，另一人托起双腿，三人同一水平，步调一致，将伤员搬上担架。如果是颈部骨折，需有一个人捧住伤员的头部，防止头摆动，再送往医院救治。

4. 四肢骨折后，为避免损伤局部的肌肉、血管、神经等，要防止骨折端错动，也不要勉强去复位。开放性骨折时，即使骨折端、骨片露出体外，也不要往伤口内送，以免引起感染，可用干净的手帕、毛巾覆盖后再予以固定。如无夹板，可用木板、竹条等代替；在夹板和肢体间垫上毛巾、软布等，再用绷带或布条把伤肢绑上。如找不到用作固定的材料时，上肢骨折可以把伤肢绑在躯干上；下肢骨折将两条腿绑在一起。

在为伤肢进行固定时，为了减轻骨折错位所造成的损伤，在移动伤肢进行固定的时候，应在骨折的下方牵拉，直至包扎完毕为止。经过临时包扎后，应立即设法转送到医院救治。

（七）旅行中头部受伤怎样判断伤情轻重及如何处理

旅行中发生交通事故或游览时从高处坠落，常常发生头外伤。这时，该如何判断伤情和采取紧急措施呢？

1. 昏迷时间很短，在几分钟到 30 分钟内清醒的多是脑震荡；有的无昏迷但对受伤前的事件记忆丧失，医学上称为逆行性遗忘。对这类伤员要绝对卧床，并严密观察，因为少数伤员在这一清醒期后有颅内血肿压迫脑组织而出现再度昏迷，此时，需要急诊抢救。

2. 至于一直清醒的伤员因脑水肿而有头痛症状的可给脱水剂治疗，轻微头痛症状有时会维持一二个月，不必紧张，以后会逐步消失。

3. 若伤者有频繁呕吐或意识丧失，甚至瞳孔大小不一时，说明有脑挫裂伤、颅内出血或脑干损伤，要立即送医院治疗。

急救处理时主要注意以下几点：

（1）了解伤情

如果伤情轻微，劝其就医即可。如果意识不清或有明显损伤，应立即与 120 联系，请求医疗支援。

（2）保持呼吸道通畅

解除急性呼吸道梗阻是头部外伤急救的重点。防止昏迷者舌根后坠，可一手放在伤员颈后，另一手放在额前，使头部后倾，这样可使头颈部伸长，打开呼吸道，然后用颈后的那只手将下颌往上推，如此可使舌头向前。呕吐者需平卧，头偏向一侧，尽可能清除口中的异物，如呕吐物、松脱的假牙，但绝不要浪费时间去寻找您看不见的东西。

（3）控制出血

如头部有开放伤口且有活动性出血时，应立即用现有物品（衣服、布料等）采取加压包扎止血，如无包扎物，用手暂时压迫伤口也可止血。如果是伤者的鼻或耳内流水或流血，表示有开放性颅底骨折的可能，千万不能用纸团、手帕或棉花堵塞。

（4）转送医院

因为头部外伤有着易变、多变、突变的特点，所以头部伤员应送往具备手术条件、技术力量较好的医院，最好是有专科病房的医院诊治，否则很可能延误救治，造成恶果。

（八）有人休克了怎么办

休克是常见的危急重症之一，在旅途中偶然也可出现。

常见的休克一般都是由外伤引起，如大面积烧伤、大量失血等，也有严重感染引起的感染性休克，严重心功能衰竭引起的心源性休克，过敏引起的过敏性休克等。休克的主要表现为：患者血压下降、脉搏加快、面色苍白、四肢发凉、全身出冷汗、呼吸浅快、尿量减少，甚至一天不排尿，患者从烦躁不安转为表情淡漠、反应迟钝乃至昏迷。

发现有可疑休克的患者时，应速做如下紧急处理：

（1）正确卧位

立即将患者安置为平卧位，下肢应略抬高，以利于静脉血回流。如有呼吸困难可将头部和躯干抬高一点，以利于呼吸。

（2）保持呼吸道通畅

应保持呼吸道通畅，尤其是休克伴昏迷者。方法是将患者颈部垫高，下颌抬起，使头部最大限度地后仰，同时头偏向一侧，以防呕吐物和分泌物误吸入呼吸道。

（3）注意保暖

注意给体温过低的休克患者保暖，盖上被、毯。保持环境安静，尽量减少对患者的刺激。但伴发高烧的感染性休克患者应给予降温。

（4）电话呼救

立即电话通知急救中心或将患者送往就近医院医治。

（5）必要的初步治疗

因创伤骨折所致的休克给予止痛，骨折固定；如系创伤失血所致的休克应采取急速止血处理；烦躁不安者可给予适当的镇静剂；心源性休克者如条件允许应给予氧气吸入等。

（6）注意患者的运送

旅途中抢救条件有限，需尽快送往有条件的医院抢救。对休克患者搬运越轻越少越好。应送到离附近最近的医院为宜。在运送途中，应有专人护理，随时观察病情变化，如神志、呼吸、血压、脉搏及尿量的变化。最好在运送中给患者采取吸氧和静脉输液等急救措施。

（九）您在旅游中会做人工呼吸和心脏按压吗

人工呼吸和心脏按压是抢救心脏骤停患者的最基本而有效的措施。会不会做，对自身生命当然无关紧要。但在旅途中，如遇有某些患有心脏病的中、老年旅行者，由于某种原因突发心脏骤停，或有的旅游者游山玩水及游泳时不慎而溺水，或高山览胜时突遭雷击等，需要这种手法救人一命时，您若不会，只能心急如焚，而束手无策。其实，这套手法并不难掌握，即使初次试行，只要遵循下面的方法，一定能成功实施。

（1）人工呼吸

人工呼吸是采用人工的方法帮助患者恢复呼吸的一种急救方法，常采用口对口人工呼吸，方法如下：

将患者仰卧于平坦，坚硬的地面或硬板上，解开衣领及裤带，一手托起患者下颌使头后仰以开放气道，并用耳朵贴近患者口鼻感觉有无气流呼出，如无则立即开始人工呼吸，另一手迅速用纸或手绢清除口腔内的分泌物后捏住其鼻孔，深吸一口气，双唇紧贴（包）患者口部用力吹气，使其胸廓扩张。吹气毕，术者头稍抬起并侧转换气，同时松开捏鼻孔的手让患者的胸廓及肺依其弹性自动回缩，排出肺内的二氧化碳，以上步骤反复进行，吹气频率成人 14~16 次/分，儿童 18~20 次/分，

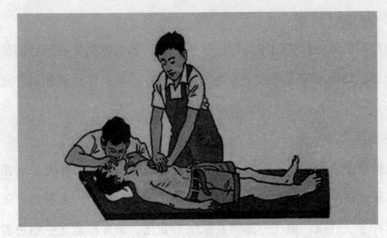

人工呼吸

婴幼儿 30~40 次/分。

旅游小贴士

1. 吹气应有足够的气量，以 800~1200 毫升为宜。

2. 吹气时间宜短，约占一个呼吸周期（一呼一吸）的 1/3。

3. 假牙应取下，以防误吸。

4. 对口腔严重创伤及牙关紧闭者可行口对鼻人工呼吸，但为克服鼻腔阻力，吹气时用力要大，吹气时间要长。对婴幼儿则对口鼻同时吹气更易实施。

5. 对有微弱自主呼吸的患者，人工呼吸与自主呼吸同步进行。

6. 为防止交叉感染，有条件者可在患者口上覆盖一块纱布（薄手绢）。

（2）心脏按压

心脏按压的目的是从体外压迫已经停跳的心脏，人为的建立血液循环并激发心脏恢复跳动的一种急救方法。步骤如下：

患者仰卧于平坦，坚硬的地面或硬板上，头不高于心脏平面（有条件时下肢可抬高 15 度，以利于下肢静脉回流，增加心排出量。）操作者紧靠患者一侧，以一手掌根部置于患者胸骨（两乳头连线中点）中下 1/3 处，另一手平行重叠于该手背上，注意只以掌根部接触患者胸壁，同时操作者两臂位于患者胸骨正上方，双肘关节伸直，利用上身重量垂直下压，使胸骨下陷：成人约 4~5 厘米，儿童为 3~4 厘米，婴幼儿为 1.3~2.5 厘米。按压后立即放松，以利于心脏舒张。按压频率 100~120 次/分。按压与放松的时间大致相等。

（十） 怎样正确拨打 120 急救电话

我国统一的呼救电话号码是"120"。拨打 120 是向急救中心呼救最简便快捷的方式。急救中心是 24 小时服务的，只要是在医院外发生急危重症，随时可以打"120"找急救中心要救护车。

怎样正确拨打 120 急救电话，才能及时得到急救服务呢？

1. 无论情况多么危急，您一定要冷静、清楚地说明患者的大致病情，包括患者姓名、性别、当前最危急的病情表现（这次发病有什么不舒服）和以前的患病史（过去有什么主要疾病）、给患者服用了什么药等。详细地说明患者所在的位置，最好提供附近比较醒目的标志物，避免走错路浪费抢救时间。

2. 留下呼车人的姓名，与患者的关系及联系电话，以备紧急情况下与您联系。

3. 如在马路旁或肇事现场，呼车人要认真负责守候伤病员，并介绍病情，以利救治。在拨打 120 的同时也应拨打"110"或"122"（道路交通事故报警台），由他们到现场协助处理。

4. 呼叫"120"急救电话后，患者家属或朋友要随时做好入院准备（带好钱款、衣服、确定好随车人员），保证患者如需送院治疗能立即出发。

5. 发生意外灾害事故或突发事件，拨打"120"急救电话应说明发生事故的地点，发生何种伤害（如车祸、触电、溺水、中毒、爆炸、火灾等）、伤亡人数、受伤人员目前的情况，以便组织医务人员集体救护。

6. 要准确无误地选定好接车地点。接车地点应设在街上有明显公共标志、设施或标志性建筑旁，如汽车站、单位、宾馆饭店及公共建筑等处。拨通电话后要提前去接车，但急危重症患者不宜随意搬动，所以不要把患者提前搀扶或抬出来。

（十一）遇到车祸怎么办

汽车是外出旅游的主要交通工具。随着有车族的不断增多，自驾车出游也已经成为一种时尚。但随之而来的交通事故的数量也大幅度上升。因此，当我们无论是乘车还是驾车出游时必须注意安全，另外还需了解一些发生车祸时的紧急处理办法，以便万一发生意外，我们可以未雨绸缪。

呼唤求助

发生车祸时，人员的伤情多半复杂，可能只是一个人被撞被轧，也可能是全车遭殃，轻伤员与重创者混杂在一起，急救任务十分艰巨。因此，在事故现场，如果通讯方便，您的第一件事是报警：拨打 122、110、120 急救电话，并尽量了解、讲明事故地点，受伤人数及大体伤情等。同时，高声呼叫，召唤路人前来助救。

紧急救护

车祸所致的伤害大多分为减速伤（如紧急刹车、两车相撞的车内致伤）、撞击伤、碾挫伤、压榨伤及跌扑伤等，如各类骨折、软组织挫裂伤、脑外伤、各种内脏器官损伤等。在现场抢救时应根据具体情况对伤员进行现场急救，如对心跳呼吸停止者，现场应立即施行心肺复苏；对失去知觉者宜清除口鼻中的异物、分泌物、呕吐物，随后将伤员置于侧卧位以防窒息等等，现介绍几种简便可行的现场判断和急救方法：

1. 胸部剧痛、呼吸困难：

怀疑伤情：肋骨骨折刺伤肺部

在车祸中，撞击是驾驶员最易受到的伤害。被方向盘撞到胸部后，如果伤者感觉到剧痛和呼吸困难，应该怀疑肋骨发生骨折。如果碎骨进入肺叶，刺破肺泡，可能会形成血气胸，引起肺栓塞，甚至导致死亡。如果车速过快、撞击力量过大，在撞车的瞬间，收紧的安全带也可能造成肋骨骨折。

如果怀疑骨折，伤者千万不要贸然移动身体。最好打电话求救或者呼喊请别人协助。

2. 腹部疼痛：

怀疑伤情：肝脾破裂大出血

大多数小客车的方向盘比较靠下，发生撞击时，肝脏和脾脏等器官最易受到侵害。假如肝脾破裂，发生大出血时会有腹痛出现。但这种疼痛并非难以忍受，很多伤者的神智仍会清醒。

此时，伤者要判断呆在车里是否安全，如果车子有起火等隐患，则要缓慢地离开车。但最好不要长距离走动，同时动作要缓慢。等候急救车的时候也不要随意走动。

3. 出血：

怀疑伤情：外伤

撞击或其他原因可能会使司机的头颈部或胸部受外伤。颈部的血管是最重要的部分，最好先检查颈部是否出血。

在大量出血时最好能用毛巾或其他替代品暂时包扎，以免失血过多。等到医务人员到来后再用三角巾等仔细处理伤口。在车上放些毛巾等物品，在紧急情况下会派上大用场。

4. 肢体疼痛、肿胀畸形：

怀疑伤情：骨折

骨折后最忌讳自己乱动或是被别人错误包扎。骨折后的每一次移动都有可能对以后的恢复造成损害。搬动伤者前一定要确定伤肢不会发生相对移动，否则血管和神经都可能在搬动时受到伤害。如果请别人帮助包扎伤肢，最好找木板或是较直、有一定粗度的树枝，同时用三根固定带将两至三块木板在伤肢的上中下三个部位横向绑扎结实。

5. 脖子疼：

怀疑伤情：颈椎错位

车祸中，副驾驶座位乘员容易发生颈部损伤。如果感觉自己的颈椎或腰椎受到了冲击，应坚持请专业医护人员搬动，否则很有可能形成永久性的伤害，甚至瘫痪。

在搬动颈部损伤伤员的时候，医务人员要非常小心，要在有硬板担架的情况下用平铲的方式才能搬动，还要用颈托等固定。

（十二）乘船遇险如何自救

旅游旺季，很多人选择乘船出游，或者进行水上漂流、游览等项目。此时，可能发生船体相撞、失火、下沉、遭遇暴风等事故。因此，掌握一些遇险自救知识还是很有必要的。

做到有备而来

首先，不管水性好坏，出发前最好在行囊中预备一个便携式气枕，或者充气式救生圈，尤其是携带儿童出游，只有有备而来才能心中有数。上船的第一件事就是留意观察救生设备的位置和紧急逃生路径。发现船上出现超载要保持警惕，尤其是船体剧烈颠簸时，要高度戒备，换上轻装，将重要财物随身携带。

及时求助

危急时刻人能想起的任何一个电话可能都会有帮助，不管是 110、120、119 还是 SOS 或者家人的电话都可以拨打。打电话的时候尽量保持冷静，告诉对方自己的位置和出现的险情。

沉着冷静

一旦出现险情，千万不可盲目乱窜，不管情况多么紧急，都要听从指挥，保持船体平衡，如此才能延缓下沉速度，争取更多的救护时间。

落水须知

万一掉进水里或者跳到水里，要屏气并捏着鼻子，避免呛水，因为人一旦呛水将失去方向感并变得更为惊惶疲惫。在放松身体的同时试一试能否站起来，因为很多河流并不是很深。

为了节省体力，一般落入水中要脱掉沉重的鞋子，扔掉口袋里沉重的东西，不要贪恋财物也不要有侥幸心理。

由于溺水者往往惊惶失措，死命地抓住一切够得着的东西当作救命稻草，因此拯救者在进行救护时一定要注意观察，不要被溺水者抓住，除非万不得已，不要下水进行救护。不得已下水救护时，一般要先在溺水者的后脖颈处砍一下，避免溺水者缠上身来。

游船下沉逃生步骤：

1. 船艇撞到礁石、浮木或其他船只，都可能导致船体洞穿，但是并不一定马上下沉，也许根本不会下沉。应该来得及穿上救生衣，发出求救信号，手机、信号弹和燃烧的衣物都可以发出求救信号。

2. 除非是别无他法，否则不要弃船。一旦决定弃船，请在工作人员的指挥下，先让妇女儿童登上救生筏或者穿上救生衣，按顺序离开事故船只。注意！穿着救生衣要像系鞋带那样打两个结。

3. 如果来不及登上救生筏或者救生筏不够用，不得不跳下水时，就应迎着风向跳，以免下水后遭飘来的漂浮物的撞击。跳时双臂交叠在胸前，压住救生衣。双手捂住口鼻，以防跳下时进水。眼睛望前方，双腿并拢伸直，脚先下水。不要向下望，否则身体会向前扑摔进水里，容易使人受伤，如果跳的方法正确，并深吸一口气，救生衣会使人在几秒之内浮出水面，如果救生衣上有防溅兜帽，应该解开套在头上。

4. 跳水一定要远离船边，跳船的正确位置应该是船尾，并尽可能地跳远，不然船下沉时涡流会把人吸进船底下。

5. 跳进水中要保持镇定，既要防止被水上漂浮物撞伤，又不要离出事船只太远。如果事故船在海中遇险，请耐心等待救援，看到救援船只挥动手臂示意自己的位置。如果在江河湖泊中遇险，很容易游上岸边，请尝试。如果水速很急，不要直接朝岸边游去，而应该顺着水流游向下游岸边，如果河流弯曲，应游向内弯，那里较浅并且水流速度较慢。请在那里上岸或者等待救援。

船上失火逃生步骤：

1. 船上一旦失火，由于空间有限，火势蔓延的速度惊人。如果当时远离陆地，可能难以逃生，因此若是失火，必须当机立断，关闭引擎并大声喊叫"失火了!"。

2. 若是甲板下失火，船上的人应立即撤到甲板上，关上舱门、舱盖和气窗等所有的空气口，阻止空气进入，然后在甲板上或者其他容易撤退的地方进行扑救，如果无法迅速灭火，应该撤离火场，甚至弃船。

3. 一旦发现火势无法控制，抓紧时间寻找救生设备，从船尾跳到水中或者撤到救生筏上，弃船后应尽快远离出事船只。

4. 弃船后，有人会因为过度惊惶而丧命，因此，请注意，均匀的深呼吸有助于保持震惊，游泳或者踩水时，动作要均匀舒缓。

（十三）乘火车遇险怎么办

火车相撞、出轨翻车和行驶中的火灾是旅途乘行中比较多见的意外事故，对游客造成的伤亡比较大。一般火车遇险前通常没有什么迹象，不过可觉察到紧急刹车或行车时出现异常运动，这时要提高警惕。一旦意识到发生事故，应利用险情前的短短几秒钟，采取比较安全的姿势和及时采取有效的防护措施。

（1）火车发生撞击时

此时，如果人正坐在座位上，应立即平躺在地上，手抱住后脖颈；若在过道里，应即刻以背部贴地，脚朝火车头方向，双手抱住后脑，膝盖弯曲，脚顶住任何一坚实的东西；如此时人正在卫生间里，应立即坐在地上，背对着火车头方向，膝盖弯曲，手抱后脑，使自己较为固定。

（2）火车出轨翻车时

一般说来，紧靠机车的前几节车厢出轨、相撞、翻车的可能性大，而后几节车厢的危险性小得多。车厢连接处是最危险的地方，故不宜停留。在出现险情时，应迅速趴下来，抓住牢固的物体，以防被抛出车厢。如果座位不靠近门窗应留在原座位，保持不动，并应低下头，下巴紧贴胸前，以防头部受伤。若接近车门窗，就应尽快离开。火车在出轨强惯性前行时，不要尝试跳车，因为，如果跳车身体会以全部冲力向铁轨撞去，等于投卵击石，也可能在跳出后碰到飞来之物（木块、石头、零件等）、带电流的铁轨等，这都是很危险的。正确的做法应该是在火车停下后，看看周围的情形如何，只要未发生火灾或淹在水里面，就不要乱走动，留在原地等候救援。

（3）火车起火时

发生火灾后，首先要冷静。当火势不大时，不可轻易跳车，否则无异于自杀。应当迅速冲到车厢两头的连接处，找到链式制动柄，要顺时针用力旋转，使列车停住；或是到车厢两头的车门后侧，用力向下扳动紧急制动阀手柄，使火车迅速停下。如果条件允许，要立即关闭车窗，以免新鲜空气使火势加大。当车厢内火势不大但浓烟弥漫时，被困人员要采取低姿行走的方式逃离到相邻的车厢。发现火势失控时，必须顺列车运行方向撤离。

火车是我们最常接触的一类交通工具。当您外出旅行时，以上必备的火车遇险逃生知识还是有必要的，因为这会增加您的一份安全感，使快乐旅行增添一份保障。

（十四）飞机失事前如何应变

随着人们生活水平的不断提高，选择乘飞机外出旅行的人越来越多。虽然飞机是众多交通工具中最安全的一个，但是我们有必要了解一下飞机遇险失事前，我们应做出哪些应变措施。

（1）镇定并听从指挥

紧急情况发生时，无论是多么坚强的人都会处于极度的恐惧之中，此时一定要镇定不要慌乱，听从机务人员的指挥。机务人员都受过严格的专门训练，善于和有能力应付紧急事故。

（2）沉着做好个人应做的事

如果机舱内有烟雾，要带好氧气面罩，它们可使旅客在有烟的环境下安全呼吸至少15分钟。另外，除了做好机务人员要求的以外，个人还应做到：将眼镜和假牙摘掉；衣兜里的尖利物品（包括笔之类）都应丢进垃圾袋；女士应脱去高跟鞋。这些都是为了防止飞机控制失灵后旅客在机舱里相互挤撞时发生意外。

（3）头脑冷静正确逃生

牢记紧急出口的方位及其与自己的距离，在飞机发生险情需要逃生时有两种情形：一种是水上逃生，需要及时正确穿好救生衣；另一种是陆上逃生，需要正确通过逃生滑梯。一有失事警报，赶紧准备一条湿毛巾掩住口鼻，在走向紧急出口时应尽可能弯下身体，贴近机舱地面，否则浓烈的毒烟很容易使人窒息。

（4）善于利用手边东西

多数飞机每个座位上都有一条保暖用的小毛巾被，这时可将毛巾被的四个角，两个打成死结。太平门打开后，充气逃生滑梯会自动膨胀，这时两手各紧抓住毛巾被的一个死结举在头上。用坐着的姿势跳到滑梯上下滑。如果飞机离地面有一定的高度，这种下滑法由于有毛巾被当作微型降落伞，就不至于头先着地，而且能稍微减缓下降的速度。如果飞机已停在地面，这种跳滑法也不会增加多少麻烦，不会有什么坏处。

当然，以上这些应急措施只是尽可能地增加点安全系数而已，并非绝对保平安，关键还是失事时飞机的高度。

（十五）遇到台风怎么办

飓风是最大、最猛烈的风暴，其最高时速达 249 公里以上，足以拔树倒屋，扯断电线，使人们的生活陷入瘫痪。我国和东南亚地区称飓风为台风或热带风暴。它可以带来强风与暴雨，是最恐怖的自然现象。在野外行动获得台风来袭的情报时，必须极力避免遭遇台风的侵袭。

（1）确认台风的移动位置与风力大小

首先应确认台风的移动位置与风力大小。这时可利用收音机收听台风消息，确认台风的位置、大小、路线，并在天气图上预测台风何时接近，要注意台风的路线经常会有改变以及台风在海上的速度与登陆后的速度并不相同，登陆后的速度，有时高达时速 80 公里，必须采取应对措施。

（2）避免在台风中继续行动

各种天气之中，最令人忧虑的，就是台风。倘若进入台风所带来的暴风圈内，不仅人将遭遇飞沙走石，而且树木也被摇动得呼呼作响，随时都有倒下的可能。假使在暴风雨中行动，一刹那之间，全身上下都会湿透。防风夹克或雨衣也无法发挥作用，而潮湿的身体在强风吹袭之下体温急速下降，很可能因此而冻伤甚至致死，故不可试图在台风中继续行动。

（3）其他必须注意事项

其他必须注意的是台风常形成所谓的"雨台风"，雨台风会带来暴风雨，使得山谷水量增加，而形成急流，引起山洪暴发，也很容易引起塌方，而此时如果您恰巧在外面，那您一定要远离地势低洼处、容易发生山体滑坡处、棚屋以及桥梁下面，一定要尽快转移到安全的地方。另一方面，台风也很容易形成"风台风"。狂风大作时，很容易发生树木被刮倒、电线杆倒地的事情，因此，一定要密切注意左右和上方有无可能倒伏或坠落的东西。同时，还要提醒您，台风来临时最好不要出门"观赏"，以防发生不测。

（4）拟订适当的对策

台风袭来时，必须先确认当前位置及移动路线，再拟订适当的对策。根据台风风力大小及其移动路线，所拟订的对策亦应有所不同，原则上应采取避开台风的行动，有时也可考虑退回避险。但即使决定返回，也必须在台风开始产生影响之前开始行动。因为登陆后的台风，速度必然加快；并且由于返回路线有可能通过溪谷的道路，势必带来水量剧增所造成的危险。如果是选择在附近等候台风通过，再展开行动，首先最重要的，要调查路线是否遭受台风的破坏，由于溪谷水量暴涨而冲断桥梁、或因塌方而不能通行等，路线状况改变的情形很多，故应向前来的活动者打听路线状况，确认预定路线有无问题，视状况的变化，才可变更路线或露营地。

 旅游小贴士

飓风和台风知识

通常所说的"台风"和"飓风"都属于北半球的热带气旋，只不过是因为它们产生在不同的海域，被不同国家的人用了不同的称谓而已。一般来说，在大西洋上生成的热带气旋被称作"飓风"，而人们把在太平洋上生成的热带气旋称作"台风"。

飓风的严重性依据它对建筑、树木以及室外设施所造成的破坏程度不同而被划分为 1~5 个等级：1 级飓风的时速为 118~152 公里；2 级飓风的时速为 153~176 公里；3 级飓风的时速为 177~207 公里；4 级飓风的时速为 208~248 公里；5 级飓风的时速为 249 公里以上。

（十六）旅行中遇到地震怎么办

在地震区旅行时，一旦出现轻微的震动，这可能是大地震的预兆，要密切关注自然界中种种生物的反常行为，要时刻随身携带收音机并留心收听电台的地震预报。当警报发生时，千万不要慌张、犹豫，应及时果断地采取措施避震。

（1）地震时如果在室内

地震开始时，如果正在屋内，应远离窗户，以防震碎玻璃扎伤。切勿试图冲出房屋，这样砸死的可能性极大。可躲在坚固的桌子或床下，但要离开外墙、阳台。选择就近的跨度小的小间，如厨房、厕所、壁橱或内墙角，最好是在有自来水管的墙角。

靠自来水管有两方面的积极意义，一是水管中可能有水或震出来一些水。水对维持生命是第一重要的物质；二是一旦房屋塌下，自己被埋在里头，只要有一息尚存，就可通过敲打水管发出求救信号，外界的救援人员只要听到哪怕是微弱的敲击声，都会判断出何处有人生存。

（2）地震时如果在室外

地震时已经在室外时，不要再返回室内取物，因为余震的威胁还存在。应就地寻找坚固安全的避险之地，不要四处乱跑。应远离高大建筑物、窄小胡同、街道、高压线，注意保护头部，防止被砸伤或触电。如在郊外山区，要远离悬崖峭壁，以免山体崩塌移动；如在海边应向高处转移，以免被地震引起的海啸吞没；如在公共场所，切忌乱挤乱跑，应听从指挥，有秩序地从安全通道疏散到安全空旷的地方；如果是在汽车上，应设法将车停在开阔的地方，并伏下身来，尽可能使身体低于座椅；坐在车内的旅客，感到地震时应迅速抓紧附近的坚固物体，防止急刹车时的惯性作用而摔伤砸伤。

（3）地震后该如何做

地震后会有很多人被压在倒塌的房屋里，怎样发出求救信号？这是有一定的方法的。地震后，不可能马上有人来救援，必须等待大震过后，有关部门派大批救援部队到达之后才能开始救援。所以，被压埋的人，意识到自己的处境之后，要有强烈的生存欲望，要有获救的坚定信念，不要徒劳无功的挣扎而消耗体力。

要静候少动，对自己能摸索到的周围环境做一个了解：有无水源、有无水管、有无侥幸滚来的食物等等。然后摸摸自己的旅行应急物品还在不在身上如哨子、收音机等。最后，安静等待，何时传来锤子、钢钎的敲挖声，说明何时开始了救援。

您可耐心等待，在适当的时间发出信号：如敲击水管、间断地吹哨子、不时地打开收音机开大音量等，争取以这些信号与外界取得联系。在此期间还应继续积极寻找食物和水，甚至可饮用排出的尿液，以延长生命。

（十七）旅行中遇到雪崩怎样脱险

到高山滑雪或到冰封的山区旅行，受到许多中青年人的欢迎。但有可能遇到雪崩，如1999年初法国、意大利、瑞士连降大雪，导致雪崩频发，死亡70余人。旅游者应了解摆脱雪崩的自救要点。

1. 雪崩多发生在冬、春季，在雪层未稳定或有融解时易发生；雪崩往往有多发区，进入这些地区，危险性较大，一些国家的地方政府和旅游部门，在这些地区的入口处设有值班哨卡提示行人和旅游者，应听从指挥。还有些国家对山区、滑雪旅游区发布雪崩的预报，当有危险时就应终止到这些地区的旅行。

雪崩

2. 进入积雪较厚的山区旅游，除应请向导和携带一般旅行用品外，应带雪崩逃生绳和雪崩信号呼救器等，以备遇险后逃生呼救。另外，应注意不要个人行动。

3. 当到人迹罕见和积雪山区，不要发出剧烈的振动，如打枪、放音乐、高声地吼叫等，因为这些均有可能因震动而引发雪崩。

4. 雪崩发生时，常有低沉的轰鸣声或冰雪破裂之声，易于觉察，这时可辨别声音来自的方向。当到高处看到云状白色尘埃，说明该处有雪崩，如若在另外一个山头，则不致构成威胁。如到我国新疆的一号冰川旅游，有时就可看到远方山头的雪崩传来的声响。如若旅游者处在山谷或山坡上，雪从高处大量滑下，这就有很大的威胁。要尽快向雪崩下滑的横向路逃脱。企图同方向前跑是错误的，雪崩下滑速度每秒可达 2500 米，人是无法从同方向逃脱的。

5. 如雪崩面积很大，离得很近时，已无法摆脱，可就近找一掩体，如岩石等躲在其后；在无任何物可依时，身体前倾，脸朝山上双手捂脸以免被雪呛，也便于雪崩停后手部的活动。

6. 若已埋在雪内、自己意识清醒时，要迅速辨识体位，让口水流出；如流向两侧为侧卧位，流向鼻子为倒立位，流向下巴为站立位，向下流为俯卧位。应设法使身体处于站立位的姿态，头顶向前，用手等全身力量冲出新积雪层表面。

7. 如果不能从雪堆中爬出，要减少活动，放慢呼吸，节省体能。据奥地利英斯布鲁克大学最新研究报告，75%的人在雪埋后 35 分钟死亡，被埋 130 分钟后获救成功的只有 3%。要尽可能自救，冲出雪层。

（十八）旅行中遇到洪水怎么办

夏季，雨水较多，外出旅游要注意避免遇上洪水，尤其是在山上旅游，遇上山洪暴发，危险性就更大。怎样才能避免或遇上洪水时又该怎样脱险呢？

1. 旅游前要了解目的地及经过路段是否经常有山洪或泥石流爆发，要避开这些地区。山洪和泥石流的发生通常有一定季节特征，在多发季节内不要到这些地区旅游。

2. 在不熟悉的山区旅行，要有向导，避开一些地质不稳定地区。要注意天气预报，凡有暴雨或山洪暴发之可能，就不能贸然成行。

3. 如在山涧行走遇到洪水暴涨可向高处找路返回。山洪暴发，常有行洪道，要向其两侧避开。

4. 在山间如因洪水将桥梁冲垮，无法过河，而又必须向对岸目的地进发时，可沿山涧行走找河岸较直、水流不急的河段试行过河，一般来说河面宽、水浅处其流速自然慢，是过河的好地方。会游泳者可游泳过河，一般斜着向上流方向游，避免水流冲向岸上。当估计无力游到岸时可试行涉水过河。一般先由会游泳者腰上系一安全绳，另一端扎在岸边大树或岩石上，并由旅伴抓住，下水探河水深度，河床是否结实。试探可以涉水时，游到对岸，将绳扎牢在树上等处，其他人再行涉水。

山洪暴发

5. 过河时如有绳子一手拉绳，无绳时可用一竹棍、木棒，手持住，它可以探水深以及河床情况，并有利于支持保持平衡。迈步时要前一足踏稳，后一足才提起，步幅不宜过大。有数人时，可2~3人相互挽在一起过河。

6. 在水中行走，水流不急，水深在膝盖以下时，尚能保持平稳，能做各种动作，如果水已齐腰就不能涉水，常有倾倒之可能，必须有可扶的绳索或固定物体。

7. 如因山洪暴发，河水猛涨已无法前进或返回，困在山中，要选一高处平地或高处的山洞，离行洪道远的地方休息求救。将能带的食物、火种以及必需品，带上并保管好，以备等待救援时所需。节约粮食和熟食品，注意饮水清洁。

8. 如在平原遇洪水，要向山风、楼房等高层建筑处转移。如洪水来势很猛，就近无高地及楼房可避，也应就近抓住有浮力的物品如木盆、木椅、木板等；有船则更好。必要时爬上高树也可暂避。如若水继续上涨，估计所待之处已不安全，要迅速找一些木板桌椅等有浮力的物品扎成筏，准备逃生，无绳子可用布条，但要扎

紧，不到最后关头不要上筏逃离。

9. 不要爬到泥坯墙的屋顶，这些房屋水浸后很快会塌。平原洪水一般能较快地得到救助，只要渡过紧急时刻就易获救。

五、随行医生的小处方

（一）怎样预防旅行中的晕车晕船

旅游观光是一件非常惬意的事情，然而有的朋友在乘车、乘船时会出现头晕、头痛、恶心、呕吐。甚至虚脱、休克等症状，不仅影响旅游兴致，又会感觉疲惫不堪，使旅游质量大打折扣。如果您有过这样的经历，或正打算出游，为了能够乘兴而游、尽兴而归，就应该做好以下几方面：

（1）睡眠要充足

旅游应该由轻松愉快开始，心旷神怡结束，所以在您准备出游时，应保证出发前有充足的睡眠，因为睡眠质量直接影响着出游时的精神状态。睡眠不足，可能直接诱发或间接影响晕车晕船，轻者头痛、头晕，使您的身体极度不适，影响沿途观赏的兴致，甚至会导致机体抵抗力下降，诱发一些其他的健康问题。

（2）饮食宜清淡

避免进食油腻的食物，因为油脂会加重胆囊的负担，再加上车船颠簸，您会感觉胃部极度不适，甚至可以用"翻江倒海"来形容，会出现恶心、呕吐等。当然，呕吐后感觉就会变得舒服些。

（3）进食量应适度

饥饿时会造成脑部血液供应减少，使人感觉头昏、头痛，游性索然；而进食过饱又会导致大量的血液进入胃肠道，脑部血液供应也会减少，同样会出现头痛不适的感觉。如果要想有精神，体力处于最佳状态，进食量宜在六至七成饱。

(4) 坚持每两小时开窗通风

旅行中由于乘车、乘船的人过于集中，周围空气会污浊，加上通风不良，空气的不良刺激会使人有头痛、恶心的感觉。要每两小时开窗通风一次，一次不能少于10分钟。如果乘坐空调车，应尽量创造机会到车外呼吸一下新鲜空气，减少再乘车时的晕动感觉；如果乘坐轮船，建议您到甲板活动一下筋骨，顺便可以多呼吸一些新鲜空气。

(5) 有意识调整愉悦情绪

愉悦的情绪可以减轻甚至消除晕动的感觉，旅途中无聊、对周围人的反感会加强晕车、晕船的感受，所以可以通过正面的情绪调整来减轻不适。如果条件允许，通过唱歌、聊天或听优美的音乐会使您的感觉好起来。

(6) 补充适量维生素

各种维生素，尤其是维生素 B 族和维生素 C，参与机体代谢活动，具有维持生命质量的功能，特别当身体受到一些有害因子的损伤时，适度补充维生素会减轻您的不适。可以准备一些苹果、橘子或梨、全麦面包等，易于补充维生素的。

(7) 小窍门帮您轻松过关

有晕动的感觉时，可在口中含话梅、陈皮等；可用冷毛巾敷在额面部，也可以用清凉油或风油精等药物，涂擦太阳穴及头部；或在肚脐上贴上伤湿止痛膏，还可以将新鲜姜片贴在前臂掌侧内关穴上；必要时在出行前半小时服用一些防治晕动病的药物如：氯苯甲嗪（敏可静）、茶苯海明（乘晕宁）、苯海拉明、安定等。

(8) 减少不适，预防在先

尽可能选择车厢的前部中央，或船舱中央面向前方的席位，因为这些部位属于车船重心较稳的地方，可以使震荡较轻。前进过程中，眼睛要凝视远方，将视力集中于远处不动的物体，不要看窗外一闪而过的东西，更不要在行驶中阅读书报杂志。

(9) 掌握必要的处理方法

当发生晕车、晕船时，不要紧张和惊慌，要镇静，采取平卧位休息。如无条件平卧，可将头靠在椅背上，闭目休息，最好能换坐在近窗口的位置上。若是晕船时，可仰卧在船舱中央部位，如果船是前后颠簸起伏，可横向平卧；若船是左右摇晃，可顺船前行方向而卧，束紧腰带可以减少腹中脏器的震动，有助于减轻症状，同时要做深呼吸动作，闭目休息。

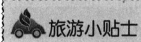 **旅游小贴士**

乘船晕吐怎么办

晕车晕船时如实在想吐，最好找地方尽量吐出来，吐完后会感觉畅快多了。但是，如果呕吐严重出现脱水症状，要及时终止旅程尽快到医院诊治。

（二）治疗早期感冒的快速疗法

早期感冒，主要表现为：头痛、鼻塞、打喷嚏、咽部不适等。旅途中常因颠簸、劳累、气候多变等原因，导致机体抵抗力下降，感冒容易发生。有时因不熟悉环境、交通不便，或因远离医院，缺医少药，不方便治疗。如果置之不理，有可能使病情加重，或引发其他疾病；如果随便找点药对付一下，有时会不得要领，或者适得其反。感冒不仅给旅途带来许多不便，而且还是许多疾病的导火线。那么，旅游中到底应该如何治疗早期感冒呢？

（1）增加休息时间

旅游中，如果您感觉有上述不适，休息应该是第一要事，避免一些剧烈活动，增加休息的时间，如果有可能美美地睡上一觉，您就会发现早期感冒不见了。

（2）喝水是治疗早期感冒的妙方

喝水，可以有效减轻早期感冒的不适感，饮水量一般保持在 2500 毫升以上，以水温在 40℃ 左右的温开水为宜，同时大量补充维生素 C，效果会更好。

（3）热水浴疗法

将水温调至 40℃ 左右，一面冲洗，一面按摩五官及面部，重点按摩七窍。浴后静坐 5~10 分钟，及时增加衣服，注意保暖。

（4）自我按摩加喝温开水法

先洗净双手，用手指揉按面部，力度要适当，以微感酸痛为宜；然后用双手摩擦鼻翼、眼眶，捏颈，梳理头皮；推足底至发热，喝一杯较热的温开水，盖好被子睡觉，等出汗后会感觉轻松了很多，要注意保暖，以防感冒复发。

（5）热辣食疗法

因为受凉所导致的风寒感冒，可进食一份辣椒炒豆芽、酸辣肚丝姜汤，速吃速喝，让全身发汗，发汗时注意保暖，一般一次可愈。

（6）白醋塞鼻法

喷嚏连连、鼻痒流泪、清涕不断，将棉球浸透优质白醋后，塞入鼻孔，交替纳入，稍用力擤鼻，1~2 天便可痊愈。

（7）维生素 C 冲击疗法

在感冒早期，通过服用大剂量维生素 C，可以减轻感冒症状，并可以缩短近 1/4 的病程。在医生的指导下，每天服用大剂量维生素 C，能缩短病程。因大剂量维生素 C 可以增强体内白细胞吞噬细菌和病毒的能力，从而增强了人体的免疫力。尤其是在感冒高发时，此法可以起到预防和早期治疗感冒的作用。

维生素 C 分子式

（8）穴位热敷疗法

感冒初起，上呼吸道症状或全身症状初起在 24 小时以内者，可采用热水袋热敷，效果神速。方法是找一个大号热水袋，装入 80℃ 左右的热水至 2/3 ~ 3/4 满，包上一条两层厚的干毛巾。生病者取俯卧位，先将热水袋横敷在腰骶部（腰带位置往下），再上移至腰背部，再至胸背部，三个部位各 15 分钟左右。这种方法是通过热刺激有关穴位和背部神经来增强机体的免疫能力，达到治疗的目的，如果还有其他部位痛，也可以用热水袋热敷，每个部位 5 分钟即可。此法治疗后 6 小时，大多数症状会消失。

（9）自带药物发挥作用

旅行中带点板蓝根冲剂，感冒早期开始冲服，可以起到较好的效果。常用的药物还有速效伤风胶囊、强力银翘片、感冒冲剂等，除非发热，或合并感染，一般早期不主张使用抗生素。

（三）旅游中出现低血糖怎么办

低血糖反应主要表现为：注意力不集中、心慌、手脚颤动、周身软弱无力、出冷汗、饥饿感等。外出旅游时，如果没有进餐或进餐太少，或因活动量过大时，在餐前出现上述症状，甚至晕倒在地等情况，一般应考虑是否发生了低血糖反应。低血糖反应是日常生活中常有的症状，程度有轻有重，一旦发生，要立即处理，以免造成更严重的低血糖性昏迷。

（1）简单有效的方法：立即口服高糖食物

此时，马上嚼几粒糖果下肚，大约过 10~15 分钟就会恢复正常；有条件者，可马上冲一杯浓的白砂糖水喝，很快就会平静下来；如是在行进中，身上未随带糖果，可喝些含糖饮料或吃些其他食品，也能恢复正常，只是在时间上稍微慢一点，都能很快缓解过来。

（2）晕倒在地的急救方法

如果发现旅伴出现低血糖情况并突然晕倒在地，应立即帮助他平躺，使之仰卧休息，松解衣服扣子和裤腰带，让其服些浓糖水或甜的饮料、果汁之类，一般都能很快缓解过来。假如采取上述各种措施均无法使低血糖症状消失，应考虑是否患有其他疾病，应毫不犹豫地送当地医院诊断治疗。

（3）应急方略，口袋里备几块糖果

尽量每天都要按时吃早餐。如果游览观光，或是乘车外出办事，口袋里最好备几粒糖果，以巧克力、水果糖比较好。事先采取预防措施，可以有备无患，关键时刻甚至可以救人一命。

（四）旅游中牙痛的紧急止痛法

俗话说："牙痛不是病，痛起来真要命"，说明牙痛是一件非常令人痛苦的事情。外出旅游，沿途劳累，特别是原本就有的"火牙"的人常常会有"走火"的现象，出现牙龈肿痛、牙神经痛等，严重影响旅游质量，使本来应该轻松、愉快的旅途变成痛苦的煎熬。那么，如何预防才能有效避免牙痛的困扰呢？如果出现牙痛您又该如何来处理呢？

（1）尽量使用自己的护牙用具

准备并使用自己的口腔护理用品。外出旅游时，您所居住的宾馆可能会为您准备一些牙膏、牙具等，虽然方便，但不一定会适合您的牙齿，况且一次性牙刷对牙龈损伤较大。所以，除非您确实不方便，否则就应该使用自己的牙膏、牙刷。

（2）时时注意口腔卫生

旅行中，应该做到8~10小时清洁口腔一次，想想看，食物放在37℃的厨房里会发生什么现象？变酸、变臭、变腐败，口腔内残留的食物也一定是这种现象。所以啊，早晚一定要认真、正确地刷牙，每次刷牙应不少于3分钟。切忌为了赶时间就胡乱刷几下。进食后要及时漱口，特别是吃一些酸性或甜味食物。

（3）牙齿尽量避免不良刺激

如果以往没有冷水刷牙的习惯，外出旅游时最好用温水刷牙，这样可以直接避免冷刺激对牙齿及牙组织的损伤，减轻不适感。同时在饮食过程中，应尽量减少对牙齿的不良刺激，如：吃一些过酸、过甜、过凉、过热、过硬或易使牙齿致敏的食物；另外，还应注意避免牙齿劳累。

（4）帮您判断牙痛的种类

当发生牙痛时，要根据牙痛的特点和表现，判断自己得了何种牙病，因为不同的牙病，会有不同的表现，治疗要点也不一样。

①龋齿病：俗称蛀牙，当病变严重时，就会感到牙痛，尤其在吃较硬食物或遇甜、酸、冷、热时，疼痛就会加剧。

②牙神经痛：当龋齿病侵犯到牙髓时，由病菌感染所致。表现为自发性、阵发性剧痛，即在没有任何刺激的情况下也可发生。且易在夜间发作，疼痛较白天剧烈，无法入眠，异常痛苦。其原因是卧床后，牙髓腔内的压力增大，加之牙髓化脓时，会产生一定量的气体，遇热膨胀，即会产生剧痛。

③牙周炎：表现为牙龈红肿、胀痛，可能出现牙齿松动、移位，甚而牙周出血和流脓，伴有口臭等情况。

（5）使用小验方，止痛效果强

①治疗龋齿病：可将新鲜大蒜头去皮、捣烂如泥，填塞于龋齿洞内，不仅可以止痛，还能消炎、杀菌；也可取云南白药适量，用温开水调成糊状，涂于牙周及齿龈部位；另可用风油精、十滴水搽于患处，或连续用较大量的防酸牙膏刷牙等，均会使疼痛迅速缓解，继而消失。对于牙齿过敏而发生酸痛者，应去除刺激物，并可用小苏打2~3片研碎，溶解于1杯冷开水中，每日漱口多次。或用浸泡大蒜的黄酒液涂搽，均可奏效。

②发生牙神经痛时，可采用冷敷法缓解；也可用棉球蘸取75%的酒精涂于牙痛处2~3分钟，再用酒精棉球压在痛处；或切一片生姜，用温火烤一下，然后咬在患处，一小时便可止痛。

③研究发现，牙周炎与厌氧菌感染密切相关。如果有条件，对付牙周炎所引起的牙痛，可服甲硝唑（又称灭滴灵），每次2片（每片200毫克），每日3次，服药期间应忌酒。也可服用复方新诺明，每次2片（每片500毫克），一日2次，首次服药时量要加倍，即第一次服4片（800毫克），服药期间要多饮水，防止药物结晶，损害肾脏。

对于龋齿合并感染，牙周炎、牙龈炎、牙髓炎等引起的牙痛，可取六神丸6粒加少许黄酒研细，置于龋齿洞内，或将其研细置于牙龈上与唾液混合，可使疼痛迅速缓解至消失。

④其他方法有：拇指按压止痛法：用拇指按压紧靠耳垂的下方，可治疗较轻的牙痛；对稍重的牙痛，先张开嘴，再用拇指按压耳垂下方的凹陷处，合嘴用力按压1分钟，停30秒再按压1分钟，反复多次可缓解疼痛；酒精法：可取一块酒精棉球，塞入患侧耳内，可当即止痛。

特别需要注意的是，对磺胺药过敏者严禁服用复方新诺明。

（6）牙痛应去看医生

凡有牙痛史者，均可酌情选用上述药物应急止痛。但此毕竟只是权宜之计，待旅游归来，应去医院治疗，以免遗留后患。

（五）旅游中腹泻怎么办

腹泻，是指大便次数增多，每日超过3~4次，粪便稀薄，甚至呈水样。常见于去有关疾病高发区，尤其是北美（如赴亚、非、拉美、地中海等国）的旅游者为多，发病率可高达30%~70%。轻者只要护理得当，即可痊愈；如果是重度腹泻，就需要做治疗。否则，很可能出现电解质紊乱、高热等情况。预防是保证旅途安全的重要措施。

（1）保持良好的卫生习惯

旅途生活会有很多的不便，连日常生活中的洗手也变得有些困难。尽管如此，手的清洁，是预防腹泻的第一件大事，特别是饭前、便后。人们常说的"不干、不净，吃了没病"是完全错误的。事实证明，健康状况与人的卫生习惯有非常重要的关系。为了旅途中能够随时保证清洁卫生，您必须备好：一次性纸巾（湿性、干性）、抗菌净手凝露或75%的酒精，以便随时清洁您的双手。

（2）注意食物安全

要吃煮熟、煮透、容易去皮的食物。避免食用未经煮过的食物，如生鱼片、生的蔬菜（水果除外）；吃事先做好的食物，如色拉、已削皮的水果，要看一下是否不新鲜。吃带有包装的食物时，应注意保质期。新鲜牛奶必须煮沸后方可饮用。

（3）睡眠时注意腹部保暖

衣、食、住、行，看似不起眼的小事，往往是引起疾病的重要诱因。特别是外出旅游，由于打破了原来的生活习惯，生活节律发生了变化，人的抵抗力往往有所下降。睡眠时如不注意保暖，哪怕是您在车上打盹儿，都会引起腹泻或感冒。夜间睡眠时，更应该注意腹部保暖。即使在炎热的夏季也要在腹部盖一布单，以免腹部受凉引起腹泻，特别是肠道比较敏感的人，尤应如此。

（4）情绪应注意放松

在家样样好，出门事事难。旅游在外，一定要保持情绪稳定，用积极的思维方式考虑、处理事务，特别遇到误车、误船、误机等情况，尽量说服自己，不要钻牛角尖，用好的想法做对的事情，不好的事情就会有好的转机。要知道，精神紧张也会导致肠痉挛，引起腹泻，不仅于事无补，还会使事情雪上加霜。

（5）轻度腹泻可以自行停止

如果不小心发生腹泻，您需要做的是：

①查看粪质中有无脓血，如果没有，食物以现制粥类为主，食量要减少1/3；进餐前要饮少量温开水。

②增加休息时间，特别是增加睡眠时间，同时注意保暖。

③进食应清淡，不吃鱼、肉等，少吃瓜果类食物，不可以吃芋头、土豆等容易产气的食物，还需要禁食油腻饮食。

④必要时可以服用两片黄连素，不但有治疗腹泻的作用，还可以起到预防腹泻的作用。但是应慎重口服易蒙停，尤其有便秘史者。

⑤饮食温度应适宜：最好多饮用温开水，并注意补充盐分。

（6）随身携带常备药物

外出旅游时，随身携带常备药物，如：黄连素、左氧氟沙星等，做到有备无患。

（7）穴位按摩可以止泻

如果没有可以使用的药物，可以采取按摩治疗，效果也十分理想，方法是：让病者取俯卧位，两肘撑在床上，两掌托腮，用枕头或其他软物（约20厘米厚）垫在靠膝盖的大腿下使腰部弯曲；施治者用两拇指按在第2腰椎棘突（脊梁骨上突起的、能用手触到或可看到的隆起骨）的两侧以强力朝脚方向按压2分钟；如此重复一次即可止泻。

（六）旅游中常见便秘的防治方法

便秘是指排便次数减少，大便干硬，且排便不畅，如以往每天行1~2次可能变成2~3天一次，或更长时间一次。外出旅游时，常常因为起早睡晚、忙于赶路，排便时间或排便活动受限；或因饮食结构不合理、饮水量不足，强烈情绪反应等诸多因素的影响，打破了原有的生活规律，都有可能抑制肠道功能而导致便秘。

（1）调整旅途中的饮食结构

饮食调节是治疗和预防便秘的重要环节。

①少食脂肪、蛋白及辛辣、刺激性食物：因为高脂肪、高蛋白食物，可使大便排泄缓慢；葱、姜、蒜、辣椒等辛辣、刺激性食物可使人体"上火"，从而导致便秘。

②多食长纤维蔬菜：如芹菜、菠菜、大白菜、韭菜等含有的蔬菜纤维长，消化后残渣较多，可明显改变粪便的成分，使粪便易于排出体外。洋葱虽然不含大量粗纤维，但具有很强的通便作用。

③多吃水果：各种水果，如香蕉、苹果，一些干果如核桃、花生、芝麻等都具有润肠通便的作用，能明显改善便秘状况。

④饮料适当：经常饮用牛奶和蜂蜜，具有润肠通便、润肤养神的作用，既可防止便秘，又可以防治营养不良。对体虚、女性及儿童尤佳。（2）每日饮水3000毫升

便秘伴随食欲不佳、腰腹部饱胀等不适，甚至可能导致痔疮发作。外观面色灰暗、口腔异味，严重影响旅游的效果质量，每日饮常温水3000毫升，既可以解除便秘，也可以起到美容的效果，物美价廉又易得。（3）按摩可以帮助排便

尽量不要使用缓泻剂，以手法刺激引起自然排便为佳。

①按摩刺激排便法：就寝和晨起时，取平卧位，双膝屈曲，使腹肌放松，以脐为中心，沿顺时针方向用手掌做腹部按摩，用力不可过大，碰到发硬处可以做集中按压，可加强肠蠕动，促进排便。

②按摩天枢穴，加速排便：取平卧位，用两手中指分别按压肚脐旁开3厘米转直下1厘米处的天枢穴，轻揉20~30次，然后用手掌按顺时针方向按摩腹部几次，最后由上腹部向下腹部推擦10~20次，直至出现便意。正确的穴位按摩，可以增加肠平滑肌的血液循环，加大胃肠道内壁肌张力，改善胃肠蠕动，起到消积导滞、排解便秘、促进新陈代谢的作用。

（4）尽量保持原来的排便习惯

长时间的便秘可能造成严重的后果，比如：痔疮的形成、肛裂的发生，皮肤晦暗等，不仅痛苦，而且还会产生一定的后果，影响生活质量。所以，养成良好的饮食和排便习惯非常重要，要多吃含纤维素较多的食物，多次少量饮水，养成每日定时大便的习惯，蹲厕不宜过长，更不要一边蹲厕一边看书报，必要时可服些缓泻药，如果导片、宿便通、番泻叶泡茶；加强锻炼，尤其是会阴和肛门部的锻炼；旅行中尽量保持原来的排便习惯，相信您就不会被便秘困扰。

（七）旅游中突然发生心绞痛怎么办

心绞痛是冠心病急性发作的常见症状，由于冠状动脉粥样硬化使心肌血管变窄、血流量减少，此时，若再遇到劳累、运动、情绪激动紧张和用力排便等加重心脏负担的情况，使心肌一过性缺血、缺氧所引起。通俗地说，就像一条排水管，由于长年累月油脂的沉积，导致管道变细甚至阻塞一样。缺血的心脏，在身体的感觉就是胸痛，这是较为严重的信号，心脏的此种感觉表明，心脏正在遭遇危机，应立即做出反应，否则就会加重心脏缺血的程度，后果确实很严重。一旦发生心绞痛就必须采取正确的方式加以应对。旅途中应如何判断是否发生心绞痛呢？

（1）随身携带急救药物

有心脏病病史的人，外出游玩时应随身携带急救药物，并熟悉药物的作用及用药注意事项，以备急用。

（2）熟悉心绞痛发作固有的特点

有的人认为自己的心脏有问题，担心自己会突然发生心绞痛。其实，心绞痛的发生具有一定的特点，是突然发生的胸痛；部位在胸骨体上段或中段的后方；此时身体感官体验是，强烈压榨感、憋闷或紧缩等不适感，严重时可伴有濒死的恐惧感。重者出汗、面色苍白、迫使患者停止活动。疼痛可放射至左肩部、左前臂内侧达无名指和小指。持续时间短暂，一般为 3~5 分钟，很少超过 15 分钟。常由于劳累、情绪激动、受寒或饱餐等原因所诱发。

（3）快速消除心绞痛的方法

①就地休息

去除诱因，让病者立即停止一切活动，心情平静，就地休息，不可搬动，以免增加回心血量从而加重心脏负担。

②迅速含化急救药物

随即取出随身携带的急救药品，如硝酸甘油片 1 片，嚼碎后含于舌下，通常 2 分钟左右疼痛即可缓解。如果效果不佳，10 分钟后可再在舌下含服一片。但需注意，无论心绞痛是否缓解，或再次发作，都不宜连续含服 3 片以上的硝酸甘油片。

③疼痛剧烈时，若随身带有亚硝酸异戊酯，可将药片用手绢包好捏碎，凑近鼻孔将其吸入，通常在吸入后 10~20 秒即可见效。

（4）发生心绞痛后的自我护理

①熟悉随身所带药物的用法、起效时间以及药物的不良反应。用药后，立即找地方坐下休息。

②冠心病病人初次突发心绞痛时，会因心脏突发的剧痛而陷入极度的恐慌之中，这对心绞痛的缓解十分不利。在没有药品和不能立即就医的时候，停止活动，就地休息，保持平静心态，是最有效的急救措施。

（5）了解心绞痛的注意事项

因上述两种药物皆属于速效扩血管药，其中亚硝酸异戊酯效果更快、作用更强，但维持药效的时间短，仅 7~8 分钟；而硝酸甘油片可维持药效达 30 分钟。使用亚硝酸异戊酯在用药后可能出现短暂的低血压。有青光眼的病人上述两种药物均不能服用，否则可因眼压升高而引起剧烈眼痛、头痛、视力模糊甚至失明。

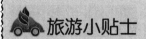 旅游小贴士

心绞痛小知识

恐慌的情绪会明显加快心跳的频率，从而加重心脏的负担。初发心绞痛者，往往因未随身携带急救药品而担心会发生危险。其实，大多数心绞痛一次发作持续时间不超过 10 分钟，而发生心肌梗死者，多有过频繁发作的病史。

（八）旅游中暑怎么办

人处于高温环境下或受到烈日暴晒，当气温超过皮肤温度（一般为 32~35℃），或空气中湿度过高而又通风不良时，体内的热量难以散发，甚至还会从外界环境中吸收热能，造成体内热量蓄积而引起中暑。旅游是一件体能消耗较大的活动，如果中暑发生，就必须快速反应，否则，就会病情加重，导致死亡。人命关天的大事，应引起足够的重视。

（1）中暑分为三期

①先兆中暑：通常发生在热环境下，大量出汗，口渴、头痛、头晕、注意力不集中、耳鸣、恶心、胸闷、心慌、四肢无力等。

②轻度中暑：除先兆表现外，体温上升至 38℃ 以上；面色潮红、皮肤灼热；严重时，有早期循环衰竭的表现，如：面色苍白、呕吐、皮肤湿冷、脉搏细速、血压下降等。

③重度中暑：又分中暑衰竭、中暑痉挛、日射病和中暑高热 4 种情况，均表明问题很严重。可出现：高热、烦躁不安、皮肤干燥、灼热、无汗，甚至惊厥、昏迷等。

（2）根据季节合理安排旅游活动

中暑一般发生在夏季旅游时，由于天气炎热，活动量大，特别是在湿热无风的山区中开展登山活动时，若不注意避暑，则容易发生中暑。所以，安排行程时应注意气温的变化，根据季节合理安排旅游路线和旅游活动。

（3）积极充足的准备可以防止中暑的发生

应合理安排作息时间，不宜在炎热的中午时分即强烈日光下过多活动；外出时需加强个人防护，如：穿浅色衣服、戴遮阳帽和防护眼镜、备扇子、带消暑饮料随时饮用；感到头痛、心慌时应立即到阴凉处休息，进清凉饮料；最好备一些预防和治疗中暑的药物，如：仁丹、十滴水、藿香正气水、清凉油、风油精等，以备必要时应急。

（4）发生中暑要及时救治

一旦发生中暑，应尽快脱离高温环境，将中暑者移至阴凉通风处，使其平卧，将头部和肩部抬高，松解衣扣，用冷水毛巾敷于头部；补充足够的水分，对神志清醒、无恶心呕吐者，给其喝一些含盐的清凉饮料、茶水或绿豆汤，可起到降温和补充血容量的双重作用。上述办法不奏效时，可含服仁丹、口服十滴水或藿香正气水5毫升，也可在太阳穴处涂清凉油或风油精。病情较重者在采取上述措施的同时，应尽快送往医院救治。

（九）旅游中怎样防治虚脱

虚脱多为过度疲劳或饥饿、高温、通气不良导致的暂时性脑缺氧，也可因体质虚弱、精神过度紧张而致。表现为面色苍白、大汗淋漓、头晕眼花、视物模糊、恶心、呕吐、心跳加快、血压下降、脉搏细弱，甚至晕倒在地。旅途中风餐露宿，体力和精力的大量消耗，经常会导致虚脱的发生。所以在旅游过程中，必须注意以下几点：

（1）旅游应量力而行

旅游的目的就是强身健体，使身心愉悦。选择的旅游项目也是为了这一目的来进行的。在旅途中，要注意劳逸结合，避免过度劳累。

（2）饮食应讲究营养

旅游时体力消耗大，所以营养的供给就显得格外重要。特别是早餐非常重要。旅游中，应改掉不吃早餐的陋习，保证早餐吃饱、吃好。如果由于晕车不能进食过饱，应随身携带一些巧克力、糖果、饼干等，以便及时补充体力。

（3）发生虚脱时的紧急处理

旅游时一旦发生虚脱，应立即平卧，头不垫枕，略低于身体；双足托起略高于身体，注意保暖，可给予温热含糖饮料，或进食一些巧克力，一般休息十几分钟后即可恢复正常。

（十）旅游中怎样速治头痛

头痛的种类很多，原因也很复杂，旅游中常见的头痛，大多是由于旅途劳累、颠簸，休息、睡眠不足，或冷风直接吹头部所致，或属感冒的早期症状，属于功能性头痛（器质性病变例外），是人们常见的不适感觉。轻度的头痛可以通过以下措施得以改善或治愈，不必终止您的旅行：

（1）早期感冒引起的头痛

头痛是早期感冒最常见的症状，常单独或伴随其他症状出现，此时，上呼吸道感染症状明显，伴有头胀痛，又无恶心、呕吐等，通常在发热退烧后头痛也有所好转，服用1片去痛片就可以消除头痛。但应注意休息，及时补充水分，根据情况增加衣物，予以保暖。

（2）旅途头痛几种快速疗法

①按摩止头痛法：用双手慢慢按摩整个头部，然后在后颈部找寻压痛点，做加强按摩，可以达到止痛效果；将两手手指交叉放在颈后，轻轻张开嘴，用双腕勒紧颈部和下巴，将头向上方抬起，呼吸3次，然后复原。如此三遍，再用握成拳状的小指尖轻轻敲打头皮，使头皮松弛，以解除头痛；

②指压太阳穴止头痛法：一般的头痛，您可以自己用双手食指分别按压头部双侧太阳穴，压至胀痛，并按顺时针方向按压约1分钟，头痛便可减轻。可以一次按

压 10~15 分钟。

③药物牙膏可以治疗旅途中的头痛：旅途中发生头痛、头晕，在太阳穴处涂上牙膏，就可以解除头痛。因为牙膏中有薄荷脑、丁香油可以镇痛，不妨尝试一下。

④及时排除器质性头痛：必须到医院检查的情况有以下几点：以往无头痛病史，突然发生中等程度以上的头痛；任何头部受到外力作用后伴有的头痛；头痛伴有明显的恶心或呕吐，或有肢体活动受限等表现，表示颅内可能有重要病变；突然发生的头痛，如开裂样、刀劈样，很剧烈，提示颅内有出血的可能；有高血压病史者，突然头痛、头胀、有口齿不清、肢体活动异常、恶心等情况之一者；有时头痛是一些少见病的首发症状，很难把握，特别遇到以往无类似发作者。

（十一）旅游中染上红眼病怎么办

红眼病，又称急性结膜炎，俗称"火眼"。初起症状是：眼睛发痒、充血、疼痛、红肿、怕光、流泪、分泌物多；严重时，眼睑水肿、结膜水肿、结膜下出血、视力下降等。外出旅游有时会有水中活动，如：游泳、泡温泉、水上摩托、冲浪运动等项目，而在水中最常引起的眼病就是结膜炎，该病分传染性和非传染性。非传染性结膜炎大多起因于泳池内消毒水的刺激或不洁溪水、海水等的刺激，眼睛有局部酸涩感、红肿、流泪，数小时后可恢复，对视力不会有太大的影响；另一种是流行性结膜炎，传染性极强，容易在泳池等公共场所传播，主要经手、眼接触共用毛巾、水中腺病毒传染。

（1）旅游时应戴泳镜

预防红眼病，在泳池内游泳以戴双面镜为佳，眼睛近视尽量不戴隐形眼镜，可戴相当度数的泳镜。

（2）毛巾应单独使用

在陆地上，特别是公共场所，主要是不触摸他人用过的东西。如在火车或船上，应注意晾挂的毛巾不要与他人的毛巾挨在一起，最好的办法是在车、船上不用毛巾洗脸，改用纸巾擦脸；洗脸时不要用洗脸池，改用双手捧水泼洗，然后用纸巾擦干脸上的水即可。住宿时，晾挂毛巾的架子或绳线等应先用肥皂洗净，也可在晾挂毛巾的地方垫上一张塑料膜（保鲜膜和食品袋均可）。洗澡时眼睛发痒或眼内有异物，都不要直接用手揉搓，只能用自己的手巾、手帕，最好用消毒后的棉签或干净纸巾，因为手最脏，带有各种病菌。在公共场合不要随便动手去东摸西摸。这样，一般不会染上红眼病。

（3）氯霉素眼药水是红眼病的克星

旅行中如果染上红眼病，用不着慌张。0.25%的氯霉素眼药水是红眼病的克星。用氯霉素眼药水滴眼，每次2~3滴，每2小时滴一次，一天就可以控制病情的发展，2~3天就能痊愈。如果发现较晚，治疗不及时，前述各种症状就会出现并不同程度的加重，此时，除滴氯霉素眼药水以外，还应在睡前用四环素眼药膏或红霉素眼药膏涂双眼（但不能用纱布等包扎）。即使如此，至少也需5~7天才能痊愈。所以，还是以预防为好。

（十二）旅游中阴道发炎怎么办

阴道发炎为妇科常见疾病，主要表现为：会阴瘙痒、刺痛、白带颜色异常、有异味等。因为女性特殊的生理结构特点，再加上在旅游过程中，行路较多，活动多，有时会因为不方便，无法像日常那样讲究个人卫生，就有发生阴道炎的可能，给旅游生活带来了阴影。所以，女性朋友在旅游中应该注意以下几点：

（1）保护好粘膜屏障

外出游玩，腺体分泌旺盛，会阴处需要及时清洗。一般选择临睡前进行，每日一次，注意清洗液的pH值应选择接近人体的酸碱度，避免因选择碱性或过酸清洗液，而破坏了会阴部粘膜的屏障作用。

（2）住所应干净、卫生

外出旅游，应选择卫生条件较好的住所。不用公共毛巾、浴巾，不用浴盆，洗澡最好选择淋浴，抽水马桶最好不用或应用一次性坐垫，贴身衣物最好自带，不要仅穿内裤坐沙发或床铺，睡觉时要穿长的内衣、内裤。

（3）宜选择舒适内裤

外出旅游，内衣宜选择纯棉面料，裤装应宽松，以减少对会阴部的刺激，如果经期旅游更应该注意及时更换卫生巾，一般每2~4小时更换一次，量多时可加换次数。勤换内裤，保持内裤清洁干燥。

（4）阴道炎自我处理方法

如果您特别留意，一般不会出现阴道炎。如果真的不小心患上阴道炎，通过您自己就可以解决：首先，每天应该比平常多喝1000毫升白开水，可以帮助冲刷尿道，因为女性的阴道与尿道相隔很近；到了住所及时更换宽松、舒适的衣物；必要时可以口服复方新诺明。

（十三）旅游中失眠怎么办

旅游可以愉悦心志，给人以快乐的享受，但必须保证能够每天6~8小时的睡眠时间，否则会导致体力不支或诱发其他疾病。旅途中，由于打破了原有的生物节律，改变了原有的睡眠习惯，常会导致失眠。而频繁发生的睡眠不足，又会使人体抵抗力下降，并使人感到疲倦、不思饮食；严重时，出现情绪焦躁、易怒，甚至出现精神恍惚，极大地影响了旅游质量。况且，失眠也会影响一个人的外在形象。看来，保证旅途中的睡眠是如此的重要。但是，如果旅途中失眠该怎么办呢？

（1）尽可能保持平时的饮食、起居习惯

失眠原因主要是由于初到某地，睡眠环境有所改变，再加上温度、湿度的变化，噪声的影响，光感和气味的变化；另外，过度兴奋、疲劳以及慢性病引起的不适均可影响睡眠。要克服旅游失眠，首先应保持精神愉快，尽可能保持平时的饮食、起居习惯，与平时一样定时就寝。

（2）消除负面心理暗示

旅途生活难免会有这样或那样的问题，譬如过度兴奋、同伴打呼噜、入睡晚、环境嘈杂等。此时，有过失眠经历的您，就会对夜间睡眠进行负面评估，会出现"睡不着"的负性心理暗示，不知不觉中为失眠起了导向作用，烦躁情绪油然而生，加重了对睡眠质量的影响。正确的做法是，保持平和心态，用"我要睡着了"的心理对自己加以暗示。始终保持将要入睡的状态。

（3）应该做好入睡前的准备

尽量减少影响睡眠的因素，如睡前不喝浓茶和咖啡、不抽烟，不要过度疲劳和兴奋。每到一处新地方，应尽快地适应当地的气候、环境，克服生疏感。房间安排应避开有噪声的地方，做好防蚊灭虫的工作。睡前洗个温水澡，或用热水泡脚 20~30 分钟，洗后用手按摩足底数下，是克服失眠的良方。入睡前半小时，饮一杯热牛奶或吃些水果，也可将水果放在枕边，因为水果的芳香对中枢神经有一定的镇静作用。

（4）几种助您快速入睡的小方法

①手法按摩：用中指指端轻轻按揉印堂穴（两眉头连线中点），或按揉安眠穴（耳垂后的凹陷与枕骨下的凹陷连线中点）约两分钟，均具有镇静、安神的作用。

②头北脚南法：睡觉时头朝北，脚朝南，使人的主要经脉和血、气与地球磁力线相平行，人就可睡得安稳，入睡也快。

③食醋法：即在临睡之前，将一汤匙食醋调入一杯冷开水中喝下，这样很容易入睡。

（5）旅游中睡眠禁忌

在旅游中，要懂得正确的睡眠方式，了解睡眠禁忌，这样才能有助消除疲劳，保证体力。

①睡姿要正确：仰卧时，舌根部往后坠，会影响呼吸，应选择右侧屈膝而卧，可以使全身肌肉松弛，肝血流增加，呼吸通畅，有助于体力恢复。

②调整睡前情绪：睡前应心静如水，不应考虑其他事情，否则会导致失眠。应及时调理情绪，可以看看画报，听听轻柔的音乐。

③睡前不宜交谈：睡前说话会使思维兴奋，大脑活动频繁，使得入睡困难，导致失眠。

④饮酒过量会导致失眠：酒精可以刺激神经，导致睡眠困难和睡眠质量下降。

⑤不宜蒙头睡：蒙头睡会使人吸入大量的二氧化碳，严重影响睡眠质量。

⑥不宜正对风口睡：睡眠前，将门窗关好，特别在山里、海滨，昼夜温差大。睡眠中不能长时间吹电风扇，以免受凉。

⑦睡眠中不宜张口呼吸：张口呼吸，空气未经鼻腔"过滤"，冷空气及含有污物的气体直接进入咽喉，容易刺激咽喉，引起咳嗽，发生感染。

（6）必要时口服安眠药

如果上述办法无效，可适当在睡前服用一些镇静安眠药，如地西泮（安定）、甲丙氨酯（眠尔通）等，也可以吃一些朱砂安神丸，柏子养心丸等中药。总之，旅游失眠不是严重疾病，只要加以注意就会很快克服。

（十四）旅游中怎么样用冷、热敷

冷敷和热敷是生活中常用的物理疗法，使用的目的是通过冷或热作用于人体的局部或全身，达到止血、止痛、消炎、退热和增进舒适感的效果。操作简便，疗效理想，无须药物，不受环境和条件的限制，特别适合旅游中的人们。

（1）冷敷

①冷敷有降低体温、减轻疼痛、减轻局部出血和充血、抑制炎症扩散等作用：故常用于旅行中的中暑和高热、踝关节扭伤48小时内、鼻腔发炎早期、鼻出血等。

②操作方法：将一条毛巾在冷水中或冰水中浸透，拧干至不滴水为度，根据需要折叠后敷于患处，5~10分钟更换一次。或取冰块或冰棒、雪糕之类，装入胶袋（旅行中多备有食品胶袋）敷于患处。

③使用部位：外伤时敷于伤部；用于高热降体温时，敷于前额和头顶部、颈部两侧、腋下、腹股沟等体表大血管处；用于鼻出血止血时敷于鼻根处，但需要固定好，因鼻出血时病人不便取卧位。

④冷敷的禁忌：循环障碍，如：大面积组织受损，局部血液循环不良，皮肤颜色青紫；组织损伤、破裂；水肿部位；慢性炎症和深部化脓病灶；对冷过敏者：若用冷敷后出现荨麻疹、关节疼痛等时应禁止使用冷敷。

⑤禁忌冷敷的部位：主要有枕后、耳廓、阴囊、心前区、腹部、足底等处，以防引起不适或其他严重并发症。

（2）热敷

①热敷有保暖、减轻深部组织的充血、解除疼痛、促进炎症消退等作用：主要用于受凉、受寒、末梢循环不良者，可缓解胃寒导致的消化不良、消化不良性腹痛；腰腿及关节痛、风湿痹痛；疖肿初起、外伤后期，如踝关节扭伤48小时后用热湿敷，可促进踝关节软组织瘀血的吸收和消散。

②操作方法：将毛巾一条浸入高温热水中，提起时待温度降至65℃左右，拧干至不滴水为度，根据需要大小折叠，敷于患部，每5分钟更换一次。也可用热水袋盛热水或炒砂、炒盐、炒大米，用布袋或布片包好，垫一毛巾，敷于患处。疖肿初起时，可用小玻璃药瓶装热水轻按在患处进行滚动热敷，热敷时间长短以换一次水为限，一天敷两次即可将疖肿遏制。

③热敷的禁忌：

软组织扭伤、挫伤早期：伤后48小时内，如用热敷会加重出血和肿胀。未确诊的急性腹部疾病，如不明原因的腹痛，禁止热敷，有引发腹膜炎或掩盖病情的危险。

各种出血情况禁止热敷：热敷使局部血管扩张，易造成出血加重。额、面、口腔部即鼻周围三角区的早期感染，不可热敷，因该处血管丰富，用热可导致炎症扩散至脑部，以免造成严重后果。

（十五）怎样解除旅行中发生的腰背痛

如果在旅游过程中发生腰背痛，大多是因为腰肌、背肌劳损，或旅行住宿受到风、寒、湿等因素侵袭、或因扭伤、外伤所致。主要表现为腰、背、骶部一侧或两侧酸痛不适，时轻时重，反复发作，缠绵不愈，休息后减轻，劳累或天气变化时疼痛加重。为了使您的旅途生活轻松、愉快，教您几招解除腰背痛的方法：

（1）保持良好的坐姿

连续几个小时或更长时间乘坐车、船、飞机时，除经常活动下肢和腰部外，还应注意要有良好、舒适的坐姿。不可长时间使髋关节、膝关节处于屈曲位，或将上身斜扭向一侧。要不断地变换体位，否则腰部肌肉等组织就会长时间处于紧张或牵拉状态。

（2）取物、负重、行走姿势要正确

像弯腰取物、负重、登山、下山、上下楼梯、徒步长途旅行等，要注意养成和保持能够持久的、不易引起疲劳的良好姿势。如正确的走路姿势是挺胸、身体稍向前倾、上肢平衡摆动；登山和上楼梯时的正确姿势是身体前倾，重力主要集中于前方的下肢，并主要用足的前部着地；下山和下楼梯时的正确姿势是身体前倾。为了避免下滑，须使整个足底着地；跳跃时着地的正确姿势是身体做卷曲状，足的前部分着地，头向上望，而不能用脚跟部着地，躯干不能后伸。

（3）不要露宿潮湿之地，避免风寒湿邪侵袭

因风、寒、湿、邪等因素的影响，可以降低机体对疼痛的耐受力，可使肌肉痉挛，亦可使小血管收缩，从而影响肌肉的代谢和营养。肌肉长时间缺乏营养可产生肌纤维变性，而造成劳损性慢性腰痛。

（4）防止和处理好急性腰扭伤

旅游中易发生急性腰扭伤，有相当一部分腰肌劳损是由于急性腰扭伤处理不当造成的。急性腰扭伤后，未做及时治疗，或治疗不彻底；多次反复损伤，腰部的某些肌肉、筋膜、韧带撕裂未得到较好的修复或愈合，局部出血、渗液未充分吸收，压迫、刺激神经而形成慢性腰痛。此外，因脊柱的不断活动干扰修复过程，延缓痊愈时间，可使症状延续存在，变为慢性劳损。因此，对急性腰部扭伤，应给予必要的休息，这也是预防慢性腰肌劳损的重要措施之一。

（5）按摩、推拿可以解除痛苦

一旦发生，也可采取简单易行的按摩、推拿等方法，以解除肌肉紧张，改善局部血液循环，最大限度地减轻痛苦。

（6）干热敷可以解除疼痛

在伤痛的局部进行干热敷，可以促进血液循环，减轻疼痛。

（十六）小面积烫伤的处理方法

小面积烫伤是指烫伤的面积不足一巴掌大，也就是说烫伤只占全身面积的1%都不到。医学上常根据烫伤对人体皮肤及器官的损害程度来分度，一般分为Ⅲ度。Ⅰ度烫伤仅限于表皮，看上去发红，不起泡，但相当痛；烫伤到真皮层，是Ⅱ度，其特征是疼痛和起水泡；如果全层皮肤包括皮肤下面的脂肪、肌肉都受到烫伤，那就是Ⅲ度了，外表发白或烧成焦黑，这时反而没有疼痛，因为神经也都一起被损坏了。

夏季烫伤人数明显增加，在旅途中发生烫伤后，现场急救非常重要，关键的是要抢时间，这关系到烫伤的愈合。

1. Ⅰ度烫伤，应于烫伤后立即用凉开水或自来水冲洗浸泡受伤部位，这样可以使伤处迅速、彻底地散热，使皮肤血管收缩，减少渗出与水肿，缓解疼痛，减少水泡形成，防止创面形成瘢痕。泡在冷淡盐水中效果更好。伤口可涂上外用药，也可在伤口处涂上鸡蛋清或清凉油，但不能用紫药水，也不必包扎，一般3~5天后可见少量脱皮而愈，不留瘢痕。

2. Ⅱ度烫伤，起了水泡，如表皮无破损，伤的面积不大并在四肢，可先用自来水或冷开水冲洗，起到止痛和清洁皮肤的作用，然后在局部涂獾油、烫伤膏（油）或植物油等。并可将局部用干净纱布或绷带加压包扎，注意包扎时将手指、脚趾暴露，以便观察肤色是否发紫，温度是否变凉或有无麻木感。如发生上述症状，为包扎过紧应及时松解重新包扎。1~2天后应解开包扎查看，如果水泡逐渐变小、变瘪，周围没有出现红肿现象，可继续涂獾油或烫伤膏（油）再行包扎。两周左右可脱皮痊愈，也可不留瘢痕。如果烫烧伤面积大，同时有水泡，不要弄破，应上医院治疗。如果患者疼痛剧烈，伤口周围有红肿，分泌液增多，说明出现感染，也应立即去医院治疗。

3. Ⅲ度烫伤，应用干净布覆盖伤面或暴露，迅速送医院急救。

旅游小贴士

烫伤发生后的注意事项

千万不要揉搓、按摩、挤压烫伤的皮肤，也不要急着用毛巾擦拭；如果没有自来水冲洗可以用牛奶、啤酒代替；伤处的衣裤应剪开取下，以免表皮剥脱；创面不要用红药水、紫药水等有色药液，以免影响医生对烫伤深度的判断，也不要用碱面、酱油、酒等乱敷，以免造成感染。水泡可在低位用消毒针头刺破，转运时创面应以消毒敷料或干净衣被遮盖保护。

（十七）食物中毒怎么办

一日三餐是每个人每天都必不可少的，但是如果不注意饮食卫生，误食了过期变质的食品就会引起食物中毒。常见食物中毒包括细菌性食物中毒，化学性食物中毒，动植物性食物中毒，真菌性食物中毒。其来势凶猛，时间集中，无传染性，夏秋季多发。群体食物中毒的表现是，在短时间内，吃这种食物的人单个或同时发病，以恶心、呕吐、腹痛、腹泻为主，往往伴有发烧。吐泻严重的，还可发生脱水、酸中毒，甚至休克、昏迷等症状。

因此，外出旅游时首先应该注意饮食卫生，避免发生食物中毒。一旦发生，必须正确处理，尽早消除或减轻其危害。

 旅游小贴士

紧急救护

★出现这种症状时首先应立即停止食用中毒食物，马上向急救中心120呼救，送中毒者去医院进行洗胃、导泻、灌肠。对患有冠心病、高血压等疾病的老人更要特别注意护理，血液粘稠物增多可能会导致病情加重。

> ★★特别要注意保存导致中毒的食物，提供给医院检疫，如果身边没有食物样本，也可保留患者的呕吐物和排泄物，确定中毒物质对治疗来说是非常重要的。
>
> ★★★越早去医院越有利于抢救，如果超过 2 小时，毒物被吸收到血液里就比较危险了。重症中毒者要禁食半天左右，可静脉输液，待病情好转后，再进些米汤、稀粥、面条等易消化食物。

食物中毒必须以预防为主，故应遵循以下措施：

1. 个人要养成良好的卫生习惯，养成饭前、便后洗手的卫生习惯。外出不便洗手时一定要用酒精棉或消毒餐巾擦手。

2. 餐具要卫生，每个人要有自己的专用餐具，饭后将餐具洗干净存放在一个干净的塑料袋内或纱布袋内。

3. 饮食要卫生，生吃的蔬菜、瓜果、梨桃之类的食物一定要洗净皮。不要吃隔夜变味的饭菜。不要食用腐烂变质的食物和病死的禽、畜肉。

4. 生、熟食品要分开，切过生食的刀和案板一定不能再切熟食，摸过生肉的手一定要洗净再去拿熟肉，避免生熟食品交叉污染。

5. 对不熟悉的野生动物不要随意采捕食用，海蜇等产品宜用饱和食盐水浸泡保存，食用前应冲洗干净。扁豆一定要焖熟后食用。

6. 服用药品时一定要遵照医嘱服用，千万注意不要超剂量服用，以免造成药物中毒。药物同时服用要遵医嘱，避免混合产生副作用。敌敌畏杀虫剂和灭鼠药等不能与食物放在一起。

（十八）春季旅游花粉过敏怎么办

阳春三月，春光明媚，桃红柳绿，百花争艳，一派生机勃勃的景象。此时，正是人们踏青、旅游的大好时节。但是，对某些过敏体质的人来说，春游时会出现对植物花粉的过敏性反应，这就是"花粉病"。

（1）花粉过敏的主要表现

花粉过敏多表现在呼吸道及眼部、皮肤等处，常伴有鼻塞、阵发性的打喷嚏，流大量的清水样鼻涕，皮肤、外耳道、眼结膜、口腔粘膜等处奇痒，有的人皮肤上出现大小不等的红色丘疹（医学上称之为荨麻疹），奇痒难忍，有的人会出现阵发性哮喘等；严重者还会胸闷、憋气等，如不及时治疗，有可能并发其他更为严重的肺部疾病。

（2）重复接触花粉是过敏的最初原因

花粉由植物蛋白等 20 多种成分组成，具有很强的抗原性，当人吸入花粉后，一般并不引起过敏反应；但对某些过敏体质的人来说就不同了，因为对花粉特别敏感，微量的花粉就可以使体内产生大量的抗体，如果这种抗体再和相应的花粉相遇，就会引起过敏反应，产生上述症状。有的花粉在空气中停留的时间较长，受到某些化学污染物的污染，花粉粒成了污染物的载体，也会引起过敏反应。

（3）春季旅游应慎重

空气中常年都有花粉飘散，但一年中，开花较多的季节——春季和夏末、秋初时会出现 2 次高峰。所以，花粉过敏反应大多集中在此时，尤以春季为甚。由花粉引起的过敏反应，除有很强的季节性和明显的季节性加重外，还与天气变化密切相关。如病情在有风尤其是大风天气往往加重，下雨天减轻。这是因为有风的时候，空气中的花粉含量增高，而雨天花粉潮湿难以飘散，且雨水可以把空气中的花粉冲淡或洗净之故。有花粉过敏史，应慎重选择旅游季节。

（4）花粉过敏重在预防

①明确过敏花粉的种类：患有花粉过敏的人，自己要留心观察是对何种花粉过敏，此病重在预防，应尽量避免到花草繁茂的地方去，更不要随便触摸花木，尤其不要选择有风的天气出游，因为风可加速花粉的播散，风速只要达到 2~3 米/秒，就可使已经降落的花粉重新扬起。

②春季外出做好充分的准备：对花粉过敏者，选择春季出游，面部应涂遮尘霜，严重者可以戴薄口鼻罩；同时，要备好脱敏药物，如息斯敏、扑尔敏、苯海拉

明等，以便在发生过敏反应时及时服用，以减轻其症状和控制病情。

（5）花粉过敏的处理方法

一旦发生花粉过敏，应立即脱离现场，选择背风处，清洗裸露皮肤，服用息斯敏等抗过敏的药物，有哮喘者，选择具有扩张支气管作用的药物，休息片刻，症状就会缓解。如出现较严重的过敏症状，要立即到医院诊治，不要小看过敏可能带来的危险性。

（十九）夏季如何防治痱子

痱子又名汗疹或红粟疹，多发生于夏季，以红色痱子为多见。主要由于环境中的气温高、湿度大，造成汗毛孔阻塞，分泌的汗液不能畅快地由汗腺导管口排出体外而发生的小水疱或血疹，是夏日常见的浅表皮肤病。由于刺痒难忍，给人们带来不少烦恼，如果不小心抓破了，还会感染细菌，变成脓疱疮和小疖子，少数患者还会并发急性肾炎，因此，痱子是夏天最多见的皮肤急性炎症。

（1）保持皮肤毛孔通畅

旅途中应保持皮肤清洁，夏日每日沐浴，保证汗毛孔通畅。痱子是由于汗毛孔阻塞引起的，只要汗腺一通，痱子自然会消失了。轻的痱子可用35%~70%的酒精轻轻涂擦，还可用热水浸湿毛巾，毛巾尽量热一些，以皮肤能耐受为宜，敷于长痱子部位，毛巾凉了要再换热的，隔2~3小时敷一次，一般敷2~3次就能见效。

（2）治疗痱子的洗浴法

不要用热水烫，不要用碱性强的肥皂洗，可用温水冲洗擦干，洗澡过程中要避免用力擦有痱子的部位，以免擦破皮肤引起感染。可以在洗澡之后，将半桶温水加点盐，然后用纱布沾点盐水轻拍长痱子的地方，最后再用温水清洗干净，这样每天一次，很快就会痊愈了。每次洗完后用毛巾轻轻擦干水分，再用爽身粉、痱子粉外扑，以减轻刺痒的感觉。

（3）保护皮肤完整无损

切忌因发痒而用手搔抓，以避免抓破皮肤化脓或导致水疱疹的感染。对抓破后有感染的患者，应涂用抗生素药膏。如痱子已有脓点或形成痱疖应到医院就诊，可用抗生素治疗，局部可用淡碘酒涂擦（用75%的酒精和2.5%的碘酒各一份配成），每2~4小时涂擦一次。脓点已成熟，可用无菌针尖刺破，挤压出脓液，再涂淡碘酒，切忌扑痱子粉，要保持局部干燥。因油性药膏阻碍汗液蒸发，不能应用；重的痱毒（脓肿）应该用抗生素控制感染，以防发展成败血症。

（4）防止发生痱子的方法

炎热季节，加强室内通风散热，使环境不过于潮湿，温度不过高。衣着宜宽大干爽，便于汗液蒸发。及时更换汗湿衣服。皮肤保持清洁干燥，常沐浴，常扑用痱子粉或六一散，适当进服清凉饮料以解暑湿，忌用热水肥皂烫洗。避免搔抓，防止继发感染。

（二十）夏秋季旅游如何预防急性菌痢

夏秋季是肠道传染性疾病的好发季节，细菌性痢疾又是最常见的肠道传染病之一，特别是急性菌痢，发病急骤，痛苦大。如果在旅游生活中不慎患病，不仅经济、精神、肉体均会蒙受巨大损失，而且会因此充满了不堪的回忆。那么夏秋季旅游到底应该如何去做，才能有效地预防急性菌痢的发生呢？

（1）应有良好的个人卫生习惯

保持良好的个人卫生习惯，在日常生活中不难，但是在旅途中要保持，就得靠自己。始终拉紧"讲究卫生"这根弦，时刻保持双手清洁、卫生。从自我方面做起，把住"病从口入关"。

（2）注意饮食卫生是关键

夏秋季是一个潮湿多雨的季节，蚊虫和细菌特别容易滋生，经常造成食物及饮用水的污染。因此，要尽量避免饮用生水以及吃不卫生的食物。吃海鲜时，一定注意是否新鲜，食入变质的海鲜是发生菌痢的重要因素。野炊、野餐，更要注意饮水和饮食卫生。

（3）不可贪恋风味小吃

旅途中，见到向往已久的风味特色小吃，有时虽然觉得不够卫生，但仍然会为了一饱口福而不计其他；甚至会错误地认为，别人没事，自己的肠胃也不会有事。其实，即使是同一个人，处在不同的机体状况下，能否感染菌痢也完全不同。如果只是为了图嘴上痛快，到头来，伤了您的肠胃，苦的还是您自己。所以，尽管美味，也不可贪吃。

（4）就餐环境应洁净

尽量避免吃露天小吃。一般来说，一定规模的饭店，卫生条件要相对好一些。无论多大的饭店，如果周围蚊蝇成群，选择放弃是正确的。

（5）少食油炸、炭烤类食物

炭烤、油炸的食物，大多数露天放置，用料质量、卫生状况以及制作时的用油一般较差，食物中过多的油脂还会加重消化道的负担，如果再饮酒无度，则更是肠道传染病喜欢光顾的原因。

（6）注意饮水卫生

一般来说，生水是不能饮用的。风景地中的山泉或深井水，看上去清澈、晶莹，很是透明，但最好不要冒昧饮用，因为未经消毒，水内可能会含有致病微生物，一般情况，人的肉眼是看不见的。建议外出时备足瓶装矿泉水。

（7）防止暴饮暴食

经常可以看到，志同道合的朋友，踏上同一旅途，聚在一起，开怀畅饮。此时，酒精、油脂、旅途中的劳累互相作用，破坏肠道天然粘膜屏障，有时还有不新鲜的食物来凑热闹，在体内侵蚀着您的健康，为夏秋季菌痢种下祸根。

（8）注意卫生保健，治疗要及时

菌痢不同于普通的腹泻，常伴有发烧、腹痛、脓血便，里急后重感，一旦出现以上症状，可服用黄连素2~3片/次，每日3次，连服3天；同时口服庆大霉素16万单位/次，如果症状仍不减轻，需到所在地医院检查治疗。以免加重或延误病情。

（9）治疗要彻底，免留祸根

急性菌痢应该积极治疗，除了卧床休息，在饮食方面要以流质或半流质为主，忌多渣、难以消化和刺激性的食物。有脱水现象者，可口服含有氯化钠、氯化钾和碳酸氢钠的葡萄糖液。有痉挛性腹痛时，可行腹部热敷。此外，还要进行药物治疗，一般可选用喹诺酮类药物如吡哌酸或诺氟沙星、磺胺类药物如复方新诺明、黄连素等。

（二十一）冬季旅行怎样防治冻疮和冻伤

冻伤是寒冷的刺激在一定条件下对人体造成的组织损伤。血管在寒冷刺激下广泛地收缩，造成局部缺血、缺氧；当温度恢复正常时，血管发生扩张，通透性增加，血浆渗出，形成水肿、水泡，严重时会出现组织坏死而导致肢体坏疽。冻伤是寒冷损伤的总称，根据损伤的程度分为冻疮、冻伤和冻僵。

（1）根据旅游地备好御寒衣物

冻疮一般发生于严寒季节的北方，多在气温5℃以下时发生，所以冬季旅游应备足御寒的衣物。从头开始，特别注意耳廓、鼻部、手、足及面部的保暖。不仅如此，即使在温暖的广州，在农历大寒节气前后，因气温可降至3～8℃，空气湿度大，没有任何取暖设备，如保护不当则可能发生冻疮。所以在寒冷季节到南方旅游时应注意保暖。保证全身和局部温暖、干燥是预防冻疮最好的方法。

（2）运动与摩擦可以预防冻疮的发生

手足、耳廓、面部等是冻疮最易发生的部位。冬季旅游，应备好口罩（最好3个）、耳套、棉靴、棉袜（最好3双）及棉手套。口罩与棉袜应多准备，鞋袜应干燥、宽松，潮湿的袜子会使脚心冰冷、潮湿，不仅会将寒冷的感觉传遍全身，而且会降低人体抵抗力。手、足应多活动，每隔5～10分钟要进行面部、耳廓等部位的按摩，以促进局部血液循环。

（3）增加御寒食物的摄入

冬季旅游，应适度增加如羊肉、白菜、红薯等御寒食物，多进食煲类，食物要有充足的脂肪、蛋白质和维生素，保证身体有足够的热量。特别对冷过敏、自主神经功能紊乱、肢端血循环不良、手足多汗、缺乏运动、营养不良、贫血及一些慢性病人，更应该注意食物的摄入。

（4）早期局部冻疮的处理

旅游中，一旦发生冻疮，皮肤发凉，出现暗紫红色或紫蓝色斑片，按之柔软，遇热后自觉痒、灼热感及疼痛，应立即进行局部按摩。

冻疮治愈的关键是：

摆脱湿冷环境，保持冻疮局部温暖和干燥，否则易复发。受冻部位不宜立即烘烤及热水浸泡，否则会加重皮肤伤害。

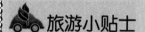 旅游小贴士

冻疮治愈可采用以下方法：

1. 坚持用40℃水温浸患处。

2. 硫酸新霉素霜剂或呋喃西林霜剂外用，有效率达85%~95%。

3. 用蜂蜜或植物油调和烧焦的柿子皮外敷。

4. 新鲜橘皮3~4个，生姜300克加水2000毫升，煎煮30分钟，连渣取出，浸泡并用药渣盖过患处。

5. 山楂去核捣烂，敷于患处，用纱布包扎3天，对于复发性冻疮有很好的疗效，注意有溃疡时禁用。

6. 用老丝瓜烧成炭研为细末，用猪油调匀后涂患处。

（5）预防冻疮复发的主要措施有：

①做好居室防寒、保暖和防潮湿，室内温度最好能保持在15℃以上，相对湿度在50%左右。

②保持鞋袜、鞋垫、手套干燥。汗脚者不宜穿胶鞋，并用止脚汗粉。

冻伤和冻僵多发生在登山运动员或雪地旅行在大风大雪中迷失方向后，长久在寒冷中滞留、奔走者。

事先做好防冻保暖准备非常关键。了解当地的寒冷程度；出发前加强耐寒训练，带足防寒服装、鞋帽、日用品、防冻药物等。

在冰天雪地中徒步行走时，外露部位如：面部和手等处要涂擦防冻油膏，不要在雪地上久站，要不断摩擦五官和脸部；做好足部保暖，要用温水洗脚，严禁使用热水烫脚，勤换鞋袜；要避免在饥饿和疲劳状态下处于寒冷的野外长时间旅行，因为人在饥饿和疲劳状态下，容易发生身体衰弱，如感到发困，要振作精神，尽快脱离寒冷环境，以防发生冻僵乃至冻死。发生冻疮并出现水泡时，不能弄破，水泡如自行溃破，要及时进行消毒处理，服用抗菌药，局部涂冻疮膏。对冻伤严重者，应在保暖的情况下，及时送医院救护。

第四章　旅游维权常识

一、如何选择旅行社

随着社会经济的不断发展，人们的生活水平也随之提高，与此同时，时间因素已经成为人们选择旅游方式与旅游服务的主要指标。为了有效地利用好春节、五一、十一这三个大的黄金周，越来越多的人选择了随团旅游的方式。

在随团旅游中，旅行社是团队旅游的组织者，也是与广大旅游者最直接接触的旅游经营者。它通过销售旅游产品，把旅游产品供应者和消费者有机地联系起来，并从中获取利润来维持企业的正常经营与发展。可以说，旅行社是旅游者与旅游产品供应者的中介力量。通过它，消费者享受到了更多、更优惠的旅游服务，同时，旅游产品的效用也被有效地发挥出来。旅行社在旅游活动中的地位是不可忽视的。

但是，某些旅行社在利益的驱使下为了争取到更多的客源，往往采取一些不正当的手段进行经营。结果使旅游者不但没有体会到旅游的乐趣，常常却为了旅游纠纷而心烦意乱。

为了让你能够真正享受一次快乐的旅行，选择一个信誉好、质量优的旅行社是实现成功旅游的基础，可以说，旅行应该从选择旅行社开始。

所以，在旅游开始时，你有必要对旅行社增加一些了解。

走近旅行社

（一）旅行社及分类

根据《旅行社管理条例》的规定，旅行社就是指有营利目的的，从事旅游业务的企业。从这个规定不难看出，旅行社也是一种企业，它应该遵照一般企业的原则来进行运营。但是它又是一种比较特殊的企业。它是以提供旅游服务为主要营业范围的。旅行社的这些业务涵盖了旅游活动的全过程，包括了为旅游者代办出境、入境和签证手续；根据旅游者的需要，为其提供或安排行、住、食、游、购、娱乐以及导游、翻译等有偿服务。

一般来说，旅行社主要包括国际旅行社和国内旅行社两种，这样的分法是以旅行社的经营业务范围来划分的。

国际旅行社

按照规定，国际旅行社可以经营业务主要有：招徕外国旅游者来中国，华侨与香港、澳门、台湾同胞归国及回内地旅游，为其代理交通、游览、住宿、饮食、购物、娱乐事务以及提供导游、行李等相关服务；招徕我国旅游者在国内旅游，为其代理交通、游览、住宿、饮食、购物、娱乐事务以及提供导游、行李等相关服务；经国家旅游局批准，招徕、组织中华人民共和国境内居民到外国以及我国香港、澳门、台湾等地区旅游，并为其安排领队及委托接待服务；经国家旅游局批准，招徕、组织中华人民共和国境内居民到规定的与我国接壤国家的边境地区旅游，并为其安排领队及委托接待服务；经批准，接受旅游者委托，为旅游者代办入境、出境及签证手续；其他经国家旅游局规定的旅游业务。

可以看出，国际旅行社经营的主要是国内旅游和国际旅游业务，其中，国际旅游业务是国际旅行社的专有经营，未经国家旅游局的批准，任何旅行社不得经营中华人民共和国境内居民出境旅游业务和边境旅游业务。

相比较而言，国内旅行社可以经营的业务就比较单一，主要是国内旅游业务，这包括：招徕我国旅游者在国内旅游，为其安排交通、游览、住宿、饮食、购物、娱乐及提供导游服务等业务；为我国旅游者代购、代订国内交通客票、提供行李服务；其他经国家旅游局规定的与国内旅游有关的业务；等等。

（二）旅行社的设立

作为一种企业形式，旅行社应该在国家法律规定的范围内进行活动，其设立、变更等行为也要遵守《公司法》等法律的约束。旅行社的设立，应该是在具备一定条件的基础上，按照《公司法》规定的程序来完成。同样也要按照《旅行社管理条例实施细则》（以下简称细则）第二条规定：旅行社业为许可经营行业，经营旅行社业务，应当报经有权审批的旅游行政管理部门批准，领取《旅行社业务经营许可证》，并依法办理工商登记注册手续。

根据《公司法》《旅行社管理条例》等的规定，设立旅行社应该具备下列条件。

1. 有固定的营业场所；

2. 有必要的营业设施。

3. 有经培训并持有省、自治区、直辖市以上人民政府旅游行政管理部门颁发的资格证书的经营人员。

4. 有法律规定的注册资本和质量保证金。根据《旅游管理条例》的规定，设立国际旅行社，注册资本不得少于150万元人民币；设立国内旅行社，注册资本不得少于30万人民币。此外，国际旅行社每增加一个分社，应当增加注册资本75万元人民币；国内旅行社每增加一个分社，应当增加注册资本15万元人民币。设立旅行社或分社，注册资本可以高于这项规定，但不能低于上述规定。

5. 缴纳质量保证金。质量保证金制度是我国借鉴其他国家的经验而制定的一项保护旅游者的合法权益，规范旅行社合法经营的措施。它规定旅行社要向旅游行政管理部门交纳一定的保证金，国际旅行社经营入境旅游业务的，缴纳 60 万元人民币；经营出境旅游业务的，缴纳 100 万元人民币；国际旅行社每设立一个分社，应当增缴质量保证金 30 万元；国内旅行社，缴纳 10 万元人民币，增设分社，应增缴质量保证金 5 万元人民币。当出现下列四种情况而旅行社不承担或无力承担赔偿责任时，国家旅游行政管理部门可以用此保证金来进行赔偿。

这四种情况是：

（1）旅行社因自身过错未达到合同约定的服务质量标准而造成旅游者的经济利益损失；

（2）旅行社服务未达到国家或行业规定标准而造成旅游者的经济利益损失的；

（3）旅行社破产造成旅游者预交旅行费损失；

（4）国家旅游局认定的其他情形。

因此，只有旅游者在旅游前，能对旅行社有一个清晰的认识，就能对市场上形形色色的旅行社一一进行甄别，选择一个自己满意的旅行社。

国内旅游与出国旅游

旅行社旅游服务一般可分为国内旅游和出国旅游。相应的，公民旅游的范围也是这样两种。旅游的范围不同，有关的法律规定也不同。

（一）国内旅游

国内旅游是指中国公民在中国境内进行的旅行游览活动，可分为地方性旅游、区域性旅游、全国性旅游等具体形式。

国内旅游涉及的是中国公民在中国境内不同地区的活动，中国公民可自由选择旅行社、选择景点进行出游活动。承揽国内旅游的旅行社也比较多。相比较而言，法律规定对出国旅游的限制则比较多。

（二）出国旅游

出国旅游是近几年比较流行的一种旅游方式，随着国际交流的增加，一些国家相继放松了对我国公民入境旅游的限制，使人们能够有更多的机会领略异国的风情，同时，公民的收入增加以及旅游观念的增强，使出国旅游成为经济上允许的旅游者的首选。

简而言之，出国旅游指的是有经营国际旅游资格的旅游企业组织中国公民以旅行团的形式集体前往境外旅游。国际旅行社的出国旅游业务包括组团业务、代理业务和境外接待业务。

1. 出国旅游的组织者

（1）组团社

负责招徕组织旅游者，委托代理社，统一办理出境旅游护照及出入境手续，安排境外接待活动业务的旅行社叫作组团社。组团社的必备条件是：

①经国家旅游局许可、工商行政管理部门批准注册的旅行社；

②经营业绩良好，在全国旅行社经济指标考核中连续两年达标；

③遵守行业法规，通过上年度全国旅行社业务年检；

④有完善的经营出国旅游业务的组团细则和组织机构；

⑤实行服务项目、收费标准、办理程序三公开；

⑥交付特许业务保证金（100万元人民币）。

（2）代理社

接受组团社的委托，招徕出国旅游者，代办出国旅游护照业务的旅行社称为代理社。代理社的必备条件：

①经国家或省级旅游局批准注册的国际、国内旅行社。

②经营业绩良好，在上年度全国旅行社经济指标考核中达标。

③遵守行业法规，通过上年度全国旅行社业务年检。

④有完善的经营代理业务的组织机构。

⑤与一家组团社签订委托代理意向书，并保证执行该组团社的组团细则。

（3）接待社

接待社的业务主要是接受组团社的委托，按组团社的要求为旅游团在境外的活动提供接待服务。境外接待社的必备条件：

①当地正式注册、营业正规、信誉良好的旅行社。

②对中国友好，不搞政治上有害中国形象的活动。

③能够提供适应中国公民的服务。

④承担将中国滞留人员送回国的义务。

⑤经我国驻外有关领使馆认可，并报国家旅游局备案。

2. 公民出国旅游的常识

（1）中国公民均可参加出国旅游，但有下列情形者不准参加出国旅游：正在服刑及劳教的各类人员；在法院没有结案的民事案件的涉案人员；刑事案件的被告人和嫌疑人；出国后将对国家安全和国家利益形成危害和损失的人；法律规定的其他人员。

（2）中国公民参加出国旅游，应当向指定的组团社或代理社报名申请，如实填写《中国公民出国旅游申请表》，组团社组团后同意向当地公安机关办理出国旅游护照，安排出国旅游计划。

（3）中国公民参加出国旅游应当是自愿的，已经参加旅游团，应服从旅游团的安排，不得参加不正当的活动。

（4）中国公民参加出国旅游享有以下权益：选择旅行社提供的出国旅游的时间、路线和服务项目；投诉旅游团不履行服务标准的行为；举报组团社或代理社的违法行为。

（5）出国旅游必须办理护照。任何国家都不允许没有护照的人进入其境内，各国对于过期护照、失效护照、伪造护照的查验都比较严格。出国旅游护照的办理，由组团社组成旅游团后，参游人员填写的《中国公民出国旅游护照申请表》，直接向参游人员户口所在地公安机关办理，或委托有关代理社来办理。

（6）公民出国必须办理出入境手续。出国旅游团的出入境手续，按有关国家的规定办理。前往无互免签证协议的国家，须事先办妥对方国家的入境签证。其入境签证由组团社统一向该国驻华使馆办理，一般不得在境外办理。出国旅游团必须经国家批准对外开放的口岸出入中国国境，旅游团领队在出入境时主动交验《出国旅游团名单表》。各口岸边防检查机关认证查验上述名单和前往国的有效签证后放行。

出国旅游团出入各国国境时，必须严格遵守各国的有关法规，服从各国口岸联检机关的检查，维护边境往来秩序。

旅行社在组织出国旅游的过程中，应该严格按照国家的有关法律，否则要受到相应的惩罚。下列是法律规定的一些违法行为及处罚办法，作为旅游者应该对旅行社的行为进行监督，发现其有下述行为及时向有关部门举报，因为旅行社的违法行为可能会使你的合法权益受到侵害。

下列行为，旅行社将被通报批评并罚款：不签订委托合同和委托境外接待合同的；不建立出国旅游业务档案，不执行统计制度的；派遣无领队证人员当领队的；不保证服务质量，造成参游人员经济损失的；不标明服务项目及收费标准，任意增加收费项目，造成不良影响的。

旅行社有下列行为，给予警告、停止出国旅游业务三个月并罚款；情节严重的，终止其出国旅游业务：组织赴未经批准的国家旅游的；不按规定办事，带参游人员异地办理或冒领护照，造成非法滞留或被遣返等恶劣后果的；不为参游人员报境外人身保险的；由于境外接待社的责任，服务质量低劣，或在境外任意增加收费项目，造成参游人员经济损失时，组团社在规定时间内不交涉，不处理，不赔偿的；与未经核准的境外接待社合作进行旅游业务，造成参游人员经济损失的；倒买倒卖，或变相倒买倒卖《出国旅游护照申请表》和《出国旅游团人员名单表》的；超计划组团的；组团社未经批准经办代理业务的单位招徕客源，代办护照，扰乱出国旅游市场的。

旅行社有以下行为，终止旅行社业务并罚款：未经国家旅游局和省级旅游局批准，擅自经营组团、代理业务；代理社直接与境外接待社联系旅游业务；受理《中华人民共和国公民出入境管理法》第八条所列不准出境人员的申请，造成出国旅游事实的。

旅行社陷阱在哪里？

旅行社是组织旅游活动的主体，由于旅游市场管理混乱的问题，某些非法旅行社在非法利益的驱使下，不惜牺牲旅游者的利益，利用旅游者的心理弱点，在旅游的各个环节上设置了种种陷阱，旅游者不知这些陷阱的奥秘所在，结果在旅游结束后才大呼上当。下面就对旅游过程中经常出现的旅行社陷阱进行说明。

1. 违法经营。不同的旅行社有其固定的经营范围，换句话说，国内社是不能经营出境旅游业务的。但是，一些不法旅行社利用旅游者在旅游常识、法律常识较少的弱点，通过各种途径，信誓旦旦地向旅游者宣称自己能经营任何业务，但是，当旅游者交纳一定的费用后，该旅行社或是告诉旅游者旅行社被有关部门查禁，或是在短期内人间蒸发，不知去向，使旅游者的权益得不到保护。

2. 报价奥妙。价格是影响很多人选择旅行社或旅游路线的因素，一些旅行社便在此大做文章，一般的价格主要有全包价、半包价和小包价三种，旅游者如不清楚其中奥妙，便很容易上当。

包价旅游又可分为团体包价和散客包价。团体包价通常指的是由 10 人以上组成的旅游团，旅游款项一次性预付给旅行社，各种相关服务全部委托一家旅行社来办理。散客包价是指 10 人以下的旅游团体，付款方式及委托服务同上。包价旅游主要包括综合服务费、房费、城市间交通费及专项附加费四个部分。

半包价：即在全包价基础上，扣除午、晚餐费用的包价形式。其目的在于降低产品的直观价格，提高产品的竞争能力，同时也可更好地满足游客在用餐方面的要求。

小包价：又称选择性旅游。游客预付的部分仅包括饭店房费、早餐、接送服务、国内城市间交通费及手续费。其余部分在当地现付。小包价游客可根据自己的时间、兴趣和经济情况自由选择导游、风味餐、节目欣赏和参观游览等。因其经济实惠，机动灵活受到游客的欢迎。

3. 合同陷阱。合同是规范旅行社与旅游者之间权利义务管理的重要法律依据，由于很多旅游者对于合同的有关法律知识缺乏以及签约时忽略一些细节，从而让旅行社钻了空子。有关合同陷阱的问题，将在后文中述及。

4. 质价不符。旅游也是一种消费行为，旅游者交纳了一定的费用，就应该享受到相应的服务。但在实践中，一些旅行社通过缩短游程、遗漏景点等形式，旅游的质量下降，许多旅行社承诺的服务内容缺失，使旅游者遭受经济损失。

5. 旅行社对可能危及旅游者人身、财产安全的事宜，未向旅游者做出真实的说明和明确的警示，对危及旅游者人身、财产安全的事宜，未采取任何防止该危害发生的措施，结果发生了损害旅游者人身财产的事实。

6. 旅行社向旅游者提供旅游服务，对于国家有明确收费标准的没有按规定的标准收费；在旅途服务中，增加服务项目需要加收费用的，未征得旅游者同意，强行或采用欺诈等手段收取费用。

7. 旅行社为接待旅游者聘用的导游和为组织旅游者出境旅游聘用的领队，未获得省、自治区、直辖市以上人民政府旅游行政管理部门颁发的资格证书。

8. 旅行社组织旅游者出境旅游，选择境外非法设立的、信誉差的旅行社作为境外接待社，并不与其签订协议约定双方的权利和义务，使得出境旅游者的合法权益得不到保障。

9. 旅行社派出的领队、导游人员在组织旅游者出游时，未按规定佩戴证件，违反了有关的职业规则。

10. 旅行社从业人员以明示、暗示行为或强行索要小费、收受回扣。

11. 旅行社聘用未持有国家或者市旅游委颁发的领队证、导游证的人员从事领队、导游活动。导游、领队等旅游人员应该是国家法律规定的人员方能从事，但在实践中，一些没有经过培训或职业资格认证的人员加入该行业，使导游的质量水平下降。

12. 旅行社承诺全包价或者半全包价时未履行的。在广告或宣传合同中，旅行社说得天花乱坠，让旅游者不由动心，但到了关键时候，这些承诺最后却不能实现。

如何选择旅行社？

如何选择旅行社呢？选择旅行社有很大的学问。但最重要的是你要具备一双慧眼和一颗小心谨慎的心。在与旅行社接触时，多问，多观察，对一些优惠的服务一定要提高警惕，想想这样的服务会是真的吗？如果不是真的，你应该怎么做。只有这样，不但会使你走出旅行社的陷阱，在你的步步追问下，一些藏在后面的问题也将开始浮出水面。

在选择旅行社时，旅游者可采取下列方法对旅行社的真假和服务质量进行甄别。

1. 看广告

一般旅游者了解旅行社以及旅游服务的内容都是从广告上来的，因此，广告是旅游者接触旅行社的第一道关。把好这一关，对你以后的旅游有莫大的好处。尽管在广告中，你不可能真正了解该旅行社或某项旅游项目，但是广告确是对旅游者了解旅游内容很有帮助。按照有关的规定，旅行社在做广告时，应该明确标注许可证号。如果旅行社的广告没有许可证号，你就要想想它会不会是无证经营的"黑社"，这样就避免了参加非法旅行社的可能性。

同时，广告也能体现一个旅行社的实力与风格。旅游者要仔细观察广告出现在什么等级的媒体上以及出现的频率、篇幅、位置或时段。从这些信息中归纳出该旅行社一般的情况，从而为以后的参加旅游、选择旅行社而掌握基本信息。当然，广告还可以作为旅游纠纷出现时旅游者掌握的一个重要证据，所以，旅游者应该对广告多加留心。

2. 审查旅行社的资质

旅行社分为国际社和国内社，两者的经营范围是不同的，根据《旅行社管理条例》中的规定，国际旅行社的经营范围包括入境旅游业务、出境旅游业务和国内旅游业务；国内旅行社的经营范围仅限于国内旅游业务。旅客报名时，可以要求旅行社出示旅游部门颁发的《旅行社业务经营许可证》和工商部门颁发的营业执照。

如报名点与旅行社总部在一起时，可要求其提供原件；如报名点远离旅行社总部，应要求其提供旅行社总部的办公地址和联系电话，以备核实之用。对出国游旅行社的收客点，一定要有旅游行政管理部门批准的证书。凡是遇到报名点提供不出任何依据证明营业场所合法性的情况，参游人员一定要到该营业场所提供的旅行社去核实真伪。这也是旅游者自我保护的一种必要手段。因此，如果你选择的是出国旅游，就一定要看清楚该旅行社是否有出境旅游经营权。

3. 选择知名旅行社

旅游消费和其他消费一样，旅行社的信誉与品牌可能会意味着服务质量的保证。尽管中国境内有那么多的旅行社，真正的名牌旅行社还是数量有限的。名牌旅行社不仅规模大，而且在管理上也比较科学，也能够注重保护旅游者权益，并有助于减少旅游纠纷。因此，旅游者应该选择那些品牌旅行社。这样一来，即使出现旅游纠纷，解决起来也比较容易。相反，如果你选择的是一个只有几个人、几张桌子的小旅行揽客点，一旦出现问题，旅行社突然失踪，结果吃亏的还是你。

4. 观察旅行社的实力

首先，看旅行社行业背景，也就是旅行社所属主管部门或公司是以经营旅游业为主，还是主营其他项目，旅游只是一个新拓展的领域。相比较而言，后者资历浅，投入精力不多，显然实力上稍逊一筹。

第二，看旅行社宣传材料。印刷精美、内容翔实的宣传册或产品说明是旅行产品品质的重要表现，而几张简单的打印文件很难让人想象旅行产品的实现上能有好品质的保证。

第三，在广告上也能看出旅行社的实力情况，一般在比较知名媒体上的广告及宣传，其实力相对来说会好一些。

第四，看旅行社开发的各种旅行线路，一般像一些欧洲或是亚、非洲一些国家的旅游，一般无实力的旅行社是无法经营的。只有实力雄厚的旅行社才有资格和实力进行此项业务。

另外，看旅行社从业人员的素质及管理规范方面，也能够窥一斑而知全貌，进而了解到此旅行社的实力。

5. 不能用报价高低来决定取舍

看一个旅行社的报价是否合理，不能因为某个旅行社的报价低就选择了它。俗话说，一分价钱一分货，价格便宜的旅行社不见得能够提供优质的服务，一些不正规的旅行社就通过低价使旅游者上当。在同等的价格下，你需要对不同旅行社提供的服务进行审实，看哪家旅行社的活动安排比较合理，收费比较公道，在比较之后，再做出选择。

6. 通过有关部门了解旅行社情况

如果你不能确定某一个旅行社是合法成立还是黑社，你可以通过各地的旅游局或工商行政管理部门进行查询，从而自己心中有数。

7. 看旅行社提供的行程表内容是否详尽、合理

行程表就是旅行的日程安排，一个正规的旅行社应该提供一个比较科学的行程表，并对住宿、交通、景点、饮食等内容一一列明。这样旅游者就能对旅游活动一目了然，避免出现纠纷，即使出现纠纷也能据之有章，究之有理。同样，对于旅游者来说，行程表越详细，旅行社在中途更改的空间也很小，相反，如果旅行社对行程表使用比较模糊的语词，容易引起歧义，发生纠纷时，旅行社往往会利用此来对付旅游者。

8. 看行程安排是否合理

有些旅行社的行程看似诱人：国家多、城市多，安排活动紧凑。可实际上在途中浪费很多时间，甚至走回头路。不要观看一些不知名景点或是一些无观赏价值的景点，因此，旅游者不可因为贪图景点多而浪费自己的精力、浪费金钱。

9. 探讨景点细节

看行程表时不仅要注意节目和景点是否符合自己兴趣，而且要看标注是否详细。例如在行程上写着"×××山滑雪一天"或"××黄金海岸畅游半日"之类的话，

可千万要小心。因为"×××山""××黄金海岸"的范围很大，"×××山"的当地滑雪场众多，同样"××黄金海岸"浴场众多，它们的设施、管理、自然条件都相差颇多，享受的服务差别很大。遇到这种情况，一定要向旅行社询问旅游项目的具体名称及情况。即使说了旅行者也未必知道，可如果旅行社说不出，这里面一定有问题。如果说出名字，请一定记下，日后看看是否相符。另外，在向别家旅行社咨询时，可以顺便问一问该场所如何，竞争对手常常会说出实情。

10. 明确哪些旅游项目与饮食在团费之内，哪些需要自理

弄清门票是只包含每一道门票，还是全部。例如，到某海滨旅行，游泳是不收费的，而潜水、滑水、乘快艇出海等是均需自理的。可旅行社行程上只写"下午1时至4时，在某浴场游泳、滑水、乘快艇"。这就很容易令人误解。因此，行前一定问清，以免日后纠纷。

11. 问清用餐标准

民以食为天，出门在外，吃的好坏，关系重大。事先问清用餐标准，一是估摸一下吃的好坏，二是如果途中旅行社因故未能安排餐食，退钱也有个标准。另外，还要问清几菜几汤，几荤几素。如果是出国旅行，最好问明中餐还是当地餐。在国外，中餐通常较贵。

12. 明确酒店的名称地点及星级

通常来说，像"入住北京王府饭店（五星级）或同级饭店"这样的写法比较规范。如果只写地点，或星级都可能有问题。

13. 对交通工具提前谈清楚

旅游者应该问明旅游过程中乘坐的交通工具是什么，还要对该交通工具的标准详细说明，如汽车是空调车还是非空调，火车是软卧或是硬卧，发生纠纷时，退赔也会有依据。

14. 注意兑换外币

按照法律规定，出国旅游，公民可以兑换2000美元的外币，在组团旅游中，兑换外币由旅行社统一办理。如果旅行社对兑换外币的事绝口不提或声明兑换的外币数目与法律规定不一致，旅游者可以随时要求旅行社按时兑换外币，以防该项权利被剥夺。同时，这样的旅行社就应该特别注意。

15. 看是否有全陪

一般来说，旅行团人数超过 15 人，组团的旅行社就应派全程陪同，以保证从一地至另一地的旅游可以顺利衔接，旅途中发生问题能得以及时解决。因此，在符合全陪的情况下，旅行社没有提供全陪，就应该引起注意。

二、交通

"千里之行，始于足下"，交通是人们生活中最不可缺少的工具，当然，交通也是实现旅游活动的必要手段。在外出旅游时，旅游者除办妥必要的手续外，就是要根据自己的需要，选择相应的交通工具。

航空、铁路、公路和水上运输是最常见的几种交通方式，不同的交通方式也有各自的优点和缺点，旅游者也可以根据旅游的行程与自己的情况自由选择交通方式。在组团旅游中，常见的是铁路与航空运输。

但是，不管哪一种交通方式，由于交通工具自身所具有的不安全性以及一些人为的因素，造成旅游者人身伤亡的事件是不可避免的，除此之外，承运人违反其与旅游者之间的旅游运输合同，也在一定程度上影响了旅游者所进行的旅游活动。

为了保证旅游行程的安全与顺利，旅游者应该在旅游开始之前就解决交通问题，从而保证将精力全部放到旅游上去。

乘坐飞机的注意要点

（一）团体旅客购票

旅游者如果随团出游，一般客票由旅行社统一办理，但在办理团体票的时候，旅游者应该对以下的问题引起注意：

1. 团体旅客可以预订一个月内的航班座次，定座后最迟在航班起飞前一天 12 小时内购票，否则，预定的座位将不予保留。

2. 团体旅客购票后自愿取消和变更，按下列办法收取手续费：在航班规定起飞日 7 天以前提出，不收手续费；在航班规定起飞时间以前以内、72 小时之前提出，每人收取票价的 10% 手续费；在航班规定起飞前 72 小时至起飞前一天中午 12 时提出，或到此时不购票，均收取 20% 的手续费。

3. 团体购票后自愿退票，按下列规定收取退票费。

（1）在航班规定起飞日 7 天以前，每人收取 4 元。

（2）在航班规定起飞时间前 7 天以内、72 小时以前至规定起飞日前 12 小时以前提出退票的，分别按票价 10% 和 20% 收取退票手续费。

（3）在航班规定起飞日前一天中午 12 小时以后至航班规定起飞时间前退票的，收取票价 50% 的退票费。

（4）团体旅客误机，客票作废，票款不退。

旅游交通工具之一——飞机

（二）办理乘机手续及应注意的问题

1. 乘机手续。旅客必须按民航规定的时间到达机场，凭客票和本人身份证件办理乘机手续，交运行李，领取登机牌。在飞机起飞前 30 分钟停止办理乘机手续。

2. 办理乘机手续时，应注意的问题：

（1）安全检查。旅客乘机前，按规定，公安部门和民航站对旅客人身及携带物品进行安全检查。拒绝接受安全检查者，民航拒绝承运。检查中发现有危及安全的旅客和物品，按国家有关规定处理。

（2）客票检验。旅客在始发站乘机和航空中途换乘飞机，都应在办理乘机手续时交验客票，民航可根据需要随时检验客票。

（3）对无票乘机，持用不符规定客票和持用无效客票旅客的处理：

①无票乘机。对成人或儿童，在始发站发现，应拒绝其乘机；在到达站发现，应加倍收取自始发站至到达站的票款。对婴儿只补收票款。

②持用不符合规定的客票。儿童或者婴儿未按年龄规定购票时，应分别情况收取或退还票款。

③旅客持用无效客票，在始发站发现，应拒绝其乘机，在经停站发现，应终止其乘机，并加倍收取自始发站至经停站的票款；在到达站发现，须加倍收取自始发站至到达站的票款，并可根据情节交有关单位处理。

（4）载运限制

①对于无成人陪伴的儿童、孕妇及病残者等，只有在符合民航规定的条件下才能载运。

②对于因精神或健康情况可能危及自身或影响其他旅客安全的旅客，民航不予载运，已购客票，按退票处理。

③对违反政府法律、法令和民航规章的旅客，民航应拒绝其乘机。已购客票作废，票款不退。

（5）旅客可以随身携带物品的规定：

①旅客可以携带必备物品，但是不能超过规定的重量和规格。旅客随身携带物品应办妥乘机手续后，系挂"随身携带物品牌"。

②旅客一律不准携带武器、利器和易燃、易爆、腐蚀、毒害、放射性等危险物品以及政府规定禁运的物品。

⑧旅客不能随身携带小动物以及其他妨碍公共卫生、秩序和容易损坏飞机、污染环境的物品。

（三）承运人提供的附带性服务

1. 膳宿。是指民航局在空中向旅客提供免费膳食的行为，如果旅客持定妥座位的联乘票，在联乘站的住宿，由民航安排，但费用自理。

如果航班在中途站延误，民航按规定免费向旅客提供饮料、餐食。航班不正常时在中途站过夜，民航免费向旅客提供膳宿。因民航原因（不包括天气原因），航班在始发站延误、取消，民航按规定向旅客提供膳宿。因天气或非民航原因，航班在始发站延误，民航按规定向旅客提供饮料，餐食费自理。航班在始发站取消，民航积极协助旅客安排膳宿，费用由旅客自理。

2. 医疗服务。在航空运输中，如旅客发生疾病或受到意外伤害，民航应积极采取措施，尽力进行救护和照料。除由民航原因造成者外，所需费用由旅客自理。

3. 其他服务。民航向旅客提供车辆接送，小件行李寄存，行李搬运服务。费用由旅客按规定交付。

（四）客票变更及退票的规定

1. 客票变更指旅客购票后，要求变更乘机日期、航班、票价级别或更换乘机人的行为，客票变更有自愿变更和非自愿变更两种情况。

（1）自愿变更

①旅客购票后，要求变更乘机日期、航班、航程，均按退票处理，另购新票。

②旅客要求变更票价级别，由低票价改为高票价的，补收票价差额；由高票价改为低票价的，退还票价差额。

③旅客要求变更乘机人，应由原购票单位出具证明，经民航同意后办理变更手续，但一般只允许变更一次，如果旅游者要求再次变更，则属于退票行为。

（2）非自愿变更

①由于航班取消、提前、延误、航程改变、衔接错误或民航不能提供原定座位，旅客要求变更乘机航班、日期时，民航尽可能按照旅客的合理要求，优先安排旅客乘坐后续班次或其他航班到达目的地。

②客票变更后的票价，如与旅客原付票价有差额时，多退少不补。

③因民航原因，旅客要求变更所定票价级别时，票价的差额多退少不补。

④因民航原因，旅客要求变更航程，应按非自愿退票处理，按新航程另购新票。

2. 退票。是指由于民航或本人原因，未能按照运输合同完成航空运输，造成旅客自愿或非自愿客票变更情况的出现，为避免遭受时间和经济损失而采取的措施。

（1）一般规定。在客票有效期内，旅客退票应凭客票的旅客联和乘机联，缺其中任何一联，不能办理退票。退票只限在出票站，航班始发站及终止旅行的航空站办理。客票的退款只能给客票上列明的旅客本人或客票的付款人。退款方法按民航有关规定办理。

（2）退票具体规定。因承运人的原因，旅客要求退票，票款全部退还。因旅客原因申请退票，在航班规定起飞时间：

①24 小时以前，应支付原票款 10% 的退票费。

②24 小时以内，2 小时以前，应支付原票款 20% 的退票费。

③2 小时以内，应支付原票款 30% 的退票费。

④误机，应支付原票款 50% 的退票费。

（五）误机、漏乘、错乘、客票遗失及遗失物品的处理

1. 误机。因旅客未按规定时间内办妥乘机手续，或因其旅行证件不符合规定而未能乘机称误机。旅客误机要求退票，需支付自误机地点至目的地原票款 50% 的误机费。

2. 漏乘。旅客在航班始发站办理乘机手续后，或在经停站过站时，未能乘原航班离开经停站。漏乘旅客的客票作废，票款不退。如由于航班飞行不正常引起漏乘，民航应尽可能安排旅客乘后续的班机。如旅客要求退票，在始发站应退还全部票款；在经停站应退还未使用航段的票款。

3. 错乘。旅客错乘飞机，应在发现后的第一站下机，民航应安排错乘旅客免费搭乘最早的班机返回原始发站。原客票仍然有效。在发生错乘的航站，如有其他航班去旅客票上的目的地，民航应安排其直接前往。

4. 客票遗失。旅客遗失客票，应以书面形式向承运人或其代理人申请挂失，并需提供足够的证明。在申请挂失前，客票已被冒用或冒退，承运人不负责任。

5. 遗失物品的处理。对旅客遗失的物品，民航应妥善保管并设法尽快归还原主。民航自收到遗失物品的次日起，超过 90 天无人认领时，民航按无人认领的规定处理。

旅游者主要权利与义务

在旅游交通运输中，尽管双方并不签订一定的合同，但在事实上，承运人与旅游者之间形成了运输合同关系。这种合同的凭据就是承运人发售的客票、行李票等。所以，当旅游者从运输部门购得客票、行李票后，即在他们之间形成了合同的

关系。

合同关系的成立，则意味着权利义务的产生。旅游者和承运人的权利与义务互为依存，一方的权利则是另一方的义务，下面，我们来看看旅游者的权利义务是什么。

（一）旅游者的权利

1. 旅游者有权要求承运人按照约定的时间、车班次将自己送到预定的目的地。客票是双方权利义务的标准，客票标明的时间、车班次对双方具有约束力。承运人应该按照客票标明的时间将旅游者送到固定的地点，旅游者也应该在标明的地点下车，超过了约定的地点，旅游者要向承运人补交超程费用。

2. 旅游者有权要求承运人提供相应的业务。这项权利是一种特殊的权利。例如，在《国内民航旅客、行李运输规则》中，规定了承运人应该向旅游者提供下列的服务：

（1）膳食。旅游者乘坐民航航班后，民航局就应为其免费供应膳食。但如在地面时，该服务的费用由旅游者自己支付；

（2）住宿。旅游者购买联乘票后在中途站的住宿，则由民航安排，但该项费用由旅游者自己承担。

（3）飞行不正常时的膳宿。航班因不正常情况而在中途站延误或过夜，民航按规定免费向旅游者供应饮料、食品等，因民航自身的原因，造成航班延误的，民航应免费该向等待登机旅游者提供饮料、食品。

（4）医疗服务。在航空运输中，如旅游者发生疾病或受到意外伤害，民航应该采取措施，尽力救护和照料。但费用的承担视发生的原因而定，如果是民航的原因，则由民航承担，如果是旅游者自身原因，则由旅游者承担。

（5）其他费用，如车辆接送、行李寄存等。

3. 旅游者有权要求承运人保障其人身、财产的安全。一旦旅游者乘上承运人所提供的交通工具，则承运人就应承担保障旅游者人身、财产安全的义务，同时，对于一些可能危及旅游者人身、财产安全的事情，承运人应该及时排除，确保旅游者安全。此项权利的设立，基于承运人在旅游运输中处于一种有力的地位，其对安全问题比一般旅游者有直接的了解，当发现或发生影响旅游者人身、财产安全的事情时，承运人有义务排除。

4. 旅游者损害赔偿权。在运输过程中，因为承运人的过失或故意，造成旅游者人身伤亡或者财产损失的，承运人要承担赔偿责任。

5. 旅游者有权要求承运人按规定免费携带儿童和物品。民航、铁路、公路、水运按其规定的相应标准，免费运送旅游者携带的儿童一名，并免费运送一定的行李。如民航规定，国内航空中的每一全票或半票旅客免费运送的行李额为：头等舱40千克，公务舱30千克，经济舱20千克。

（二）旅游者的义务

1. 购票是按照规定的价格支付相应的费用。如果旅游者购买的是航空客票，则需要按照规定提供有效的身份证件，如本国国民的身份证，外籍旅游者的旅行证、儿童和婴儿的出生证、重病患者要提供医院出具的可以进行旅游的证明等。

2. 接受承运人对所持客票、行李票的检验。对无票乘机、乘车的，按照规定加倍收取相应票款。民航承运人发现上述情况时，在始发站应拒绝其登机，在经停站应终止其乘机。

3. 接受承运人和有关部门的安全检查。旅游者不得携带或在行李包裹中夹带国家禁运或限运的物品，如易燃、易爆、腐蚀、放射等危险品；在出国旅游时，不得携带国家规定禁止出境和入境的物品。根据国务院的规定，乘坐国际航班的旅游者，不得携带枪支弹药或凶器。旅游者登机前，有关部门可以对其进行人身检查和开箱检查，旅游者不得拒绝。

4. 乘坐列车的旅游者及其物品，必要时要接受车站检疫站和旅客列车检疫站的疫情检查，染疫人、染疫嫌疑人要接受相应的处置。

5. 旅客办理客票变更手续，必须依照有关规章的规定进行。

6. 旅客办理退票手续，也必须按照有关的规章办理。如系旅游者自身原因解除合同，旅游者要交纳一定的退票费。

承运人的义务

1. 按照约定的时间、班次、路线将旅游者运送到约定的地点。根据《合同法》的规定，承运人未按照约定的时间、班次、路线运送旅游者或行李引起额外的费用支出或造成旅游者财产损害的，旅游者可以拒绝支付增加的费用或要求承运人赔偿损失。

2. 承运人有义务保证旅游者的人身财产安全。首先，在旅游运输过程中，承运人应当尽力救助患有急病、分娩等情况的旅游者；其次，承运人应该对运输过程中造成旅游人身伤亡的事情承担赔偿责任，但是，如果是由于旅游者自身健康原因引起的，或者承运人有证据证明是由于旅游者的故意或过失引起的，承运人则可以免除责任。这一规定适用于按规定免票、持优待票或者经承运人许可搭乘的无票旅游者；再次，在运输过程中，造成旅游者随身物品，财产损毁、丢失的，如果承运人有过错，承运人则要承担责任。

3. 承运人应当配合有关机关，在履行过程中按照国家法律规定对旅游者以及其行李进行安全检查。在检查过程中，如果发现旅游者违反规定携带或在行李中夹带违禁物品，如易燃易爆、管制刀具等，承运人有权将违禁物品扣留、销毁或送交有关部门。如果旅游者拒绝安全检查，或在查出违禁物品后不愿交承运人处理的，承运人可以拒绝运输。

4. 承运人有义务向旅游者告知在运输过程中必须注意的安全事项，当发生不能正常运输的情况时，承运人应该及时向旅游者解释原因，请求旅游者的谅解与配合。

5. 向旅游者提供质价相符的服务。承运人不得擅自变更运输工具种类或降低标准，降低服务标准的应该退还多出的票款，提高服务标准的不得加收票款。

承运人的责任怎么承担

在旅游运输纠纷中，根据纠纷产生的原因不同可以将纠纷分为因合同引起的纠纷和侵权引起的纠纷。因此，旅游运输中的民事责任则相应的可以分为合同违约和侵权责任，两种情况下的纠纷解决是不同的。

（一）合同违约责任

（1）因民航、铁路运输部门的原因，造成原运输合同不能履行的，承运人应优先安排有关旅客乘坐其他班次到达目的地。旅客要求退票的，应予退还全部票款。铁路旅客因病在客票有效期内要求退票的，应出具医疗单位的证明，承运人则要退还全部票款。如在中途站旅客生病无法继续旅行，承运人则退还已收票价与乘车区间票价的差额。

（2）旅客自愿变更旅游合同，要求退票的，加收一定比例的退票费。民航旅客购票后要求改变乘机日期、航班、航程，按退票处理；要求变更乘机人员的人只限一次，再次变更的，按退票处理。

（3）民航旅客未按规定办理手续或旅行证件不合规定而未能乘机的，如要求退票，须加收一定比例的退票费；办妥乘机手续而未能乘机或在经停站经过时未能搭乘原航班的，如果是旅客的责任造成的，则机票作废，如果是航班飞行不正常造成的，民航应尽可能安排其乘坐后续班机，如旅客要求退票，在始发站应退还其全部票款，在经停站应退还未使用航段的票款。铁路旅客在中途车站乘坐其所持车票票面制定的日期、车次、未乘区间的票款不退，在中途站下车，其直达票、卧铺票失效。

（4）涂改、缺损的客票和擅自转让的民航客票无效。

（二）承运人因侵权而承担的法律责任

1. 民航侵权责任的承担

（1）责任划分

在旅游者乘坐民航飞机时，如果发生旅游者人身、财产损害的结果，则按照不同的情况处理，属于民航侵权的行为，民航要承担相应的法律责任。

第一，因发生在民用航空器上或在旅客上、下民用航空器过程中的事件，造成旅客人身伤亡的，承运人应当承担责任。但是，旅客的人身伤亡完全是由于旅客的健康状况造成的，承运人不承担责任。

第二，因发生在民用航空器上或在旅客上、下民用航空器过程中的事件，造成旅客随身携带物品毁灭、遗失或损坏的，承运人应当承担赔偿责任。因发生在航空运输期间的事件，造成旅客的托运行李毁灭、遗失或损坏的，承运人应当承担责任。

第三，旅客、行李或者货物在航运过程中因承运人的延误所造成的损失，承运人应当承担责任。但是，承运人已经证明本人或代理人为了避免该行为，已采取了一切必要的措施，在这种情况下，承运人不承担责任。

（2）赔偿责任的限额

如果旅客或者托运人在托运行李或货物时，特别声明该货物交付时的价值，并在必要时支付了附加费的，除非承运人能够证明托运人声明的价值远远高于在货物交付时的实际价值，承运人应该按照声明的赔偿金额进行赔偿。但是，根据法律规定，赔偿责任有下列的限额。

第一，对每名旅客的赔偿责任限额为 16600 计算单位；但是，旅客可以同承运人书面约定高于本项规定的赔偿限额。

第二，对托运行李或货物的赔偿责任限额，每公斤为 17 计算单位。旅客或者托运人在交托运行李或货物时，特别声明在目的地交付时的利益，并在必要时交付了附加费的，除承运人证明旅客或者托运人声明的金额高于托运行李或货物在目的地交付时的实际利益外，承运人应当在声明的金额范围内承担责任。

托运行李或者货物的一部分或者托运行李、货物中的任何物件发生毁灭、遗失或延误的，用以确定承运人赔偿责任限额的重量，仅为该一件或数包行李的总重量。但是，因托运行李或者货物的一部分的毁灭、遗失等影响其他物件的价值时，应该将行李的总重量算入。

第三，对每名旅客随身携带物品的赔偿责任限额为 332 计算单位。根据有关法律规定，国内航空运输对每名旅客的最高赔偿为人民币 7 万元，行李每千克不超过 40 元，有声明的按照声明办理。

（3）航空运输诉讼的时效为 2 年，即旅客可以在损害发生后 2 年内诉讼，否则法院将不再受理。该事件的开始，以航空器到达目的地或目的地货物运输停止之时为准。由几个航空承运人办理的连续运输，除合同规定第一承运人应对全部运输负责外，各分段的承运人只对发生在自己承运的区间的损害负责。

2. 铁路运输的责任承担

铁路的赔偿责任承担以旅客剪票进站到行程终点出站时为止，在此期间造成旅客人身伤亡或者行李损失的，最高可获得人民币 4000 元的人身赔偿金和 800 元的行李赔偿金，但是，旅客可以和铁路约定高于该限额的赔偿金额。

旅客或其继承人向铁路运输企业要求赔偿的请求，应该在事故发生后 1 年之内提出，铁路部门应该在收到旅客请求后 30 日内进行答复，如果双方对损害赔偿争议不下，可以提起诉讼。

但是，如果造成旅客人身、财产损害的是不可抗力或旅客自身的原因而致，铁路则可以免除或减轻责任。根据有关的法律规定，承运人如果能够证明旅客死亡、受伤是不可抗力或者旅客本身的健康情况造成的，或者由于旅客的过失大意而造成，则承运人就可以减轻或免除责任；如果旅客随身携带的行李因为自然属性、质量等发生损坏，承运人不承担责任；在旅行过程中，由于旅客的过错造成其人身、财产损失，承运人可以减轻或免除责任。

三、食宿

出门在外，住行为先。在旅游的过程中，住宿的条件与质量随时影响着每个旅游者的心情。事实上，每个旅游者也都渴望在旅游中能够享受与在家里一样的舒适，从而让自己的旅行丰富多彩。

不管是自助旅游，还是组团出游，不管是自己选择旅游住宿地点，还是旅行社统一为旅游者定旅馆，旅游住宿是保证履行顺利和保持一个良好的旅游心情的基本条件。如果旅游者住在一个条件简陋、服务差的旅馆里，你的心情会好吗？如果你因为住宿的原因和旅行社大吵了一顿，你会觉得自己的旅途愉快吗？

对于很多选择独自旅游或者自驾车旅游的人来说，住宿是他们在旅游过程中不得不面对的一个问题，每到一个地方，旅游者都必须为自己安排一个比较满意的旅馆或酒店，以让自己在一天的旅游结束后能够有一个地方进行休息，同时也为第二天的旅游养足精神。

所以，正确的选择住宿就成为一种必要。

星级宾馆的服务有哪些？

在日常生活中，我们经常会听到星级宾馆的说法，在组团旅游中，旅行社也会承诺安排住宿在星级宾馆。那么，星级宾馆是怎么回事？我们凭借什么才能知道自己住宿的几星级宾馆或旅行社真像说的那样安排三星级或四星级宾馆？

只有真正了解了星级宾馆的评定以及星级宾馆的服务，你才会在旅游的过程中住得舒服，钱不会花的冤枉。

根据《中华人民共和国评定旅游（涉外）饭店星级的规定》：凡在中华人民共和国境内，从事接待外国人、华侨、外籍华人、港澳台同胞以及国内人，正式开业一年以上的国营、集体、合资、独资、合作的饭店、度假村，都可以参加星级评定活动。

七星级宾馆

评定的依据是按饭店的建筑、装潢、设备、设施条件和维修保养状况、管理水平和服务质量的高低、服务项目的多寡，进行全面考察、综合平衡确定；评定的方法是按饭店必备条件与检查评分相结合的综合评定法确定。一般是指如下一些项目：饭店建筑设施设备、服务项目、饭店设备设施检查评分表、饭店维修保养检查评分表、饭店清洁卫生检查评分表、服务质量检查评分表和宾客满意程度调查表。

因中国国家旅游局把除五星级宾馆评定工作下放到各省、市，各省、市对评定星级的划分和评定原则与评定办法、具体要求并不完全一致。但一般来说，在《中华人民共和国评定旅游（涉外）饭店星级的规定》规定的几个硬性指标还是要达到的。星级划分最直接让宾客直观感受到的是宾馆的建筑应符合星级标准，其次在前厅、餐厅、厨房、公共区域、服务项目、服务质量有相应星级的要求。星级越高，享有的服务就越好，公共及其他设施也就是越好。因此，旅游者在旅游合同签订后，入住相应星级宾馆后应享受到相应的服务。

旅游住宿合同

旅游住宿合同是旅游者在旅游过程中因住宿和饭店、旅馆等旅游住宿单位产生的一种合同。在实践中，旅游住宿合同主要有两种形式：一是旅游者自己在旅游过程中，来到住宿单位投宿，从而在旅游者与旅游住宿单位形成合同关系；二是在旅行社组团旅游中，旅行社代旅游者预定旅馆，从而在旅行社与旅游单位之间形成合同。

（一）旅游者个人投宿

住宿在旅游过程中有比较重要的作用。在旅行过程中，旅游者在进行一天的旅游活动后，精神和体力上都比较疲惫，迫切需要休息，同时，旅游住宿也能为旅游者顺利进行下一次的旅游活动提供保障。

在实践中，旅游者与住宿单位建立旅游合同关系主要通过两种途径来完成：一种是旅游者直接来到旅游住宿单位，要求住宿，双方因投宿而产生了住宿合同关系。另一种是旅游者提前向饭店预定客房，并获得了同意，双方因预定而产生合同关系。

在第一种情况中，当旅游者来到饭店，向饭店提出住宿的要求，饭店同意了他的要求，此时双方的合同关系产生；在第二种情况中，当旅游者通过电话、电传、邮件的形式向饭店预定客房，饭店答应了旅游者的要求，此时双方的合同已经成立。因为按照合同法的有关原理，当旅游者向饭店预定客房时，此行为可以视为要约，饭店答应的行为则属于承诺。因此，当旅游者向饭店订房后没有来住，属于旅游者的违约行为，饭店可以要求旅游者承担相应的法律责任，因此，旅游者在预定客房时，一定要避免。

旅游者一旦住进了饭店，就应该遵守饭店的有关规定，不得从事法律禁止的行为，如嫖娼、吸毒、传播淫秽物品等行为，否则要承担法律责任。饭店也不得向旅游者提供此类的服务。

旅游者与饭店的合同在旅游者结账离开后才终止。

在下列情况下，旅游者与饭店之间的住宿合同结束。

1. 旅游者按照规定要求结账并付费，离开饭店，这是最常见的合同结束方式。

2. 旅游者或者饭店任何一方违反了合同规定的义务，这时候，另一方有权终止合同关系。

3. 因不可抗力致使其中一方不能按照合同要求履行义务，双方可以中止合同关系。

4. 旅游者在饭店内进行违法活动，被国家机关依法逮捕。

（二）旅行社和饭店的订房合同

在旅行社组团旅游中，旅行社一般会在旅游开始之前将旅游住宿的情况向旅游者进行说明，在订立旅游合同时，双方也会对旅游住宿的基本情况旅游合同订立进行协商，这样一来，旅游者与饭店的合同关系就变成了旅行社与饭店之间的合同关系。

但是，作为真正能够体会旅游住宿质量好坏的旅游者，应该在与旅行社签订合同时对一些必要的条款进行详细说明，同时，在旅游住宿过程中，随时对旅游住宿的条件、质量等情况进行监督。

旅游者住宿时的权利

（一）旅游者有权要求饭店提供客房和相应的服务

旅游者来到饭店的主要目的就是住宿和享受一系列的住宿服务，因此，住宿与服务应该是旅游者与饭店之间最重要的权利义务关系。旅游者与饭店的住宿合同一旦成立，旅游饭店就有义务为旅游者按照约定提供客房以及其他服务，否则就构成违约，要承担违约责任。

提供客房与服务是旅游住宿合同的主要内容，也是旅游者实现住宿目的保证，它构成了旅游者基本权利，如果不能实现，其他权利就成为空话。这项权利对于饭店来说，就是要求饭店做好以下事项：

1. 如果旅游者提前预订了房间的，饭店就应该为旅游者到来做好各项准备，比如拒绝其他旅游者住宿要求，保持房间的卫生等。在实践中，一些旅游者预订了房间，但实际上没有来住，造成饭店的损失。对此，除了向预订者要求承担违约责任外，饭店也应该做好一些避免损失的措施。比如，在接到预订通知时，应告知旅客饭店对房间的保留时间界限，逾期不来住宿则被视为预订合同终止；饭店因某种客观原因不能向旅客提供预订的房间时，在征得客人同意后，可在本饭店内另换标准相近的房间，并且就高不就低，还应免收第一天该房间高出原订房间的那部分费用；如饭店客房已满，则应该为旅客在当地就近找到相同等级的替代饭店，并承担去那里的交通费用。替代饭店的房价如高于预订饭店，高出部分的差价则应由预订饭店支付，如低于预订饭店，则将已经收取的余额部分退还客人。

2. 如果旅游者不是预定而是直接来饭店要求住宿，如果没有正当的理由拒绝，饭店应该接待，不能因种族、民族、性别、国籍、宗教信仰的不同加以拒绝。

3. 一旦旅客住进饭店后，饭店就应为旅客提供相应的食宿、交通、商品销售、娱乐活动等服务设施和项目，这些服务设施和项目应该符合合同约定或有关法律法规规定的质量和标准；如提供的食品、饮料要符合《中华人民共和国食品卫生法》的规定，以免造成旅客食物中毒。

4. 饭店按照标准提供客房和服务后可以收取相应费用，但收费应明码标价，符合物价管理的有关规定和合同约定。服务人员不得私自索要小费和回扣。

（二）旅游者有不受歧视的权利

饭店应该对所有的旅游者平等对待，不能歧视老幼病残，也不得因为旅游者肤色、信仰、职业、身份等因素，歧视旅游者。旅游者交纳一定费用后，就应该享受质价相符的服务，饭店不得在服务上区别对待，质量缩水。

（三）旅游者有保持安宁与私人生活的权利

旅游者有自己的个人生活方式，只要这些行为不违反法律和社会公德的要求，饭店就不得干涉。同时，旅游者在结束一天的旅游活动后，有享受充分休息的要求，为了保证其能更好地休息，饭店就有义务为其提供一个安静的环境，不得大声喧哗，并随时排除一些影响旅游者休息的不利因素，使旅游者能够得到充分的休息。旅游者有权要求饭店保证个人私密空间。

（四）旅游者有权对饭店的服务提出自己的建议和意见

作为消费者，旅游者有权对自己享受的服务进行评价，也有权对饭店的服务与经营进行监督，提出自己的建议和意见，饭店应该虚心接受旅游者意见。对旅游者提出的中肯意见确实是工作中存在的问题应及时改正，从而确保旅游服务的顺利进行。

（五）旅游者有权要求饭店保障其人身、财产的安全

1. 旅客的人身安全的保障权。

人身安全是人们最基本的生活需要之一，不管走到哪里，人们都非常注重自己的人身安全。在旅游饭店里，有多种因素可能影响到旅客的人身安全，如设备故障、房屋倒塌、食物变质、工作人员疏忽大意、他人的侵权等，这都要求旅游饭店把旅客的人身安全放在十分重要的位置上，排除损害旅客人身安全的各类事故发生，消除旅客的不安全感。

一旦旅游者在饭店住宿时，发生人身安全损害，根据《民法通则》及有关法的规定，依据不同的情况进行处理。一般来说，如果是因饭店的过错而使旅客遭受人身伤害，则由饭店承担侵权的民事责任；如果是旅客自身的过错造成的损害，则旅游饭店不承担责任；如果是因第三人的过错造成旅客人身伤害，则先由饭店承担赔偿责任，然后再由饭店向第三人追偿。

2. 旅客的财物安全的保障权。

旅游饭店对旅客带入饭店的财物安全有责任，因为，旅客办理了住宿手续，住进了饭店，就意味着双方的合同关系成立，双方的权利义务产生。在饭店的各项义务中，自然包括保障旅客财产的安全的内容，且这一内容无须明示。只要住宿合同成立，旅游饭店就有义务保障旅客的财物安全，采取一切措施避免失窃、火灾等事件的发生。同时，饭店对旅客交由他们保管的行李有保管义务。旅客将行李交饭店寄存后，饭店要采取一定的保护措施确保不受侵害。根据我国《民法通则》的规定，当事人不履行合同义务或者履行合同义务不符合约定条件的，另一方有权要求采取补救措施，并有权要求赔偿。如果饭店因为自身的过错造成旅客的财物损失，饭店就要承担赔偿责任。

饭店的权利

1. 饭店在一定条件下有拒绝接纳权。

在一定的条件下，饭店可以拒绝接纳旅游者的住宿要求，主要有：

（1）饭店在客满或客房不适于出租时可以拒纳旅游者。如客房正在维修或客房因为有安全隐患而不宜居住，在此情况下，饭店可以拒绝游客的入住要求。

（2）有不正当的言行举止的客人，饭店可以拒绝。

（3）对于拒绝支付饭店合法费用的旅客，饭店有权拒绝其入住或驱赶出店。

（4）对于未经许可擅自入店寻衅滋事的人，饭店有权将其驱逐出店。

（5）对于患有传染病的客人，为了防止病情传染给其他客人，饭店有权拒绝。

（6）利用饭店进行违法活动的人。

（7）拒不履行登记手续的旅客。

（8）因不可抗力而拒绝。

2. 饭店有权要求旅游者遵守饭店的有关规章。

饭店的规章制度是为保障饭店的活动正常进行而制定的，因此，旅游者应该遵守饭店的有关规章制度，比如遵守饭店的作息时间，登记时，查验旅游者的身份证明等。但是，如果饭店的有关规定明显与法律不合，或者限制了旅游者基本权利，旅游者可以拒绝，并向有关部门进行举报。

3. 饭店有权对旅游者在店内的违法行为进行制止。

饭店是一种公共场所，任何人的行为都要受到法律和社会公德的限制。旅游者的行为如果违反社会公德，影响了其他人的正常生活与休息，饭店就有权进行制止。那么，对于旅游者从事违法行为，饭店更有权利制止。我国《旅游业治安管理办法》第十二条明确规定："旅馆内，严禁卖淫、嫖娼、赌博、吸毒、传播淫秽物品等违法犯罪活动。"因此，饭店不仅可以制止，还有权向公安部门报告。

4. 饭店有权按照规定收取费用。

饭店提供的服务都是有偿的，因此，在旅游者接受饭店提供的相应服务后，应向其支付费用。

5. 饭店有要求旅游者赔偿的权利。

对于旅游者预定客房不予使用或违反合同提前离店的行为，饭店有权要求旅游者赔偿。因此，上述两种行为都是违约行为，给饭店造成了一定损失，饭店有权要求赔偿。当旅游者损坏了饭店的设施，造成损失时，饭店也有权要求赔偿。

旅游住宿误区在哪里？

在实践中，涉及旅游住宿问题的纠纷主要集中在以下几个方面：

1. 服务质量。

服务质量是衡量饭店好坏的最直接的标志。旅游者选择饭店的目的也是为了获得优质的服务，使自己的旅行愉快。但在实际上，由于饭店质量问题引起的纠纷是非常多的。主要体现在：服务态度恶劣，服务人员没有按照国家法律规定的以及行业要求的服务质量来为旅游者服务；没有使用正确的服务用语，对于旅游者的合理要求置之不理；对旅游者谩骂等行为。这些问题的产生与饭店管理有很大关系。

2. 饭店实际情况与宣传不符。

虚假宣传是旅游饭店存在的一个突出问题。为了招徕游客，饭店经常使用一些与饭店的实际情况不相符的广告语，或者向旅游者承诺自己可以提供怎么样的服务等，但当旅游者被骗进去以后，原先承诺的服务或条件根本无法实现，旅游者陷入了进退两难的地步。从法律的角度看，饭店的这种行为是一种欺诈行为，其与旅游者所订了的合同是可以撤销的，如果其不能提供承诺的服务，就要承担相应的法律责任。

3. 饭店的过失造成旅游者人身、财产伤害。

（1）饭店因为存在安全隐患，致使旅游者人身、财产造成损害。

（2）饭店由于管理不善，致使旅游者的财物丢失。

（3）由于饭店服务人员的过错，造成旅游者人身、财务损害。

（4）饭店没有提供警示，旅游者因为过错造成人身、财务损害。

4. 旅行社提供的住宿条件缩水

在组团旅游时，旅行社向旅游者承诺提供几星级的旅游住宿条件，或享受如何好的服务质量，但在旅游过程中，这些承诺却不能完全实现。比如，虽然是同样的星级宾馆，但旅行社提供给旅游者的却是在交通偏僻的地段，而并不是想象中的在闹市；许多旅游者对星级宾馆没有一个固定概念，所以，旅行社提供的星级与服务并非说的那样。对于这种情况，旅游者应该在旅游之前对星级宾馆及服务增加了解，对自己享有的权益有比较清醒的认识，才能更好享受宾馆的服务。

旅游住宿小窍门

1. 当心黑店。在许多旅游景点、火车站这些游客比较集中的地方，经常或有一些旅游饭店、旅馆的工作人员强行邀客。其中就有很多是黑店。在很多情况下，它们将自己的住宿条件与服务质量说得天花乱坠，旅游者如果不小心，就会被他们的花言巧语迷惑。但在实际上，当旅游者被骗至旅店内时，却发现事情不是那么回事。不但没有几星级的服务，甚至连一般的住宿服务都满足不了。在这种情况下，旅游者如想返回，旅店人员会用各种手段来阻挠，甚至会使用暴力。而且，这种旅馆的安全隐患很大，旅游者的个人财物、人身安全都得不到保护的。

2. 衡量之后再住店。当你要选择一个旅馆、酒店时，应该考虑一些因素之后再选择。

（1）交通是否方便。旅游者的旅游时间一般都比较紧迫，往往要一天内逛好几个景点。所以，行车工具及行车路线应该是你首先考虑的因素。假如交通不好，距离旅游点较远，再碰上堵车等问题，行程就可能会受到影响。

（2）收费要经济。价格当然是每一个都关注的问题，所以，在住店之前先要精打细算。

但是，一般情况下，收费便宜的旅馆一般都位置比较偏僻，交通状况并不是很好，那么怎样在两者之间找到平衡呢？这就需要结合自己的情况，进行衡量。如果觉得打车到旅游景点比较经济，或者喜欢安静的环境，那么宁愿住价格低、位置偏的旅馆。相反，在衡量之后，如觉得旅馆价格要比打车经济，那么就选择交通便利的旅馆。

3. 签约时就明确说明。如果你选择是随团旅游，住宿的问题一般是由旅行社安排的，你个人不会费心。但是，在和旅行社签约时，一定要审读其中的每一条款，对住宿的条件、质量等心知肚明。一般，旅行社都会承诺为旅游者安排几星级的宾馆或提供怎么样的服务，这些一定要在合同中明确写明。否则，你就有可能交了钱但享受不到应有的服务。在住宿过程中，你有权对旅行社安排的住宿条件进行核实，看其是否属于承诺的几星级或达到什么标准，一旦有疑问，应该随时提出来，要求旅行社答复。

4. 住宿登记须知。住宿登记是旅游住宿中的一个重要阶段。从法律上说，当你办完登记手续后，旅游住宿合同一经成立，不能反悔，否则要承担违约责任。而在实际生活中，当你交了钱，拿上钥匙后，想立刻退房也是不可能了，因此，在登记时，一定要注意下面的小问题。

（1）登记住宿时，一般要出示护照、身份证的等有关证件，登记完毕后，一定要将这些证件收藏好，同时，告知你的离店时间，以便旅馆安排住宿工作。

（2）临时换人必须先到服务台办理手续。一般不允许增加人数（如三人住二人房）。

（3）退房时间一般都定在次日中午 12 点，旅游者应注意宾馆关于退房时间的规定，合理安排好退房时间，减少不必要的房费支出。

（4）亲友来访，尽量不要过夜。多数酒店把时间下限定在晚 11 点到 12 点间，所以，有人来访时，注意在 11 点以前离店。

5. 安全问题一定要注意。出门在外，安全问题一定要注意。因此，要注意下面几点：

（1）避免财物丢失。在住宿过程中，要将一些贵重物品随身携带，以防丢失。对于一些贵重的但又不便于携带的物品，可以交到服务台办理保管手续，让酒店代为保管。如果发现自己财物丢失，立刻向服务台报告。

（2）安全用电。不要在酒店房屋内使用电炉、电熨斗等电器，以免发生火灾，也不要将一些易燃易爆物品带入酒店。

（3）离开房间时，一定要关好房门。

（4）提前排除隐患。如果发现酒店那里存在安全隐患，要主动提出，要求酒店进行处理后再居住。

（5）自救措施。出现火灾等危险情况后不要惊慌，马上采取一些急救措施，并向酒店报告。

6. 见到就说。旅游者交纳了一定的房费，就应该享受相应的饭店服务，如果饭店没有提供这些服务或服务质量不高，旅游者就有权要求饭店进行补偿。在住宿过程中，一旦出现饭店服务质量问题，如缺少某项服务、饭店对旅游者有歧视服务、服务员态度不好等，旅游者可以直接向饭店提出，要求享受必要的服务，饭店不得推诿、拒绝。

7. 拿起法律武器维护你的权利。对于住宿中出现的问题，旅游者与饭店不能达成协议解决的话，旅游者可以选择两种方式：一是向有关机关进行投诉，二是向法院起诉。通过这两种方法，旅游者可以争取到自己的合法权利。